ŒUVRES
DE
CHATEAUBRIAND

Les Martyrs

TOME TROISIÈME

PARIS
DUFOUR, MULAT ET BOULANGER, LIBRAIRES-ÉDITEURS
QUAI MALAQUAIS, 21

MDCCCLVII

ŒUVRES
DE
CHATEAUBRIAND

TOME III

LAGNY. — TYPOGRAPHIE DE VIALAT

ADAM ET EVE
(Génie)

ŒUVRES

DE

CHATEAUBRIAND

Les Martyrs

TOME TROISIÈME

PARIS
DUFOUR, MULAT ET BOULANGER, ÉDITEURS
24, QUAI MALAQUAIS

M DCCC LVII

LES MARTYRS

PRÉFACE DE L'ÉDITION DE 1826

Voici un ouvrage que j'ai cru tombé pendant quelque temps, non qu'en ma conscience je le trouvasse plus mauvais que mes précédents ouvrages ; mais la violence de la critique avait ébranlé ma foi d'auteur, et j'avais fini par être convaincu que je m'étais trompé. Quelques amis ne me consolaient pas, parce qu'au fond je n'étais pas affligé, et que je fais bon marché de mes livres ; mais ils soutenaient que la condamnation n'était pas assez justifiée, et que le public, tôt ou tard, porterait un autre arrêt. M. de Fontanes surtout n'hésitait pas : je n'étais pas Racine, mais il pouvait être Boileau, et il ne cessait de me dire : « Ils y reviendront. » Sa persuasion à cet égard était si profonde, qu'elle lui inspira les stances charmantes :

« Le Tasse errant de ville, etc., »

sans crainte de compromettre son goût et l'autorité de son jugement.

En effet, les *Martyrs* se sont relevés seuls ; ils ont obtenu l'honneur de quatre éditions consécutives ; ils ont même joui, auprès des gens de lettres, d'une faveur particulière : on m'a su gré d'un ouvrage qui témoigne de quelque travail de style, d'un grand respect pour la langue et d'un goût sincère pour l'antiquité.

Quant à la critique du fond, elle a été promptement abandonnée. Dire que j'avais mêlé le profane au sacré, parce que j'avais peint deux religions qui existaient ensemble, et dont chacune avait ses croyances, ses autels, ses prêtres, ses cérémonies, c'était dire que j'aurais dû renoncer à l'histoire, ou plutôt choisir un autre sujet. Pour qui mouraient les martyrs ? Pour Jésus-Christ. A qui les immolait-on ? Aux *dieux* de l'empire. Il y avait donc deux cultes.

La question philosophique, savoir si sous Dioclétien les Romains et les Grecs croyaient aux dieux d'Homère, et si le culte public avait subi des altérations, cette question comme *poëte* ne me regarderait pas, et comme *historien* j'aurais eu beaucoup de choses à dire.

Il ne s'agit plus de tout cela. *Les Martyrs* sont restés, contre ma première attente, et je n'ai eu qu'à m'occuper du soin d'en revoir le texte.

Au reste, cet ouvrage me valut un redoublement de persécutions sous Buonaparte. les allusions étaient si frappantes dans le portrait de Galérius et dans la peinture de la cour de Dioclétien, qu'elles ne pouvaient échapper à la police impériale, d'autant plus que le traducteur anglais, qui n'avait pas de ménagements à garder, et à qui il était fort égal de me compromettre, avait fait, dans sa préface, remarquer les allusions. Mon malheureux cousin, Armand de Chateaubriand, fut fusillé à l'apparition des *Martyrs* : en vain je sollicitai sa grâce; la colère que j'avais excitée s'en prenait même à mon nom. N'est-ce pas une chose curieuse, que je sois aujourd'hui un chrétien *douteux* et un royaliste *suspect*?

PRÉFACE

DE LA PREMIÈRE ET DE LA SECONDE ÉDITION

J'ai avancé, dans un premier ouvrage, que la religion chrétienne me paraissait plus favorable que le paganisme au développement des caractères et au jeu des passions dans l'épopée. J'ai dit encore que le *merveilleux* de cette religion pouvait peut-être lutter contre le *merveilleux* emprunté de la mythologie. Ce sont ces opinions, plus ou moins combattues, que je cherche à appuyer par un exemple.

Pour rendre le lecteur juge impartial de ce grand procès littéraire, il m'a semblé qu'il fallait chercher un sujet qui renfermât dans un même cadre le tableau des deux religions, la morale, les sacrifices, les pompes des deux cultes ; un sujet où le langage de la Genèse pût se faire entendre auprès de celui de *l'Odyssée*; où le *Jupiter* d'Homère vînt se placer à côté du *Jéhovah* de Milton, sans blesser la piété, le goût et la vraisemblance des mœurs.

Cette idée conçue, j'ai trouvé facilement l'époque historique de l'alliance des deux religions.

La scène s'ouvre au moment de la persécution excitée par Dioclétien, vers la fin du troisième siècle. Le christianisme n'était point encore la religion dominante de l'empire romain ; mais ses autels s'élevaient auprès des autels des idoles.

Les personnages sont pris dans les deux religions : je fais d'abord connaître ces personnages ; le récit montre ensuite l'état du christianisme dans le monde connu, à l'époque de l'action ; le reste de l'ouvrage développe cette action, qui se rattache par la catastrophe au massacre général des chrétiens.

Je me suis peut-être laissé éblouir par le sujet : il m'a semblé fécond. On voit en effet au premier coup d'œil, qu'il met à ma disposition l'antiquité profane et sacrée. En outre, j'ai trouvé moyen, par le récit et par le cours des événements, d'amener la peinture des différentes provinces de l'empire romain ; j'ai conduit le lecteur chez les Francs et les Gaulois, au berceau de nos ancêtres. La Grèce, l'Italie, la Judée, l'Égypte, Sparte, Athènes, Rome, Naples, Jérusalem, Memphis, les vallons de l'Arcadie, les déserts de la Thébaïde, sont les autres points de vue ou les perspectives du tableau.

Les personnages sont presque tous historiques. On sait quel monstre fut Galérius. J'ai fait Dioclétien un peu meilleur et un peu plus grand qu'il ne le paraît dans les auteurs de son temps ; en cela j'ai prouvé mon impartialité. J'ai rejeté tout l'odieux de la persécution sur Galérius et sur Hiéroclès.

Lactance dit en propres mots :

Deinde... in Hieroclem, ex vicario præsidem, qui auctor et consiliarius ad faciendam persecutionem fuit [1].

---

[1] *De Mortib. persec.*, cap. XVI.

« ..... Hiéroclès, qui fut l'instigateur et l'auteur de la persécution. »

Tillemont, après avoir parlé du conseil où l'on mit en délibération la mort des chrétiens, ajoute :

« Dioclétien consentit à remettre la chose au conseil, afin de se décharger de la haine
« de cette résolution sur ceux qui l'avaient conseillée. On appela à cette délibération
« quelques officiers de justice et de guerre, lesquels, soit par inclination propre, soit par
« complaisance, appuyèrent le sentiment de Galérius. Hiéroclès fut un des plus ardents
« à conseiller la persécution [1]. »

Ce gouverneur d'Alexandrie fit souffrir des maux affreux à l'Église, selon le témoignage de toute l'histoire. Hiéroclès était sophiste, et, en massacrant les chrétiens, il publia contre eux un ouvrage intitulé *Philalèthès* ou *Ami de la vérité*. Eusèbe [2] en a réfuté une partie dans un Traité que nous avons encore ; c'est aussi pour y répondre que Lactance a composé ses *Institutions* [3]. Pearson [4] a cru que l'Hiéroclès persécuteur des chrétiens était le même que l'auteur du *Commentaire* sur les vers dorés de Pythagore. Tillemont [5] semble se ranger à l'avis du savant évêque de Chester ; et Jonsius [6], qui veut retrouver dans l'Hiéroclès de la *Bibliothèque* de Photius l'Hiéroclès réfuté par Eusèbe [7], sert plutôt à confirmer qu'à détruire l'opinion de Pearson. Dacier, qui, comme l'observe Boileau, veut toujours faire un sage de l'écrivain qu'il traduit [8], combat le sentiment du savant Pearson ; mais les raisons de Dacier sont faibles, et il est probable que Hiéroclès, persécuteur et auteur du *Philalèthès*, est aussi l'auteur du *Commentaire*.

D'abord vicaire des préfets, Hiéroclès devint ensuite gouverneur de la Bithynie. Les Ménées [9], saint Épiphane [10], et les actes du martyre de saint Édèse [11] prouvent que Hiéroclès fut aussi gouverneur de l'Égypte, où il exerça de grandes cruautés.

Fleury, qui suit ici Lactance en parlant d'Hiéroclès, parle encore d'un autre sophiste qui écrivait dans le même temps contre les chrétiens. Voici le portrait qu'il fait de ce sophiste inconnu :

« Dans le même temps que l'on abattait l'église de Nicomédie, il y eut deux auteurs
« qui publièrent des écrits contre la religion chrétienne. L'un était philosophe de profes-
« sion, mais dont les mœurs étaient contraires à la doctrine : en public il commandait
« la modération, la frugalité, la pauvreté ; mais il aimait l'argent, le plaisir et la dé-
« pense, et faisait meilleure chère chez lui qu'au palais : tous ses vices se couvraient par
« l'extérieur de ses cheveux et de son manteau...... Il publia trois livres contre la reli-
« gion chrétienne. Il disait d'abord qu'il était du devoir d'un philosophe de remé-
« dier aux erreurs des hommes... qu'il voulait montrer la lumière de la sagesse à ceux
« qui ne la voyaient pas, et les guérir de cette obstination qui les faisait souffrir
« inutilement tant de tourments. Afin que l'on ne doutât pas du motif qui l'excitait,
« il s'étendait sur les louanges des princes, relevait leur piété et leur sagesse, qui se
« signalaient même dans la défense de la religion, en réprimant une superstition impie
« et puérile [12]. »

La lâcheté de ce sophiste, qui attaquait les chrétiens tandis qu'ils étaient sous le fer du

---

[1] *Mém. ecclés.*, tom. v, pag. 20, édit. in-4°. Paris.
[2] Eusebii Cæsariensis *in Hieroclem liber, cum Philostrato editus*. Paris, 1608.
[3] Lact., *Instit.*, lib. v, cap. ii.
[4] Dans ses prolégomènes sur les ouvrages d'Hiéroclès, imprimés en 1673, tom. ii, pag. 3-19.
[5] *Mém. ecclés.*, tom. v, 2ᵉ édit., in-4°. Paris, 1702.
[6] *De Scriptoribus historiæ philosophicæ*. Francof., 1659, lib. iii, cap. xviii.
[7] Pour soutenir son opinion, Jonsius est obligé de dire que cet Eusèbe n'est pas celui de Césarée.
[8] *Bolæana*.
[9] *Menæa magna Græcorum*, pag. 177. Venet., 1525.
[10] Epiphanii *Panarium adversus hæreses*, pag. 717. Lutetiæ, 1622.
[11] *De Martyr. Palæst.*, cap. iv ; Euseb.
[12] *Hist. eccl.*, liv. viii, tom. ii, pag. 420, édit. in-8°. Paris, 1717.

bourreau, révolta les païens mêmes, et il ne reçut pas des empereurs la récompense qu'il en attendait [1].

Ce caractère, tracé par Lactance, prouve que je n'ai donné à Hiéroclès que les mœurs de son temps. Hiéroclès était lui-même sophiste, écrivain, orateur et persécuteur.

« L'autre auteur, dit Fleury, était du nombre des juges, et un de ceux qui avaient
« conseillé la persécution. On croit que c'était Hiéroclès, né en une petite ville de Carie,
« et depuis gouverneur d'Alexandrie. Il écrivit deux livres qu'il intitula *Philaléthès*, c'est-
« à-dire *Ami de la vérité*, et adressa son discours aux chrétiens mêmes, pour ne pas
« paraître les attaquer, mais leur donner de salutaires conseils. Il s'efforçait de montrer
« de la contradiction dans les Écritures saintes, et en paraissait si bien instruit, qu'il
« semblait avoir été chrétien [2]. »

Je n'ai donc point calomnié Hiéroclès. Je respecte et honore la vraie philosophie. On pourra même observer que le mot de philosophe et de philosophie n'est pas une seule fois pris en mauvaise part dans mon ouvrage. Tout homme dont la conduite est noble, les sentiments élevés et généreux, qui ne descend jamais à des bassesses, qui garde au fond du cœur une légitime indépendance, me semble respectable, quelles que soient d'ailleurs ses opinions. Mais les sophistes de tous les pays et de tous les temps sont dignes de mépris, parce qu'en abusant des meilleures choses, ils font prendre en horreur ce qu'il y a de plus sacré parmi les hommes.

Je viens aux anachronismes. Les plus grands hommes que l'Église ait produits ont presque tous paru entre la fin du troisième siècle et le commencement du quatrième. Pour faire passer ces illustres personnages sous les yeux du lecteur, j'ai été obligé de presser un peu les temps. Mais ces personnages, la plupart placés, ou même simplement nommés dans le récit, ne jouent point de rôles importants ; ils sont purement épisodiques, et ne tiennent presque point à l'action ; ils ne sont là que pour rappeler de beaux noms et réveiller de nobles souvenirs. Je crois que les lecteurs ne seront pas fâchés de rencontrer à Rome saint Jérôme et saint Augustin, de les voir, emportés par l'ardeur de la jeunesse, tomber dans ces fautes qu'ils ont pleurées si longtemps, et qu'ils ont peintes avec tant d'éloquence. Après tout, entre la mort de Dioclétien et la naissance de saint Jérôme, il n'y a que vingt-huit ans. D'ailleurs, en faisant parler et agir saint Jérôme et saint Augustin, j'ai toujours peint fidèlement les mœurs historiques. Ces deux grands hommes parlent et agissent dans *les Martyrs* comme ils ont parlé et comme ils ont agi, peu d'années après, dans les mêmes lieux et dans des circonstances semblables.

Je ne sais si je dois rappeler ici l'anachronisme de Pharamond et de ses fils. On voit, par Sidoine Apollinaire, par Grégoire de Tours, par l'*Épitome de l'histoire des Francs*, attribué à Frédégaire, par les *Antiquités* de Montfaucon, qu'il y a eu plusieurs Pharamond, plusieurs Clodion, plusieurs Mérovée. Les rois Francs dont j'ai parlé ne seront donc pas, si l'on veut, ceux que nous connaissons sous ces noms, mais d'autres rois, leurs ancêtres.

J'ai placé la scène à Rome, et non pas à Nicomédie, séjour habituel de Dioclétien. Un lecteur moderne ne se représente guère un empereur romain autre part qu'à Rome. Il y a des choses que l'imagination ne peut séparer. Racine a observé avec raison, dans la préface d'*Andromaque*, qu'on ne saurait donner un fils étranger à la veuve d'Hector. Au reste, l'exemple de Virgile, de Fénelon et de Voltaire me servira d'excuse et d'autorité auprès de ceux qui blâmeraient ces anachronismes.

On m'avait engagé à mettre des notes à mon ouvrage : peu de livres, en effet, en seraient plus susceptibles. J'ai trouvé dans les auteurs que j'ai consultés des choses généralement inconnues, et dont j'ai fait mon profit. Le lecteur qui ignore les sources pourrait prendre ces choses extraordinaires pour des visions de l'auteur : c'est ce qui est déjà arrivé au sujet d'*Atala*.

Voici quelques exemples de ces faits singuliers.

[1] Lact., *Instit.*, lib. v, cap. iv, pag. 470.
[2] *Hist. eccl.*, liv. viii, tom. ii, in-8º.

En ouvrant le sixième livre des *Martyrs*, on lit :

« La France est une contrée sauvage et couverte de forêts, qui commence au delà du Rhin, etc. »

Je m'appuie ici de l'autorité de saint Jérôme dans la *Vie de saint Hilarion*. J'ai de plus la carte de Peutinger[1], et je crois même qu'Ammien Marcellin donne le nom de France au pays des Francs.

Je fais mourir les deux Décius en combattant contre les Francs : ce n'est pas l'opinion commune ; mais je suis la *Chronique d'Alexandrie*[2].

Dans un autre endroit, je parle du port de Nîmes. J'adopte alors pour un moment l'opinion de ceux qui croient que la tour Magne était un phare.

Pour le cercueil d'Alexandre, on peut consulter Quinte-Curce, Strabon, Diodore de Sicile, etc. La couleur des yeux des Francs, la peinture verte dont les Lombards couvraient leurs joues, sont des faits puisés dans les lettres et dans les poésies de Sidoine.

Pour la description des fêtes romaines, les prostitutions publiques, le luxe de l'amphithéâtre, les cinq cents lions, l'eau safranée, etc., on peut lire Cicéron, Suétone, Tacite, Florus ; les écrivains de l'Histoire Auguste sont remplis de ces détails.

Quant aux curiosités géographiques touchant les Gaules, la Grèce, la Syrie, l'Égypte, elles sont tirées de Jules César, de Diodore de Sicile, de Pline, de Strabon, de Pausanias, de l'*Anonyme* de Ravenne, de Pomponius Méla, de la Collection des panégyristes, de Libanius dans son discours à Constantin, et dans son livre intitulé *Basilicus*, de Sidoine Apollinaire ; enfin, de mes propres ouvrages.

Pour les mœurs des Francs, des Gaulois et des autres Barbares, j'ai lu avec attention, outre les auteurs déjà cités, la *Chronique* d'Idace, Priscus, Panitès (*Fragments sur les ambassades*), Julien (première *Oraison*, et le livre *des Césars*), Agathias et Procope sur les armes des Francs, Grégoire de Tours et *les Chroniques*, Salvien, Orose, le vénérable Bède, Isidore de Séville, Saxo Grammaticus, l'*Edda*, l'Introduction à l'histoire de Charles-Quint, les Remarques de Blair sur Ossian, Pelouticr, (*Histoire des Celtes*) divers articles de Du Cange, Joinville et Froissard.

Les mœurs des chrétiens primitifs, la formule des actes des martyrs, les différentes cérémonies, la description des églises, sont tirées d'Eusèbe, de Socrate, de Sozomène, de Lactance, des Apologistes, des *Actes des Martyrs*, de tous les Pères, de Tillemont et de Fleury.

Je prie donc le lecteur, quand il rencontrera quelque chose qui l'arrêtera, de vouloir bien supposer que cette chose n'est pas de mon invention, et que je n'ai eu d'autre vue que de rappeler un trait de mœurs curieux, un monument remarquable, un fait ignoré. Quelquefois aussi, en peignant un personnage de l'époque que j'ai choisie, j'ai fait entrer dans ma peinture un mot, une pensée, tirés des écrits de ce même personnage : non que ce mot et cette pensée fussent dignes d'être cités comme un modèle de beauté et de goût, mais parce qu'ils fixent les temps et les caractères. Tout cela aurait pu, sans doute, servir de matière à des notes. Mais avant de grossir les volumes, il faut d'abord savoir si mon livre sera lu, et si le public ne le trouvera pas déjà trop long.

J'ai commencé *les Martyrs* à Rome, dès l'année 1802, quelques mois après la publication du *Génie du Christianisme*. Depuis cette époque je n'ai pas cessé d'y travailler. Les dépouillements que j'ai faits de divers auteurs sont si considérables, que, pour les seuls livres des Francs et des Gaulois, j'ai rassemblé les matériaux de deux gros volumes. J'ai consulté des amis de goûts différents et de différents principes en littérature. Enfin, non content de toutes ces études, de tous ces sacrifices, de tous ces scrupules, je me suis embarqué, et j'ai été voir les sites que je voulais peindre. Quand mon ouvrage n'aurait d'ailleurs aucun autre mérite, il aurait du moins l'intérêt d'un voyage fait aux lieux les plus fameux de l'histoire. J'ai commencé mes courses aux ruines de Sparte, et je ne les ai finies

---

[1] *Peutingeriana Tabula itineraria*. Vienne, 1753, in-fol.
[2] *Chronicon Paschale*. Parisiis, 1688, in-fol.

qu'aux débris de Carthage, en passant par Argos, Corinthe, Athènes, Constantinople, Jérusalem et Memphis. Ainsi, en lisant les descriptions qui se trouvent dans *les Martyrs*, le lecteur peut être assuré que ce sont des portraits ressemblants, et non des descriptions vagues et ambitieuses. Quelques-unes de ces descriptions sont même tout à fait nouvelles : aucun voyageur moderne, du moins que je sache[1], n'a donné le tableau de la Messénie, d'une partie de l'Arcadie et de la vallée de la Laconie. Chandler, Wheler, Spon, Le Roy, M. de Choiseul, n'ont point visité Sparte; M. Fauvel et quelques Anglais ont dernièrement pénétré jusqu'à cette ville célèbre, mais ils n'ont point encore publié le résultat de leurs travaux. La peinture de Jérusalem et de la mer Morte est également fidèle. L'église du Saint-Sépulcre, la Voie douloureuse (*Via dolorosa*), sont telles que je les représente. Le fruit que mon héroïne cueille au bord de la mer Morte, et dont on a nié l'existence, se trouve partout à deux ou trois lieues au midi de Jéricho; l'arbre qui le porte est une espèce de citronnier. J'ai moi-même apporté plusieurs de ces fruits en France[2].

Voilà ce que j'ai fait pour rendre *les Martyrs* un peu moins indignes de l'attention publique. Heureux si le souffle poétique qui anime les ruines d'Athènes et de Jérusalem se fait sentir dans mon ouvrage! Je n'ai point parlé de mes études et de mes voyages par une vaine ostentation, mais pour montrer la juste défiance que j'ai de mes talents, et les soins que je prends d'y suppléer par tous les moyens qui sont à ma disposition. On doit voir aussi dans ces travaux mon respect pour le public, et l'importance que j'attache à tout ce qui concerne de près ou de loin les intérêts de la religion.

Il ne me reste plus qu'à parler du genre de cet ouvrage. Je ne prendrai aucun parti dans une question si longtemps débattue; je me contenterai de rapporter les autorités.

On demande s'il peut y avoir des poëmes en prose? question qui, au fond, pourrait bien n'être qu'une dispute de mots.

Aristote, dont les jugements sont des lois, dit positivement que l'épopée peut être écrite *en prose ou en vers*.

Ἡ δὲ ἐποποιία μόνον τοῖς λόγοις ψιλοῖς, ἢ τοῖς μέτροις [3].

Et, ce qu'il y a de remarquable, c'est qu'il donne au vers homérique, ou vers simple, un nom qui le rapproche de la prose, ψιλομετρία, comme il dit de la prose poétique ψιλοὶ λόγοι.

Denys d'Halicarnasse, dont l'autorité est également respectée, dit :

« Il est possible qu'un discours en prose ressemble à un beau poëme ou à de doux vers;
« un poëme et des chants lyriques peuvent ressembler à une prose oratoire. »

Πῶς γράφεται λέξις ἄμετρος ὁμοία καλῷ ποιήματι ἢ μέλει, καὶ πῶς ποίημα γε ἢ μέλος πεζῇ λέξει καλῇ παραπλήσιον [3].

---

[1] Coronelli, Pellegrin, La Guilletière, et plusieurs autres Vénitiens, ont parlé de Lacédémone, mais de la manière la plus vague et la moins satisfaisante. M. de Pouqueville, excellent pour tout ce qu'il a vu, paraît avoir été trompé sur Misitra, qui n'est point Sparte. Misitra est bâtie à deux lieues de l'Eurotas, sur une croupe du Taygète. Les ruines de Sparte se trouvent à un village appelé Magoula.

[2] Ce voyage, uniquement entrepris pour voir et peindre les lieux où je voulais placer la scène des *Martyrs*, m'a nécessairement fourni une foule d'observations étrangères à mon sujet : j'ai recueilli des faits importants sur la géographie de la Grèce, sur l'emplacement de Sparte, sur Argos, Mycènes, Corinthe, Athènes, etc. Pergame, dans la Mysie, Jérusalem, la mer Morte, l'Égypte, Carthage, dont les ruines sont beaucoup plus curieuses qu'on ne le croit généralement, occupent une partie considérable de mon journal. Ce journal, dépouillé des descriptions qui se trouvent dans *les Martyrs*, pourrait encore avoir quelque intérêt. Je le publierai peut-être un jour, sous le titre d'*Itinéraire de Paris à Jérusalem et de Jérusalem à Paris*, en passant par la Grèce, et revenant par l'Égypte, la Barbarie et l'Espagne.

[3] Arist., *de Art. poet.*, pag. 2. Paris, 1645, in-8°.

[4] Dion. Halic., tome II, pag. 51, cap. xxv.

Le même auteur cite des vers charmants de Simonide sur Danaé, et il ajoute:
« Ces vers paraissent tout à fait semblables à une belle prose[1]. »
Strabon confond de la même manière les vers et la prose[2].

Le siècle de Louis XIV, nourri de l'antiquité, paraît avoir adopté le même sentiment sur l'épopée en prose. Lorsque le *Télémaque* parut, on ne fit aucune difficulté de lui donner le nom de poëme. Il fut connu d'abord sous le titre des *Aventures de Télémaque*, ou Suite du IVe livre de *l'Odyssée*. Or, la suite d'un poëme ne peut être qu'un poëme. Boileau, qui, d'ailleurs, juge le *Télémaque* avec une rigueur que la postérité n'a point sanctionnée, le compare à *l'Odyssée*, et appelle Fénelon un poëte.

« Il y a, dit-il, de l'agrément dans ce livre, et une imitation de *l'Odyssée* que j'approuve
« fort. L'avidité avec laquelle on le lit fait bien voir que si l'on traduisait Homère en
« beaux mots, il ferait l'effet qu'il doit faire et qu'il a toujours fait. . . . . Le Mentor du
« *Télémaque* dit de fort bonnes choses, quoique un peu hardies; et enfin M. de Cambrai
« me paraît beaucoup meilleur *poëte* que théologien[3]. »

Dix-huit mois après la mort de Fénelon, Louis de Sacy, donnant son approbation à une édition du *Télémaque*, appelle cet ouvrage *un poëme épique, quoique en prose*.

Ramsay lui donne le même nom.

L'abbé de Chanterac, cet ami intime de Fénelon, écrivant au cardinal Gabrieli, s'exprime de la sorte :

« Notre prélat avait autrefois composé cet ouvrage (le *Télémaque*) en suivant le même
« plan qu'Homère dans son *Iliade* et son *Odyssée*, ou Virgile dans son *Énéide*. Ce livre
« pourrait être regardé comme un poëme : il n'y manque que le rhythme. L'auteur avait
« voulu lui donner le *charme et l'harmonie du style poétique*[4]. »

Enfin, écoutons Fénelon lui-même :

« Pour *Télémaque*, c'est une narration fabuleuse en forme de poëme héroïque, comme
« ceux d'Homère et de Virgile[5]. »

Voilà qui est formel[6].

Faydit[7] et Gueudeville[8] furent les premiers critiques qui contestèrent au *Télémaque* le titre de poëme contre l'autorité d'Aristote et de leur siècle : c'est un fait assez singulier. Depuis cette époque, Voltaire et La Harpe ont déclaré qu'il n'y avait point de poëme en

---

[1] Dion. Halic., tom. II, pag. 60.
[2] Strab., lib. 1, pag. 12, fol. 1597.
[3] *Lettres de Boileau et de Brossette*, tom. I, pag. 46.
[4] *Histoire de Fénelon*, par M. de Beausset, tom. II, pag. 491.
[5] Ibid., pag. 496, *Manuscrits de Fénelon*.
[6] A ces autorités, je joindrai ici celle de Blair : elle n'est pas sans appel pour des Français; mais elle constate l'opinion des étrangers sur le *Télémaque*; elle est d'un très-grand poids dans tout ce qui concerne la littérature ancienne; et enfin le docteur Blair est de tous les critiques anglais celui qui se rapproche le plus de notre goût et de nos jugements littéraires.

« In reviewing the epic poets, it were unjust to make no mention of the amiable author of the *Adventures of Telemachus*. His work, though not composed in verse, is justly entitled to be held a proem. The measured poetical prose in which it is written, is remarkably harmonious; and gives the style nearly as much elevation as the french language is capable of supporting, even in regular verses. »

« En passant en revue les poëtes épiques, il serait injuste de ne pas faire mention de l'aimable
« auteur des *Aventures de Télémaque*. Quoique son ouvrage ne soit pas composé en vers, on peut,
« à juste titre, le regarder comme un poëme. La prose poétique et mesurée du *Télémaque* est
« singulièrement harmonieuse, et elle donne au style presque autant d'élévation que la langue fran-
« çaise peut en supporter, même en vers*. »

[7] *La Télémacomanie*.
[8] *Critique générale du Télémaque*.

* Lect. on Rhet., by H. Blair, tom. III, pag. 276.

prose : ils étaient fatigués et dégoûtés par les imitations que l'on avait faites du *Télémaque*. Mais cela est-il bien juste? Parce qu'on fait tous les jours de mauvais vers, faut-il condamner tous les vers? et n'y a-t-il pas des épopées en vers d'un ennui mortel?

Si le *Télémaque* n'est pas un poëme, que sera-t-il? Un roman? Certainement le *Télémaque* diffère encore plus du roman que du poëme, dans le sens où nous entendons aujourd'hui ces deux mots.

Voilà l'état de la question : je laisse la décision aux habiles. Je passerai, si l'on veut, condamnation sur le genre de mon ouvrage; je répéterai volontiers ce que j'ai dit dans la préface d'*Atala* : vingt beaux vers d'Homère, de Virgile ou de Racine, seront toujours incomparablement au-dessus de la plus belle prose du monde. Après cela, je prie les poëtes de me pardonner d'avoir invoqué les Filles de Mémoire pour m'aider à chanter *les Martyrs*. Platon, cité par Plutarque, dit qu'il emprunte le nombre à la poésie, comme un char pour s'envoler au ciel. J'aurais bien voulu monter aussi sur ce char, mais j'ai peur que la divinité qui m'inspire ne soit une de ces Muses inconnues sur l'Hélicon, qui n'ont point d'ailes, et qui vont à pied, comme dit Horace, *Musa pedestris*.

LES MARTYRS

LIVRE PREMIER

SOMMAIRE.

Invocation. Exposition. Dioclétien tient les rênes de l'empire romain. Sous le gouvernement de ce prince, les temples du vrai Dieu commencent à disputer l'encens aux temples des idoles. L'enfer se prépare à livrer un dernier combat pour renverser les autels du Fils de l'Homme. L'Éternel permet aux démons de persécuter l'Église, afin d'éprouver les fidèles ; mais les fidèles sortiront triomphants de cette épreuve ; l'étendard du salut sera placé sur le trône de l'univers ; le monde devra cette victoire à deux victimes que Dieu a choisies. Quelles sont ces victimes ? Apostrophe à la Muse qui les va faire connaître. Famille d'Homère. Démodocus, dernier descendant des Homérides, prêtre d'Homère au temple de ce poëte, sur le mont Ithome, en Messénie. Description de la Messénie. Démodocus consacre au culte des Muses sa fille unique, Cymodocée, afin de la dérober aux poursuites d'Hiéroclès, proconsul d'Achaïe et favori de Galérius. Cymodocée va seule avec sa nourrice à la fête de Diane-Limnatide : elle s'égare ; elle rencontre un jeune homme endormi au bord d'une fontaine. Eudore reconduit Cymodocée chez Démodocus. Démodocus part avec sa fille pour aller offrir des présents à Eudore, et remercier la famille de Lasthénès.

Je veux raconter les combats des chrétiens et la victoire que les fidèles remportèrent sur les esprits de l'abîme par les efforts glorieux de deux époux martyrs.

Muse céleste, vous qui inspirâtes le poëte de Sorrente et l'aveugle d'Albion ; vous qui placez votre trône solitaire sur le Thabor ; vous qui vous plaisez aux pensées sévères, aux méditations graves et sublimes, j'implore à présent votre secours. Enseignez-moi sur la harpe de David les chants que je dois faire entendre ; donnez surtout à mes yeux quelques-unes de ces larmes que Jérémie versait sur les malheurs de Sion : je vais dire les douleurs de l'Église persécutée!

Et toi, vierge du Pinde, fille ingénieuse de la Grèce, descends à ton tour du sommet de l'Hélicon : je ne rejetterai point les guirlandes de fleurs dont tu couvres les tombeaux, ô riante divinité de la Fable, toi qui n'as pu faire de la mort et du malheur même une chose sérieuse! Viens, Muse des mensonges, viens lutter avec la

Muse des vérités. Jadis on lui fit souffrir en ton nom des maux cruels : orne aujourd'hui son triomphe par ta défaite, et confesse qu'elle était plus digne que toi de régner sur la lyre.

Neuf fois l'Église de Jésus-Christ avait vu les esprits de l'abîme conjurés contre elle ; neuf fois ce vaisseau, qui ne doit point périr, était échappé au naufrage. La terre reposait en paix. Dioclétien tenait dans ses mains habiles le sceptre du monde. Sous la protection de ce grand prince, les chrétiens jouissaient d'une tranquillité qu'ils n'avaient point connue jusqu'alors. Les autels du vrai Dieu commençaient à disputer l'encens aux autels des idoles ; le troupeau des fidèles augmentait chaque jour ; les honneurs, les richesses et la gloire n'étaient plus le seul partage des adorateurs de Jupiter : l'enfer, menacé de perdre son empire, voulut interrompre le cours des victoires célestes. L'Éternel, qui voyait les vertus des chrétiens s'affaiblir dans la prospérité, permit aux démons de susciter une persécution nouvelle ; mais, par cette dernière et terrible épreuve, la croix devait être enfin placée sur le trône de l'univers, et les temples des faux dieux allaient rentrer dans la poudre.

Comment l'antique ennemi du genre humain fit-il servir à ses projets les passions des hommes et surtout l'ambition et l'amour? Muse, daignez m'en instruire. Mais, auparavant, faites-moi connaître la vierge innocente et le pénitent illustre qui brillèrent dans ce jour de triomphe et de deuil : l'une fut choisie du ciel chez les idolâtres, l'autre parmi le peuple fidèle, pour être les victimes expiatoires des chrétiens et des gentils.

Démodocus était le dernier descendant d'une de ces familles Homérides qui habitaient autrefois l'île de Chio, et qui prétendaient tirer leur origine d'Homère. Ses parents l'avaient uni, dans sa jeunesse, à la fille de Cléobule de Crète, Épicharis, la plus belle des vierges qui dansaient sur les gazons fleuris, au pied du mont Talée, chéri de Mercure. Il avait suivi son épouse à Gortynes, ville bâtie par le fils de Rhadamante, au bord du Léthé, non loin du platane qui couvrit les amours d'Europe et de Jupiter. Après que la lune eut éclairé neuf fois les antres des Dactyles, Épicharis alla visiter ses troupeaux sur le mont Ida. Saisie tout à coup des douleurs maternelles, elle mit au jour Cymodocée, dans le bois sacré où les trois vieillards de Platon s'étaient assis pour discourir sur les lois : les augures déclarèrent que la fille de Démodocus deviendrait célèbre par sa sagesse.

Bientôt après, Épicharis perdit la douce lumière des cieux. Alors Démodocus ne vit plus les eaux du Léthé qu'avec douleur ; toute sa consolation était de prendre sur ses genoux le fruit unique de son hymen, et de regarder, avec un sourire mêlé de larmes, cet astre charmant qui lui rappelait la beauté d'Épicharis.

Or, dans ce temps-là, les habitants de la Messénie faisaient élever un temple à Homère; ils proposèrent à Démodocus d'en être le grand prêtre. Démodocus accepta leur offre avec joie, content d'abandonner un séjour que la colère céleste lui avait rendu insupportable. Il fit un sacrifice aux mânes de son épouse, aux fleuves nés de Jupiter, aux nymphes hospitalières de l'Ida, aux divinités protectrices de Gortynes, et il partit avec sa fille, emportant ses pénates et une petite statue d'Homère.

Poussé par un vent favorable, son vaisseau découvre bientôt le promontoire du Ténare, et suivant les côtes d'OEtylos, de Thalames et de Leuctres, il vient jeter l'ancre à l'ombre du bois de Chœrius. Les Messéniens, peuple instruit par le malheur, reçurent Démodocus comme le descendant d'un dieu. Ils le conduisirent en triomphe au sanctuaire consacré à son divin aïeul.

On y voyait le poëte représenté sous la figure d'un grand fleuve, où d'autres fleuves venaient remplir leurs urnes. Le temple dominait la ville d'Épaminondas; il était bâti dans un vieux bois d'oliviers, sur le mont Ithome, qui s'élève isolé, comme un vase d'azur, au milieu des champs de la Messénie. L'oracle avait ordonné de creuser les fondements de l'édifice au même lieu qu'Aristomène avait choisi pour enterrer l'urne d'airain à laquelle le sort de sa patrie était attaché. La vue s'étendait au loin sur des campagnes plantées de hauts cyprès, entrecoupées de collines, et arrosées par les flots de l'Amphise, du Pamysus et du Balyra, où l'aveugle Tamyris laissa tomber sa lyre. Le laurier-rose et l'arbuste aimé de Junon bordaient de toutes parts le lit des torrents et le cours des sources et des fontaines : souvent, au défaut de l'onde épuisée, ces buissons parfumés dessinaient dans les vallons comme des ruisseaux de fleurs, et remplaçaient la fraîcheur des eaux par celle de l'ombre. Des cités, des monuments des arts, des ruines, se montraient dispersés çà et là sur le tableau champêtre : Andanies témoin des pleurs de Mérope, Tricca qui vit naître Esculape, Gérénie qui conserve le tombeau de Machaon, Phères, où le prudent Ulysse reçut d'Iphitus l'arc fatal aux amants de Pénélope, et Stényclare retentissant des chants de Tyrtée. Ce beau pays, jadis soumis au sceptre de l'antique Nélée, présentait ainsi, du haut de l'Ithome et du péristyle du temple d'Homère, une corbeille de verdure de plus de huit cents stades de tour. Entre le couchant et le midi, la mer de Messénie formait une brillante barrière; à l'orient et au septentrion, la chaîne du Taygète, les sommets du Lycée et les montagnes de l'Élide arrêtaient les regards. Cet horizon, unique sur la terre, rappelait le triple souvenir de la vie guerrière, des mœurs pastorales et des fêtes d'un peuple qui comptait les malheurs de son histoire par les époques de ses plaisirs.

Quinze ans s'étaient écoulés depuis la dédicace du temple. Démodocus vivait paisiblement retiré à l'autel d'Homère. Sa fille Cymodocée croissait sous ses yeux, comme un jeune olivier qu'un jardinier élève avec soin au bord d'une fontaine, et qui est l'amour de la terre et du ciel. Rien n'aurait troublé la joie de Démodocus s'il avait pu trouver pour sa fille un époux qui l'eût traitée avec toute sorte d'égards, après l'avoir emmenée dans une maison pleine de richesses; mais aucun gendre n'osait se présenter, parce que Cymodocée avait eu le malheur d'inspirer de l'amour à Hiéroclès, proconsul d'Achaïe et favori de Galérius. Hiéroclès avait demandé Cymodocée pour épouse; la jeune Messénienne avait supplié son père de ne point la livrer à ce Romain impie, dont le seul regard la faisait frémir. Démodocus avait aisément cédé aux prières de sa fille : il ne pouvait confier le sort de Cymodocée à un barbare soupçonné de plusieurs crimes, et qui, par des traitements inhumains, avait précipité une première épouse au tombeau.

Ce refus, en blessant l'orgueil du proconsul, n'avait fait qu'irriter sa passion : il avait résolu d'employer, pour saisir sa proie, tous les moyens que donne la puissance unie à la perversité. Démodocus, afin de dérober sa fille à l'amour d'Hiéroclès, l'avait consacrée aux Muses. Il l'instruisait de tous les usages des sacrifices : il lui montrait à choisir la génisse sans tache, à couper le poil sur le front des taureaux, à le jeter dans le feu, à répandre l'orge sacrée; il lui apprenait surtout à toucher la lyre, charme des infortunés mortels. Souvent assis avec cette fille chérie sur un rocher élevé, au bord de la mer, ils chantaient quelques morceaux choisis de *l'Iliade* et de *l'Odyssée* : la tendresse d'Andromaque, la sagesse de Pénélope, la modestie de Nausicaa; ils disaient les maux qui sont le partage des enfants de la terre : Agamemnon sacrifié par son épouse, Ulysse demandant l'aumône à la porte de son palais; ils s'attendrissaient sur le sort de celui qui meurt loin de sa patrie, sans avoir revu la fumée de ses foyers paternels : et vous aussi, jeunes hommes, ils vous plaignaient, vous qui gardiez les troupeaux des rois vos pères, et qu'une occupation si innocente ne put sauver des terribles mains d'Achille !

Nourrie des plus beaux souvenirs de l'antiquité dans la docte familiarité des Muses, Cymodocée développait chaque jour de nouveaux charmes. Démodocus, consommé dans la sagesse, cherchait à tempérer cette éducation toute divine, en inspirant à sa fille le goût d'une aimable simplicité. Il aimait à la voir quitter son luth pour aller remplir une urne à la fontaine, ou laver les voiles du temple au courant d'un fleuve. Pendant les jours de l'hiver, lorsque, adossée contre une colonne, elle tournait ses fuseaux à la lueur d'une flamme éclatante, il lui disait :

« Cymodocée, j'ai cherché dès ton enfance à t'enrichir de vertus et de tous les dons des Muses, car il faut traiter notre âme, à son arrivée dans notre corps, comme un céleste étranger que l'on reçoit avec des parfums et des couronnes. Mais, ô fille d'Épicharis, craignons l'exagération, qui détruit le bon sens : prions Minerve de nous accorder la raison, qui produira dans notre naturel cette modération, sœur de la vérité, sans laquelle tout est mensonge. »

Ainsi, de belles images et de sages propos charmaient et instruisaient Cymodocée. Quelque chose des Muses auxquelles elle était consacrée avait passé sur son visage, dans sa voix et dans son cœur. Quand elle baissait ses longues paupières, dont l'ombre se dessinait sur la blancheur de ses joues, on eût cru voir la sérieuse Melpomène ; mais, quand elle levait les yeux, vous l'eussiez prise pour la riante Thalie. Ses cheveux noirs ressemblaient à la fleur d'hyacinthe, et sa taille au palmier de Délos. Un jour elle était allée au loin cueillir le dictame avec son père. Pour découvrir cette plante précieuse, ils avaient suivi une biche blessée par un archer d'Œchalie ; on les aperçut sur le sommet des montagnes : le bruit se répandit aussitôt que Nestor et la plus jeune de ses filles, la belle Polycaste, étaient apparus à des chasseurs dans les bois d'Ira.

La fête de Diane-Limnatide approchait, et l'on se préparait à conduire la pompe accoutumée sur les confins de la Messénie et de la Laconie. Cette pompe, cause funeste des guerres antiques de Lacédémone et de Messène, n'attirait plus que de paisibles spectateurs. Cymodocée fut choisie des vieillards pour conduire le chœur des jeunes filles qui devaient présenter les offrandes à la chaste sœur d'Apollon. Dans la naïveté de sa joie, elle s'applaudissait de ces honneurs, parce qu'ils rejaillissaient sur son père : pourvu qu'il entendît les louanges qu'on donnait à sa fille, qu'il touchât les couronnes qu'elle avait gagnées, il ne demandait pas d'autre gloire ni d'autre bonheur.

Démodocus, retenu par un sacrifice qu'un étranger était venu offrir à Homère, ne put accompagner sa fille à Limné. Elle se rendit seule à la fête avec sa nourrice Euryméduse, fille d'Alcimédon de Naxos. Le vieillard était sans inquiétude, parce que le proconsul d'Achaïe se trouvait alors à Rome auprès de César Galérius. Le temple de Diane s'élevait à la vue du golfe de Messénie, sur une croupe du Taygète, au milieu d'un bois de pins, aux branches desquels les chasseurs avaient suspendu la dépouille des bêtes sauvages. Les murs de l'édifice avaient reçu du temps cette couleur de feuilles séchées que le voyageur observe encore aujourd'hui dans les ruines de Rome et d'Athènes. La statue de Diane, placée sur un autel au milieu du temple, était le chef-d'œuvre d'un sculpteur célèbre. Il avait représenté la fille de Latone debout, un pied en avant, saisissant de la main droite une flèche dans son carquois suspendu à ses épaules, tandis que la biche Cérynide, aux cornes d'or et aux pieds d'airain, se réfugiait sous l'arc que la déesse tenait dans sa main gauche abaissée.

Au moment où la lune, au milieu de sa course, laissa tomber ses rayons sur le temple, Cymodocée, à la tête de ses compagnes, égales en nombre aux nymphes Océanies, entonna l'hymne à la Vierge Blanche. Une troupe de chasseurs répondait à la voix des jeunes filles :

« Formez, formez la danse légère! Doublez, ramenez le chœur, le « chœur sacré!

« Diane, souveraine des forêts, recevez les vœux que vous offrent « des vierges choisies, des enfants chastes, instruits par les vers de « la Sibylle. Vous naquîtes sous un palmier, dans la flottante Délos. » Pour charmer les douleurs de Latone, des cygnes firent sept fois « en chantant le tour de l'île harmonieuse. Ce fut en mémoire de « leurs chants que votre divin frère inventa les sept cordes de la « lyre.

« Formez, formez la danse légère! Doublez, ramenez le chœur, le « chœur sacré!

« Vous aimez les rives des fleuves, l'ombrage des bois, les forêts « du Cragus verdoyant, du frais Algide et du sombre Érymanthe. « Diane, qui portez l'arc redoutable; Lune, dont la tête est ornée du « croissant; Hécate, armée du serpent et du glaive, faites que la jeu- « nesse ait des mœurs pures, la vieillesse, du repos, et la race de « Nestor, des fils, des richesses et de la gloire!

« Formez, formez la danse légère! Doublez, ramenez le chœur, le « chœur sacré! »

En achevant cet hymne, les jeunes filles ôtèrent leurs couronnes de laurier, et les suspendirent à l'autel de Diane, avec les arcs des chasseurs. Un cerf blanc fut immolé à la reine du silence. La foule se sépara, et Cymodocée, suivie de sa nourrice, prit un sentier qui la devait conduire chez son père.

C'était une de ces nuits dont les ombres transparentes semblent craindre de cacher le beau ciel de la Grèce : ce n'étaient point des ténèbres, c'était seulement l'absence du jour. L'air était doux comme le lait et le miel, et l'on sentait à le respirer un charme inexprimable. Les sommets du Taygète, les promontoires opposés de Colonides et d'Acritas, la mer de Messénie, brillaient de la plus tendre lumière; une flotte ionienne baissait ses voiles pour entrer au port de Coronée, comme une troupe de colombes passagères ploie ses ailes pour se reposer sur un rivage hospitalier; Alcyon gémissait doucement sur son nid, et le vent de la nuit apportait à Cymodocée les parfums du dictame et la voix lointaine de Neptune; assis dans la vallée, le berger contemplait la lune au milieu du brillant cortége des étoiles, et il se réjouissait dans son cœur.

La jeune prêtresse des Muses marchait en silence le long des montagnes. Ses yeux erraient avec ravissement sur ces retraites enchantées, où les anciens avaient placé le berceau de Lycurgue et celui de Jupiter, pour enseigner que la religion et les lois doivent marcher ensemble et n'ont qu'une même origine. Remplie d'une frayeur religieuse, chaque mouvement, chaque bruit devenait pour elle un prodige; le vague murmure des mers était le sourd rugissement des lions de Cybèle descendue dans le bois d'Œchalie; et les rares gémissements du ramier étaient les sons du cor de Diane chassant sur les hauteurs de Thuria.

Elle avance, et d'aimables souvenirs, en remplaçant ses craintes, viennent occuper sa mémoire; elle se rappelle les antiques traditions de l'île fameuse où elle reçut la lumière : le Labyrinthe, dont la danse des jeunes Crétoises imitait encore les détours, l'ingénieux Dédale, l'imprudent Icare, Idoménée et son fils, et surtout les deux sœurs infortunées, Phèdre et Ariadne. Tout à coup elle s'aperçoit qu'elle a perdu le sentier de la montagne et qu'elle n'est plus suivie de sa nourrice : elle pousse un cri qui se perd dans les airs; elle implore les dieux des forêts, les napées, les dryades; ils ne répondent point à sa voix, et elle croit que ces divinités absentes sont rassemblées dans les vallons du Ménale, où les Arcadiens leur offrent des sacrifices solennels. Cymodocée entendit le bruit des eaux : aussitôt elle court se mettre sous la protection de la naïade jusqu'au retour de l'aurore.

Une source d'eau vive, environnée de hauts peupliers, tombait à grands flots d'une roche élevée; au-dessus de cette roche, on voyait un autel dédié aux nymphes, où les voyageurs offraient des vœux et des sacrifices. Cymodocée allait embrasser l'autel et supplier la divinité de ce lieu de calmer les inquiétudes de son père, lorsqu'elle aperçut un jeune homme qui dormait appuyé contre un rocher. Sa tête inclinée sur sa poitrine, et penchée sur son épaule gauche, était un peu soutenue par le bois d'une lance ; sa main, jetée négligemment sur cette lance, tenait à peine la laisse d'un chien qui semblait prêter l'oreille à quelque bruit ; la lumière de l'astre de la nuit, passant entre les branches de deux cyprès, éclairait le visage du chasseur : tel un successeur d'Apelles a représenté le sommeil d'Endymion. La fille de Démodocus crut, en effet, que ce jeune homme était l'amant de la reine des forêts : une plainte du zéphyr lui parut être un soupir de la déesse, et elle prit un rayon fugitif de la lune dans le bocage pour le bord de la tunique blanche de Diane qui se retirait. Épouvantée, craignant d'avoir troublé les mystères, Cymodocée tombe à genoux et s'écrie :

« Redoutable sœur d'Apollon, épargnez une vierge imprudente; ne
« la percez pas de vos flèches! Mon père n'a qu'une fille, et jamais
« ma mère, déjà tombée sous vos coups, ne fut orgueilleuse de ma
« naissance ! »

A ces cris le chien aboie, le chasseur se réveille. Surpris de voir cette jeune fille à genoux, il se lève précipitamment :

« Comment! dit Cymodocée confuse et toujours à genoux, est-ce que tu n'es pas le chasseur Endymion? »

« Et vous, dit le jeune homme non moins interdit, est-ce que vous n'êtes pas un ange? »

« Un ange ! » reprit la fille de Démodocus.

Alors l'étranger, plein de trouble :

« Femme, levez-vous ; on ne doit se prosterner que devant Dieu. »

Après un moment de silence, la prêtresse des Muses dit au chasseur :

« Si tu n'es pas un dieu caché sous la forme d'un mortel, tu es sans doute un étranger que les satyres ont égaré comme moi dans les bois. Dans quel port est entré ton vaisseau? Viens-tu de Tyr, si célèbre par la richesse de ses marchands? Viens-tu de la charmante Corinthe, où tes hôtes t'auront fait de riches présents? Es-tu de ceux qui trafiquent sur les mers jusqu'aux colonnes d'Hercule? Suis-tu le cruel Mars dans les combats, ou plutôt n'es-tu pas le fils d'un de ces mortels jadis décorés du sceptre, qui régnaient sur un pays fertile en troupeaux et chéri des dieux ? »

L'étranger répondit :

« Il n'y a qu'un Dieu, maître de l'univers, et je ne suis qu'un homme plein de trouble et de faiblesse. Je m'appelle Eudore ; je suis fils de Lasthénès. Je revenais de Thalames, je retournais chez mon père ; la nuit m'a surpris : je me suis endormi au bord de cette fontaine. Mais vous, comment êtes-vous seule ici? Que le ciel vous conserve la pudeur, la plus belle des craintes après celle de Dieu! »

Le langage de cet homme confondait Cymodocée. Elle sentait devant lui un mélange d'amour et de respect, de confiance et de frayeur. La gravité de sa parole et la grâce de sa personne formaient à ses yeux un contraste extraordinaire. Elle entrevoyait comme une nouvelle espèce d'hommes, plus noble et plus sérieuse que celle qu'elle avait connue jusqu'alors. Croyant augmenter l'intérêt qu'Eudore paraissait prendre à son malheur, elle lui dit :

« Je suis fille d'Homère aux chants immortels. »

L'étranger se contenta de répliquer :

« Je connais un plus beau livre que le sien. »

Déconcertée par la brièveté de cette réponse, Cymodocée dit en elle-même :

« Ce jeune homme est de Sparte. »

Puis elle raconta son histoire. Le fils de Lasthénès dit :

« Je vais vous reconduire chez votre père. »

Et il se mit à marcher devant elle.

La fille de Démodocus le suivait; on entendait le frémissement de de son haleine, car elle tremblait. Pour se rassurer un peu, elle essaya de parler : elle hasarda quelques mots sur les charmes de la Nuit sacrée, épouse de l'Érèbe, et mère des Hespérides et de l'Amour. Mais son guide l'interrompant :

« Je ne vois que des astres qui racontent la gloire du Très-Haut. »

Ces paroles jetèrent de nouveau la confusion dans le cœur de la prêtresse des Muses. Elle ne savait plus que penser de cet inconnu, qu'elle avait pris d'abord pour un immortel. Était-ce un impie qui errait la nuit sur la terre, haï des hommes et poursuivi par les dieux? Était-ce un pirate descendu de quelque vaisseau pour ravir les enfants à leurs pères? Cymodocée commençait à sentir une vive frayeur, qu'elle n'osait toutefois laisser paraître. Son étonnement n'eut plus de bornes lorsqu'elle vit son guide s'incliner devant un esclave délaissé qu'ils trouvèrent au bord d'un chemin, l'appeler son frère et lui donner son manteau pour couvrir sa nudité.

« Étranger, dit la fille de Démodocus, tu as cru sans doute que cet esclave était quelque dieu caché sous la figure d'un mendiant pour éprouver le cœur des mortels?

« Non, répondit Eudore, j'ai cru que c'était un homme. »

Cependant un vent frais se leva du côté de l'orient. L'aurore ne tarda pas à paraître. Bientôt sortant des montagnes de la Laconie, sans nuage et dans une simplicité magnifique, le soleil agile et rayonnant monta dans les cieux. A l'instant même, s'élançant d'un bois voisin, Euryméduse, les bras ouverts, se précipite vers Cymodocée.

« O ma fille! s'écrie-t-elle, quelle douleur tu m'as causée! J'ai rempli l'air de mes sanglots. J'ai cru que Pan t'avait enlevée. Ce dieu dangereux est toujours errant dans les forêts; et quand il a dansé avec le vieux Sylène, rien ne peut égaler son audace. Comment aurais-je pu reparaître sans toi devant mon cher maître! Hélas! j'étais encore dans ma première jeunesse, lorsque, me jouant sur le rivage de Naxos, ma patrie, je fus tout à coup enlevée par une troupe de ces hommes qui parcourent l'empire de Thétys à main armée, et qui font un riche butin! Ils me vendirent à un port de Crète, éloigné de Gortynes de tout l'espace qu'un homme, en marchant avec vitesse, peut parcourir entre la troisième veille et le milieu du jour. Ton père était venu à Lébène pour échanger des blés de Théodosie contre les tapis de Milet. Il m'acheta des mains des pirates : le prix fut deux taureaux qui n'avaient pas encore tracé les sillons de Cérès. Dans la nuit, ayant reconnu ma fidélité, il me plaça aux portes de sa chambre nuptiale. Lorsque les cruelles Ilythyes eurent fermé les yeux d'Épicharis, Démodocus te remit entre mes bras afin que je te servisse de mère. Que de peines ne m'as-tu point causées dans ton enfance! Je passais les nuits auprès de ton berceau, je te balançais sur mes genoux; tu ne voulais prendre de nourriture que de ma main, et quand je te quittais un instant, tu poussais des cris. »

En prononçant ces mots, Euryméduse serrait Cymodocée dans ses bras, et ses larmes mouillaient la terre. Cymodocée, attendrie par les caresses de sa nourrice, l'embrassait aussi en pleurant; elle disait :

« Ma mère, c'est Eudore, le fils de Lasthénès. »

Le jeune homme, appuyé sur sa lance, regardait cette scène avec un sourire; le sérieux naturel de son visage avait fait place à un doux attendrissement. Mais tout à coup rappelant sa gravité :

« Fille de Démodocus, dit-il, voilà votre nourrice; l'habitation de votre père n'est pas éloignée. Que Dieu ait pitié de votre âme! »

Sans attendre la réponse de Cymodocée, il part comme un aigle. La prêtresse des Muses, instruite dans l'art des augures, ne douta plus que le chasseur ne fût un des immortels : elle détourna la tête, dans la crainte de voir le dieu et de mourir. Ensuite elle se hâta de gravir le mont Ithome, et passant les fontaines d'Arsinoé et de Clepsydra, elle frappe au temple d'Homère. Le vieux pontife avait erré toute la nuit dans les bois; il avait envoyé des esclaves à Leuctres, à Phères, à Limné. L'absence du proconsul d'Achaïe ne suffisait plus pour rassurer la tendresse paternelle : Démodocus craignait à présent les violences d'Hiéroclès, bien que cet impie fût à Rome, et il n'entrevoyait que des maux pour sa chère Cymodocée. Lorsqu'elle arriva avec sa nourrice, ce père malheureux était assis à terre près du foyer ; la tête couverte d'un pan de sa robe, il arrosait les cendres de ses pleurs. A l'apparition subite de sa fille, il est près de mourir de joie. Cymodocée se jette dans ses bras ; et, pendant quelques moments, on n'entendit que des sanglots entrecoupés : tels sont les cris dont retentit le nid des oiseaux lorsque la mère apporte la nourriture à ses petits. Enfin, suspendant ses larmes :

« O mon enfant! dit Démodocus, quel dieu t'a rendue à ton père? Comment t'avais-je laissée aller seule au temple? J'ai craint nos ennemis ; j'ai craint les satellites d'Hiéroclès, qui méprise les dieux et se rit des larmes des pères. Mais j'aurais traversé la mer ; je serais allé me jeter aux pieds de César ; je lui aurais dit : « Rends-moi ma Cymo« docée, ou ôte-moi la vie. » On aurait vu ton père, racontant sa douleur au soleil, et te cherchant par toute la terre, comme Cérès lorsqu'elle redemandait sa fille que Pluton lui avait ravie. La destinée d'un vieillard qui meurt sans enfants est digne de pitié. On s'éloigne de son corps, objet de la dérision de la jeunesse : « Ce vieillard, dit« on, était un impie, les dieux ont retranché sa race ; il n'a pas laissé « de fils pour l'ensevelir. »

Alors Cymodocée, flattant son vieux père de ses belles mains, et caressant sa barbe argentée :

« Mon père, chantre divin des immortels, nous nous sommes égarées dans les bois ; un jeune homme, ou plutôt un dieu, nous a ramenées ici. »

A ces mots, Démodocus se levant, et écartant sa fille de son sein :

« Quoi ! s'écria-t-il, un étranger t'a rendue à ton père, et tu ne l'as pas présenté à nos foyers, toi, prêtresse des Muses et fille d'Homère ! Que fût devenu ton divin aïeul, si l'on n'eût pas mieux exercé envers lui les devoirs de l'hospitalité? Que dira-t-on dans toute la Grèce? Démodocus l'Homéride a fermé sa porte à un suppliant ! Ah! je ne sentirais pas un chagrin plus mortel quand on cesserait de m'appeler le père de Cymodocée! »

Euryméduse voyant le courroux de Démodocus, et voulant excuser Cymodocée :

« Démodocus, dit-elle, mon cher maître, garde-toi de condamner ta fille. Je te parlerai dans toute la sincérité de mon cœur. Si nous n'avons pas invité l'étranger à suivre nos pas, c'est qu'il était jeune et beau comme un immortel, et nous avons craint les soupçons qui s'élèvent trop souvent dans le cœur des enfants de la terre. »

« Euryméduse, repartit Démodocus, quelles paroles sont échappées à tes lèvres! Jusqu'à présent tu n'avais pas paru manquer de sagesse;

mais je vois qu'un dieu a troublé ta raison. Sache que je n'ouvre point mon cœur aux défiances injustes, et je ne hais rien tant que l'homme qui soupçonne toujours le cœur de l'homme. »

Cymodocée conçut alors le dessein d'apaiser Démodocus.

« Pontife sacré, lui dit-elle, calme, je t'en supplie, les transports de ta colère ; la colère, comme la faim, est mère des mauvais conseils. Nous pouvons encore réparer ma faute. Le jeune homme m'a dit son nom. Tu connaîtras peut-être son antique race : il se nomme Eudore, il est fils de Lasthénès. »

La douce persuasion porta ces paroles adroites au fond du cœur de Démodocus : il embrassa tendrement Cymodocée.

« Ma fille, lui dit-il, ce n'est pas en vain que j'ai pris soin d'instruire ta jeunesse : il n'y a point de vierge de ton âge que tu ne surpasses par la solidité de ton esprit ; et les Grâces seules sont plus habiles que toi à broder des voiles. Mais qui pourrait égaler les Grâces, surtout la plus jeune, la divine Pasithée ! Il est vrai, ma fille, je connais la race antique d'Eudore, fils de Lasthénès. Je ne le cède à personne dans la science de la généalogie des dieux et des hommes ; jadis même je n'aurais été vaincu que par Orphée, Linus, Homère, ou le vieillard d'Ascrée : car les hommes d'autrefois étaient très-supérieurs à ceux d'aujourd'hui. Lasthénès est un des principaux habitants de l'Arcadie. Il est issu du sang des dieux et des héros, puisqu'il descend du fleuve Alphée, et qu'il compte parmi ses aïeux le grand Philopœmen et Polybe aimé de Calliope, fille de Saturne et d'Astrée. Il a lui-même triomphé dans les jeux sanglants du dieu de la guerre ; il est chéri de nos princes ; on l'a vu revêtu des plus grandes charges de l'État et de l'armée. Demain, aussitôt que Dicé, Irène et Eunomie, aimables Heures, auront ouvert les portes du jour, nous monterons sur un char, et nous irons offrir des présents à Eudore, dont la renommée publie la sagesse et la valeur. »

En achevant ces mots, Démodocus, suivi de sa fille et d'Euryméduse, entra dans les bâtiments du temple, où brillaient l'ambre, l'airain et l'écaille de tortue. Un esclave, tenant une aiguière d'or et un bassin d'argent, verse une eau pure sur les mains du prêtre d'Homère. Démodocus prend une coupe, la purifie par la flamme, y mêle l'eau et le vin, et répand à terre la libation sacrée, afin d'apaiser les dieux lares. Cymodocée se retire dans son appartement ; et après avoir joui des délices du bain, elle se couche sur des tapis de Lydie, recouverts du fin lin de l'Égypte ; mais elle ne put goûter les dons du sommeil, et ce fut en vain qu'elle pria la Nuit de lui verser la douceur de ses ombres.

L'aube avait à peine blanchi l'orient, qu'on entendit retentir la voix de Démodocus : il appelait ses intelligents esclaves. Aussitôt Évémon, fils de Boëtoüs, ouvre le lieu qui renfermait l'appareil des chars. Il emboîte l'essieu dans des roues bruyantes à huit rayons fortifiés par des bandes d'airain; il suspend un char orné d'ivoire sur des courroies flexibles; il joint le timon au char, et attache à son extrémité le joug éclatant. Hestionée d'Épire, habile à élever les coursiers, amène deux fortes mules d'une blancheur éblouissante; il les conduit bondissantes sous le joug, et achève de les couvrir de leurs harnais étincelants d'or. Euryméduse, pleine de jours et d'expérience, apporte le pain et le vin, la force de l'homme; elle place aussi sur le char le présent destiné au fils de Lasthénès : c'était une coupe de bronze à double fond, merveilleux ouvrage où Vulcain avait gravé le nom d'Hercule délivrant Alceste pour prix de l'hospitalité qu'il avait reçue de son époux. Ajax avait donné cette coupe à Tychius d'Hylé, armurier célèbre, en échange du bouclier recouvert de sept peaux de taureaux, que le fils de Télamon portait au siége de Troie. Un descendant de Tychius recueillit chez lui le chantre d'Ilion, et lui fit présent de la superbe coupe. Homère, étant allé dans l'île de Samos, fut admis aux foyers de Créophyle, et il lui laissa en mourant sa coupe et ses poëmes. Dans la suite, le roi Lycurgue de Sparte, cherchant partout la sagesse, visita les fils de Créophyle : ceux-ci lui offrirent, avec la coupe d'Homère, les vers qu'Apollon avait dictés à ce poëte immortel. A la mort de Lycurgue, le monde hérita des chants d'Homère, mais la coupe fut rendue aux Homérides : elle parvint ainsi à Démodocus, dernier descendant de cette race sacrée, qui la destine aujourd'hui au fils de Lasthénès.

Cependant Cymodocée, dans un chaste asile, laisse couler à ses pieds son vêtement de nuit, mystérieux ouvrage de la pudeur. Elle revêt une robe semblable à la fleur du lis, que les Grâces décentes attachent elles-mêmes autour de son sein. Elle croise sur ses pieds nus des bandelettes légères, et rassemble sur sa tête, avec une aiguille d'or, les tresses parfumées de ses cheveux. Sa nourrice lui apporte le voile blanc des Muses, qui brillait comme le soleil, et qui était placé sous tous les autres dans une cassette odorante. Cymodocée couvre sa tête de ce tissu virginal, et sort pour aller trouver son père. Dans ce moment même le vieillard s'avançait, vêtu d'une longue robe que rattachait une ceinture ornée de franges de pourpre, de la valeur d'une hécatombe. Il portait sur sa tête une couronne de papyrus, et tenait à la main le rameau sacré d'Apollon. Il monte sur le char, et Cymodocée s'assied à ses côtés. Évémon saisit les rênes, et presse du fouet retentissant le flanc des mules sans tache. Les mules s'élancent, et les roues rapides marquent à peine sur la poussière la trace qu'un léger vaisseau laisse en fuyant sur les mers.

« O ma fille, dit le pieux Démodocus, tandis que le char vole, nous préserve le ciel de manquer de reconnaissance! Les portes des enfers sont moins odieuses à Jupiter que les ingrats : ils vivent peu, et sont toujours livrés à une furie : mais une divinité favorable se tient toujours auprès de ceux qui ne perdent point la mémoire des bienfaits : les dieux voulurent naître parmi les Égyptiens, parce qu'ils sont les plus reconnaissants des hommes. »

LIVRE DEUXIÈME

SOMMAIRE.

Arrivée de Démodocus et de Cymodocée en Arcadie. Rencontre d'un vieillard au tombeau d'Aglaüs de Psophis; ce vieillard conduit Démodocus au champ où la famille de Lasthénès fait la moisson. Cymodocée reconnaît Eudore. Démodocus découvre que la famille de Lasthénès est chrétienne. On retourne chez Lasthénès. Mœurs chrétiennes. Prière du soir. Arrivée de Cyrille, confesseur et martyr, évêque de Lacédémone. Il vient prier Eudore de lui raconter ses aventures. Repas du soir. La famille et les étrangers vont, après le repas, s'asseoir dans le verger au bord de l'Alphée. Démodocus invite Cymodocée à chanter sur la lyre. Chant de Cymodocée. Eudore chante à son tour. Les deux familles vont goûter le repos. Songe de Cyrille. Prière du saint évêque.

Tant que le soleil monta dans les cieux, les mules emportèrent le char d'une course ardente. A l'heure où le magistrat fatigué quitte avec joie son tribunal pour aller prendre son repas, le prêtre d'Homère arriva sur les confins de l'Arcadie, et vint se reposer à Phigalée, célèbre par le dévouement des Oresthasiens. Ce noble Ancée, descendant d'Agapénor, qui commandait les Arcadiens au siége de Troie, donna l'hospitalité à Démodocus. Les fils d'Ancée détachent du joug les mules fumantes, lavent leurs flancs poudreux dans une eau pure, et mettent devant elles une herbe tendre coupée sur le bord de la Néda. Cymodocée est conduite au bain par de jeunes Phrygiennes qui ont perdu leur douce liberté; l'hôte de Démodocus le revêt d'une fine tunique et d'un manteau précieux; le prince de la jeunesse, l'aîné des fils d'Ancée, couronné d'une branche de peuplier blanc, immole à Hercule un sanglier nourri dans les bois d'Érymanthe; les parties de la victime destinées à l'offrande sont recouvertes de graisse, et consumées avec des libations sur des charbons embrasés. Un long fer à cinq rangs présente à la flamme bruyante le reste des viandes sacrées; le dos succulent de la victime et les morceaux les plus délicats sont servis aux voyageurs; Démodocus reçoit une part trois fois plus grande que celle des autres convives. Un vin odorant gardé pendant dix années coule en flots de pourpre dans une coupe d'or ; et les dons de Cérès, que Triptolème fit connaître au pieux Arcas, remplacent le gland dont se nourrissaient jadis les Pélasges, premiers habitants de l'Arcadie.

Cependant Démodocus ne peut goûter avec joie les honneurs de l'hospitalité ; il brûle d'arriver chez Lasthénès. Déjà la nuit couvrait les chemins de son ombre : on sépare la langue de la victime, on fait les dernières libations à la mère des Songes, ensuite on conduit le prêtre d'Homère et la prêtresse des Muses sous un portique sonore, où des esclaves avaient préparé de molles toisons.

Démodocus attend avec impatience le retour de la lumière.

« Ma fille, disait-il à Cymodocée, qu'une puissance inconnue privait aussi du sommeil, malheur à ceux que la pitié ou une vive reconnaissance n'arracha jamais au pouvoir de Morphée. Il n'est pas permis d'entrer dans les temples des dieux avec du fer ; on n'entrera point dans l'Élysée avec un cœur d'airain. »

Aussitôt que l'aurore eut éclairé de ses premiers rayons l'autel de Jupiter qui couronne le mont Lycée, Démodocus fit attacher les mules à son char. En vain le généreux Ancée veut retenir son hôte : le prêtre d'Homère part avec sa fille. Le char roule à grand bruit hors des portiques ; il prend sa course vers le temple d'Eurynome, caché dans un bois de cyprès ; il franchit le mont Élaïus ; il dépasse la grotte où Pan retrouva Cérès qui refusait ses bienfaits aux laboureurs, et qui pourtant se laissa fléchir par les Parques, une seule fois favorables aux mortels.

Les voyageurs traversent l'Alphée au-dessus du confluent du Gorthynius, et descendent jusqu'aux eaux limpides du Ladon. Là se présente une tombe antique, que les nymphes des montagnes avaient environnée d'ormeaux : c'était celle de cet Arcadien pauvre et vertueux, d'Aglaüs de Psophis, que l'oracle de Delphes déclara plus heureux que le roi de Lydie. Deux chemins partaient de cette tombe : l'un serpentait le long de l'Alphée, l'autre s'élevait dans la montagne.

Tandis qu'Évémon délibérait en lui-même s'il suivrait l'une ou l'autre route, il aperçut un homme déjà sur l'âge, assis auprès du tombeau d'Aglaüs. La robe dont cet homme était vêtu ne différait de celle des philosophes grecs que parce qu'elle était d'une étoffe blanche commune : il avait l'air d'attendre les voyageurs dans ce lieu, mais il ne paraissait ni curieux ni empressé.

Lorsqu'il vit le char s'arrêter, il se leva, et s'adressant à Démodocus :

« Voyageur, dit-il, demandez-vous votre chemin, ou venez-vous visiter Lasthénès? Si vous voulez vous reposer chez lui, il en éprouvera beaucoup de joie. »

« Étranger, répondit Démodocus, Mercure ne vint pas plus heureusement à la rencontre de Priam, lorsque le père d'Hector se rendait au camp des Grecs. Ta robe annonce un sage, et tes propos sont courts, mais pleins de sens. Je te dirai la vérité : nous cherchons le riche Lasthénès, que ses grands biens font passer pour un homme très-heureux. Il habite sans doute ce palais que j'aperçois au bord du Ladon, et qu'on prendrait pour le temple du dieu de Cyllène? »

« Ce palais, répondit l'inconnu, appartient à Hiéroclès, proconsul d'Achaïe. Vous êtes arrivés à l'enclos de l'hôte que vous cherchez, et le toit de chaume que vous entrevoyez sur la croupe de la montagne est la demeure de Lasthénès. »

En achevant ces mots, l'étranger ouvrit une barrière, prit les mules par le frein, et fit entrer le char dans l'enclos.

« Seigneur, dit-il alors à Démodocus, on fait aujourd'hui la moisson : si votre serviteur veut conduire vos mules à l'habitation prochaine, je vous montrerai le champ où vous trouverez la famille de Lasthénès. »

Démodocus et Cymodocée descendirent du char, et marchèrent avec l'étranger. Ils suivirent quelque temps un sentier tracé au milieu des vignes, sur un terrain penchant où croissaient çà et là quelques hêtres d'une grosseur démesurée. Ils aperçurent bientôt un champ hérissé de faisceaux de gerbes, et couvert d'hommes et de femmes qui s'empressaient, les uns à charger des chariots, les autres à couper et à lier des épis. En arrivant au milieu des moissonneurs, l'inconnu s'écria :

« Le Seigneur soit avec vous! »

Et les moissonneurs répondirent :

« Dieu vous donne sa bénédiction! »

Et ils chantaient, en travaillant, un cantique sur un air grave. Des glaneuses les suivaient en cueillant les nombreux épis qu'ils laissaient exprès derrière eux : leur maître l'avait ordonné ainsi, afin que ces pauvres femmes pussent ramasser un peu de blé sans honte. Cymodocée reconnut de loin le jeune homme de la forêt ; il était assis avec sa mère et ses sœurs, sur des gerbes, à l'ombre d'un andrachné. La famille se leva et s'avança vers les étrangers.

« Séphora, dit le guide de Démodocus, ma chère épouse, remercions la Providence qui nous envoie des voyageurs. »

« Comment! s'écria le père de Cymodocée, c'était là le riche Lasthénès, et je ne l'ai pas reconnu! Ah! combien les dieux se jouent du discernement des hommes! Je t'ai pris pour l'esclave chargé par son maître d'exercer les devoirs de l'hospitalité. »

Lasthénès s'inclina.

Eudore, les yeux baissés, et donnant sa main à la plus jeune de ses sœurs, se tenait respectueusement derrière sa mère.

« Mon hôte, dit Démodocus, et vous, sage épouse de Lasthénès, semblable à la mère de Télémaque, votre fils vous a sans doute appris ce qu'il a fait pour ma fille, que les faunes avaient égarée dans les bois. Montrez-moi le noble Eudore, que je l'embrasse comme mon fils! »

« Voilà Eudore, derrière sa mère, répondit Lasthénès. J'ignore ce qu'il a fait pour vous, il ne nous en a pas parlé. »

Démodocus resta confondu.

« Quoi! pensait-il en lui-même, ce simple pasteur est le guerrier qui triompha de Carrausius, le tribun de la légion britannique, l'ami du prince Constantin! »

Revenu enfin de son premier étonnement, le prêtre d'Homère s'écria :

« J'aurais dû reconnaître Eudore à sa taille de héros, moins haute cependant que celle de Lasthénès, car les enfants n'ont plus la force de leurs pères. O toi qui pourrais être le plus jeune de mes fils, que les dieux t'accordent ce que tu désires! Je t'apporte une coupe d'un prix inestimable : mon esclave l'ôtera de mon char, et tu la recevras de mes mains. Jeune et vaillant guerrier, Méléagre était moins beau que toi lorsqu'il charma les yeux d'Atalante! Heureux ton père, heureuse ta mère, mais plus heureuse encore celle qui doit partager ta couche! Si la vierge qu'on a retrouvée n'était pas consacrée aux chastes Muses... »

Les deux jeunes gens se sentirent troublés par les paroles de Démodocus. Eudore se hâta de répondre :

« J'accepterai le présent que vous m'offrez, s'il n'a pas servi à vos sacrifices. »

Le jour n'étant pas encore à sa fin, la famille invita les deux étrangers à se reposer avec elle au bord d'une source. Les sœurs d'Eudore, assises aux pieds de leurs parents, tressaient des couronnes de fleurs rouges et bleues pour une fête prochaine. On voyait un peu plus loin les urnes et les coupes des moissonneurs, et, à l'ombre de quelques gerbes plantées debout, un enfant était endormi dans un berceau.

« Mon hôte, dit Démodocus à Lasthénès, tu me sembles mener ici la vie du divin Nestor. Je ne souviens pas d'avoir vu la peinture d'une scène pareille, si ce n'est sur le bouclier d'Achille. Vulcain y avait gravé un roi au milieu des moissonneurs : ce pasteur des peuples, plein de joie, tenait en silence son sceptre levé au milieu des sillons. Il ne manque ici que le sacrifice du taureau sous le chêne de Jupiter. Quelle abondante moisson ! Que d'esclaves laborieux et fidèles ! »

« Ces moissonneurs ne sont plus mes esclaves, répliqua Lasthénès; ma religion me défend d'en avoir; je leur ai donné la liberté. »

« Lasthénès, dit alors Démodocus, je commence à comprendre que la renommée, cette voix de Jupiter, m'avait appris la vérité : tu auras sans doute embrassé cette secte nouvelle qui adore un Dieu inconnu à nos ancêtres. »

Lasthénès répondit :

« Je suis chrétien. »

Le descendant d'Homère demeura quelque temps interdit; puis, reprenant la parole :

« Mon hôte, dit-il, pardonne à ma franchise : j'ai toujours obéi à la vérité, fille de Saturne et mère de la vertu. Les dieux sont justes : comment pourrais-je concilier la prospérité qui t'environne, et les impiétés dont on accuse les chrétiens? »

Lasthénès répondit :

« Voyageur, les chrétiens ne sont point des impies, et vos dieux ne sont ni justes ni injustes : ils ne sont rien. Si mes champs et mes troupeaux prospèrent entre les mains de ma famille, c'est qu'elle est simple de cœur et soumise à la volonté de celui qui est le seul et véritable Dieu. Le ciel m'a donné la chaste épouse que vous me voyez; je ne lui ai demandé qu'une constante amitié, l'humilité et la chasteté d'une femme. Dieu a béni mes intentions; il m'a donné des enfants soumis, qui sont la couronne des vieillards. Ils aiment leurs parents, et ils sont heureux parce qu'ils sont attachés au toit de leur père. Mon épouse et moi nous avons vieilli ensemble; et, quoique mes jours n'aient pas toujours été bons, elle a dormi trente ans à mes côtés sans révéler les soucis de ma couche et les tribulations cachées dans mon cœur. Que Dieu lui rende sept fois la paix qu'elle m'a donnée! Elle ne sera jamais aussi heureuse que je le désire! »

Ainsi le cœur de ce chrétien des anciens jours s'épanouissait en parlant de son épouse. Cymodocée l'écoutait avec amour : la beauté de ces mœurs pénétrait l'âme de cette jeune infidèle; et Démodocus lui-même avait besoin de se rappeler Homère et tous ses dieux pour n'être pas entraîné par la force de la vérité.

Après quelques moments, le père de Cymodocée dit à Lasthénès :

« Tu me sembles tout à fait des temps antiques, et cependant je n'ai point vu tes paroles dans Homère! Ton silence a la dignité du silence des sages. Tu t'élèves à des sentiments pleins de majesté, non sur les ailes d'or d'Euripide, mais sur les ailes célestes de Platon. Au milieu d'une douce abondance, tu jouis des grâces de l'amitié ; rien n'est forcé autour de toi : tout est contentement, persuasion, amour. Puisses-tu conserver longtemps ton bonheur et tes richesses ! »

« Je n'ai jamais cru, répondit Lasthénès, que ces richesses fussent à moi : je les recueille pour mes frères les chrétiens, pour les gentils, pour les voyageurs, pour tous les infortunés ; Dieu m'en a donné la direction ; Dieu me l'ôtera peut-être : que son saint nom soit béni ! »

Comme Lasthénès achevait de prononcer ces paroles, le soleil descendit sur les sommets du Pholoë, vers l'horizon éclatant d'Olympie ; l'astre agrandi parut un moment immobile, suspendu au-dessus de la montagne, comme un large bouclier d'or. Les bois de l'Alphée et du Ladon, les neiges lointaines du Telphusse et du Lycée se couvrirent de roses ; les vents tombèrent, et les vallées de l'Arcadie demeurèrent dans un repos universel. Les moissonneurs quittèrent alors leur ouvrage : la famille, accompagnée des étrangers, reprit le chemin de la maison. Les maîtres et les serviteurs marchaient pêle-mêle, portant les divers instruments du labourage ; ils étaient suivis de mulets au pied sûr, chargés de bois coupé sur les hauteurs, et de bœufs traînant lentement les équipages champêtres renversés, ou les chariots tremblant sous le poids des gerbes.

En arrivant à la maison, on entendit le son d'une cloche.

« Nous allons faire la prière du soir, dit Lasthénès à Démodocus ; nous permettrez-vous de vous quitter un moment, ou préférez-vous nous suivre ? »

« Me préservent les dieux de mépriser les Prières, s'écria Démodocus, ces filles boiteuses de Jupiter, qui peuvent seules apaiser la colère d'Até ! »

On s'assemble aussitôt dans une cour entourée de granges et des étables des troupeaux. Quelques ruches d'abeilles y répandaient une agréable odeur mêlée au parfum du lait des génisses qui revenaient des pâturages. Au milieu de cette cour, on voyait un puits dont les deux poteaux, couverts de lierre, étaient surmontés de deux aloès qui croissaient dans des corbeilles. Un noyer, planté par l'aïeule de Lasthénès, couvrait le puits de son ombre. Lasthénès, la tête nue et le visage tourné vers l'orient, se plaça debout sous l'arbre domestique. Les bergers et les moissonneurs se mirent à genoux sur du chaume nouveau, autour de leur maître. Le père de famille prononça à haute voix cette prière, qui fut répétée par ses enfants et par ses serviteurs :

« Seigneur, daignez visiter cette demeure pendant la nuit, et en

« écarter les vains songes. Nous allons quitter les vêtements du jour,
« couvrez-nous de la robe d'innocence et d'immortalité que nous avons
« perdue par la désobéissance de nos premiers pères. Lorsque nous
« serons endormis dans le sépulcre, ô Seigneur, faites que nos âmes
« reposent avec vous dans le ciel ! »

Quand cela fut fait, on entra dans la maison, où se préparait le repas de l'hospitalité. Un homme et une femme parurent, portant deux grands vases d'airain pleins d'une eau réchauffée par la flamme. Le serviteur lava les pieds de Démodocus ; la servante ceux de la fille de Démodocus ; et, après les avoir oints d'une huile de parfums d'un grand prix, elle les essuya avec un lin blanc. La fille aînée de Lasthénès, du même âge que Cymodocée, descendit dans un souterrain frais et voûté. On conservait dans ce lieu toutes sortes de choses pour la vie de l'homme. Sur des planches de chêne attachées aux parois du mur, on voyait des outres remplies d'une huile aussi douce que celle de l'Attique ; des mesures de pierre en forme d'autel, ornées de têtes de lions, et qui contenaient la fine fleur du froment ; des vases de miel de Crète, moins blanc, mais plus parfumé que celui d'Hybla, et des amphores pleines d'un vin de Chio devenu comme un baume par le long travail des ans. La fille de Lasthénès remplit une urne de cette liqueur bienfaisante, propre à réjouir le cœur de l'homme dans l'aimable familiarité d'un repas.

Cependant les serviteurs ne savaient s'ils devaient apprêter le festin sous la vigne, ou sous le figuier, comme dans un jour de réjouissance. Ils vont consulter leur maître : Lasthénès leur ordonne de dresser dans la salle des Agapes une table d'un buis éclatant. Ils la lavent avec une éponge, et la couvrent de corbeilles d'osier, pleines d'un pain sans levain, cuit sous la cendre. Ils apportent ensuite, dans des plats d'une simple argile, des racines, quelques volatiles et des poissons du lac Stymphale, nourriture destinée à la famille ; mais on servit pour les étrangers un chevreau qui avait à peine goûté l'arbousier du mont Aliphère et le cytise du vallon de Ménélée.

Au moment où les convives allaient s'approcher de la mense hospitalière, une servante vint dire à Lasthénès qu'un vieillard, monté sur un âne, et tout semblable à l'époux de Marie, s'avançait par l'avenue des cèdres. On vit bientôt entrer un homme d'un visage vénérable, portant, sous un manteau blanc, un habit de pasteur. Il n'était pas naturellement chauve ; mais sa tête avait été jadis dépouillée par la flamme, et son front montrait encore les cicatrices du martyre qu'il avait éprouvé sous Valérien. Une barbe blanche lui descendait jusqu'à la ceinture. Il s'appuyait sur un bâton en forme de houlette, que lui avait envoyé l'évêque de Jérusalem : simple présent que se faisaient les premiers Pères de l'Église, comme l'emblème de leur fonction pastorale et du pèlerinage de l'homme ici-bas.

C'était Cyrille, évêque de Lacédémone : laissé pour mort par les bourreaux dans une persécution contre les chrétiens, il avait été élevé malgré lui au sacerdoce. Il se cacha longtemps pour se dérober à la dignité épiscopale; mais son humilité lui fut inutile : Dieu révéla aux fidèles la retraite de son serviteur. Lasthénès et sa famille le reçurent avec les marques du plus profond respect. Ils se prosternèrent devant lui, baisèrent ses pieds sacrés, chantèrent Hosanna, et le saluèrent du nom de très-saint, de très-cher à Dieu.

« Par Apollon, s'écria Démodocus agitant sa branche de laurier entourée de bandelettes, voilà le plus auguste vieillard qui se soit jamais offert à mes yeux ! O toi qui es chargé de jours, quel est ce sceptre que tu portes? Es-tu un roi, ou un prêtre consacré aux autels des dieux? Apprends-moi le nom de la divinité que tu sers, afin que je lui immole des victimes. »

Cyrille regarda quelque temps avec surprise Démodocus ; puis, laissant échapper un aimable sourire :

« Seigneur, répondit-il, ce sceptre est la houlette qui me sert à conduire mon troupeau : car je ne suis point un roi, mais un pasteur. Le Dieu qui reçoit mon sacrifice est né parmi les bergers dans une crèche. Si vous voulez, je vous apprendrai à le connaître : pour toute victime, il ne vous demandera que l'offrande de votre cœur. »

Cyrille se tournant alors vers Lasthénès :

« Vous savez le sujet qui m'amène. La pénitence publique de notre Eudore remplit nos frères d'admiration ; chacun en veut pénétrer la cause. Il m'a promis de me raconter son histoire; et, dans les deux journées que je viens passer avec vous, j'espère qu'il voudra me satisfaire. »

Les serviteurs approchèrent alors les sièges de la table. Le prêtre d'Homère prit sa place à côté du prêtre du Dieu de Jacob. La famille se rangea autour du festin. Démodocus, saisissant une coupe, allait faire une libation aux pénates de Lasthénès ; l'évêque de Lacédémone l'arrêtant avec bénignité :

« Notre religion nous défend ces signes d'idolâtrie : vous ne voudriez pas nous affliger. »

La conversation fut tranquille et pleine de cordialité. Eudore lut, pendant une partie du repas, quelques instructions tirées de l'*Évangile* et des *Épîtres des Apôtres;* Cyrille commenta, de la manière la plus affectueuse, ce que dit saint Paul sur les devoirs des époux.

Cymodocée tremblait ; des larmes roulaient, comme des perles, le long de ses joues virginales ; Eudore éprouvait le même charme ; les maîtres et les serviteurs étaient attendris. Ceci, avec l'action de grâces, fut le repas du soir chez les chrétiens.

Le repas fini, on alla s'asseoir à la porte du verger, sur un banc de pierre qui servait de tribunal à Lasthénès, lorsqu'il rendait la justice à ses serviteurs.

Ainsi qu'un simple pasteur que le sort destiné à la gloire, l'Alphée roulait au bas de ce verger, sous une ombre champêtre, des flots que les palmes de Pise allaient bientôt couronner. Descendu du bois de Vénus et du tombeau de la nourrice d'Esculape, le Ladon serpentait dans les riantes prairies, et venait mêler son cristal pur au cours de l'Alphée. Les profondes vallées, arrosées par les deux fleuves, étaient plantées de myrtes, d'aunes et de sycomores. Un amphithéâtre de montagnes terminait le cercle entier de l'horizon. La cime de ces montagnes était couverte d'épaisses forêts peuplées d'ours, de cerfs, d'ânes sauvages et de monstrueuses tortues, dont l'écaille servait à faire des lyres. Vêtus d'une peau de sanglier, des pasteurs conduisaient, parmi les roches et les pins, de grands troupeaux de chèvres. Ces légers animaux étaient consacrés au dieu d'Épidaure, parce que leur toison était chargée de gomme qui s'attachait à leur barbe et à leur soie lorsqu'ils broutaient le ciste sur des hauteurs inaccessibles.

Tout était grave et riant, simple et sublime dans ce tableau. La lune décroissante paraissait au milieu du ciel, comme les lampes demi-circulaires que les premiers fidèles allumaient aux tombeaux des martyrs. La famille de Lasthénès, qui contemplait cette scène solitaire, n'était point alors occupée des vaines curiosités de la Grèce. Cyrille s'humiliait devant la puissance qui cache des sources dans le sein des rochers, et dont les pas font tressaillir les montagnes comme l'agneau timide ou le bélier bondissant. Il admirait cette sagesse qui s'élève comme un cèdre sur le Liban, comme un platane au bord des eaux. Mais Démodocus, qui désirait faire éclater les talents de sa fille, interrompit ces méditations :

« Jeune élève des Muses, dit-il à Cymodocée, charme tes vénérables hôtes. Une douce complaisance fait toute la grâce de la vie, et Apollon retire ses dons aux esprits orgueilleux. Montre-nous que tu descends d'Homère. Les poètes sont les législateurs des hommes et les précepteurs de la sagesse. Lorsque Agamemnon partit pour les rivages de Troie, il laissa un chantre divin auprès de Clytemnestre, afin de lui rappeler la vertu. Cette reine perdit l'idée de ses devoirs ; mais ce fut après qu'Égisthe eut transporté le nourrisson des Muses dans une île déserte. »

Ainsi parla Démodocus. Eudore va chercher une lyre et la présente à la jeune Grecque, qui prononça quelques mots confus, mais d'une merveilleuse douceur. Elle se leva ensuite, et après avoir préludé sur des tons divers, elle fit entendre sa voix mélodieuse.

Elle commença par l'éloge des Muses.

« C'est vous, dit-elle, qui avez tout enseigné aux hommes ; vous
« êtes l'unique consolation de la vie ; vous prêtez des soupirs à nos
« douleurs, et des harmonies à nos joies. L'homme n'a reçu du ciel
« qu'un talent, la divine poésie, et c'est vous qui lui avez fait ce pré-
« sent inestimable. O filles de Mnémosyne, qui chérissez les bois de
« l'Olympe, les vallons de Tempé et les eaux de Castalie, soutenez la
« voix d'une vierge consacrée à vos autels ! »

Après cette invocation, Cymodocée chanta la naissance des dieux : Jupiter sauvé de la fureur de son père, Minerve sortie du cerveau de Jupiter, Hébé fille de Junon, Vénus née de l'écume des flots, et les Grâces dont elle fut la mère. Elle dit aussi la naissance de l'homme animé par le feu de Prométhée, Pandore et sa boîte fatale, le genre humain reproduit par Deucalion et Pyrrha. Elle raconta les métamorphoses des dieux et des hommes, les Héliades changées en peupliers, et l'ambre de leurs pleurs roulé par les flots de l'Éridan. Elle dit Daphné, Baucis, Clytie, Philomèle, Atalante, les larmes de l'Aurore devenues la rosée, la couronne d'Ariadne attachée au firmament. Elle ne vous oublia point, fontaines, et vous, fleuves nourriciers des beaux ombrages. Elle nomma avec honneur le vieux Pénée, l'Ismène et l'Érymanthe, le Méandre qui fait tant de détours, le Scamandre si fameux, le Sperchius aimé des poètes, l'Eurotas chéri de l'épouse de Tyndare, et le fleuve que les cygnes de Méonie ont tant de fois charmé par la douceur de leurs chants.

Mais comment aurait-elle passé sous silence les héros célébrés par Homère ! S'animant d'un feu nouveau, elle chanta la colère d'Achille, qui fut si pernicieuse aux Grecs, Ulysse, Ajax et Phœnix dans la tente de l'ami de Patrocle, Andromaque aux portes Scées, Priam aux genoux du meurtrier d'Hector. Elle dit les chagrins de Pénélope, la reconnaissance de Télémaque et d'Ulysse chez Eumée, la mort du chien fidèle, le vieux Laërte sarclant son jardin des champs, et pleurant à l'aspect des treize poiriers qu'il avait donnés à son fils.

Cymodocée ne put chanter les vers de son immortel aïeul sans consacrer quelques accents à sa mémoire. Elle représenta la pauvre et vertueuse mère de Mélésigènes rallumant sa lampe et prenant ses fuseaux au milieu de la nuit, afin d'acheter du prix de ses laines un peu de blé pour nourrir son fils. Elle dit comment Mélésigènes devint aveugle et reçut le nom d'Homère, comment il allait de ville en ville demandant l'hospitalité, comment il chantait ses vers sous le peuplier d'Hylé. Elle raconta ses longs voyages, sa nuit passée sur le rivage de l'île de Chio, son aventure avec les chiens de Glaucus. Enfin, elle parla des jeux funèbres du roi d'Eubée, où Hésiode osa disputer à Homère le prix de la poésie; mais elle supprima le jugement des vieillards qui couronnèrent le chantre des *Travaux et des Jours,* parce que ses leçons étaient plus utiles aux hommes.

Cymodocée se tut : sa lyre, appuyée sur son sein, demeura muette entre ses beaux bras. La prêtresse des Muses était debout; ses pieds nus foulaient le gazon, et les zéphirs du Ladon et de l'Alphée faisaient voltiger ses cheveux noirs autour des cordes de sa lyre. Enveloppée dans ses voiles blancs, éclairée par les rayons de la lune, cette jeune fille semblait une apparition céleste. Démodocus, ravi, demandait en vain une coupe pour faire une libation au dieu des vers. Voyant que les chrétiens gardaient le silence, et ne donnaient pas à Cymodocée les éloges qu'elle semblait mériter :

« Mes hôtes, s'écria-t-il, ces chants vous seraient-ils désagréables ? Les mortels et les dieux se laissent pourtant toucher à l'harmonie. Orphée charma l'inexorable Pluton; les Parques mêmes, vêtues de blanc, et assises sur l'essieu d'or du monde, écoutent la mélodie des sphères : ainsi le raconte Pythagore, qui commerçait avec l'Olympe. Les hommes des anciens temps, renommés par leur sagesse, trouvaient la musique si belle qu'ils lui donnaient le nom de Loi. Pour moi, une divinité me contraint de l'avouer, si cette prêtresse des Muses n'était pas ma fille, j'aurais pris sa voix pour celle de la colombe qui portait, dans les forêts de la Crète, l'ambroisie à Jupiter. »

« Ce ne sont pas les chants mêmes, mais le sujet des chants de cette jeune femme qui cause notre silence, répondit Cyrille. Un jour viendra, peut-être, que les mensonges de la naïve antiquité ne seront plus que des fables ingénieuses, objets des chansons du poëte. Mais aujourd'hui ils offusquent votre esprit, ils vous tiennent pendant la vie sous un joug indigne de la raison de l'homme, et perdent votre âme après la mort. Ne croyez pas toutefois que nous soyons insensibles au charme d'une douce musique. Notre religion n'est-elle pas harmonie et amour? Combien votre aimable fille, que vous comparez si justement à une colombe, trouverait des soupirs plus touchants encore, si la pudeur du sujet répondait à l'innocence de la voix ! Pauvre tourterelle délaissée, allez sur la montagne où l'épouse attendait l'époux; envolez-vous vers ces bois mystiques, où les filles de Jérusalem prêteront l'oreille à vos plaintes. »

Cyrille s'adressant alors au fils de Lasthénès :

« Mon fils, montrez à Démodocus que nous ne méritons pas le reproche qu'il nous fait. Chantez-nous ces fragments des livres saints que nos frères les Apollinaires ont arrangés pour la lyre, afin de prouver que nous ne sommes point ennemis de la belle poésie et d'une joie innocente. Dieu s'est souvent servi de nos cantiques pour toucher les cœurs infidèles. »

Aux branches d'un saule voisin était suspendue une lyre plus forte et plus grande que la lyre de Cymodocée : c'était un cinnor hébreu. Les cordes en étaient détendues par la rosée de la nuit. Eudore détacha l'instrument; et, après l'avoir accordé, il parut au milieu de l'assemblée, comme le jeune David prêt à chasser, par les sons de sa harpe, l'esprit qui s'était emparé du roi Saül. Cymodocée alla s'asseoir auprès de Démodocus. Alors Eudore, levant les yeux vers le firmament chargé d'étoiles, entonna son noble cantique.

Il chanta la naissance du chaos, la lumière qu'une parole a faite, la terre produisant les arbres et les animaux, l'homme créé à l'image de Dieu et animé d'un souffle de vie, Ève tirée du côté d'Adam, la joie et la douleur de la femme à son premier enfantement, les holocaustes de Caïn et d'Abel, le meurtre d'un frère, et le sang de l'homme criant pour la première fois vers le ciel.

Passant aux jours d'Abraham, et adoucissant les sons de sa lyre, il dit le palmier, le puits, le chameau, l'onagre du désert, le patriarche voyageur assis devant sa tente, les troupeaux de Galaad, les vallées du Liban, les sommets d'Hermon, d'Oreb et de Sinaï, les rosiers de Jéricho, les cyprès de Cadès, les palmes de l'Idumée, Éphraïm et Sichem, Sion et Solyme, le torrent des Cèdres et les eaux sacrées du Jourdain. Il dit les juges assemblés aux portes de la ville, Booz au milieu des moissonneurs, Gédéon battant son blé et recevant la visite d'un ange, le vieux Tobie allant au-devant de son fils annoncé par le chien fidèle, Agar détournant la tête pour ne pas voir mourir Ismaël. Mais, avant de chanter Moïse chez les pasteurs de Madian, il raconta l'aventure de Joseph vendu par ses frères, ses larmes, celles de Benjamin, Jacob présenté à Pharaon, et le patriarche porté après sa mort à la cave de Mambré pour y dormir avec ses pères.

Changeant encore le mode de sa lyre, Eudore répéta le cantique du saint roi Ézéchias et celui des Israélites exilés au bord des fleuves de Babylone; il fit gémir la voix de Rama, et soupirer le fils d'Amos :

« Pleurez, portes de Jérusalem ! O Sion, tes prêtres et tes enfants
« sont emmenés en esclavage ! »

Il chanta les nombreuses vanités de l'homme : vanité des richesses, vanité de la science, vanité de la gloire, vanité de l'amitié, vanité de la vie, vanité de la postérité ! Il signala la fausse prospérité de l'impie, et préféra le juste mort au méchant qui lui survit. Il fit l'éloge du pauvre vertueux et de la femme forte.

« Elle a cherché la laine et le lin, elle a travaillé avec des mains
« sages et ingénieuses ; elle se lève pendant la nuit pour distribuer
« l'ouvrage à ses domestiques, et le pain à ses servantes ; elle est
« revêtue de beauté. Ses fils se sont levés, et ont publié qu'elle était
« heureuse ; son mari s'est levé, et l'a louée.

« O Seigneur ! s'écria le jeune chrétien enflammé par ces images, c'est
« vous qui êtes le véritable souverain du ciel ; vous avez marqué son
« lieu à l'aurore. A votre voix, le soleil s'est levé dans l'orient ; il
« s'est avancé comme un géant superbe, ou comme l'époux radieux
« qui sort de la couche nuptiale. Vous appelez le tonnerre, et le ton-
« nerre tremblant vous répond : « Me voici. » Vous abaissez la hauteur
« des cieux ; votre esprit vole dans les tourbillons ; la terre tremble au
« souffle de votre colère ; les morts épouvantés fuient de leurs tom-
« beaux ! O Dieu, que vous êtes grand dans vos œuvres ! Et qu'est-ce
« que l'homme, pour que vous y attachiez votre cœur ? Et pourtant il
« est l'objet éternel de votre complaisance inépuisable ! Dieu fort, Dieu
« clément, Essence incréée, Ancien des jours, gloire à votre puissance,
« amour à votre miséricorde !

Ainsi chante le fils de Lasthénès. Cet hymne de Sion retentit au loin dans les antres de l'Arcadie, surpris de répéter, au lieu des sons efféminés de la flûte de Pan, les mâles accords de la harpe de David. Démodocus et sa fille étaient trop étonnés pour donner des marques de leur émotion. Les vives clartés de l'Écriture avaient comme ébloui leurs cœurs accoutumés à ne recevoir qu'une lumière mêlée d'ombres ; ils ne savaient quelles divinités Eudore avait célébrées, mais ils le prirent lui-même pour Apollon, et ils lui voulaient consacrer un trépied d'or que la flamme n'avait point touché. Cymodocée se souvenait surtout de l'éloge de la femme forte, et elle se promettait d'essayer ce chant sur la lyre. D'une autre part, la famille chrétienne était plongée dans les pensées les plus sérieuses ; ce qui n'était pour les étrangers qu'une poésie sublime, était pour elle de profonds mystères et d'éternelles vérités. Le silence de l'assemblée aurait duré longtemps, s'il n'avait été interrompu tout à coup par les applaudissements des bergers. Le vent avait porté à ces pasteurs la voix de Cymodocée et d'Eudore : ils étaient descendus en foule de leurs montagnes pour écouter ces concerts ; ils crurent que les Muses et les Sirènes avaient renouvelé au bord de l'Alphée le combat qu'elles s'étaient livré jadis, quand les filles de l'Achéloüs, vaincues par les doctes sœurs, furent contraintes de se dépouiller de leurs ailes.

La nuit avait passé le milieu de son cours. L'évêque de Lacédémone invite ses hôtes à la retraite. Comme le vigneron fatigué au bout de sa journée, il appelle trois fois le Seigneur, et adore. Alors les chrétiens, après s'être donné le baiser de paix, rentrent sous leur toit, chastement recueillis.

Démodocus fut conduit par un serviteur au lieu qu'on avait préparé pour lui, non loin de l'appartement de Cymodocée. Cyrille, après avoir médité la parole de vie, se jeta sur une couche de roseaux. Mais à peine avait-il fermé les yeux, qu'il eut un songe : il lui sembla que les blessures de son ancien martyre se rouvraient, et qu'avec un plaisir ineffable il sentait de nouveau son sang couler pour Jésus-Christ. En même temps il vit une jeune femme et un jeune homme resplendissants de lumière, monter de la terre aux cieux : avec la palme qu'ils tenaient à la main, ils lui faisaient signe de les suivre ; mais il ne put distinguer leur visage, parce que leur tête était voilée. Il se réveilla plein d'une sainte agitation ; il crut reconnaître dans ce songe quelque avertissement pour les chrétiens. Il se mit à prier avec abondance de larmes, et on l'entendit plusieurs fois s'écrier dans le silence de la nuit :

« Ô mon Dieu, s'il faut encore des victimes, prenez-moi pour le salut
« de votre peuple ! »

LIVRE TROISIÈME

SOMMAIRE.

La prière de Cyrille monte au trône du Tout-Puissant. Le ciel. Les anges, les saints. Tabernacle de la mère du Sauveur. Sanctuaire du Fils et du Père. L'Esprit-Saint. La Trinité. La prière de Cyrille se présente devant l'Éternel. L'Éternel la reçoit, mais il déclare que l'évêque de Lacédémone n'est point la victime qui doit racheter les chrétiens. Eudore est la victime choisie. Motifs de ce choix. Les milices célestes prennent les armes. Cantique des saints et des anges.

Les dernières paroles de Cyrille montèrent au trône de l'Éternel. Le Tout-Puissant agréa le sacrifice, mais l'évêque de Lacédémone n'était point la victime que Dieu, dans sa colère et dans sa miséricorde, avait choisie pour expier les fautes des chrétiens.

Au centre des mondes créés, au milieu des astres innombrables qui lui servent de remparts, d'avenues et de chemins, flotte cette immense cité de Dieu, dont la langue d'un mortel ne saurait raconter les merveilles. L'Éternel en posa lui-même les douze fondements, et l'environna de cette muraille de jaspe que le disciple bien-aimé vit mesurer par l'ange avec une toise d'or. Revêtue de la gloire du Très-Haut, l'invisible Jérusalem est parée comme une épouse pour son époux. Loin d'ici, monuments de la terre, vous n'approchez point de ces monuments de la cité sainte! La richesse de la matière y dispute le prix à la perfection des formes. Là règnent suspendues des galeries de saphirs et de diamants, faiblement imitées par le génie de l'homme dans les jardins de Babylone ; là s'élèvent des arcs de triomphe formés des plus brillantes étoiles ; là s'enchaînent des portiques de soleils, prolongés sans fin à travers les espaces du firmament, comme les colonnes de Palmyre dans les sables du désert. Cette architecture est vivante. La cité de Dieu est intelligente elle-même. Rien n'est matière dans les demeures de l'Esprit; rien n'est mort dans les lieux de l'éternelle existence. Les paroles grossières que la Muse est forcée d'employer nous trompent : elles revêtent d'un corps ce qui n'existe que comme un songe divin dans le cours d'un heureux sommeil.

Des jardins délicieux s'étendent autour de la radieuse Jérusalem. Un fleuve découle du trône du Tout-Puissant ; il arrose le céleste

Éden, et roule dans ses flots l'amour pur et la sapience de Dieu. L'onde mystérieuse se partage en divers canaux qui s'enchaînent, se divisent, se rejoignent, se quittent encore, et font croître, avec la vigne immortelle, le lis semblable à l'épouse, et les fleurs qui parfument la couche de l'époux. L'arbre de vie s'élève sur la colline de l'encens ; un peu plus loin, l'arbre de science étend de toutes parts ses racines profondes et ses rameaux innombrables : il porte, cachés sous son feuillage d'or, les secrets de la Divinité, les lois occultes de la nature, les réalités morales et intellectuelles, les immuables principes du bien et du mal. Ces connaissances qui nous enivrent font la nourriture des élus ; car, dans l'empire de la souveraine sagesse, le fruit de science ne donne plus la mort. Les deux grands ancêtres du genre humain viennent souvent verser des larmes (telles que les justes en peuvent répandre) à l'ombre de cet arbre merveilleux.

La lumière qui éclaire ces retraites fortunées se compose des roses du matin, de la flamme du midi et de la pourpre du soir ; toutefois, aucun astre ne paraît sur l'horizon resplendissant, aucun soleil ne se lève, aucun soleil ne se couche dans les lieux où rien ne finit, où rien ne commence ; mais une clarté ineffable, descendant de toutes parts comme une tendre rosée, entretient le jour éternel de la délectable éternité.

C'est dans les parvis de la cité sainte, et dans les champs qui l'environnent, que sont à la fois réunis ou partagés les chœurs des chérubins et des séraphins, des anges et des archanges, des trônes et des dominations : tous sont les ministres des ouvrages et des volontés de l'Éternel. A ceux-ci a été donné tout pouvoir sur le feu, l'air, la terre et l'eau ; à ceux-là appartient la direction des saisons, des vents et des tempêtes : ils font mûrir les moissons, ils élèvent la jeune fleur, ils courbent le vieil arbre vers la terre. Ce sont eux qui soupirent dans les antiques forêts, qui parlent dans les flots de la mer, et qui versent les fleuves du haut des montagnes. Les uns gardent les vingt mille chariots de guerre de Sabaoth et d'Élohé ; les autres veillent au carquois du Seigneur, à ses foudres inévitables, à ses coursiers terribles, qui portent la peste, la guerre, la famine et la mort. Un million de ces génies ardents règlent les mouvements des astres, et se relèvent tour à tour dans ces emplois magnifiques, comme les sentinelles vigilantes d'une grande armée. Nés du souffle de Dieu, à différentes époques, ces anges n'ont pas la même vieillesse dans les générations de l'éternité : un nombre infini d'entre eux fut créé avec l'homme pour soutenir ses vertus, diriger ses passions, et le défendre contre les attaques de l'enfer.

Là, sont aussi rassemblés à jamais les mortels qui ont pratiqué la vertu sur la terre; les patriarches, assis sous des palmiers d'or; les prophètes, au front étincelant de deux rayons de lumière; les apôtres, portant sur leur cœur les saints Évangiles; les docteurs, tenant à la main une plume immortelle; les solitaires, retirés dans des grottes célestes; les martyrs, vêtus de robes éclatantes; les vierges, couronnées de roses d'Éden; les veuves, la tête ornée de longs voiles, et toutes ces femmes pacifiques qui, sous de simples habits de lin, se firent les consolatrices de nos pleurs et les servantes de nos misères.

Est-ce l'homme infirme et malheureux qui pourrait parler des félicités suprêmes? Ombres fugitives et déplorables, savons-nous ce que c'est que le bonheur? Lorsque l'âme du chrétien fidèle abandonne son corps, comme un pilote expérimenté quitte le fragile vaisseau que l'Océan engloutit, elle seule connaît la vraie béatitude. Le souverain bien des élus est de savoir que ce bien sans mesure sera sans terme; ils sont incessamment dans l'état délicieux d'un mortel qui vient de faire une action vertueuse ou héroïque, d'un génie sublime qui enfante une grande pensée, d'un homme qui sent les transports d'un amour légitime, ou les charmes d'une amitié longtemps éprouvée par le malheur. Ainsi les nobles passions ne sont point éteintes dans le cœur des justes, mais seulement purifiées : les frères, les époux, les amis, continuent de s'aimer; et ces attachements, qui vivent et se concentrent dans le sein de la Divinité même, prennent quelque chose de la grandeur et de l'éternité de Dieu.

Tantôt ces âmes satisfaites se reposent ensemble au bord du fleuve de la Sapience et de l'Amour. La beauté et la toute-puissance du Très-Haut sont leur perpétuel entretien :

« O Dieu, disent-elles, quelle est donc votre grandeur! Tout ce que
« vous avez fait naître est renfermé dans les limites du temps; et le
« temps, qui s'offre aux mortels comme une mer sans bornes, n'est
« qu'une goutte imperceptible de l'océan de votre éternité ! »

Tantôt les prédestinés, pour mieux glorifier le Roi des rois, parcourent son merveilleux ouvrage : la création, qu'ils contemplent des divers points de l'univers, leur présente des spectacles ravissants : tels, si l'on peut comparer les grandes choses aux petits objets, tels se montrent aux yeux du voyageur les champs superbes de l'Indus, les riches vallées du Dehly et de Cachemire, les rivages couverts de perles et parfumés d'ambre, où les flots tranquilles viennent expirer au pied des camélliers en fleur. La couleur des cieux, la disposition et la grandeur des sphères, qui varient selon les mouvements et les distances, sont pour les esprits bienheureux une source inépuisable d'admiration. Ils aiment à connaître les lois qui font rouler avec tant de légèreté ces corps pesants dans l'éther fluide; ils visitent cette lune paisible qui, pendant le calme des nuits, éclaira leurs prières ou leurs amitiés ici-bas. L'astre humide et tremblant qui précède les pas du matin; cette autre planète qui paraît comme un diamant dans la chevelure d'or du soleil; ce globe à la longue année qui ne marche qu'à la lueur de quatre torches pâlissantes; cette terre en deuil qui, loin des rayons du jour, porte un anneau ainsi qu'une veuve inconsolable; tous ces flambeaux errants de la maison de l'homme, attirent les méditations des élus. Enfin, les âmes prédestinées volent jusqu'à ces mondes dont nos étoiles sont les soleils, et elles entendent les concerts inconnus de la Lyre et du Cygne célestes. Dieu, de qui s'écoule une succession non interrompue, ne laisse point reposer leur curiosité sainte, soit qu'aux bords les plus reculés de l'espace il brise un antique univers, soit que, suivi de l'armée des anges, il porte l'ordre et la beauté jusque dans le sein du chaos.

Mais l'objet le plus étonnant offert à la contemplation des saints, c'est l'homme. Ils s'intéressent encore à nos peines et à nos plaisirs; ils écoutent nos vœux; ils prient pour nous; ils sont nos patrons et nos conseils; ils se réjouissent sept fois lorsqu'un pécheur retourne au bercail; ils tremblent d'une charitable frayeur lorsque l'ange de la mort amène une âme craintive aux pieds du souverain Juge. Mais s'ils voient nos passions à découvert, ils ignorent toutefois par quel art tant d'éléments opposés sont confondus dans notre sein : Dieu, qui permet aux bienheureux de pénétrer les lois de l'univers, s'est réservé le merveilleux secret du cœur de l'homme.

C'est dans cette extase d'admiration et d'amour, dans ces transports d'une joie sublime, ou dans ces mouvements d'une tendre tristesse, que les élus répètent ce cri de trois fois Saint, qui ravit éternellement les cieux. Le roi-prophète règle la mélodie divine; Asaph, qui soupira les douleurs de David, conduit les instruments animés par le souffle; et les fils de Coré gouvernent les harpes, les lyres et les psaltérions qui frémissent sous la main des anges. Les six jours de la création, le repos du Seigneur, les fêtes de l'ancienne et de la nouvelle loi, sont célébrés tour à tour dans les royaumes incorruptibles. Alors les dômes sacrés se couronnent d'une auréole plus vive; alors, du trône de Dieu, de la lumière même répandue dans les demeures intellectuelles, s'échappent des sons si suaves et si délicats, que nous ne pourrions les entendre sans mourir. Muse, où trouveriez-vous des images pour peindre ces solennités angéliques! Serait-ce sous les pavillons des princes de l'Orient, lorsque assis sur un trône étincelant de pierreries, le monarque assemble sa pompeuse cour? Ou bien, ô Muse! rappelleriez-vous le souvenir de la terrestre Jérusalem, quand Salomon voulut dédier au Seigneur le sanctuaire du peuple fidèle? Le bruit éclatant des trompettes ébranlait les sommets de Sion; les lévites redisaient en chœur le cantique des degrés; les anciens d'Israël marchaient avec Salomon devant les tables de Moïse; le grand sacrificateur immolait des victimes sans nombre; les filles de Juda formaient des pas cadencés autour de l'arche d'alliance; leurs danses, aussi pieuses que leurs hymnes, étaient des louanges au Créateur.

Les concerts de la Jérusalem céleste retentissent surtout au tabernacle très-pur qu'habite dans la cité de Dieu l'adorable Mère du Sauveur. Environnée du chœur des veuves, des femmes fortes et des vierges sans tache, Marie est assise sur un trône de candeur. Tous les soupirs de la terre montent vers ce trône par des routes secrètes; la Consolatrice des affligés entend le cris de nos misères les plus cachées; elle porte aux pieds de son Fils, sur l'autel des parfums, l'offrande de nos pleurs; et, afin de rendre l'holocauste plus efficace, elle y mêle quelques-unes de ses larmes divines. Les esprits gardiens des hommes viennent sans cesse implorer, pour leurs amis mortels, la Reine des miséricordes. Les doux séraphins de la grâce et de la charité la servent à genoux; autour d'elle se réunissent encore les personnages touchants de la crèche, Gabriel, Anne et Joseph; les bergers de Bethléem, et les mages de l'Orient. On voit aussi s'empresser dans ce lieu les enfants morts en entrant à la vie, et qui, tranformés en petits anges, semblent être devenus les compagnons du Messie au berceau. Ils balancent devant leur mère céleste des ensensoirs d'or, qui s'élèvent et retombent avec un bruit harmonieux, et d'où s'échappent en vapeur légère les parfums d'amour et d'innocence.

Des tabernacles de Marie on passe au sanctuaire du Sauveur des hommes : c'est là que le Fils conserve par ses regards les mondes que le Père a créés : il est assis à une table mystique : vingt-quatre vieillards, vêtus de robes blanches et portant des couronnes d'or, sont placés sur des trônes à ses côtés. Près de lui est son char vivant, dont les roues lancent des foudres et des éclairs. Lorsque le Désiré des nations daigne se manifester aux élus dans une vision intime et complète, les élus tombent comme morts devant sa face; mais il étend sa droite, et leur dit

« Relevez-vous, ne craignez rien, vous êtes les bénis de mon père;
« regardez-moi; je suis le Premier et le Dernier. »

Par delà le sanctuaire du Verbe s'étendent sans fin des espaces de feu et de lumière. Le Père habite au fond de ces abîmes de vie. Principe de tout ce qui fut, est et sera, le passé, le présent et l'avenir se confondent en lui. Là sont cachées les sources des vérités incompréhensibles au ciel même : la liberté de l'homme et la prescience de Dieu ; l'être qui peut tomber dans le néant et le néant qui peut devenir l'être ; là surtout s'accomplit, loin de l'œil des anges, le mystère de la Trinité. L'esprit qui remonte et descend sans cesse du Fils au Père, et du Père au Fils, s'unit avec eux dans ces profondeurs impénétrables. Un triangle de feu paraît alors à l'entrée du saint des saints : les globes s'arrêtent de respect et de crainte, l'Hosanna des anges est suspendu, les milices immortelles ne savent quels seront les décrets de l'Unité vivante ; elles ne savent si le trois fois Saint ne va point changer sur la terre et dans le ciel les formes matérielles et divines, ou si, rappelant à lui les principes des êtres, il ne forcera point les mondes à rentrer dans le sein de son éternité.

Les essences primitives se séparent, le triangle de feu disparaît : l'oracle s'entr'ouvre, et l'on aperçoit les trois Puissances. Porté sur un trône de nuées, le Père tient un compas à la main ; un cercle est sous ses pieds ; le Fils, armé de la foudre, est assis à sa droite ; l'Esprit s'élève à sa gauche comme une colonne de lumière. Jéhovah fait un signe, et les temps rassurés reprennent leurs cours, et les frontières du chaos se retirent, et les astres poursuivent leurs chemins harmonieux. Les cieux prêtent alors une oreille attentive à la voix du Tout-Puissant, qui déclare quelques-uns de ses desseins sur l'univers.

A l'instant où la prière de Cyrille parvint au trône éternel, les trois Personnes se montraient ainsi aux yeux éblouis des anges. Dieu voulait couronner la vertu de Cyrille, mais le saint prélat n'était point la victime de prédilection désignée pour la persécution nouvelle ; il avait déjà souffert au nom du Sauveur, et la justice du Tout-Puissant demandait une hostie entière.

A la voix de son vénérable martyr, le Christ s'inclina devant l'Arbitre des humains, et fit trembler dans l'immensité de l'espace tout ce qui n'était pas le marchepied de Dieu. Il ouvre ses lèvres, où respire la loi de clémence, pour présenter à l'Ancien des jours le sacrifice de l'évêque de Lacédémone. Les accents de sa voix sont plus doux que l'huile de justice dont Salomon fut sacré, plus purs que la fontaine de Samarie, plus aimables que le murmure des oliviers en fleur balancés au souffle du printemps, dans les jardins de Nazareth, ou dans les vallons du Thabor.

Imploré par le Dieu de mansuétude et de paix en faveur de l'Église menacée, le Dieu fort et terrible fit connaître aux cieux ses desseins sur les fidèles. Il ne prononça qu'une parole, mais une de ces paroles qui fécondent le néant, qui font naître la lumière, ou qui renferment la destinée des empires.

Cette parole dévoile soudain aux légions des anges, aux chœurs des vierges, des saints, des rois, des martyrs, le secret de la sagesse. Ils voient dans le mot du souverain Juge, ainsi que dans un rayon limpide du jour, les conceptions du passé, les préparations du présent et les événements de l'avenir.

Le moment est arrivé où les peuples, soumis aux lois du Messie, vont enfin goûter sans mélange la douceur de ces lois propices. Assez longtemps l'idolâtrie éleva ses temples auprès des autels du Fils de l'Homme; il faut qu'elle disparaisse du monde. Déjà est né le nouveau Cyrus qui brisera les derniers simulacres des esprits de ténèbres, et mettra le trône des Césars à l'ombre des saints tabernacles. Mais les chrétiens, invincibles sous le fer et dans les flammes, se sont laissé amollir aux délices de la paix. Afin de les mieux éprouver, la Providence a permis qu'ils connussent la richesse et les honneurs : ils n'ont pu résister à la persécution de la prospérité. Il faut, avant que le monde passe sous leur puissance, qu'ils soient dignes de leur gloire; ils ont allumé le feu de la colère du Seigneur, ils n'obtiendront point grâce à ses yeux qu'ils n'aient été purifiés. Satan sera déchaîné sur la terre; une dernière épreuve va commencer pour les fidèles : les chrétiens sont tombés; ils seront punis. Celui qui doit expier leurs crimes par un sacrifice volontaire est depuis longtemps marqué dans la pensée de l'Éternel.

Tels sont les premiers conseils que découvrent, dans la parole de Dieu, les habitants des demeures célestes. O parole divine ! quelle longue et faible succession de temps et d'idées la parole humaine est obligée d'employer pour te rendre ! Tu fais tout voir, tout comprendre aux élus dans un moment; et moi, ton indigne interprète, je développe péniblement dans un langage de mort les mystères contenus dans un langage de vie ! Avec quelle sainte admiration, avec quelle piété sublime, les justes connaissent ensuite l'holocauste et les conditions qui le rendent agréable au Très-Haut ! Cette victime qui doit vaincre l'enfer par la vertu des souffrances et des mérites du sang de Jésus-Christ, cette victime qui marchera à la tête de mille autres victimes, n'a point été choisie parmi les princes et les rois. Né dans un rang obscur pour mieux imiter le Sauveur du monde, cet homme, aimé du ciel, descend toutefois d'illustres aïeux. En lui la religion va triompher du sang des héros païens et des sages de l'idolâtrie ; en lui seront honorés, par un martyre oublié de l'histoire, ces pauvres ignorés du monde, qui vont souffrir pour la loi, ces humbles confesseurs qui, ne prononçant à la mort que le nom de Jésus-Christ, laisseront leurs propres noms inconnus aux hommes. Ame de tous les projets des fidèles, soutien du prince qui renversera les autels des faux dieux, il faut encore que ce chrétien appelé ait scandalisé l'Église, et qu'il ait pleuré ses erreurs, ainsi que le premier apôtre, afin d'encourager au repentir ses frères coupables. Déjà, pour lui donner les vertus nécessaires au jour du combat, l'ange du Seigneur l'a conduit par la main chez les nations de la terre; il a vu l'Évangile s'établissant de toutes parts. Dans le cours de ses voyages, utiles aux desseins de Dieu, les démons ont tenté le nouveau prédestiné, non encore rentré dans les voies du ciel. Une grande et dernière faute, en le jetant dans un grand malheur, l'a fait sortir des ombres de la mort. Les larmes de sa pénitence ont commencé à couler; alors un solitaire, inspiré de Dieu, lui a révélé une partie de ses fins. Bientôt il sera digne de la palme qu'on lui prépare. Telle est la victime dont l'immolation désarmera le courroux du Seigneur, et replongera Lucifer dans l'abîme.

Tandis que les saints et les anges pénètrent les desseins annoncés par la parole du Très-Haut, cette même parole découvre un autre miracle de la grâce aux chœurs des femmes bienheureuses. Les païens auront aussi leur hostie; car les chrétiens et les idolâtres vont se réunir à jamais au pied du Calvaire. Cette victime sera dérobée au troupeau innocent des vierges, afin d'expier l'impureté des mœurs païennes. Fille des beaux-arts qui séduisent les faibles mortels, elle fera passer sous le joug de la croix les charmes et le génie de la Grèce. Elle n'est point immédiatement demandée par un décret irrévocable; elle n'aura ni le mérite, ni l'éclat du premier holocauste; mais, épouse désignée du martyr, et par lui arrachée au temple des idoles, elle augmentera l'efficacité du principal sacrifice, en multipliant les épreuves. Dieu cependant n'abandonnera pas sans secours ses serviteurs à la rage de Satan : il veut que les légions fidèles se revêtent de leurs armes, qu'elles soutiennent et consolent le chrétien persécuté; il leur confie l'exercice de sa miséricorde, en se réservant celui de sa justice : le Christ lui-même soutiendra le confesseur dévoué au salut de tous; et Marie prendra sous sa protection la vierge timide qui doit accroître les douleurs, les joies et la gloire du martyr.

Ces destinées de l'Église, divulguées aux élus par un seul mot du Tout-Puissant, interrompirent les concerts, et suspendirent les fonctions des anges; il se fit dans le ciel une demi-heure de silence, comme au moment redoutable où Jean vit briser le septième sceau du livre mystérieux; les milices divines, frappées du son de la parole éternelle, restaient dans un muet étonnement : ainsi, lorsque la foudre commence à gronder sur de nombreux bataillons, près de se livrer un combat furieux, le signal est suspendu : moitié dans la lumière du soleil, moitié sous l'ombre croissante, les cohortes demeurent immobiles; aucun souffle de l'air ne fait flotter les drapeaux, qui retombent affaissés sous la main qui les porte; les mèches embrasées fument inutilement auprès du bronze muet, et les guerriers, sillonnés du feu de l'éclair, écoutent en silence la voix des orages.

L'esprit, qui garde l'étendard de la croix, élevant tout à coup la bannière triomphante, fit cesser l'immobilité des armées du Seigneur. Tout le ciel abaisse aussitôt les yeux vers la terre; Marie, du haut du firmament, laisse tomber un premier regard d'amour sur la tendre victime confiée à ses soins. Les palmes des confesseurs reverdissent dans leurs mains, l'escadron ardent ouvre ses rangs glorieux pour faire place aux époux martyrs, entre Félicité et Perpétue, entre l'illustre Étienne et les grands Machabées. Le vainqueur de l'antique dragon, Michel, prépare sa lance redoutable; autour de lui ses immortels compagnons se couvrent de leurs cuirasses étincelantes. Les boucliers de diamant et d'or, le carquois du Seigneur, les épées flamboyantes, sont détachés des portiques éternels; le char d'Emmanuel s'ébranle sur son essieu de foudre et d'éclairs; les chérubins roulent leurs ailes impétueuses, et allument la fureur de leurs yeux. Le Christ redescend à la table des vieillards, qui présentent à sa bénédiction deux robes nouvellement blanchies dans le sang de l'Agneau; le Père tout-puissant se renferme dans les profondeurs de son éternité, et l'Esprit-Saint verse tout à coup des flots d'une lumière si vive, que la création semble rentrée dans la nuit. Alors les chœurs des saints et des anges entonnent le cantique de gloire :

« Gloire à Dieu, dans les hauteurs du ciel !

« Goûtez sur la terre des jours pacifiques, vous qui marchez parmi
« les sentiers de la bonté et de la douceur! Agneau de Dieu, vous
« effacez les péchés du monde! O miracle de candeur et de modestie,
« vous permettez à des victimes sorties du néant de vous imiter, de
« se dévouer pour le salut des pécheurs! Serviteurs du Christ que
« le monde persécute, ne vous troublez point à cause du bonheur des
« méchants : ils n'ont point, il est vrai, de langueurs qui les traînent
« à la mort; ils semblent ignorer les tribulations humaines; ils portent
« l'orgueil à leur cou comme un carcan d'or; ils s'enivrent à des
« tables sacriléges; ils rient, ils dorment, comme s'il n'avaient point
« fait de mal; ils meurent tranquillement sur la couche qu'ils ont ravie
« à la veuve et à l'orphelin; mais où vont-ils?

« L'insensé a dit dans son cœur : « Il n'y a point de Dieu! » Que
« Dieu se lève! que ses ennemis soient dissipés! Il s'avance : les

« colonnes du ciel sont ébranlées ; le fond des eaux et les entrailles
« de la terre sont mis à nu devant le Seigneur. Un feu dévorant sort
« de sa bouche ; il prend son vol, monté sur les chérubins ; il lance
« de toutes parts ses flèches embrasées ! Où sont-ils les enfants des
« impies ? Sept générations se sont écoulées depuis l'iniquité des
« pères, et Dieu vient visiter les enfants dans sa fureur ; il vient au
« temps marqué punir un peuple coupable ; il vient réveiller les mé-
« chants dans leur palais de cèdre et d'aloès, et confondre le fantôme
« de leur rapide félicité.

« Heureux celui qui, passant avec larmes dans les vallées, cherche
« Dieu comme la source des bénédictions ! Heureux celui à qui les
« iniquités sont pardonnées, et qui trouve la gloire dans la péni-
« tence ! Heureux celui qui élève en silence l'édifice de ses bonnes
« œuvres, comme le temple de Salomon, où l'on n'entendait ni les coups
« de la cognée, ni le bruit du marteau, tandis que l'ouvrier respec-
« tueux bâtissait la maison du Seigneur. Vous tous qui mangez sur
« la terre le pain des larmes, répétez à la louange du Très-Haut le
« saint cantique :

« Gloire à Dieu, dans les hauteurs du ciel ! »

LIVRE QUATRIÈME

SOMMAIRE.

Cyrille, la famille chrétienne, Démodocus et Cymodocée, se rassemblent dans une île au confluent du Ladon et de l'Alphée, pour entendre le fils de Lasthénès raconter ses aventures. Commencement du récit d'Eudore. Origine de la
famille de Lasthénès. Elle s'oppose aux Romains lors de l'invasion de la Grèce. L'aîné de la famille de Lasthénès
est obligé de se rendre en otage à Rome. La famille de Lasthénès embrasse le christianisme. Enfance d'Eudore. Il
part à seize ans pour remplacer son père à Rome. Tempête. Description de l'Archipel. Arrivée d'Eudore en Italie.
Description de Rome. Eudore contracte une étroite amitié avec Jérôme, Augustin et le prince Constantin, fils de
Constance. Caractères de Jérôme, d'Augustin et de Constantin. Eudore est introduit à la cour. Dioclétien. Galérius.
Cour de Dioclétien. Le sophiste Hiéroclès, proconsul d'Achaïe et favori de Galérius. Inimitié d'Eudore et d'Hié-
roclès. Eudore tombe dans tous les désordres de la jeunesse et oublie sa religion. Marcellin, évêque de Rome. Il
menace Eudore de l'excommunier, s'il ne rentre dans le sein de l'Église. Excommunication lancée contre Eudore.
Amphithéâtre de Titus. Pressentiment.

Eudore et Cymodocée, cachés dans un obscur vallon, au fond des
bois de l'Arcadie, ignoraient qu'en ce moment les saints et les anges
avaient les regards attachés sur eux, et que le Tout-Puissant lui-

même s'occupait de leur destinée : ainsi les pasteurs de Chanaan étaient visités par le Dieu de Nachor, au milieu des troupeaux qui paissaient à l'occident de Bethel.

Aussitôt que le gazouillement des hirondelles eut annoncé à Lasthénès le lever du jour, il se hâte de quitter sa couche, il s'enveloppe dans un manteau filé par sa diligente épouse, et doublé d'une laine amie des vieillards. Il sort précédé de deux chiens de Laconie, sa garde fidèle, et s'avance vers le lieu où devait reposer l'évêque de Lacédémone; mais il aperçoit le saint prélat au milieu de la campagne, offrant sa prière à l'Éternel. Les chiens de Lasthénès courent vers Cyrille, et baissant la tête d'un air caressant, ils semblaient lui porter l'obéissance et le respect de leur maître. Les deux vénérables chrétiens se saluèrent avec gravité, et se promenèrent ensuite sur le penchant des monts, en s'entretenant de la sagesse antique : tel l'Arcadien Évandre conduisit Anchise au bois de Phénée, lorsque Priam, alors heureux, vint chercher sa sœur Hésione à Salamine; ou tel le même Évandre, exilé au bord du Tibre, reçut l'illustre fils de son ancien hôte, quand la fortune eut rassasié de malheurs le monarque d'Ilion.

Démodocus ne tarda pas à paraître; il était suivi de Cymodocée, plus belle que la lumière naissante sur les coteaux de l'orient.

Dans le flanc de la montagne qui dominait la demeure de Lasthénès s'ouvrait une grotte, retraite accoutumée des passereaux et des colombes : c'était là qu'à l'imitation des solitaires de la Thébaïde, Eudore se renfermait pour verser les larmes de la pénitence. On voyait suspendu au mur de cette grotte un crucifix, des armes, une couronne de chêne obtenue dans les combats, et des décorations triomphales. Eudore commençait à sentir renaître au fond de son cœur un trouble qu'il n'avait que trop connu. Effrayé de son nouveau péril, toute la nuit il avait poussé des cris vers le ciel. Quand l'aurore eut dissipé les ténèbres, il lava la trace de ses pleurs dans une source pure, et se prépara à quitter sa grotte; il chercha, par la simplicité de ses vêtements, à diminuer l'éclat de sa beauté : il attache à ses pieds des brodequins gaulois formés de la peau d'une chèvre sauvage; il cache son cilice sous la tunique d'un chasseur; il jette sur ses épaules et ramène sur sa poitrine la dépouille d'une biche blanche; un pâtre cruel avait renversé d'un coup de fronde cette reine des bois, lorsqu'elle buvait avec son faon, au bord de l'Achéloüs. Eudore prend dans sa main gauche deux javelots de frêne; il suspend à sa main droite une de ces couronnes de grains de corail dont les vierges martyres ornaient leurs cheveux en allant à la mort; couronnes innocentes, vous serviez ensuite à compter le nombre des prières que les cœurs simples répétaient au Seigneur ! Armé contre les bêtes des forêts et contre les attaques des esprits de ténèbres, Eudore descend du haut des rochers, comme un soldat chrétien de la légion thébaine qui rentre au camp après les veilles de la nuit. Il franchit les eaux d'un torrent, et vient se joindre à la petite troupe qui l'attendait au bas du verger. Il porte à ses lèvres le bord du manteau de Cyrille ; il reçoit la bénédiction paternelle, et s'incline, en baissant les yeux, devant Démodocus et Cymodocée. Toutes les roses du matin se répandirent sur le front de la fille d'Homère. Bientôt Séphora et ses trois filles sortirent modestement du gynécée. Alors l'évêque de Lacédémone s'adressant au fils de Lasthénès :

« Eudore, dit-il, vous êtes l'objet de la curiosité de la Grèce chrétienne. Qui n'a point entendu parler de vos malheurs et de votre repentir ? Je suis persuadé que vos hôtes de Messénie n'écouteront point eux-mêmes sans intérêt le récit de vos aventures. »

« Sage vieillard, dont l'habit annonce un pasteur des hommes, s'écria Démodocus, tu ne prononces pas une parole qu'elle ne soit dictée par Minerve. Il est vrai, comme mon aïeul le divin Homère, je passerais volontiers cinq et même six années à faire ou à écouter des récits. Y a-t-il rien de plus agréable que les paroles d'un homme qui a beaucoup voyagé, et qui, assis à la table de son hôte, tandis que la pluie et les vents murmurent au dehors, raconte, à l'abri de tout danger, les traverses de sa vie ! J'aime à sentir mes yeux mouillés de pleurs, en vidant la coupe d'Hercule : les libations mêlées de larmes sont plus sacrées ; la peinture des maux dont Jupiter accable les enfants de la terre tempère la folle ivresse des festins, et nous fait souvenir des dieux. Et toi-même, cher Eudore, tu trouveras quelque plaisir à te rappeler les tempêtes que tu supportas avec courage : le nautonier, revenu aux champs de ses pères, contemple avec un charme secret son gouvernail et ses rames, suspendus pendant l'hiver au tranquille foyer du laboureur. »

Le Ladon et l'Alphée, en se réunissant au-dessous du verger, embrassaient une île qui semblait naître du mariage de leurs eaux : elle était plantée de ces vieux arbres que les peuples de l'Arcadie regardaient comme leurs aïeux. C'était là qu'Alcymédon coupait autrefois le bois de hêtre dont il faisait de si belles tasses aux bergers ; c'était là qu'on montrait aussi la fontaine Aréthuse, et le laurier qui retenait Daphné sous son écorce. On résolut de passer dans cette île solitaire, afin qu'Eudore ne fût point interrompu dans le récit de ses aventures. Les serviteurs de Lasthénès détachent aussitôt des rives de l'Alphée une longue nacelle, formée du seul tronc d'un pin ; la famille et les étrangers s'abandonnent au cours du fleuve. Démodocus, remarquant l'adresse de ses conducteurs, disait avec un sentiment de tristesse :

« Arcadiens, qu'est devenu le temps où les Atrides étaient obligés de vous prêter des vaisseaux pour aller à Troie, et où vous preniez la rame d'Ulysse pour le van de la blonde Cérès? Aujourd'hui, vous vous livrez sans pâlir aux fureurs de la mer immense. Hélas! le fils de Saturne veut que le danger charme les mortels, et qu'ils l'embrassent comme une idole! »

On touche bientôt à la pointe orientale de l'île, où s'élevaient deux autels à demi ruinés : l'un, sur le rivage de l'Alphée, était consacré à la Tempête; l'autre, au bord du Ladon, était dédié à la Tranquillité. La fontaine Aréthuse sortait de terre entre ces deux autels, et s'écoulait aussitôt dans le fleuve amoureux d'elle. La troupe, impatiente d'entendre le récit d'Eudore, s'arrête dans ce lieu, et s'assied sous des peupliers dont le soleil levant dorait la cime. Après avoir demandé le secours du ciel, le jeune chrétien parla de la sorte :

« Je suis obligé, seigneurs, de vous entretenir un moment de ma naissance, parce que cette naissance est la première origine de mes malheurs. Je descends, par ma mère, de cette pieuse Mégare qui enterra les os de Phocion sous son foyer, en disant : « Cher foyer, garde fidè-« lement les restes d'un homme de bien. »

« J'eus pour ancêtre paternel Philopœmen. Vous savez qu'il osa seul s'opposer aux Romains, quand ce peuple libre ravit la liberté à la Grèce. Mon aïeul succomba dans sa noble entreprise; mais qu'importent la mort et les revers, si notre nom, prononcé dans la postérité, va faire battre un cœur généreux deux mille ans après notre vie?

« Notre patrie expirante, pour ne point démentir son ingratitude, fit boire du poison au dernier de ses grands hommes. Le jeune Polybe [1], au milieu d'une pompe attendrissante, transporta de Messène à Mégalopolis la dépouille de Philopœmen. On eût dit que l'urne, chargée de couronnes et couverte de bandelettes, renfermait les cendres de la Grèce entière. Depuis ce moment, notre terre natale, comme un sol épuisé, cessa de porter des citoyens magnanimes. Elle a conservé son beau nom, mais elle ressemble à cette statue de Thémistocle, dont les Athéniens de nos jours ont coupé la tête, pour la remplacer par la tête d'un esclave.

« Le chef des Achéens ne reposa pas tranquille au fond de sa tombe : quelques années après sa mort, il fut accusé d'avoir été l'ennemi de Rome, et poursuivi criminellement devant le proconsul Mummius,

---

[1] C'est l'historien.

destructeur de Corinthe. Polybe, protégé par Scipion Nasica, parvint à sauver de la proscription les statues de Philopœmen; mais cette délation sacrilége réveilla la jalousie des Romains contre le sang du dernier des Grecs : ils exigèrent qu'à l'avenir le fils aîné de ma famille fût envoyé à Rome dès qu'il aurait atteint l'âge de seize ans, pour y servir d'otage entre les mains du sénat.

« Accablée sous le poids du malheur, et toujours privée de son chef, ma famille abandonna Mégalopolis, et se retira tantôt au milieu de ces montagnes, tantôt dans un autre héritage que nous possédons au pied du Taygète, le long du golfe de Messénie. Paul, le sublime apôtre des Gentils, apporta bientôt à Corinthe le remède contre toutes les douleurs. Lorsque le christianisme éclata dans l'empire romain, tout était plein d'esclaves ou de princes abattus : le monde entier demandait des consolations ou des espérances.

« Disposée à la sagesse par les leçons de l'adversité et par la simplicité des mœurs arcadiennes, ma famille fut la première dans la Grèce à embrasser la loi de Jésus-Christ. Soumis à ce joug divin, je passai les jours de mon enfance au bord de l'Alphée et parmi les bois du Taygète. La religion tenant mon âme à l'ombre de ses ailes, l'empêchait, comme une fleur délicate, de s'épanouir trop tôt; et, prolongeant l'ignorance de mes jeunes années, elle semblait ajouter de l'innocence à l'innocence même.

« Le moment de mon exil arriva. J'étais l'aîné de ma famille, et j'avais atteint ma seizième année; nous habitions alors nos champs de la Messénie. Mon père, dont j'allais prendre la place, avait obtenu, par une faveur particulière, la permission de revenir en Grèce avant mon départ : il me donna sa bénédiction et ses conseils. Ma mère me conduisit au port de Phères, et m'accompagna jusqu'au vaisseau. Tandis qu'on déployait la voile, elle levait les mains au ciel, en offrant à Dieu son sacrifice. Son cœur se brisait à la pensée de ces mers orageuses et de ce monde plus orageux encore que j'allais traverser, navigateur sans expérience. Déjà le navire s'avançait dans la haute mer, et Séphora restait encore avec moi afin d'encourager ma jeunesse, comme une colombe apprend à voler à son petit lorsqu'il sort pour la première fois du nid maternel. Mais il lui fallut me quitter; elle descendit dans l'esquif qui l'attendait attaché au flanc de notre trirème. Longtemps elle me fit des signes du bord de la barque qui la reportait au rivage : je poussais des cris douloureux, et, quand il me devint impossible de distinguer cette tendre mère, mes yeux cherchaient encore à découvrir le toit où j'avais été nourri, et la cime des arbres de l'héritage paternel.

« Notre navigation fut longue : à peine avions-nous passé l'île de Théganuse, qu'un vent impétueux du couchant nous obligea de fuir dans les régions de l'aurore jusqu'à l'entrée de l'Hellespont. Après sept jours d'une tempête qui nous déroba la vue de toutes les terres, nous fûmes trop heureux de nous réfugier vers l'embouchure du Simoïs, à l'abri du tombeau d'Achille. Quand la tempête fut calmée, nous voulûmes remonter à l'occident, mais le constant zéphyr, que le Bélier céleste amène des bords de l'Hespérie, repoussa longtemps nos voiles : nous fûmes jetés tantôt sur les côtes de l'Éolide, tantôt dans les parages de la Thrace et de la Thessalie. Nous parcourûmes cet archipel de la Grèce, où l'aménité des rivages, l'éclat de la lumière, la douceur et les parfums de l'air, le disputent au charme des noms et des souvenirs. Nous vîmes tous ces promontoires marqués par des temples ou des tombeaux. Nous touchâmes à différents ports; nous admirâmes ces cités, dont quelques-unes portent le nom d'une fleur brillante, comme la rose, la violette, l'hyacinthe, et qui, chargées de leurs peuples ainsi que d'une semence féconde, s'épanouissent au bord de la mer, sous les rayons du soleil. Quoiqu'à peine sorti de l'enfance, mon imagination était vive et mon cœur déjà susceptible d'émotions profondes. Il y avait sur notre vaisseau un Grec enthousiaste de sa patrie, comme tous les Grecs. Il me nommait les lieux que je voyais :

« Orphée entraîna les chênes de cette forêt au son de sa lyre; cette
« montagne, dont l'ombre s'étend si loin, avait dû servir de statue à
« Alexandre; cette autre montagne est l'Olympe, et son vallon, le val-
« lon de Tempé; voilà Délos, qui fut flottante au milieu des eaux; voilà
« Naxos, où Ariadne fut abandonnée; Cécrops descendit sur cette rive;
« Platon enseigna sur la pointe de ce cap; Démosthène harangua ces
« vagues; Phryné se baignait dans ces flots lorsqu'on la prit pour Vé-
« nus! Et cette patrie des dieux, des arts et de la beauté, s'écriait
« l'Athénien en versant des pleurs de rage, est en proie aux Barbares! »

« Son désespoir redoubla lorsque nous traversâmes le golfe de Mégare. Devant nous était Égine; à droite, le Pyrée; à gauche, Corinthe. Ces villes, jadis si florissantes, n'offraient que des monceaux de ruines. Les matelots même parurent touchés de ce spectacle. La foule accourue sur le pont gardait le silence : chacun tenait ses regards attachés à ces débris; chacun en tirait peut-être secrètement une consolation dans ses maux, en songeant combien nos propres douleurs sont peu de chose comparées à ces calamités qui frappent des nations entières, et qui avaient étendu sous nos yeux les cadavres de ces cités.

« Cette leçon semblait au-dessus de ma raison naissante : cependant je l'entendis; mais d'autres jeunes gens qui se trouvaient avec moi sur le vaisseau y furent insensibles. D'où venait cette différence? de nos religions : ils étaient païens, j'étais chrétien. Le paganisme, qui développe les passions avant l'âge, retarde les progrès de la raison ; le christianisme, qui prolonge au contraire l'enfance du cœur, hâte la virilité de l'esprit. Dès les premiers jours de la vie, il nous entretient de pensées graves; il respecte, jusque dans les langes, la dignité de l'homme; il nous traite, même au berceau, comme des êtres sérieux et sublimes, puisqu'il reconnaît un ange dans l'enfant que la mère porte encore à sa mamelle. Mes jeunes compagnons n'avaient entendu parler que des métamorphoses de Jupiter, et ils ne comprirent rien aux débris qu'ils avaient sous les yeux; moi je m'étais déjà assis avec le prophète sur les ruines des villes désolées, et Babylone m'enseignait Corinthe.

« Je dois toutefois marquer ici une séduction qui fut mon premier pas vers l'abîme; et comme il arrive presque toujours, le piége où je me trouvai pris n'avait rien en apparence que de très-innocent. Tandis que nous méditions sur les révolutions des empires, nous vîmes tout à coup sortir une théorie du milieu de ces débris. O riant génie de la Grèce, qu'aucun malheur ne peut étouffer, ni peut-être aucune leçon instruire! C'était une députation des Athéniens aux fêtes de Délos. Le vaisseau déliaque, couvert de fleurs et de bandelettes, était orné des statues des dieux; les voiles blanches, teintes de pourpre par les rayons de l'aurore, s'enflaient aux haleines des zéphyrs, et les rames dorées fendaient le cristal des mers. Des théores penchés sur les flots répandaient des parfums et des libations; des vierges exécutaient sur la proue du vaisseau la danse des malheurs de Latone, tandis que des adolescents chantaient en chœur les vers de Pindare et de Simonide. Mon imagination fut enchantée par ce spectacle, qui fuyait comme un nuage du matin, ou comme le char d'une divinité sur les ailes des vents. Ce fut ainsi que, pour la première fois, j'assistai à une cérémonie païenne sans horreur.

« Enfin, nous revîmes les montagnes du Péloponèse, et je saluai de loin ma terre natale. Les côtes de l'Italie ne tardèrent pas à s'élever du sein des flots. De nouvelles émotions m'attendaient à Brindes. En mettant le pied sur cette terre d'où partent les décrets qui gouvernent le monde, je fus frappé d'un air de grandeur qui m'était jusqu'alors inconnu. Aux élégants édifices de la Grèce succédaient des monuments plus vastes, marqués de l'empreinte d'un autre génie. Ma surprise allait toujours croissant, à mesure que je m'avançais sur la voie Appienne. Ce chemin, pavé de larges quartiers de roche, semble être fait pour résister au passage du genre humain : à travers les monts de l'Apulie, le long du golfe de Naples, au milieu des paysages d'Anxur, d'Albe et de la campagne romaine, il présente une avenue de plus de trois cents milles de longueur, bordée de temples, de palais et de tombeaux, et vient se terminer à la ville éternelle, métropole de l'univers et digne de l'être. À la vue de tant de prodiges, je tombai dans une sorte d'ivresse que je n'avais pu ni prévoir ni soupçonner.

« Ce fut en vain que les amis de mon père, auxquels j'étais recommandé, voulurent d'abord m'arracher à mon enchantement. J'errais sans cesse du Forum au Capitole, du quartier des Carènes au Champ de Mars ; je courais au théâtre de Germanicus, au môle d'Adrien, au cirque de Néron, au Panthéon d'Agrippa ; et pendant ces courses d'une curiosité dangereuse, l'humble église des chrétiens était oubliée.

« Je ne pouvais me lasser de voir le mouvement d'un peuple composé de tous les peuples de la terre, et la marche de ces troupes romaines, gauloises, germaniques, grecques, africaines, chacune différemment armée et vêtue. Un vieux Sabin passait, avec ses sandales d'écorce de bouleau, auprès d'un sénateur couvert de pourpre ; la litière d'un consulaire était arrêtée par le char d'une courtisane ; les grands bœufs du Clytumne traînaient au Forum l'antique chariot du Volsque ; l'équipage de chasse d'un chevalier romain embarrassait la voie Sacrée ; des prêtres couraient encenser leurs dieux, et des rhéteurs ouvrir leurs écoles.

« Que de fois j'ai visité ces thermes ornés de bibliothèques, ces palais, les uns déjà croulants, les autres à moitié démolis pour servir à construire d'autres édifices ! La grandeur de l'horizon romain se mariant aux grandes lignes de l'architecture romaine ; ces aqueducs qui, comme des rayons aboutissants à un même centre, amènent les eaux au peuple-roi sur des arcs de triomphe ; le bruit sans fin des fontaines ; ces innombrables statues qui ressemblent à un peuple immobile au milieu d'un peuple agité ; ces monuments de tous les âges et de tous les pays ; ces travaux des rois, des consuls, des Césars, ces obélisques ravis à l'Égypte, ces tombeaux enlevés à la Grèce ; je ne sais quelle beauté dans la lumière, les vapeurs et le dessin des montagnes ; la rudesse même du cours du Tibre ; les troupeaux de cavales demi-sauvages qui viennent s'abreuver dans ses eaux ; cette campagne que le citoyen de Rome dédaigne maintenant de cultiver, se réservant à déclarer chaque année aux nations esclaves quelle partie de la terre aura l'honneur de le nourrir : que vous dirai-je enfin ? Tout porte à Rome l'empreinte de la domination et de la durée : j'ai vu la carte de la ville éternelle tracée sur des rochers de marbre au Capitole, afin que son image même ne pût s'effacer.

« Oh ! qu'elle a bien connu le cœur humain, cette religion qui cherche à nous maintenir dans la paix, et qui sait donner des bornes à notre curiosité, comme à nos affections sur la terre ! Cette vivacité d'imagination, à laquelle je m'abandonnai d'abord, fut la première cause de ma perte. Quand, enfin, je rentrai dans le cours ordinaire de mes occupations, je sentis que j'avais perdu le goût des choses graves, et j'enviai le sort des jeunes païens, qui pouvaient se livrer sans remords à tous les plaisirs de leur âge.

« Le rhéteur Eumènes tenait à Rome une chaire d'éloquence, qu'il a transportée depuis dans les Gaules. Il avait étudié dans son enfance sous le fils du plus célèbre disciple de Quintilien ; et tout ce qu'il y avait de jeunes gens illustres fréquentait alors son école. Je suivis les leçons de ce maître habile, et je ne tardai pas à former des liaisons avec les compagnons de mes études. Trois d'entre eux surtout s'attachèrent à moi par une agréable et sincère amitié : Augustin, Jérôme, et le prince Constantin, fils du César Constance.

« Jérôme, issu d'une noble famille pannonienne, annonça de bonne heure les plus beaux talents, mais les passions les plus vives. Son imagination impétueuse ne lui laissait pas un moment de repos. Il passait des excès de l'étude à ceux des plaisirs avec une facilité inconcevable. Irascible, inquiet, pardonnant difficilement une offense, d'un génie barbare ou sublime, il semble destiné à devenir l'exemple des plus grands désordres, ou le modèle des plus austères vertus : il faut à cette âme ardente Rome ou le désert.

« Un hameau du proconsulat de Carthage fut le berceau de mon second ami. Augustin est le plus aimable des hommes. Son caractère, aussi passionné que celui de Jérôme, a toutefois une douceur charmante, parce qu'il est tempéré par un penchant naturel à la contemplation : on pourrait cependant reprocher au jeune Augustin l'abus de l'esprit ; l'extrême tendresse de son âme le jette aussi quelquefois dans l'exaltation. Une foule de mots heureux, de sentiments profonds, revêtus d'images brillantes, lui échappent sans cesse. Né sous le soleil africain, il a trouvé dans les femmes, ainsi que Jérôme, l'écueil de ses vertus et la source de ses erreurs. Sensible jusqu'à l'excès au charme de l'éloquence, il n'attend peut-être qu'un orateur inspiré pour s'attacher à la vraie religion : si jamais Augustin entre dans l'Église, ce sera le Platon des chrétiens.

« Constantin, fils d'un César illustre, annonce lui-même toutes les qualités d'un grand homme. Avec la force de l'âme, il a ces beaux dehors, si utiles aux princes, et qui rehaussent l'éclat des belles actions. Hélène, sa mère, eut le bonheur de naître sous la loi de Jésus-Christ ; et Constantin, à l'exemple de son père, montre un penchant secret vers cette loi divine. A travers une extrême douceur, on voit percer chez lui un caractère héroïque, et je ne sais quoi de merveilleux que le ciel imprime aux hommes destinés à changer la face du monde. Heureux s'il ne se laisse pas emporter à ces éclats de colère, si terribles dans les caractères habituellement modérés ! Ah ! combien les princes sont à plaindre d'être si promptement obéis ! Combien il faut avoir pour eux d'indulgence ! Songeons toujours que nous voyons l'effet de leurs premiers mouvements, et que Dieu, pour leur apprendre à veiller sur leurs passions, ne leur laisse pas un moment entre la pensée et l'exécution d'un dessein coupable.

« Tels furent les trois amis avec lesquels je passais mes jours à Rome. Constantin était, ainsi que moi, une espèce d'otage entre les mains de Dioclétien. Cette conformité de position, encore plus que celle de l'âge, décida du penchant du jeune prince en ma faveur : rien ne prépare deux âmes à l'amitié comme la ressemblance des destinées, surtout quand ces destinées ne sont pas heureuses. Constantin voulut devenir l'instrument de ma fortune, et il m'introduisit à la cour.

« Lorsque j'arrivai à Rome, le pouvoir tombé aux mains de Dioclétien était partagé comme nous le voyons aujourd'hui : l'empereur s'était associé Maximien, sous le titre d'Auguste, et Galérius et Constance sous celui de César. Le monde, ainsi divisé entre quatre chefs, ne reconnaissait pourtant qu'un maître.

« C'est ici, seigneurs, que je dois vous peindre cette cour, dont vous avez le bonheur de vivre éloignés. Puissiez-vous n'entendre jamais gronder ses orages ! Puissent vos jours inconnus couler obscurément comme ces fleuves au fond de cette vallée ! Mais, hélas ! une vie cachée ne nous sauve pas toujours de la puissance des princes ! Le tourbillon qui déracine le rocher enlève aussi le grain de sable ; souvent un roi avec son sceptre meurtrit une tête ignorée. Puisque rien ne peut mettre à l'abri des coups qui descendent du trône, il est utile et sage de connaître la main par laquelle nous pouvons être frappés.

« Dioclétien, qui s'appelait autrefois Dioclès, reçut le jour à Dioclea, petite ville de Dalmatie. Dans sa jeunesse il porta les armes sous Probus, et devint un général habile. Il occupa sous Carin et Numérien la place importante de comte des *Domestici*, et il fut lui-même successeur de Numérien, dont il avait vengé la mort.

« Aussitôt que les légions d'Orient eurent élevé Dioclétien à l'empire, il marcha contre Carinus, frère de Numérien, qui régnait en

Occident : il remporta sur lui une victoire, et par cette victoire il resta seul maître du monde.

« Dioclétien a d'éminentes qualités. Son esprit est vaste, puissant, hardi ; mais son caractère, trop souvent faible, ne soutient pas le poids de son génie : tout ce qu'il fait de grand et de petit découle de l'une ou de l'autre de ces deux sources. Ainsi l'on remarque dans sa vie les actions les plus opposées : tantôt c'est un prince plein de fermeté, de lumière et de courage, qui brave la mort, qui connaît la dignité de son rang, qui force Galérius à suivre à pied le char impérial comme le dernier des soldats ; tantôt c'est un homme timide, qui tremble devant ce même Galérius, qui flotte irrésolu entre mille projets, qui s'abandonne aux superstitions les plus déplorables, et qui ne se soustrait aux frayeurs du tombeau qu'en se faisant donner les titres impies de Dieu et d'Éternité. Réglé dans ses mœurs, patient dans ses entreprises, sans plaisirs et sans illusions, ne croyant point aux vertus, n'attendant rien de la reconnaissance, on verra peut-être ce chef de l'empire se dépouiller un jour de la pourpre par mépris pour les hommes, et afin d'apprendre à la terre qu'il était aussi facile à Dioclétien de descendre du trône que d'y monter.

« Soit faiblesse, soit nécessité, soit calcul, Dioclétien a voulu partager sa puissance avec Maximien, Constance et Galérius. Par une politique dont il se repentira peut-être, il a pris soin que ces princes fussent inférieurs à lui, et qu'ils servissent seulement à rehausser son mérite. Constance seul lui donnait quelque ombrage, à cause de ses vertus. Il l'a relégué loin de la cour au fond des Gaules, et il a gardé près de lui Galérius. Je ne vous parlerai point de Maximien-Auguste, guerrier assez brave, mais prince ignorant et grossier, qui n'a aucune influence à la cour. Je passe à Galérius.

« Né dans les huttes des Daces, ce gardeur de troupeaux a nourri dès sa jeunesse, sous la ceinture du chevrier, une ambition effrénée. Tel est le malheur d'un État où les lois n'ont point fixé la succession au pouvoir : tous les cœurs sont enflés des plus vastes désirs ; il n'est personne qui ne puisse prétendre à l'empire ; et comme l'ambition ne suppose pas toujours le talent, pour un homme de génie qui s'élève, vous avez vingt tyrans médiocres qui fatiguent le monde.

« Galérius semble porter sur son front la marque ou plutôt la flétrissure de ses vices : c'est une espèce de géant dont la voix est effrayante et le regard horrible. Les pâles descendants des Romains croient se venger des frayeurs que leur inspire ce César, en lui donnant le surnom d'Armentarius. Comme un homme qui fut affamé la moitié de sa vie, Galérius passe les jours à table, et prolonge dans les ténèbres de la nuit de basses et crapuleuses orgies. Au milieu de ces saturnales de la grandeur, il fait tous ses efforts pour déguiser sa première nudité sous l'effronterie de son luxe; mais plus il s'enveloppe dans les replis de la robe de César, plus on aperçoit le sayon du berger.

« Outre la soif insatiable du pouvoir et l'esprit de cruauté et de violence, Galérius apporte encore à la cour une autre disposition bien propre à troubler l'empire : c'est une fureur aveugle contre les chrétiens. La mère de ce César, paysanne grossière et superstitieuse, offrait souvent dans son hameau des sacrifices aux divinités des montagnes. Indignée que les disciples de l'Évangile refusassent de partager son idolâtrie, elle avait inspiré à son fils l'aversion qu'elle sentait pour les fidèles. Galérius a déjà poussé le faible et barbare Maximien à persécuter l'Église; mais il n'a pu vaincre encore la sage modération de l'empereur. Dioclétien nous estime au fond de l'âme; il sait que nous composons aujourd'hui la meilleure partie des soldats de son armée; il compte sur notre parole quand nous l'avons une fois donnée; il nous a même rapprochés de sa personne : Dorothée, premier officier de son palais, est un chrétien remarquable par ses vertus. Vous verrez bientôt que l'impératrice Prisca, et sa fille la princesse Valérie, ont embrassé secrètement la loi du Sauveur. Reconnaissants des bontés de Dioclétien, et vivement touchés de la confiance qu'il leur accorde, les fidèles forment autour de lui une barrière presque insurmontable. Galérius le sait, et sa rage en est plus animée; car il voit que pour atteindre à l'empereur, dont l'ingrat envie peut-être la puissance, il faut perdre auparavant les adorateurs du vrai Dieu.

« Tels sont les deux princes qui, comme les génies du bien et du mal, répandent la prospérité ou la désolation dans l'empire, selon que l'un ou l'autre cède ou remporte la victoire. Comment Dioclétien, si habile dans la connaissance des hommes, a-t-il choisi un pareil César? C'est ce qu'on ne peut expliquer que par les arrêts de cette Providence qui rend vaines les pensées des princes, et dissipe les conseils des nations.

« Heureux Galérius s'il se fût renfermé dans l'enceinte des camps, et qu'il n'eût jamais entendu que les accents des soldats, le cri des dangers et la voix de la gloire! Il n'aurait point rencontré au milieu des armes ces lâches courtisans qui se font une étude d'allumer le vice et d'éteindre la vertu. Il ne se fût point abandonné aux conseils d'un favori perfide qui ne cesse de le pousser au mal. Ce favori appartient, seigneurs, à une classe d'hommes que je dois vous faire connaître, parce qu'elle influera nécessairement sur les événements de ce siècle et sur le sort des chrétiens.

« Rome vieillie et dépravée nourrit dans son sein un troupeau de sophistes, Porphyre, Jamblique, Libanius, Maxime, dont les mœurs et les opinions seraient un objet de risée, si nos folies n'étaient trop souvent le commencement de nos crimes. Ces disciples d'une science vaine attaquent les chrétiens, vantent la retraite, célèbrent la médiocrité, vivent aux pieds des grands et demandent de l'or. Ceux-ci s'occupent sérieusement d'une ville à bâtir, toute peuplée de sages, qui, soumis aux lois de Platon, couleront doucement leurs jours en amis et en frères; ceux-là rêvent profondément des secrets de la nature cachés sous les symboles égyptiens : les uns voient tout dans la pensée, les autres cherchent tout dans la matière; d'autres prêchent la république dans le sein de la monarchie : ils prétendent qu'il faut renverser la société, afin de la reconstruire sur un plan nouveau ; d'autres, à l'imitation des fidèles, veulent enseigner la morale au peuple : ils rassemblent la foule dans les temples et au coin des rues, et vendent, sur des tréteaux, une vertu que ne soutiennent point les œuvres et les mœurs. Divisés pour le bien, réunis pour le mal, gonflés de vanité, se croyant des génies sublimes, au-dessus des doctrines vulgaires, il n'y a point d'insignes folies, d'idées bizarres, de systèmes monstrueux, que ces sophistes n'enfantent chaque jour. Hiéroclès marche à leur tête, et il est digne, en effet, de conduire un tel bataillon.

« Ce favori de Galérius, vous le savez trop, seigneurs, gouverne aujourd'hui l'Achaïe : c'est un de ces hommes que les révolutions introduisent au conseil des grands, et qui leur deviennent utiles par une sorte de talent pour les affaires communes, par une facilité peu désirable à parler promptement sur tous les sujets. Grec d'origine, on soupçonne Hiéroclès d'avoir été chrétien dans sa jeunesse ; mais l'orgueil des lettres humaines ayant corrompu son esprit, il s'est jeté dans les sectes philosophiques. On ne reconnaît plus en lui de traces de sa religion première, si ce n'est à l'espèce de délire et de rage où le plonge le seul nom du Dieu qu'il a quitté. Il a pris la langue hypocrite et les affectations de l'école de la fausse sagesse. Les mots de liberté, de vertu, de science et de progrès des lumières, de bonheur du genre humain, sortent sans cesse de sa bouche ; mais ce Brutus est un bas courtisan, ce Caton est dévoré de passions honteuses, cet apôtre de la tolérance est le plus intolérant des mortels, et cet adorateur de l'humanité est un sanglant persécuteur. Constantin le hait, Dioclétien le craint et le méprise ; mais il a gagné la confiance intime de Galérius ; il n'a d'autre rival auprès de ce prince que Publius, préfet de Rome. Hiéroclès essaye d'empoisonner l'esprit du malheureux César : il présente au monde le spectacle hideux d'un prétendu sage qui corrompt, au nom des lumières, un homme qui règne sur les hommes.

« Jérôme, Augustin et moi, nous avions rencontré Hiéroclès à l'école d'Eumènes. Son ton sentencieux et décisif, son air d'importance et d'orgueil, le rendaient odieux à notre simplicité et à notre franchise. Sa personne même semble repousser l'affection et la confiance : son front étroit et comprimé annonce l'obstination et l'esprit de système ; ses yeux faux ont quelque chose d'inquiet comme ceux d'une bête sauvage ; son regard est à la fois timide et féroce ; ses lèvres épaisses sont presque toujours entr'ouvertes par un sourire vif et cruel ; ses cheveux rares et inflexibles, qui pendent en désordre, semblent n'appartenir en rien à cette chevelure que Dieu jeta comme un voile sur les épaules du jeune homme, et comme une couronne sur la tête du vieillard. Je ne sais quoi de cynique et de honteux respire dans tous les traits du sophiste : on voit que ses ignobles mains porteraient mal l'épée du soldat, mais qu'elles tiendraient aisément la plume de l'athée ou le fer du bourreau.

« Telle est la laideur de l'homme, quand il est, pour ainsi dire, resté seul avec son corps, et qu'il renonce à son âme.

« Une offense que je reçus d'Hiéroclès, et que je repoussai de manière à le couvrir de confusion aux yeux de toute la cour, alluma contre moi dans son cœur une haine implacable. Il ne pouvait, d'ailleurs, me pardonner la bienveillance de Dioclétien et l'amitié du fils de Constance. L'amour-propre blessé, l'envie excitée, ne lui laissèrent pas un moment de repos qu'il n'eût trouvé l'occasion de me perdre, et cette occasion ne tarda pas à se présenter.

« Hélas ! j'étais pourtant bien peu digne d'envie ! trois ans passés à Rome dans les désordres de la jeunesse avaient suffi pour me faire presque entièrement oublier ma religion. J'en vins même à cette indifférence qu'on a tant de peine à guérir, et qui laisse moins de ressources que le crime. Toutefois les lettres de Séphora, et les remontrances des amis de mon père, troublaient souvent ma fausse sécurité.

« Parmi les hommes qui conservaient à Lasthénès un fidèle souvenir, était Marcellin, évêque de Rome et chef de l'Église universelle. Il habitait le cimetière des chrétiens, de l'autre côté du Tibre, dans un lieu désert, au tombeau de saint Pierre et de saint Paul. Sa demeure, composée de deux cellules, était appuyée contre le mur de la chapelle du cimetière. Une sonnette suspendue à l'entrée de l'asile du repos, annonçait à Marcellin l'arrivée des vivants ou des morts. On voyait à sa porte, qu'il ouvrait lui-même aux voyageurs, les bâtons et les sandales des évêques qui venaient de toutes les parties de la terre lui rendre compte du troupeau de Jésus-Christ. Là se rencontraient et Paphnuce de la haute Thébaïde, qui chassait les démons par sa parole; et Spyridion de l'île de Chypre, qui gardait les moutons et faisait des miracles; et Jacques de Nisibe, qui reçut le don de prophétie; et Osius, confesseur de Cordoue; et Archélous de Caschares, qui confondit Manès; et Jean, qui répandit dans la Perse la lumière de la foi; et Frumentius, qui fonda l'Église d'Éthiopie; et Théophile, qui revenait de sa mission des Indes; et cette chrétienne esclave, qui, dans sa captivité, convertit la nation entière des Ibériens. La salle du conseil de Marcellin était une allée de vieux ifs qui régnait le long du cimetière. C'était là qu'en se promenant avec les évêques, il conférait des besoins de l'Église. Étouffer les hérésies de Donat, de Novatien, d'Arius; publier des canons, assembler des conciles, bâtir des hôpitaux, racheter des esclaves, secourir les pauvres, les orphelins, les étrangers; envoyer des apôtres aux Barbares : tel était l'objet des puissants entretiens de ces pasteurs. Souvent, au milieu des ténèbres, Marcellin, veillant seul pour le salut de tous, descendait de sa cellule au tombeau des saints apôtres. Prosterné sur les reliques, il priait la nuit entière, et ne se relevait qu'aux premiers rayons du jour. Alors, découvrant sa tête chenue, posant à terre sa tiare de laine blanche, le pontife ignoré étendait ses mains pacifiques, et bénissait la ville et le monde.

Lorsque je passais de la cour de Dioclétien à cette cour chrétienne, je ne pouvais m'empêcher d'être frappé d'une chose étonnante. Au milieu de cette pauvreté évangélique, je retrouvais les traditions du palais d'Auguste et de Mécènes, une politesse antique, un enjouement grave, une élocution simple et noble, une instruction variée, un goût sain, un jugement solide. On eût dit que cette obscure demeure était destinée par le ciel à devenir le berceau d'une autre Rome et l'unique asile des arts, des lettres et de la civilisation.

« Marcellin essayait tous les moyens de me ramener à Dieu. Quelquefois, au soleil couchant, il me conduisait sur les bords du Tibre ou dans les jardins de Salluste. Il m'entretenait de la religion, et cherchait à m'éclairer sur mes fautes avec une bonté paternelle. Mais les mensonges de la jeunesse m'ôtaient le goût de la vérité. Loin de profiter de ces promenades salutaires, je redemandais secrètement les platanes de Fronton, le portique de Pompée, ou celui de Livie rempli d'antiques tableaux; et, puisqu'il le faut avouer à ma confusion éternelle, je regrettais les temples d'Isis et de Cybèle, les fêtes d'Adonis, le cirque, les théâtres, lieux d'où la pudeur s'est depuis longtemps envolée aux accents de la muse d'Ovide. Après avoir inutilement tenté près de moi les admonitions charitables, Marcellin employa les mesures sévères : « Je serai forcé; me disait-il souvent, de vous séparer de la communion des fidèles, si vous continuez à vivre éloigné des sacrements de Jésus-Christ. »

« Je n'écoutai point ses conseils, je ris de ses menaces; ma vie devint un objet de scandale public : le pontife fut enfin obligé de lancer ses foudres.

« J'étais allé chez Marcellin ; je sonne à la grille du cimetière : les deux battants de la grille se séparent et s'écartent l'un de l'autre en gémissant sur leurs gonds. J'aperçois le pontife debout, à l'entrée de la chapelle ouverte. Il tenait à la main un livre redoutable, image du livre scellé des sept sceaux que l'Agneau seul peut briser. Des diacres, des prêtres, des évêques en silence, immobiles, étaient rangés sur les tombeaux environnants, comme des justes ressuscités pour assister au jugement de Dieu. Les yeux de Marcellin lançaient des flammes. Ce n'était plus le bon pasteur qui rapporte au bercail la brebis égarée, c'était Moïse dénonçant la sentence mortelle à l'infidèle adorateur du veau d'or; c'était Jésus-Christ chassant les profanateurs du temple. Je veux avancer; un exorciste me barre le chemin. Au même moment, les évêques étendent les bras et élèvent la main contre moi en détournant la tête; alors le pontife, d'une voix terrible :

« Qu'il soit anathème, celui qui souille par ses mœurs la pureté du « nom chrétien! Qu'il soit anathème, celui qui n'approche plus de l'autel « du vrai Dieu! qu'il soit anathème, celui qui voit avec indifférence « l'abomination de l'idolâtrie! »

« Tous les évêques s'écrient :

« Anathème! »

« Aussitôt Marcellin entre dans l'église : la porte sainte est fermée devant moi. La foule des élus se disperse en évitant ma rencontre; je parle, on ne me répond pas : on me fuit comme un homme attaqué d'un mal contagieux. Ainsi qu'Adam banni du paradis terrestre, je me trouve seul dans un monde couvert de ronces et d'épines, et maudit à cause de ma chute.

« Saisi d'une espèce de vertige, je monte en désordre sur mon char; je pousse au hasard mes coursiers, je rentre dans Rome, je m'égare; et, après de longs détours, j'arrive à l'amphithéâtre de Vespasien. Là j'arrête mes chevaux écumants. Je descends du char; je m'approche de la fontaine où les gladiateurs qui survivent se désaltèrent après le combat : je voulais aussi rafraîchir ma bouche brûlante. Il y avait eu la veille des jeux donnés par Aglaé [1], riche et célèbre Romaine; mais dans ce moment ces abominables lieux étaient déserts. La victime innocente

---

[1] Sainte Aglaé.

que mes crimes ont derechef immolée me poursuit du haut du ciel. Nouveau Caïn, agité et vagabond, j'entre dans l'amphithéâtre; je m'enfonce dans les galeries obscures et solitaires. Nul bruit ne s'y faisait entendre, hors celui de quelques oiseaux effrayés qui frappaient les voûtes de leurs ailes. Après avoir parcouru les divers étages, je me repose, un peu calmé, sur un siége au premier rang. Je veux oublier, par la vue de cet édifice païen, et la proscription divine, et la religion de mes pères. Vains efforts! Là même un Dieu vengeur se présente à mon souvenir. Je songe tout à coup que cet édifice est l'ouvrage d'une nation dispersée, selon la parole de Jésus-Christ. Étonnante destinée des enfants de Jacob! Israël, captif de Pharaon, éleva les palais de l'Égypte; Israël, captif de Vespasien, bâtit ce monument de la puissance romaine! Il faut que ce peuple, même au milieu de toutes ses misères, ait la main dans toutes les grandeurs.

« Tandis que je m'abandonnais à ces réflexions, les bêtes féroces, enfermées dans les loges souterraines de l'amphithéâtre, se mirent à rugir : je tressaillis; et jetant les yeux sur l'arène, j'aperçus encore le sang des infortunés déchirés dans les derniers jeux. Un grand trouble me saisit : je me figure que je suis exposé au milieu de cette arène, réduit à la nécessité de périr sous la dent des lions, ou de renier le Dieu qui est mort pour moi; je me dis : « Tu n'es plus chrétien, mais si tu « le redevenais un jour, que ferais-tu? »

« Je me lève, je me précipite hors de l'édifice; je remonte sur mon char; je regagne ma demeure. Toute la nuit la terrible question de ma conscience retentit au fond de mon sein. Aujourd'hui même, cette scène se retrace souvent à ma mémoire, comme si j'y trouvais quelque avertissement du ciel. »

Après avoir prononcé ces mots, Eudore cesse tout à coup de parler. Les yeux fixes, l'air ému, il paraît frappé d'une vision surnaturelle. L'assemblée, surprise, garde le silence, et l'on n'entend plus que le murmure du Ladon et de l'Alphée, qui baignent le double rivage de l'île. La mère d'Eudore, effrayée, se lève. Le jeune chrétien, revenu à lui-même, s'empresse de calmer les inquiétudes maternelles en reprenant ainsi son discours.

LIVRE CINQUIÈME

SOMMAIRE.

Suite du récit. La cour va passer l'été à Baïes. Naples. Maison d'Aglaé. Promenades d'Eudore, d'Augustin et de Jérôme. Leur entretien au tombeau de Scipion. Thraséas, ermite du Vésuve. Son histoire. Séparation des trois amis. Eudore retourne à Rome avec la cour. Les Catacombes. Aventure de l'impératrice Prisca et de la princesse Valérie sa fille. Eudore, banni de la cour, est envoyé en exil à l'armée de Constance. Il quitte Rome, il traverse l'Italie et les Gaules. Il arrive à Agrippina sur les bords du Rhin. Il trouve l'armée romaine prête à porter la guerre chez les Francs. Il sert comme simple soldat parmi les archers crétois, qui composent, avec les Gaulois, l'avant-garde de l'armée de Constance.

« L'impression que laissa dans mon esprit ce jour fatal, à présent si vive et si profonde, fut alors promptement effacée. Mes jeunes amis m'entourèrent ; ils se moquèrent de mes terreurs et de mes remords ; ils riaient des anathèmes d'un obscur pontife sans crédit et sans pouvoir.

« La cour, qui dans ce moment se transporta de Rome à Baïes, en m'arrachant du théâtre de mes erreurs, m'enleva au souvenir de leur châtiment ; et me croyant perdu sans retour auprès des chrétiens, je ne songeai qu'à m'abandonner aux plaisirs.

« Je compterais, seigneurs, parmi les beaux jours de ma vie l'été que je passai près de Naples, avec Augustin et Jérôme, s'il pouvait y avoir de beaux jours dans l'oubli de Dieu et les mensonges des passions.

» La cour était pompeuse et brillante : tous les princes, amis ou enfants des Césars, s'y trouvaient rassemblés. On y voyait Licinius[1] et Sévère[2], compagnons d'armes de Galérius ; Daïa[3], nouvellement sorti de ses bois, et neveu du même César ; Maxence[4], fils de Maximien-Auguste. Mais Constantin préférait notre société à celle de ces princes jaloux de sa vertu, de sa valeur, de sa haute renommée, et publiquement ou secrètement ses ennemis.

« Nous fréquentions surtout à Naples le palais d'Aglaé, dame romaine dont je vous ai déjà prononcé le nom. Elle était de race de sénateurs, et fille du proconsul Arsace. Ses richesses étaient immenses. Soixante-

---

[1] Devenu Auguste à la mort de Sévère.
[2] César à l'abdication de Dioclétien, et Auguste à la mort de Constance.
[3] César à l'abdication de Dioclétien.
[4] Le tyran qui prit la pourpre, et que Constantin vainquit aux portes de Rome.

treize intendants gouvernaient son bien, et elle avait donné trois fois les jeux publics à ses dépens. Sa beauté égalait ses talents et ses grâces; elle réunissait autour d'elle tout ce qui conservait encore l'élégance des manières et le goût des lettres et des arts. Heureuse si, dans la décadence de Rome, elle eût mieux aimé devenir une seconde Cornélie, que de rappeler le souvenir des femmes trop célèbres chantées par Ovide, Properce et Tibulle!

« Sébastien [1] et Pacôme [2], centurions dans les gardes de Constantin; Génès [3], acteur fameux, héritier des talents de Roscius; Boniface [4], premier intendant du palais d'Aglaé, et peut-être trop cher à sa maîtresse, embellissaient de leur esprit et de leur gaieté les fêtes de la voluptueuse Romaine. Mais Boniface, homme abandonné aux délices, avait trois qualités excellentes : l'hospitalité, la libéralité, la compassion. En sortant des orgies et des festins, il allait par les places secourir les voyageurs, les étrangers et les pauvres. Aglaé elle-même, au milieu de ses désordres, portait un grand respect aux fidèles, et une foi simple aux reliques des martyrs. Génès, ennemi déclaré des chrétiens, la raillait de sa faiblesse.

— « Eh bien! disait-elle, j'ai aussi mes superstitions. Je crois à la vertu des cendres d'un chrétien mort pour son Dieu, et je veux que Boniface m'aille chercher des reliques. »

— « Illustre patronne, répondait en riant Boniface, je prendrai de l'or et des parfums. J'irai chercher des reliques de martyrs ; je vous les apporterai : mais si mes propres reliques vous viennent sous le nom de martyr, recevez-les. »

« Nous passions une partie des nuits au milieu de cette compagnie séduisante et dangereuse ; j'habitais avec Augustin et Jérôme la ville de Constantin, bâtie sur le penchant du mont Pausilippe. Chaque matin, aussitôt que l'aurore commençait à paraître, je me rendais sous un portique qui s'étendait le long de la mer. Le soleil se levait devant moi sur le Vésuve : il illuminait de ses feux les plus doux la chaîne des montagnes de Salerne, l'azur de la mer parsemée des voiles blanches des pêcheurs, les îles de Caprée, d'Œnaria et de Prochyta [5], la mer, le cap Misène, et Baïes avec tous ses enchantements.

« Des fleurs et des fruits humides de rosée sont moins suaves et moins frais que le paysage de Naples sortant des ombres de la

---

[1] Le martyr militaire, surnommé le Défenseur de l'Église romaine.
[2] Le solitaire de la Thébaïde, qui porta d'abord les armes sous Constantin.
[3] Le martyr.
[4] Idem.
[5] Ischia et Procida.

nuit. J'étais toujours surpris en arrivant au portique de me trouver au bord de la mer ; car les vagues dans cet endroit faisaient à peine entendre le léger murmure d'une fontaine. En extase devant ce tableau, je m'appuyais contre une colonne, et sans pensée, sans désir, sans projet, je restais des heures entières à respirer un air délicieux. Le charme était si profond, qu'il me semblait que cet air divin transformait ma propre substance, et qu'avec un plaisir indicible je m'élevais vers le firmament comme un pur esprit. Dieu tout-puissant! que j'étais loin d'être cette intelligence céleste dégagée des chaînes des passions ! Combien ce corps grossier m'attachait à la poussière du monde, et que j'étais misérable d'être si sensible aux charmes de la création, et de penser si peu au Créateur ! Ah! tandis que libre en apparence, je croyais nager dans la lumière, quelque chrétien chargé de fers, et plongé pour la foi dans les cachots, était celui qui abandonnait véritablement la terre, et montait glorieux dans les rayons du soleil éternel!

« Hélas ! nous poursuivions nos faux plaisirs. Attendre ou chercher une beauté coupable, la voir s'avancer dans une nacelle, et nous sourire du milieu des flots ; voguer avec elle sur la mer dont nous semions la surface de fleurs ; suivre l'enchanteresse au fond de ce bois de myrtes et dans les champs heureux où Virgile plaça l'Élysée : telle était l'occupation de nos jours, source intarissable de larmes et de repentir. Peut-être est-il des climats dangereux à la vertu par leur extrême volupté. Et n'est-ce point ce que voulut enseigner une fable ingénieuse, en racontant que Parthénope fut bâtie sur le tombeau d'une sirène ? L'éclat velouté de la campagne, la tiède température de l'air, les contours arrondis des montagnes, les molles inflexions des fleuves et des vallées, sont à Naples autant de séductions pour les sens, que tout repose, et que rien ne blesse. Le Napolitain demi-nu, content de se sentir vivre sous les influences d'un ciel propice, refuse de travailler aussitôt qu'il a gagné l'obole qui suffit au pain du jour. Il passe la moitié de sa vie immobile aux rayons du soleil, et l'autre à se faire traîner dans un char, en poussant des cris de joie ; la nuit il se jette sur les marches d'un temple, et dort sans souci de l'avenir aux pieds des statues de ses dieux.

« Pourriez-vous croire, seigneurs, que nous étions assez insensés pour envier le sort de ces hommes, et que cette vie sans prévoyance et sans lendemain nous semblait le comble du bonheur? C'était souvent l'objet de nos entretiens, lorsque, pour éviter les ardeurs du midi, nous nous retirions dans la partie du palais bâtie sous la mer.

Couchés sur des lits d'ivoire, nous entendions murmurer les vagues au-dessus de nos têtes. Si quelque orage nous surprenait au fond de ces retraites, les esclaves allumaient des lampes pleines du nard le plus précieux de l'Arabie. Alors entraient de jeunes Napolitaines qui portaient des roses de Pœstum dans des vases de Nola ; tandis que les flots mugissaient au dehors, elles chantaient, en formant devant nous des danses tranquilles qui me rappelaient les mœurs de la Grèce : ainsi se réalisaient pour nous les fictions des poëtes ; on eût cru voir les jeux des néréides dans la grotte de Neptune.

« Aussitôt que le soleil, se retirant vers le tombeau de la nourrice d'Énée, mettait une partie du golfe de Naples à l'ombre du mont Pausilippe, les trois amis se séparaient. Jérôme, qu'entraînait l'amour de l'étude, allait consulter le rivage où Pline fut victime du même amour, interroger les cendres d'Herculanum, chercher la cause des bruits menaçants de la Solfatare. Augustin, un *Virgile* à la main, parcourait les bords que chanta ce poëte immortel, le lac Averne, la grotte de la Sibylle, l'Achéron, le Styx, l'Élysée ; il se plaisait surtout à relire les malheurs de Didon, au tombeau du tendre et beau génie qui raconta la touchante histoire de cette reine infortunée.

« Plein de la noble ardeur de s'instruire, le prince Constantin m'invitait à le suivre aux monuments consacrés par les souvenirs de l'histoire. Nous faisions dans un esquif le tour du golfe de Baïes : nous retrouvions les ruines de la maison de Cicéron, nous reconnaissions le lieu du naufrage d'Agrippine, la plage où elle se sauva, le palais où son fils attendait le succès du parricide, et plus loin la demeure où cette mère tendit aux meurtriers les flancs qui avaient porté Néron. Nous visitions à Caprée les souterrains témoins de la honte de Tibère. « Ah ! qu'on est malheureux, disait Constantin, d'être le maître de l'univers, et d'être forcé, par la conscience de ses crimes, à s'exiler soi-même sur ce rocher ! »

« Des sentiments si généreux dans l'héritier de Constance, et peut-être de l'empire romain, me rendaient plus cher le prince protecteur et compagnon de ma jeunesse. Aussi ne laissais-je échapper aucune occasion de réveiller les idées ambitieuses au fond de son cœur ; car l'ambition de Constantin me semble être l'espérance du monde.

« Un bain voluptueux nous attendait après ces courses. Aglaé nous offrait au milieu de ses jardins un repas long et délicat. Le banquet du soir était préparé sur une terrasse au bord de la mer, parmi des orangers en fleurs. La lune nous prêtait son flambeau ; elle paraissait sans voile au milieu des astres comme une reine au milieu de sa cour; sa vive clarté faisait pâlir la flamme qui brille au sommet du Vésuve, et, peignant d'azur la fumée rougie du volcan, elle dessinait un arc-en-ciel dans la nuit. Le beau phénomène, la face du paisible luminaire, les côtes de Surrentum [1], de Pompéia et d'Héraclée [2], se réfléchissaient dans les vagues, et l'on entendait au loin, sur la mer, la chanson du pêcheur napolitain.

« Nous remplissions alors nos coupes d'un vin exquis trouvé dans les celliers d'Horace, et nous buvions aux trois sœurs de l'Amour, filles de la Puissance et de la Beauté. Le front couronné d'ache toujours verte, et de roses qui durent si peu, nous nous excitions à jouir de la vie par la considération de sa brièveté :

« Il faudra quitter cette terre, cette maison chérie, cette maî-
« tresse adorée. De tous les arbres plantés de nos mains, nul, hor-
« mis l'odieux cyprès, ne suivra dans la tombe son maître d'un
« jour. »

« Nous chantions ensuite sur la lyre nos passions criminelles :

« Loin d'ici, bandelettes sacrées, ornements de la pudeur, et vous,
« longues robes, qui cachez les pieds des vierges, je veux célébrer
« les larcins et les heureux dons de Vénus ! Qu'un autre traverse
« les mers, qu'il amasse les trésors de l'Hermus et du Gange, ou
« qu'il cherche de vains honneurs dans les périls de la guerre ; pour
« moi, je mets toute ma renommée à vivre esclave de la beauté
« qui m'enchante. Que j'aime le séjour des champs, les prés émail-
« lés, le bord des fleuves ! Qui me laissera passer ma vie sans gloire
« au fond des forêts ! Quel plaisir de suivre Délie dans nos campa-
« gnes, de lui porter dans mes bras l'agneau qui vient de naître !
« Si pendant la nuit les vents ébranlent ma chaumière, si la pluie
« tombe en torrent sur mon toit... »

« Mais pourquoi, seigneurs, continuerais-je à vous peindre le désordre de trois insensés ? Ah ! parlons plutôt des dégoûts attachés à ces choses si vides de bonheur! Ne croyez pas que nous fussions heureux au milieu de ces voluptés trompeuses. Une inquiétude indéfinissable nous tourmentait. Notre bonheur eût été d'être aimés aussi bien que d'aimer ; car on veut trouver la vie dans ce qu'on aime. Mais, au lieu de vérité et de paix dans nos tendresses, nous ne rencontrions qu'imposture, larmes, jalousie, indifférence. Tour à tour infidèles ou trahis, la femme que nous devions bientôt aimer devait être celle que nous aimerions toujours. Il manquait à l'autre certaine grâce du corps ou de l'âme, qui

---

[1] Sorrente.
[2] Ou Herculanum.

avait empêché notre attachement d'être durable. Et quand nous avions trouvé l'idéal objet de nos songes, notre cœur se lassait de nouveau, nos yeux s'ouvraient sur des défauts inattendus, et bientôt nous étions réduits à regretter notre première victime. Tant de sentiments incomplets ne nous laissaient que des images confuses, qui troublaient nos plaisirs du moment, en ramenant au milieu de nos jouissances une foule de souvenirs qui les combattaient. C'est ainsi qu'au milieu de nos félicités nous n'étions que misère, parce que nous avions abandonné ces pensées vertueuses qui sont la vraie nourriture de l'homme, et cette beauté céleste qui peut seule combler l'immensité de nos désirs.

« La bonté de la Providence fit tout à coup briller un éclair de la grâce au milieu des ténèbres de nos âmes : le ciel permit que la première pensée de religion nous vînt de l'excès même de nos plaisirs, tant les voies de Dieu sont inexplicables !

« Un jour, errant aux environs de Baïes, nous nous trouvâmes auprès de Literne[1]. Le tombeau de Scipion l'Africain frappa tout à coup nos regards : nous approchâmes avec respect. Le monument s'élève au bord de la mer. Une tempête a renversé la statue qui le couronnait. On lit encore cette inscription sur la table du sarcophage :

« INGRATE PATRIE, TU N'AURAS PAS MES OS. »

« Nos yeux s'humectèrent de larmes au souvenir de la vertu et de l'exil du vainqueur d'Annibal. La grossièreté même du sépulcre, si frappante auprès des superbes mausolées de tant d'hommes inconnus qui couvrent l'Italie, servait à redoubler notre attendrissement. Nous n'osâmes pas nous reposer sur le tombeau même, mais nous nous assîmes à sa base, gardant un religieux silence, comme si nous eussions été au pied de l'autel. Après quelques moments de méditation, Jérôme éleva la voix et nous dit :

« Amis, les cendres du plus grand des Romains me font vivement sentir notre petitesse et l'inutilité d'une vie dont je commence à être accablé. Je sens qu'il me manque quelque chose. Depuis longtemps je ne sais quel instinct voyageur me poursuit : vingt fois le jour, je suis prêt à vous dire adieu, à porter mes pas errants sur la terre. Le principe de cette inquiétude ne serait-il point dans le vide de nos désirs? La vie entière de Scipion nous accuse. Ne versez-vous pas des pleurs d'admiration, ne sentez-vous pas qu'il est un bonheur différent de celui que nous cherchons, quand vous voyez l'Africain rendre une épouse à son époux,

---

[1] Patria.

quand Cicéron vous peint ce grand homme parmi les esprits célestes, montrant à l'Émilien, dans un songe, qu'il existe une autre vie où la vertu est couronnée? »

— « Jérôme, répondit Augustin, vous avez fait ma propre histoire : comme vous, je suis tourmenté d'un mal dont j'ignore la cause; je n'ai pas toutefois, comme vous, le besoin de m'agiter : je ne soupire au contraire qu'après le repos, et je voudrais, à l'exemple de Scipion, placer mes jours dans la suprême région de la tranquillité. Une langueur secrète me consume; je ne sais de quel côté chercher le bonheur; plus je considère la vie, moins je m'y attache. Ah! s'il était quelque vérité cachée, s'il existait quelque part une fontaine d'amour inépuisable, intarissable, sans cesse renouvelée, où l'on pût se plonger tout entier; Scipion, si ton songe n'était pas une erreur divine... »

— « Avec quel transport, s'écria impétueusement Jérôme, je m'élancerais vers cette source! Rivage du Jourdain, grotte de Bethléem, vous me verriez bientôt au nombre de vos anachorètes! O montagnes de la Judée, l'avenir ne pourrait plus séparer l'idée de vos déserts et de ma pénitence! »

« Jérôme prononça ces mots avec une véhémence qui nous surprit. Sa poitrine se soulevait; il était comme un cerf altéré qui désire l'eau des fontaines.

— « Votre confession, ô mes amis, dis-je alors, a cela d'étrange qu'elle est aussi la mienne. Mais je réunis en moi seul les deux plaies qui vous tourmentent, l'instinct voyageur, et la soif du repos. Quelquefois ce mal bizarre me fait tourner les yeux avec regret vers la religion de mon enfance. »

— « Ma mère, qui est chrétienne, reprit Augustin, m'a souvent entretenu de la beauté de son culte, où je trouverais, disait-elle, le bonheur de ma vie. Hélas! cette tendre mère habite de l'autre côté de ces flots; peut-être qu'en ce moment elle les contemple du rivage opposé, en songeant à son fils! »

« Augustin avait à peine achevé de prononcer ces mots, qu'un homme vêtu de la robe des philosophes d'Épictète sortit du tombeau de Scipion. Il paraissait être dans l'âge mûr, mais plus près de la jeunesse que de la vieillesse. Un air de gaieté angélique était répandu sur son visage; on eût dit que ses lèvres ne pouvaient s'ouvrir que pour prononcer les choses les plus aimables.

— « Jeunes seigneurs, dit-il en se hâtant de nous tirer de notre surprise, me le pardonnerez-vous? J'étais assis dans ce monument lorsque vous êtes arrivés, et j'ai entendu malgré moi vos discours. Puisque je sais maintenant votre histoire, je veux vous raconter la mienne; elle pourra vous être utile ; peut-être y trouverez-vous un remède aux maux dont vous vous plaignez. »

« Sans attendre notre réponse, l'étranger, avec une noble familiarité, prit place au milieu de nous, et parla de la sorte :

— « Je suis le solitaire chrétien du Vésuve, dont vous pouvez avoir
« entendu parler, puisque je suis l'unique habitant du sommet de cette
« montagne. Je viens quelquefois visiter le tombeau de l'Africain ; en
« voici la raison : lorsque ce grand homme, retiré à Literne, se conso-
« lait par la vertu de l'injustice de sa patrie, des pirates descendirent
« sur ce rivage ; ils attaquèrent la maison de l'illustre exilé, sans savoir
« quel en était le possesseur. Déjà ils avaient escaladé les murs, quand
« des esclaves accourus au bruit se mirent en devoir de défendre leur
« maître. « Comment, s'écrient-ils, vous osez violer la maison de Sci-
« pion ! » A ce nom, les pirates, saisis de respect, jetèrent leurs armes;
« et, demandant pour toute grâce qu'il leur fût permis de contempler
« le vainqueur d'Annibal, ils se retirèrent pleins d'admiration après
« l'avoir vu.

« Thraséas, mon aïeul, d'une noble famille de Sicyone, se trouvait
« avec ces pirates. Enlevé par eux dans son enfance, il avait été con-
« traint de servir sur leurs vaisseaux. Il se cacha dans la maison de
« Scipion ; et quand les pirates se furent éloignés, il se jeta aux pieds de
« son hôte, et lui conta son aventure. L'Africain, touché de son sort,
« le renvoya dans sa patrie ; mais les parents de Thraséas étaient morts
« pendant sa captivité, et leur fortune avait été dissipée. Mon aïeul re-
« vint trouver son libérateur, qui lui donna une petite terre auprès de
« sa maison de campagne, et le maria à la fille d'un pauvre chevalier
« romain. Je suis descendu de cette famille : vous voyez que j'ai une
« raison légitime d'honorer le tombeau de Scipion.

« Ma jeunesse fut orageuse. J'essayai de tout, et je me dégoûtai de
« tout. J'étais éloquent, je fus célèbre, et je me dis : Qu'est-ce que cette
« gloire des lettres, disputée pendant la vie, incertaine après la mort,
« et que l'on partage souvent avec la médiocrité et le vice? Je fus ambi-
« tieux, j'occupai un poste éminent, et je me dis : Cela valait-il la peine
« de quitter une vie paisible, et ce que je trouve remplace-t-il ce que
« je perds? Il en fut ainsi du reste. Rassasié des plaisirs de mon âge, je
« ne voyais rien de mieux dans l'avenir, et mon imagination ardente
« me privait encore du peu que je possédais. Jeunes seigneurs, c'est
« un grand mal pour l'homme d'arriver trop tôt au bout de ses désirs,
« et de parcourir dans quelques années les illusions d'une longue vie.

« Un jour, plein des plus sombres pensées, je traversais un quartier
« de Rome peu fréquenté des grands, mais habité par un peuple pauvre

« et nombreux. Un édifice d'un caractère grave et d'une construction
« singulière frappa mes regards. Sous le portique, plusieurs hommes
« debout et immobiles paraissaient plongés dans la méditation.

« Tandis que je cherchais à deviner quel pouvait être ce monument,
« je vis passer à mes côtés un homme originaire de la Grèce, comme
« moi naturalisé Romain. C'était un descendant de Persée, dernier roi
« de Macédoine. Ses aïeux, après avoir été traînés au char de Paul-
« Émile, devinrent simples greffiers à Rome. On m'avait jadis fait remar-
« quer au coin de la rue Sacrée, sous un chétif abri, cette grande dérision
« de la fortune : j'avais causé quelquefois avec Perséus. Je l'arrêtai donc
« pour lui demander à quel usage était destiné le monument que je con-
« sidérais. — C'est, me répondit-il, le lieu où je viens oublier le trône
« d'Alexandre : je suis chrétien. Perséus franchit les marches du por-
« tique, passa au milieu des catéchumènes, et pénétra dans l'enceinte
« du temple. Je l'y suivis plein d'émotion.

« Les mêmes disproportions qui régnaient au dehors de l'édifice se
« faisaient remarquer au dedans; mais ces défauts étaient rachetés
« par le style hardi des voûtes et l'effet religieux de leurs ombres.
« Au lieu du sang des victimes et des orgies qui souillent l'autel des
« faux dieux, la pureté et le recueillement semblaient veiller au taber-
« nacle des chrétiens. A peine le silence de l'assemblée était-il inter-
« rompu par la voix innocente de quelques enfants que des mères
« portaient dans leurs bras.

« La nuit approchait; la lumière des lampes luttait avec celle du
« crépuscule, répandue dans la nef et le sanctuaire. Des chrétiens
« priaient de toutes parts à des autels retirés : on respirait encore
« l'encens des cérémonies qui venaient de finir, et l'odeur de la cire
« parfumée des flambeaux que l'on venait d'éteindre.

« Un prêtre, portant un livre et une lampe, sortit d'un lieu secret,
« et monta dans une chaire élevée. On entendit le bruit de l'assemblée
« qui se mettait à genoux. Le prêtre lut d'abord quelques oraisons
« sacrées; puis il récita une prière à laquelle les chrétiens répondaient
« à demi voix de toutes les parties de l'édifice. Ces réponses uniformes-
« mes, revenant à des intervalles égaux, avaient quelque chose de tou-
« chant, surtout lorsqu'on faisait attention aux paroles du pasteur et à
« la condition du troupeau.

« Consolation des affligés, disait le prêtre, ressource des infir-
« mes... »

« Et tous les chrétiens persécutés, achevant le sens suspendu,
« ajoutaient :

« Priez pour nous! Priez pour nous! »

« Dans cette longue énumération des infirmités humaines, chacun,
« reconnaissant sa tribulation particulière, appliquait à ses propres
« besoins quelques-uns de ces cris vers le ciel. Mon tour ne tarda
« pas à venir. J'entendis le lévite prononcer distinctement ces pa-
« roles :

« Providence de Dieu, repos du cœur, calme dans la tempête... »

« Il s'arrêta : mes yeux se remplirent de larmes ; il me sembla
« que les regards se fixaient sur moi, et que la foule charitable s'é-
« criait :

« Priez pour lui ! Priez pour lui ! »

« Le prêtre descendit de la chaire, et l'assemblée se retira. Touché
« jusques au fond du cœur, j'allai trouver Marcellin, pontife suprême
« de cette religion qui console de tout : je lui racontai les peines de ma
« vie : il m'instruisit des vérités de son culte : je me suis fait chrétien,
« et depuis ce moment mes chagrins se sont évanouis. »

« L'histoire de l'anachorète, et l'aimable ingénuité de ce philosophe chrétien nous charmèrent. Nous lui fîmes plusieurs questions auxquelles il répondit avec une parfaite sincérité. Nous ne nous lassions point de l'entendre. Sa voix avait une harmonie qui remuait doucement les entrailles. Une éloquence fleurie, et pourtant d'un goût simple, découlait naturellement de ses lèvres ; il donnait aux moindres choses un tour antique qui nous ravissait : il se répétait comme les anciens ; mais cette répétition, qui eût été un défaut chez un autre, devenait, je ne sais comment, la grâce même de ses discours. Vous l'eussiez pris pour un de ces législateurs de la Grèce qui donnaient jadis des lois aux hommes en chantant sur une lyre d'or la beauté de la vertu et la toute-puissance des dieux.

« Son départ mit un terme à cet entretien dans lequel trois jeunes hommes sans religion avaient conclu que la religion était le seul remède à leurs maux. Ce fut, sans doute, la tombe de l'Africain qui nous inspira cette pensée : les cendres d'un grand homme persécuté élèvent les sentiments vers le ciel. Nous quittâmes à regret le village de Literne ; nous nous embrassâmes : un secret pressentiment attristait nos cœurs ; nous avions l'air de nous dire un dernier adieu. De retour à Naples, nos plaisirs ne nous offrirent plus le même attrait. Sébastien et Pacôme allaient partir pour l'armée ; Génès et Boniface semblaient avoir perdu leur gaieté ; Aglaé paraissait mélancolique et comme troublée de remords. La cour quitta Baïes : Jérôme et Augustin retournèrent à Rome, et je suivis Constantin à son palais de Tibur. Ce fut là que je reçus une lettre d'Augustin. Il me marquait que, vaincu par les larmes de sa mère, il l'allait rejoindre à Carthage ; que Jérôme se préparait à visiter les Gaules, la Pannonie et les déserts habités par les solitaires chrétiens.

« Je ne sais, ajoutait Augustin en finissant sa lettre, si nous nous re-
« verrons jamais. Hélas! mon ami, telle est la vie : elle est pleine de
« courtes joies et de longues douleurs, de liaisons commencées et rom-
« pues. Par une étrange fatalité, ces liaisons ne sont jamais faites à
« l'heure où elles pourraient devenir durables : on rencontre l'ami avec
« qui l'on voudrait passer ses jours, au moment où le sort va le fixer
« loin de nous; on découvre le cœur que l'on cherchait, la veille du jour
« où ce cœur va cesser de battre. Mille choses, mille accidents sépa-
« rent les hommes qui s'aiment pendant la vie! puis vient cette sépara-
« tion de la mort, qui renverse tous nos projets. Vous souvenez-vous
« de ce que nous disions un jour, en regardant le golfe de Naples? Nous
« comparions la vie à un port de mer, où l'on voit aborder et d'où l'on
« voit sortir des hommes de tous les langages et de tous les pays. Le
« rivage retentit des cris de ceux qui arrivent et de ceux qui partent :
« les uns versent des larmes de joie en recevant des amis; les autres,
« en se quittant, se disent un éternel adieu ; car une fois sorti du port
« de la vie, on n'y rentre plus. Supportons donc, sans trop nous plaindre,
« mon cher Eudore, une séparation que les années auraient néces-
« sairement produite, et à laquelle l'absence ne nous eût pas pré-
« parés. »

Comme Eudore allait continuer son récit, les serviteurs de Lasthénès revinrent avec le repas du matin : ils déposèrent sur le gazon du blé nouveau, légèrement grillé dans l'épi, des glands de phagus, et des laitages qui portaient encore l'empreinte des corbeilles. Les cœurs étaient diversement agités : Cyrille admirait, mais sans en rien montrer au dehors, le jeune homme qui, comme le roi-prophète, criait du fond de l'abîme :

« Seigneur, ayez pitié de moi, selon les grandeurs de votre misé-
« ricorde. »

Démodocus n'avait presque rien compris au récit d'Eudore : il ne trouvait là ni Polyphème, ni Circé, ni enchantements, ni naufrages; et, dans cette harmonie nouvelle, il avait à peine reconnu quelques sons de la lyre d'Homère. Cymodocée, au contraire, avait merveilleusement entendu le fils de Lasthénès ; mais elle ne savait pourquoi elle se sentait si triste en pensant qu'Eudore avait beaucoup aimé, et qu'il se repentait d'avoir aimé. Penchée sur le sein de son père, elle lui disait tout bas :

« Mon père, je pleure comme si j'étais chrétienne! »

Le repas fini, Démodocus prit la parole :

« Fils de Lasthénès, ton récit m'enchante, bien que je n'en comprenne pas toute la sagesse. Il me semble que le langage des chrétiens est une espèce de poésie de la raison, dont Minerve ne m'a donné aucune intelligence. Achève de raconter ton histoire : si quelqu'un verse ici des larmes en l'écoutant, cela ne doit pas t'arrêter, car on a déjà vu de pareils exemples. Lorsqu'un fils d'Apollon chantait les malheurs de Troie à la table d'Alcinoüs, il y avait un étranger qui enveloppait sa tête dans son manteau, et qui pleurait. Laissons donc s'attendrir ma Cymodocée : Jupiter a confié à la pitié le cœur de la jeunesse. Nous autres vieillards, accablés du fardeau de Saturne, si nous avons pour nous la paix et la justice, nous sommes privés de cette compassion et de ces sentiments délicats, ornement des beaux jours de la vie. Les dieux ont fait la vieillesse semblable à ces sceptres héréditaires qui, passant du père au fils chez une antique race, paraissent tout chargés de la majesté des siècles, mais qui ne se couvrent plus de fleurs depuis qu'ils se sont desséchés loin du tronc maternel. »

Eudore reprit ainsi son discours :

« Privé de mes amis, Rome ne m'offrit plus qu'une vaste solitude. L'inquiétude régnait à la cour : Maximien avait été obligé de se transporter de Milan en Pannonie, menacée d'une invasion des Carpiens et des Goths; les Francs s'étaient emparés de la Batavie, défendue par Constance; en Afrique, les Quinquegentiens, peuple nouveau, venaient tout à coup de paraître en armes; on disait que Dioclétien lui-même passerait en Égypte, où la révolte du tyran Achillée demandait sa présence; enfin, Galérius se disposait à partir pour aller combattre Narsès. Cette guerre des Parthes effrayait surtout le vieil empereur, qui se souvenait du sort de Valérien. Galérius, se prévalant du besoin que l'empire avait de son bras, et toujours livré aux inspirations d'Hiéroclès, cherchait à s'emparer entièrement de l'esprit de Dioclétien; il ne craignait plus de laisser éclater sa jalousie contre Constance, dont le mérite et la belle naissance l'importunaient. Constantin se trouvait naturellement enveloppé dans cette jalousie; et moi, comme l'ami de ce jeune prince, comme le plus faible, et comme l'objet particulier de l'inimitié d'Hiéroclès, je portais tout le poids de la haine de Galérius.

« Un jour, tandis que Constantin assistait aux délibérations du sénat, j'étais allé visiter la fontaine Égérie. La nuit me surprit : pour regagner la voie Appienne, je me dirigeai sur le tombeau de Cécilia Métella, chef-d'œuvre de grandeur et d'élégance. En traversant des champs abandonnés, j'aperçus plusieurs personnes qui se glissaient dans l'ombre, et qui toutes, s'arrêtant au même endroit, disparaissaient subitement. Poussé par la curiosité, je m'avance, et j'entre hardiment dans la caverne où s'étaient plongés les mystérieux fantômes : je vis s'allonger devant moi des galeries souterraines, qu'à peine éclairaient, de loin à loin, quelques lampes suspendues. Les murs des corridors funèbres étaient bordés d'un triple rang de cercueils placés les uns au-dessus des autres. La lumière lugubre des lampes, rampant sur les parois des voûtes, et se mouvant avec lenteur le long des sépulcres, répandait une mobilité effrayante sur ces objets éternellement immobiles. En vain, prêtant une oreille attentive, je cherche à saisir quelques sons pour me diriger à travers un abîme de silence, je n'entends que le battement de mon cœur dans le repos absolu de ces lieux. Je voulus retourner en arrière, mais il n'était plus temps : je pris une fausse route, et au lieu de sortir du dédale, je m'y enfonçai. De nouvelles avenues, qui s'ouvrent et se croisent de toutes parts, augmentent à chaque instant mes perplexités. Plus je m'efforce de trouver un chemin, plus je m'égare ; tantôt je m'avance avec lenteur, tantôt je passe avec vitesse : alors, par un effet des échos, qui répétaient le bruit de mes pas, je crois entendre marcher précipitamment derrière moi.

« Il y avait déjà longtemps que j'errais ainsi ; mes forces commençaient à s'épuiser : je m'assis à un carrefour solitaire de la cité des morts. Je regardais avec inquiétude la lumière des lampes presque consumées qui menaçaient de s'éteindre. Tout à coup une harmonie semblable au chœur lointain des esprits célestes sort du fond de ces demeures sépulcrales : ces divins accents expiraient et renaissaient tour à tour ; ils semblaient s'adoucir encore en s'égarant dans les routes tortueuses du souterrain. Je me lève, et je m'avance vers les lieux d'où s'échappent ces magiques concerts : je découvre une salle illuminée. Sur un tombeau paré de fleurs, Marcellin célébrait le mystère des chrétiens ; des jeunes filles, couvertes de voiles blancs, chantaient au pied de l'autel ; une nombreuse assemblée assistait au sacrifice. Je reconnais les catacombes[1] ! Un mélange de honte, de repentir, de ravissement, s'empare de mon âme. Nouvelle surprise ! Je crois voir l'impératrice et sa fille, entre Dorothée et Sébastien, à genoux au milieu de la foule. Jamais spectacle plus miraculeux n'a frappé l'œil d'un mortel ; jamais Dieu ne fut plus dignement adoré, et ne manifesta plus ouvertement sa grandeur. O puissance d'une religion qui contraint l'épouse d'un empereur romain de quitter furtivement la couche impériale comme une femme adultère, pour courir au rendez-vous des infortunés, pour venir

---

[1] Les catacombes de Saint-Sébastien.

chercher Jésus-Christ à l'autel d'un obscur martyr, parmi des tombeaux et des hommes proscrits ou méprisés! Tandis que je m'abandonne à ces réflexions, un diacre se penche à l'oreille du pontife, dit quelques mots, fait un signe : soudain les chants cessent, les lampes s'éteignent, la brillante vision disparaît. Emporté par les flots du peuple saint, je me trouve à l'entrée des catacombes.

« Cette aventure fit prendre un cours nouveau à ma destinée. Sans avoir rien à me reprocher, je fus accusé de toutes parts : ainsi nos fautes ne sont pas toujours immédiatement punies ; mais, afin de nous rendre le châtiment plus sensible, Dieu nous fait échouer dans quelque entreprise raisonnable, ou nous livre à l'injustice des hommes.

« J'ignorais que l'impératrice Prisca et sa fille Valérie étaient chrétiennes : les fidèles m'avaient caché cette importante victoire, à cause de mon impiété. Les deux princesses, craignant la fureur de Galérius, n'osaient paraître à l'église : elles venaient prier la nuit aux catacombes, accompagnées du vertueux Dorothée. Le hasard me conduisit au sanctuaire des morts : les prêtres qui m'y découvrirent crurent qu'un sacrilége exclu des lieux saints n'y pouvait être descendu que dans la vue de pénétrer un secret qu'il importait à l'Église de cacher. Ils éteignirent les lampes, afin de me dérober la vue de l'impératrice, que j'avais eu toutefois le temps de reconnaître.

« Galérius faisait surveiller l'impératrice, dont on soupçonnait le penchant à la nouvelle religion. Des émissaires, envoyés par Hiéroclès, avaient suivi les princesses jusqu'aux catacombes ; d'où ils me virent sortir avec elles. Le sophiste n'eut pas plutôt entendu le rapport des espions, qu'il courut en instruire Galérius : Galérius vole chez Dioclétien.

« Eh bien! s'écria-t-il, vous n'avez jamais voulu croire ce qui se passe sous vos yeux : l'impératrice et votre fille Valérie sont chrétiennes! Cette nuit même elles se sont rendues à la caverne que la secte impie souille de ses exécrables mystères. Et savez-vous quel est le guide de ces princesses? C'est ce Grec sorti d'une race rebelle au peuple romain ; ce traître qui, pour mieux masquer ses projets, feint d'avoir abandonné la religion des séditieux, qu'il sert en secret ; ce perfide qui ne cesse d'empoisonner l'esprit du prince Constantin. Reconnaissez un vaste complot dirigé contre vous par les chrétiens, et dans lequel on cherche à faire entrer votre famille même. Ordonnez que l'on saisisse Eudore, et que la force des tourments lui arrache l'aveu de ses crimes, et le nom de ses complices.

« Il le faut avouer, les apparences me condamnaient. En horreur à tous les partis, je passais parmi les chrétiens pour un apostat et pour un traître. Hiéroclès, qui les voyait dans cette erreur, disait hautement que j'avais dénoncé l'impératrice. Les païens, de l'autre côté, me regardaient comme l'apôtre de ma religion, et le corrupteur de la famille impériale. Quand je passais dans les salles du palais, je voyais les courtisans sourire d'un air de mépris ; les plus vils étaient les plus sévères : le peuple même me poursuivait dans les rues avec des insultes ou des menaces. Enfin, ma position devint si pénible, que, sans l'amitié de Constantin, je crois que j'aurais attenté à ma vie. Mais ce généreux prince ne m'abandonna point dans mon malheur ; il se déclara hautement mon ami ; il affecta de se montrer avec moi en public ; il me défendit courageusement contre César devant Auguste, et publia partout que j'étais victime de la jalousie d'un sophiste attaché à Galérius.

« Rome et la cour n'étaient occupées que de cette affaire, qui, compromettant les chrétiens et le nom de l'impératrice, semblait de la plus haute importance. On attendait avec anxiété la décision de l'empereur ; mais il n'était pas dans le caractère de Dioclétien de prendre une résolution violente. Le vieil empereur eut recours à un moyen qui peint admirablement son génie politique. Il déclara tout à coup que les bruits répandus dans Rome n'étaient qu'un mensonge ; que les princesses n'étaient pas sorties du palais la nuit même où on prétendait les avoir vues aux catacombes ; que Prisca et Valérie loin d'être chrétiennes, venaient de sacrifier aux dieux de l'empire ; qu'enfin il punirait sévèrement les auteurs de ces faux rapports, et qu'il défendait de parler plus longtemps d'une histoire aussi ridicule que scandaleuse.

« Mais, comme il fallait bien qu'un seul fût sacrifié pour tous, selon l'usage des cours, je reçus ordre de quitter Rome, et de me rendre à l'armée de Constance, campée sur les bords du Rhin.

« Je me préparai à passer dans les Gaules, content d'embrasser le parti des armes et d'abandonner une vie incompatible avec mon caractère. Cependant, telle est la force de l'habitude, et peut-être le charme attaché à des lieux célèbres, que je ne pus quitter Rome sans quelques regrets. Je partis au milieu de la nuit, après avoir reçu les derniers embrassements de Constantin. Je traversai les rues désertes, je passai au pied de la maison abandonnée que j'avais naguère habitée avec Augustin et Jérôme. Sur le Forum tout était silencieux et solitaire : les nombreux monuments qui le couvrent, les Rostres, le temple de la Paix, ceux de Jupiter Stator et de la Fortune, les arcs de Titus et de Sévère se dessinaient à demi dans les ombres, comme les ruines d'une ville puissante dont le peuple aurait depuis longtemps disparu. Quand je fus à quelque distance de Rome, je tournai la tête : j'aperçus, à la clarté des étoiles, le Tibre qui s'enfonçait parmi les monuments confus de la cité, et j'entrevis le faîte du Capitole qui semblait s'incliner sous le poids des dépouilles du monde.

« La voie Cassia, qui me conduisait vers l'Étrurie, perd bientôt le peu de monuments dont elle est ornée, et, passant entre une antique forêt et le lac de Volsinium, elle pénètre dans des montagnes noires, couvertes de nuages et toujours infestés de brigands. Un mont de qui le sommet est planté de roches aiguës, un torrent qui se replie vingt-deux fois sur lui-même, et déchire son lit en s'écoulant, forment de ce côté la barrière de l'Étrurie. A la grandeur de la campagne romaine succèdent ensuite des vallons étroits et des monticules tapissés de bruyères, dont la pâle verdure se confond avec celle des oliviers. J'abandonnai les Apennins pour descendre dans la Gaule Cisalpine. Le ciel devint d'un bleu plus pur, et je cherchai vainement sur les montagnes cette espèce de pluie de lumière qui enveloppe les monts de la Grèce et de la haute Italie. J'aperçus de loin la cime blanchie des Alpes; je gravis bientôt leurs vastes flancs. Tout ce qui vient de la nature dans ces montagnes me parut grand et indestructible; tout ce qui appartient à l'homme me sembla fragile et misérable : d'une part, des arbres centenaires, des cascades qui tombent depuis des siècles, des rochers vainqueurs du temps et d'Annibal; de l'autre, des ponts de bois, des parcs de brebis, des huttes de terre. Serait-ce qu'à la vue des masses éternelles qui l'environnent, le chevrier des Alpes, vivement frappé de la brièveté de sa vie, ne s'est pas donné la peine d'élever des monuments plus durables que lui?

« Je sortis des Alpes à travers une espèce de portique creusé sous un énorme rocher. Je franchis cette partie de la Viennoise habitée par les Voconces [1], et je descendis à la colonie de Lucius [2]. Avec quel respect ne verrais-je point aujourd'hui le siége de Pothin et d'Irénée, et les eaux du Rhône teintes du sang des martyrs! Je remontai l'Arar [3], rivière bordée de côteaux charmants; sa fuite est si lente, que l'on ne saurait dire de quel côté coulent ses flots. Elle tient son nom d'un jeune Gaulois qui s'y précipita de désespoir après avoir perdu son frère. De là je passai chez les Treveri [4], dont la cité est la plus belle et la plus grande des trois Gaules; et, m'abandonnant au cours de la Moselle et du Rhin, j'arrivai bientôt à Agrippina [5].

« Constance me reçut avec bonté :

« Eudore, me dit-il, dès demain les légions se mettent en marche;
« nous allons chercher les Francs. Vous servirez d'abord comme

---

[1] Le Dauphiné. — [2] Lyon. — [3] La Saône. — [4] Le pays de Trèves. — [5] Cologne.

« simple archer parmi les Crétois ; ils campent de l'autre côté du
« Rhin. Allez les rejoindre ; distinguez-vous par votre conduite et
« par votre courage ; si vous vous montrez digne de l'amitié de
« mon fils, je ne tarderai pas à vous élever aux premières charges
« de l'armée. »

« C'est ici, seigneurs, qu'il faut remarquer la seconde de ces révolutions soudaines qui ont continuellement changé la face de mes jours. Des paisibles vallons de l'Arcadie j'avais été transporté à la cour orageuse d'un empereur romain ; et maintenant, du sein de la mollesse et de la société civilisée, je passais à une vie dure et périlleuse, au milieu d'un peuple barbare. »

LIVRE SIXIÈME

SOMMAIRE.

Suite du récit. Marche de l'armée romaine en Batavie. Elle rencontre l'armée des Francs. Champ de bataille. Ordre et dénombrement de l'armée romaine. Ordre et dénombrement de l'armée des Francs. Pharamond, Clodion, Mérovée. Chants guerriers. Bardits des Francs. L'action s'engage. Attaque des Gaulois contre les Francs. Combat de cavalerie. Combat singulier de Vercingétorix, chef des Gaulois, et de Mérovée, fils du roi des Francs. Vercingétorix est vaincu. Les Romains plient. La légion chrétienne descend d'une colline et rétablit le combat. Mêlée. Les Francs se retirent dans leur camp. Eudore obtient la couronne civique, et est nommé chef des Grecs par Constance. Le combat recommence au lever du jour. Attaque du camp des Francs par les Romains. Soulèvement des flots. Les Romains fuient devant la mer. Eudore, après avoir combattu longtemps, tombe percé de plusieurs coups. Il est secouru par un esclave des Francs, qui le porte dans une caverne.

« La France est une contrée sauvage et couverte de forêts, qui commence au delà du Rhin, et occupe l'espace compris entre la Batavie à l'occident, le pays des Scandinaves au nord, la Germanie à l'orient, et les Gaules au midi. Les peuples qui habitent ce désert sont les plus féroces des Barbares : ils ne se nourrissent que de la chair des bêtes sauvages ; ils ont toujours le fer à la main ; ils regardent la paix comme la servitude la plus dure dont on puisse leur imposer le joug. Les vents, la neige, les frimas, font leurs délices ; ils bravent la mer, ils se rient des tempêtes, et l'on dirait qu'ils ont vu le fond de l'Océan à découvert, tant ils connaissent et méprisent ses écueils. Cette nation inquiète ne cesse de désoler les frontières de l'empire. Ce fut sous le règne de Gordien le Pieux qu'elle se montra pour la première fois aux Gaules épouvantées. Les deux Décius périrent dans une expédition contre elle; Probus, qui ne fit que la repousser, en prit le titre glorieux de Francique. Elle a paru à la fois si noble et si redoutable, qu'on a fait en sa faveur une exception à la loi qui défend à la famille impériale de s'allier au sang des Barbares; enfin, ces terribles Francs venaient de s'emparer de l'île de Batavie, et Constance avait rassemblé son armée, afin de les chasser de leur conquête.

« Après quelques jours de marche, nous entrâmes sur le sol marécageux des Bataves, qui n'est qu'une mince écorce de terre flottant sur un amas d'eau. Le pays, coupé par les bras du Rhin, baigné et souvent inondé par l'Océan, embarrassé par des forêts de pins et de bouleaux, nous présentait à chaque pas des difficultés insurmontables.

« Épuisé par les travaux de la journée, je n'avais durant la nuit que quelques heures pour délasser mes membres fatigués. Souvent il m'arrivait, pendant ce court repos, d'oublier ma nouvelle fortune; et lorsqu'aux premières blancheurs de l'aube les trompettes du camp venaient à sonner l'air de Diane, j'étais étonné d'ouvrir les yeux au milieu des bois. Il y avait pourtant un charme à ce réveil du guerrier échappé aux périls de la nuit. Je n'ai jamais entendu sans une certaine joie belliqueuse la fanfare du clairon, répétée par l'écho des rochers, et les premiers hennissements des chevaux qui saluaient l'aurore. J'aimais à voir le camp plongé dans le sommeil, les tentes encore fermées d'où sortaient quelques soldats à moitié vêtus, le centurion qui se promenait devant les faisceaux d'armes en balançant son cep de vigne, la sentinelle immobile qui, pour résister au sommeil, tenait un doigt levé dans l'attitude du silence; le cavalier qui traversait le fleuve coloré des feux du matin, le victimaire qui puisait l'eau du sacrifice, et souvent un berger appuyé sur sa houlette, qui regardait boire son troupeau.

« Cette vie des camps ne me fit point tourner les yeux avec regret vers les délices de Naples et de Rome, mais elle réveilla en moi une autre espèce de souvenirs. Plusieurs fois, pendant les longues nuits de l'automne, je me suis trouvé seul, placé en sentinelle, comme un simple soldat, aux avants-postes de l'armée. Tandis que je contemplais les feux réguliers des lignes romaines, et les feux épars des hordes des Francs; tandis que, l'arc à demi tendu, je prêtais l'oreille au murmure de l'armée ennemie, au bruit de la mer et au cri des oiseaux sauvages qui volaient dans l'obscurité, je réfléchissais sur ma bizarre destinée. Je songeais que j'étais là, combattant pour des Barbares, tyrans de la Grèce, contre d'autres Barbares dont je n'avais reçu aucune injure. L'amour de la patrie se ranimait au fond de mon cœur ; l'Arcadie se montrait à moi dans tous ses charmes. Que de fois durant les marches pénibles, sous les pluies et dans les fanges de la Batavie ; que de fois à l'abri des huttes des bergers où nous passions la nuit ; que de fois autour du feu que nous allumions pour nos veilles à la tête du camp ; que de fois, dis-je, avec de jeunes Grecs exilés comme moi, je me suis entretenu de notre cher pays ! Nous racontions les jeux de notre enfance, les aventures de notre jeunesse, les histoires de nos familles. Un Athénien vantait les arts et la politesse d'Athènes, un Spartiate demandait la préférence pour Lacédémone, un Macédonien mettait la phalange bien au-dessus de la légion, et ne pouvait souffrir que l'on comparât César à Alexandre. « C'est à ma patrie que vous devez Homère, » s'écriait un soldat de Smyrne, et à l'instant même il chantait ou le dénombrement des vaisseaux, ou le combat d'Ajax et d'Hector : ainsi les Athéniens, prisonniers à Syracuse, redisaient autrefois les vers d'Euripide, pour se consoler de leur captivité.

« Mais lorsque, jetant les yeux autour de nous, nous apercevions les horizons noirs et plats de la Germanie, ce ciel sans lumières qui semble vous écraser sous sa voûte abaissée, ce soleil impuissant qui ne peint les objets d'aucune couleur ; quand nous venions à nous rappeler les paysages éclatants de la Grèce, la haute et riche bordure de leurs horizons, le parfum de nos orangers, la beauté de nos fleurs, l'azur velouté d'un ciel où se joue une lumière dorée, alors il nous prenait un désir si violent de revoir notre terre natale, que nous étions près d'abandonner les aigles. Il n'y avait qu'un Grec parmi nous qui blâmât ces sentiments, qui nous exhortât à remplir nos devoirs, et à nous soumettre à notre destinée. Nous le prenions pour un lâche : quelque temps après il combattit et mourut en héros, et nous apprîmes qu'il était chrétien.

« Les Francs avaient été surpris par Constance : ils évitèrent d'abord le combat ; mais aussitôt qu'ils eurent rassemblé leurs guerriers, ils vinrent audacieusement au-devant de nous, et nous offrirent la bataille sur le rivage de la mer. On passa la nuit à se préparer de part et d'autre, et le lendemain, au lever du jour, les armées se trouvèrent en présence.

« La légion de Fer et la Foudroyante occupaient le centre de l'armée de Constance.

« En avant de la première ligne paraissaient les vexillaires, distingués par une peau de lion qui leur couvrait la tête et les épaules. Ils tenaient levés les signes militaires des cohortes, l'aigle, le dragon, le loup, le minotaure. Ces signes étaient parfumés et ornés de branches de pin, au défaut de fleurs.

« Les hastati, chargés de lances et de boucliers, formaient la première ligne après les vexillaires.

« Les princes, armés de l'épée, occupaient le second rang, et les triarii venaient au troisième. Ceux-ci balançaient le pilum de la main gauche ; leurs boucliers étaient suspendus à leurs piques plantées devant eux, et ils tenaient le genou droit en terre, en attendant le signal du combat.

« Des intervalles ménagés dans la ligne des légions étaient remplis par des machines de guerre.

« A l'aile gauche de ces légions, la cavalerie des alliés déployait son rideau mobile. Sur des coursiers tachetés comme des tigres, et prompts comme des aigles, se balançaient avec grâce les cavaliers de Numance, de Sagonte et des bords enchantés du Bétis. Un léger chapeau de plume ombrageait leur front, un petit manteau de laine noire flottait sur leurs épaules, une épée recourbée retentissait à leur côté. La tête penchée sur le cou de leurs chevaux, les rênes entre les dents, deux courts javelots à la main, ils volaient à l'ennemi. Le jeune Viriate entraînait après lui la fureur de ces cavaliers rapides. Des Germains d'une taille gigantesque étaient entremêlés çà et là, comme des tours, dans le brillant escadron. Ces Barbares avaient la tête enveloppée d'un bonnet; ils maniaient d'une main une massue de chêne, et montaient à cru des étalons sauvages. Auprès d'eux, quelques cavaliers numides, n'ayant pour toute arme qu'un arc, pour tout vêtement qu'une chlamyde, frissonnaient sous un ciel rigoureux.

« A l'aile opposée de l'armée se tenait immobile la troupe superbe des chevaliers romains : leur casque était d'argent, surmonté d'une louve de vermeil; leur cuirasse étincelait d'or, et un large baudrier d'azur suspendait à leur flanc une lourde épée ibérienne. Sous leurs selles ornées d'ivoire s'étendait une housse de pourpre, et leurs mains, couvertes de gantelets, tenaient les rênes de soie qui leur servaient à guider de hautes cavales plus noires que la nuit.

« Les archers crétois, les vélites romains et les différents corps des Gaulois étaient répandus sur le front de l'armée. L'instinct de la guerre est si naturel chez ces derniers, que souvent, dans la mêlée, les soldats deviennent des généraux, rallient leurs compagnons dispersés, ouvrent un avis salutaire, indiquent le poste qu'il faut prendre. Rien n'égale l'impétuosité de leurs attaques : tandis que le Germain délibère, ils ont franchi les torrents et les monts; vous les croyez au pied de la citadelle, et ils sont au haut du retranchement emporté. En vain les cavaliers les plus légers voudraient les devancer à la charge, les Gaulois rient de leurs efforts, voltigent à la tête des chevaux, et semblent leur dire : « Vous saisiriez plutôt les vents sur la plaine, ou les oiseaux dans les « airs. »

« Tous ces Barbares avaient la tête élevée, les couleurs vives, les yeux bleus, le regard farouche et menaçant; ils portaient de larges braies, et leur tunique était chamarrée de morceaux de pourpre; un ceinturon de cuir pressait à leur côté leur fidèle épée. L'épée du Gaulois ne le quitte jamais : mariée, pour ainsi dire, à son maître, elle l'accompagne pendant la vie, elle le suit sur le bûcher funèbre, et descend avec lui au tombeau. Tel était le sort qu'avaient jadis les épouses dans les Gaules, tel est aussi celui qu'elles ont encore au rivage de l'Indus.

« Enfin, arrêtée comme un nuage menaçant sur le penchant d'une colline, une légion chrétienne, surnommée la Pudique, formait derrière l'armée le corps de réserve et la garde de César. Elle remplaçait auprès de Constance la légion thébaine égorgée par Maximien. Victor[1], illustre guerrier de Marseille, conduisait au combat les milices de cette religion, qui porte aussi noblement la casaque du vétéran que le cilice de l'anachorète.

« Cependant l'œil était frappé d'un mouvement universel : on voyait les signaux du porte-étendard qui plantait le jalon des lignes, la course impétueuse du cavalier, les ondulations des soldats qui se nivelaient sous le cep du centurion. On entendait de toutes parts les grêles hennissements des coursiers, le cliquetis des chaînes, les sourds roulements des balistes et des catapultes, les pas réguliers de l'infanterie, la voix des chefs qui répétaient l'ordre, le bruit des piques qui s'élevaient et s'abaissaient au commandement des tribuns. Les Romains se formaient en bataille aux éclats de la trompette, de la corne et du lituus; et nous Crétois, fidèles à la Grèce au milieu de ces peuples barbares, nous prenions nos rangs au son de la lyre.

« Mais tout l'appareil de l'armée romaine ne servait qu'à rendre l'armée des ennemis plus formidable, par le contraste d'une sauvage simplicité.

« Parés de la dépouille des ours, des veaux marins, des urochs et des sangliers, les Francs se montraient de loin comme un troupeau de bêtes féroces. Une tunique courte et serrée laissait voir toute la hauteur de leur taille, et ne leur cachait pas le genou. Les yeux de ces Barbares ont la couleur d'une mer orageuse; leur chevelure blonde,

---

[1] Le martyr.

ramenée en avant sur leur poitrine, et teinte d'une liqueur rouge, est semblable à du sang et à du feu. La plupart ne laissent croître leur barbe qu'au-dessus de la bouche, afin de donner à leurs lèvres plus de ressemblance avec le mufle des dogues et des loups. Les uns chargent leur main droite d'une longue framée, et leur main gauche d'un bouclier qu'ils tournent comme une roue rapide; d'autres, au lieu de ce bouclier, tiennent une espèce de javelot, nommé angon, où s'enfoncent deux fers recourbés; mais tous ont à la ceinture la redoutable francisque, espèce de hache à deux tranchants, dont le manche est recouvert d'un dur acier; arme funeste que le Franc jette en poussant un cri de mort, et qui manque rarement de frapper le but qu'un œil intrépide a marqué.

« Ces Barbares, fidèles aux usages des anciens Germains, s'étaient formés en coin, leur ordre accoutumé de bataille. Le formidable triangle, où l'on ne distinguait qu'une forêt de framées, de peaux de bêtes et des corps demi-nus, s'avançait avec impétuosité, mais d'un mouvement égal, pour percer la ligne romaine. A la pointe de ce triangle étaient placés des braves qui conservaient une barbe longue et hérissée, et qui portaient au bras un anneau de fer. Ils avaient juré de ne quitter ces marques de servitude qu'après avoir sacrifié un Romain. Chaque chef, dans ce vaste corps, était environné des guerriers de sa famille, afin que, plus ferme dans le choc, il remportât la victoire ou mourût avec ses amis. Chaque tribu se ralliait sous un symbole : la plus noble d'entre elles se distinguait par des abeilles ou trois fers de lance. Le vieux roi des Sicambres, Pharamond, conduisait l'armée entière, et laissait une partie du commandement à son petit-fils Mérovée. Les cavaliers francs, en face de la cavalerie romaine, couvraient les deux côtés de leur infanterie : à leurs casques en forme de gueules ouvertes, ombragés de deux ailes de vautour, à leurs corselets de fer, à leurs boucliers blancs, on les eût pris pour des fantômes ou pour ces figures bizarres que l'on aperçoit au milieu des nuages pendant une tempête. Clodion, fils de Pharamond et père de Mérovée, brillait à la tête de ces cavaliers menaçants.

« Sur une grève, derrière cet essaim d'ennemis, on apercevait leur camp, semblable à un marché de laboureurs et de pêcheurs; il était rempli de femmes et d'enfants, et retranché avec des bateaux de cuir et des chariots attelés de grands bœufs. Non loin de ce camp champêtre, trois sorcières en lambeaux faisaient sortir de jeunes poulains d'un bois sacré, afin de découvrir par leur course à quel parti Tuiston promettait la victoire. La mer d'un côté, des forêts de l'autre, formaient le cadre de ce grand tableau.

« Le soleil du matin, s'échappant des replis d'un nuage d'or, verse tout à coup sa lumière sur les bois, l'Océan et les armées. La terre paraît embrasée du feu des casques et des lances, les instruments guerriers sonnent l'air antique de Jules César partant pour les Gaules. La rage s'empare de tous les cœurs, les yeux roulent du sang, la main frémit sur l'épée. Les chevaux se cabrent, creusent l'arène, secouent leur crinière, frappent de leur bouche écumante leur poitrine enflammée, ou lèvent vers le ciel leurs naseaux brûlants, pour respirer les sons belliqueux. Les Romains commencent le chant de Probus :

« Quand nous aurons vaincu mille guerriers francs, combien ne
« vaincrons-nous pas de millions de Perses! »

« Les Grecs répètent en chœur le Pœan, et les Gaulois l'hymne des Druides. Les Francs répondent à ces cantiques de mort : ils serrent leurs boucliers contre leur bouche, et font entendre un mugissement semblable au bruit de la mer que le vent brise contre un rocher; puis tout à coup, lançant un cri aigu, ils entonnent le bardit à la louange de leurs héros :

« Pharamond! Pharamond! nous avons combattu avec l'épée.

« Nous avons lancé la francisque à deux tranchants; la sueur tom-
« bait du front des guerriers et ruisselait le long de leurs bras. Les
« aigles et les oiseaux aux pieds jaunes poussaient des cris de joie; le
« corbeau nageait dans le sang des morts; tout l'Océan n'était qu'une
« plaie : les vierges ont pleuré longtemps!

« Pharamond! Pharamond! nous avons combattu avec l'épée.

« Nos pères sont morts dans les batailles, tous les vautours en ont
« gémi : nos pères les rassasiaient de carnage! Choisissons des épouses
« dont le lait soit du sang, et qui remplissent de valeur le cœur de
« nos fils. Pharamond, le bardit est achevé, les heures de la vie s'é-
« coulent, nous sourirons quand il faudra mourir! »

« Ainsi chantaient quarante mille Barbares. Leurs cavaliers haussaient et baissaient leurs boucliers blancs en cadence; et à chaque refrain, ils frappaient du fer d'un javelot leur poitrine couverte de fer.

« Déjà les Francs sont à la portée du trait de nos troupes légères. Les deux armées s'arrêtent. Il se fait un profond silence. César, du milieu de la légion chrétienne, ordonne d'élever la cotte d'armes de pourpre, signal du combat; les archers tendent leurs arcs, les fantassins baissent leurs piques, les cavaliers tirent tous à la fois leurs épées, dont les éclairs se croisent dans les airs. Un cri s'élève du fond des légions : « Victoire à l'empereur! » Les Barbares repoussent ce cri par un affreux mugissement : la foudre éclate avec moins de rage sur les sommets de l'Apennin, l'Etna gronde avec moins de violence lorsqu'il verse au sein des mers des torrents de feu, l'Océan bat ses rivages avec moins de fracas quand un tourbillon, descendu par ordre de l'Éternel, a déchaîné les cataractes de l'abîme.

« Les Gaulois lancent les premiers leurs javelots contre les Francs, mettent l'épée à la main et courent à l'ennemi. L'ennemi les reçoit avec intrépidité. Trois fois ils retournent à la charge ; trois fois ils viennent se briser contre le vaste corps qui les repousse : tel un grand vaisseau, voguant par un vent contraire, rejette de ses deux bords les vagues qui fuient et murmurent le long de ses flancs. Non moins braves, et plus habiles que les Gaulois, les Grecs font pleuvoir sur les Sicambres une grêle de flèches ; et reculant peu à peu, sans rompre nos rangs, nous fatiguons les deux lignes du triangle de l'ennemi. Comme un taureau vainqueur dans cent pâturages, fier de sa corne mutilée et des cicatrices de sa large poitrine, supporte avec impatience la piqûre du taon, sous les ardeurs du midi, ainsi les Francs, percés de nos dards, deviennent furieux à ces blessures sans vengeance et sans gloire. Transportés d'une aveugle rage, ils brisent le trait dans leur sein, se roulent par terre et se débattent dans les angoisses de la douleur.

« La cavalerie romaine s'ébranle pour enfoncer les Barbares. Clodion se précipite à sa rencontre. Le roi chevelu pressait une cavale stérile, moitié blanche, moitié noire, élevée parmi des troupeaux de rennes et de chevreuils, dans les haras de Pharamond. Les Barbares prétendaient qu'elle était de la race de Rinfax, cheval de la Nuit, à la crinière gelée, et de Skinfax, cheval du Jour, à la crinière lumineuse. Lorsque, pendant l'hiver, elle emportait son maître sur son char d'écorce sans essieu et sans roues, jamais ses pieds ne s'enfonçaient dans les frimas ; et, plus légère que la feuille de bouleau roulée par le vent, elle effleurait à peine la cime des neiges nouvellement tombées.

« Un combat violent s'engage entre les cavaliers sur les deux ailes des armées.

« Cependant la masse effrayante de l'infanterie des Barbares vient toujours roulant vers les légions. Les légions s'ouvrent, changent leur front de bataille, attaquent à grands coups de piques les deux côtés du triangle de l'ennemi. Les vélites, les Grecs et les Gaulois se portent sur le troisième côté. Les Francs sont assiégés comme une vaste forteresse. La mêlée s'échauffe ; un tourbillon de poussière rougie s'élève et s'arrête au milieu des combattants. Le sang coule comme les torrents grossis par les pluies de l'hiver, comme les flots de l'Euripe dans le détroit de l'Eubée. Le Franc, fier de ses larges blessures, qui paraissent avec plus d'éclat sur la blancheur d'un corps demi-nu, est un spectre déchaîné du monument, et rugissant au milieu des morts. Au brillant éclat des armes a succédé la sombre couleur de la poussière et du carnage. Les casques sont brisés, les panaches abattus, les boucliers fendus, les cuirasses percées. L'haleine enflammée de cent mille combattants, le souffle épais des chevaux, la vapeur des sueurs et du sang, forment sur le champ de bataille une espèce de météore que traverse de temps en temps la lueur d'un glaive, comme le trait brillant du foudre dans la livide clarté d'un orage. Au milieu des cris, des insultes, des menaces, du bruit des épées, des coups des javelots, du sifflement des flèches et des dards, du gémissement des machines de guerre, on n'entend plus la voix des chefs.

« Mérovée avait fait un massacre épouvantable des Romains. On le voyait debout sur un immense chariot, avec douze compagnons d'armes, appelés ses douze pairs, qu'il surpassait de toute la tête. Au-dessus du chariot flottait une enseigne guerrière, surnommée l'Oriflamme. Le chariot, chargé d'horribles dépouilles, était traîné par trois taureaux dont les genoux dégouttaient de sang, et dont les cornes portaient des lambeaux affreux. L'héritier de l'épée de Pharamond avait l'âge, la beauté et la fureur de ce démon de la Thrace, qui n'allume le feu de ses autels qu'au feu des villes embrasées. Mérovée passait parmi les Francs pour être le fruit merveilleux du commerce secret de l'épouse de Clodion et d'un monstre marin; les cheveux blonds du jeune Sicambre, ornés d'une couronne de lis, ressemblaient au lin moelleux et doré qu'une bandelette virginale rattache à la quenouille d'une reine des Barbares. On eût dit que ses joues étaient peintes du vermillon de ces baies d'églantiers qui brillent au milieu des neiges, dans les forêts de la Germanie. Sa mère avait noué autour de son cou un collier de coquillages, comme les Gaulois suspendent des reliques aux rameaux du plus beau rejeton d'un bois sacré. Quand de sa main droite Mérovée agitant un drapeau blanc appelait les fiers Sicambres au champ de l'honneur, ils ne pouvaient s'empêcher de pousser des cris de guerre et d'amour; ils ne se lassaient point d'admirer à leur tête trois générations de héros : l'aïeul, le père et le fils.

« Mérovée, rassasié de meurtres, contemplait, immobile, du haut de son char de victoire, les cadavres dont il avait jonché la plaine. Ainsi se repose un lion de Numidie, après avoir déchiré un troupeau de brebis; sa faim est apaisée, sa poitrine exhale l'odeur du carnage; il ouvre et ferme tour à tour sa gueule fatiguée qu'embarrassent des flocons de laine; enfin il se couche au milieu des agneaux égorgés; sa crinière, humectée d'une rosée de sang, retombe des deux côtés de son cou; il croise ses griffes puissantes; il allonge la tête sur ses ongles; et, les yeux à demi fermés, il lèche encore les molles toisons étendues autour de lui.

« Le chef des Gaulois aperçut Mérovée dans ce repos insultant et superbe. Sa fureur s'allume; il s'avance vers le fils de Pharamond; il lui crie d'un ton ironique :

« Chef à la longue chevelure, je vais t'asseoir autrement sur le trône d'Hercule le Gaulois. Jeune brave, tu mérites d'emporter la marque du fer au palais de Teutatès. Je ne veux point te laisser languir dans une honteuse vieillesse. »

— « Qui es-tu ? répondit Mérovée avec un sourire amer : es-tu d'une race noble et antique ? Esclave romain, ne crains-tu point ma framée ? »

— « Je ne crains qu'une chose, repartit le Gaulois frémissant de courroux, c'est que le ciel tombe sur ma tête. »

— « Cède-moi la terre, » dit l'orgueilleux Sicambre.

— « La terre que je te céderai, s'écria le Gaulois, tu la garderas éternellement. »

« A ces mots, Mérovée, s'appuyant sur sa framée, s'élance du char par-dessus les taureaux, tombe à leurs têtes, et se présente au Gaulois qui venait à lui.

« Toute l'armée s'arrête pour regarder le combat des deux chefs. Le Gaulois fond l'épée à la main sur le jeune Franc, le presse, le frappe, le blesse à l'épaule, et le contraint de reculer jusque sous les cornes des taureaux. Mérovée à son tour lance son angon, qui, par ses deux fers recourbés, s'engage dans le bouclier du Gaulois. Au même instant le fils de Clodion bondit comme un léopard, met le pied sur le javelot, le presse de son poids, le fait descendre vers la terre, et abaisse avec lui le bouclier de son ennemi. Ainsi forcé de se découvrir, l'infortuné Gaulois montre la tête. La hache de Mérovée part, siffle, vole et s'enfonce dans le front du Gaulois, comme la cognée d'un bûcheron dans la cime d'un pin. La tête du guerrier se partage; sa cervelle se répand des deux côtés, ses yeux roulent à terre. Son corps reste encore un moment debout, étendant des mains convulsives, objet d'épouvante et de pitié.

« A ce spectacle les Gaulois poussent un cri de douleur. Leur chef était le dernier descendant de ce Vercingétorix qui balança si longtemps la fortune de Jules. Il semblait que par cette mort l'empire des Gaules, en échappant aux Romains, passait aux Francs : ceux-ci, pleins de joie, entourent Mérovée, l'élèvent sur un bouclier, et le proclament roi avec ses pères, comme le plus brave des Sicambres. L'épouvante commence à s'emparer des légions. Constance, qui, du milieu du corps de réserve, suivait de l'œil le mouvement des troupes, aperçoit le découragement des cohortes. Il se tourne vers la légion chrétienne : « Braves soldats, la fortune de Rome est entre vos mains. « Marchons à l'ennemi.

« Aussitôt les fidèles abaissent devant César leurs aigles surmontées de l'étendard du salut. Victor commande : la légion s'ébranle et descend en silence de la colline. Chaque soldat porte sur son bouclier une croix entourée de ces mots : « Tu vaincras par ce signe. » Tous les centurions étaient des martyrs couverts des cicatrices du fer et du feu. Que pouvait contre de tels hommes la crainte des blessures et de la mort! O touchante fidélité! Ces guerriers allaient répandre pour leurs princes les restes d'un sang dont ces princes avaient presque tari la source! Aucune frayeur, mais aussi aucune joie ne paraissait sur le visage des héros chrétiens. Leur valeur tranquille était pareille à un lis sans tache. Lorsque la légion s'avança dans la plaine, les Francs se sentirent arrêtés au milieu de leur victoire. Ils ont conté qu'ils voyaient à la tête de cette légion une colonne de feu et de nuées, et un cavalier vêtu de blanc, armé d'une lance et d'un bouclier d'or. Les Romains qui fuyaient tournent le visage; l'espérance revient au cœur du plus faible et du moins courageux : ainsi, après un orage de nuit, quand le soleil du matin paraît dans l'orient, le laboureur rassuré admire l'astre qui répand un doux éclat sur la nature; sous les lierres de la cabane antique, le jeune passereau pousse des cris de joie; le vieillard vient s'asseoir sur le seuil de la porte : il entend des bruits charmants au-dessus de sa tête, et il bénit l'Éternel.

« A l'approche des soldats du Christ, les Barbares serrent leurs rangs, les Romains se rallient. Parvenue sur le champ de bataille, la légion s'arrête, met un genou en terre, et reçoit de la main d'un ministre de paix la bénédiction du Dieu des armées. Constance lui-même ôte sa couronne de laurier et s'incline. La troupe sainte se relève, et, sans jeter ses javelots, elle marche l'épée haute à l'ennemi. Le combat recommence de toutes parts. La légion chrétienne ouvre une large brèche dans les rangs des Barbares; Romains, Grecs et Gaulois, nous entrons tous à la suite de Victor dans l'enceinte des Francs rompus. Aux attaques d'une armée disciplinée, succèdent des combats à la manière des héros d'Ilion. Mille groupes de guerriers se heurtent, se choquent, se pressent, se repoussent; partout règne la douleur, le désespoir, la fuite. Filles des Francs, c'est en vain que vous préparez le baume pour des plaies que vous ne pourrez guérir! L'un est frappé au cœur du fer d'une javeline, et sent s'échapper de ce cœur les images chères et sacrées de la patrie; l'autre a les deux bras brisés du coup d'une massue, et ne pressera plus sur son sein le fils qu'une épouse porte encore à la mamelle. Celui-ci regrette son palais, celui-là sa chaumière; le premier ses plaisirs, le second ses douleurs, car l'homme s'attache à la vie par ses misères autant que par ses prospérités. Ici, environné de ses compagnons, un soldat païen expire en vomissant des imprécations contre César et contre les dieux. Là, un soldat chrétien meurt isolé, d'une main retenant ses entrailles, de l'autre pressant un crucifix, et priant Dieu pour son empereur. Les Sicambres, tous frappés par-devant et couchés sur le dos, conservaient dans la mort un air si farouche, que le plus intrépide osait à peine les regarder.

« Je ne vous oublierai pas, couple généreux, jeunes Francs que je rencontrai au milieu du champ du carnage! Ces fidèles amis, plus tendres que prudents, afin d'avoir dans le combat la même destinée, s'étaient attachés ensemble par une chaîne de fer. L'un était tombé mort sous la flèche d'un Crétois; l'autre, atteint d'une blessure cruelle, mais encore vivant, se tenait à demi soulevé auprès de son frère d'armes. Il lui disait : « Guerrier, tu dors après les fa-
« tigues de la bataille. Tu n'ouvriras plus les yeux à ma voix, mais
« la chaîne de notre amitié n'est point rompue; elle me retient à tes
« côtés. »

« En achevant ces mots, le jeune Franc s'incline et meurt sur le corps de son ami. Leurs belles chevelures se mêlent et se confondent comme les flammes ondoyantes d'un double trépied qui s'éteint sur un autel, comme les rayons humides et tremblants de l'étoile des Gémeaux qui se couche dans la mer. Le trépas ajoute ses chaînes indestructibles aux liens qui unissaient les deux amis.

« Cependant les bras fatigués portent des coups ralentis; les clameurs deviennent plus déchirantes et plus plaintives. Tantôt une grande partie des blessés, expirant à la fois, laisse régner un affreux silence; tantôt la voix de la douleur se ranime et monte en longs accents vers le ciel. On voit errer des chevaux sans maîtres, qui bondissent ou s'abattent sur des cadavres; quelques machines de guerre abandonnées brûlent çà et là comme les torches de ces immenses funérailles.

« La nuit vint couvrir de son obscurité ce théâtre des fureurs humaines. Les Francs vaincus, mais toujours redoutables, se retirèrent dans l'enceinte de leurs chariots. Cette nuit, si nécessaire à notre repos, ne fut pour nous qu'une nuit d'alarmes : à chaque instant nous craignions d'être attaqués. Les Barbares jetaient des cris qui ressemblaient aux hurlements des bêtes féroces : ils pleuraient les braves qu'ils avaient perdus, et se préparaient à mourir. Nous n'osions ni quitter nos armes, ni allumer des feux. Les soldats romains frémissaient, se cherchaient dans les ténèbres; ils s'appelaient, ils se demandaient un peu de pain ou d'eau; ils pansaient leurs blessures avec leurs vêtements déchirés. Les sentinelles se répondaient en se renvoyant de l'une à l'autre le cri des veilles.

« Tous les chefs des Crétois avaient été tués. Le sang de Philopœmen paraissant à mes compagnons d'un favorable augure, ils m'avaient nommé leur commandant. En attirant sur moi les efforts de l'ennemi, j'avais eu le bonheur de sauver la légion de Fer d'une entière destruction. La confirmation de mon grade, une couronne de chêne et les éloges de Constance avaient été le prix de ce hasard heureux. A la tête des troupes légères, je touchais presque au camp des Barbares, et j'attendais avec impatience le retour de l'aurore ; mais cette aurore nous découvrit un spectacle qui surpassait en horreur tout ce que nous avions vu jusqu'alors.

« Les Francs, pendant la nuit, avaient coupé les têtes des cadavres romains, et les avaient plantées sur des piques devant leur camp, le visage tourné vers nous. Un énorme bûcher, composé de selles de chevaux et de boucliers brisés, s'élevait au milieu du camp. Le vieux Pharamond, roulant des yeux terribles, et livrant au souffle du matin sa longue chevelure blanche, était assis au haut du bûcher. Au bas paraissaient Clodion et Mérovée : ils tenaient à la main, en guise de torche, l'hast enflammé de deux piques rompues, prêts à mettre le feu au trône funèbre de leur père, si les Romains parvenaient à forcer le retranchement des chariots.

« Nous restons muets d'étonnement et de douleur ; les vainqueurs semblent vaincus par tant de barbarie et tant de magnanimité ! Les larmes coulent de nos yeux à la vue des têtes sanglantes de nos compagnons d'armes : chacun se rappelle que ces bouches muettes et décolorées prononçaient encore la veille les paroles de l'amitié. Bientôt à ce mouvement de regret succède la soif de la vengeance. On n'attend point le signal de l'assaut ; rien ne peut résister à la fureur du soldat : les chariots sont brisés, le camp est ouvert, on s'y précipite. Alors se présente un nouvel ennemi : les femmes des Barbares, vêtues de robes noires, s'élancent au-devant de nous, se percent de nos armes ou cherchent à les arracher de nos mains : les unes arrêtent par la barbe le Sicambre qui fuit, et le ramènent au combat ; les autres, comme des bacchantes enivrées, déchirent leurs époux et leurs pères ; plusieurs étouffent leurs enfants et les jettent sous les pieds des hommes et des chevaux ; plusieurs, se passant au cou un lacet fatal, s'attachent aux cornes des bœufs, et s'étranglent en se faisant traîner misérablement. Une d'entre elles s'écrie du milieu de ses compagnes : « Ro-
« mains, tous vos présents n'ont point été funestes ! Si vous nous

« avez apporté le fer qui enchaîne, vous nous avez donné le fer qui
« délivre ! » Et elle se frappe d'un poignard.

« C'en était fait des peuples de Pharamond, si le ciel, qui leur garde peut-être de grandes destinées, n'eût sauvé le reste de leurs guerriers. Un vent impétueux se lève entre le nord et le couchant; les flots s'avancent sur les grèves; on voit venir, écumante et limoneuse, une de ces marées de l'équinoxe, qui, dans ces climats, semblent jeter l'Océan tout entier hors de son lit. La mer, comme un puissant allié des Barbares, entre dans le camp des Francs pour en chasser les Romains. Les Romains reculent devant l'armée des flots; les Francs reprennent courage; ils croient que le monstre marin, père de leur jeune prince, est sorti de ses grottes azurées pour les secourir. Ils profitent de notre désordre, ils nous repoussent, ils nous pressent, ils secondent les efforts de la mer. Une scène extraordinaire frappe les yeux de toutes parts : là, les bœufs épouvantés nagent avec les chariots qu'ils entraînent; ils ne laissent voir au-dessus des vagues que leurs cornes recourbées, et ressemblent à une multitude de fleuves qui auraient apporté eux-mêmes leurs tributs à l'Océan; ici, les Saliens mettent à flot leurs bateaux de cuir, et nous frappent à coups de rames et d'avirons. Mérovée s'était fait une nacelle d'un large bouclier d'osier : porté sur cette conque guerrière, il nous poursuivait escorté de ses pairs, qui bondissaient autour de lui comme des tritons. Pleines d'une joie insensée, les femmes battaient des mains et bénissaient les flots libérateurs. Partout la lame croissante se brise et jaillit contre les armes : partout disparaît le cavalier qui se noie, le fantassin qui n'a plus que son épée hors de l'eau; des cadavres qui paraissent se ranimer roulent avec les algues, le sable et le limon. Séparé du reste des légions, et réuni à quelques soldats, je combattis longtemps une multitude de Barbares; mais enfin, accablé par le nombre, je tombai, percé de coups, au milieu de mes compagnons étendus morts à mes côtés.

« Je demeurai plusieurs heures évanoui. Quand je rouvris les yeux à la lumière, je n'aperçus plus qu'une grève humide abandonnée par les flots, des corps noyés, à moitié ensevelis dans le sable, la mer retirée dans un lointain immense, et traçant à peine une ligne bleuâtre à l'horizon. Je voulus me soulever, mais je ne pus y parvenir, et je fus contraint de rester couché sur le dos, les regards attachés au ciel. Tandis que mon âme flottait entre la mort et la vie, j'entendis une voix prononcer en latin ces mots : « Si quelqu'un respire encore ici, qu'il parle. » Je tournai la tête avec effort, et j'entrevis un Franc, que je reconnus pour esclave à sa saye d'écorce de bouleau. Il aperçut mon mouvement, accourut vers moi, et reconnaissant ma patrie à mon vêtement :

« Jeune Grec, me dit-il, prenez courage. » Et il se mit à genoux à mes côtés, se pencha sur moi, examina mes blessures. « Je ne les crois pas mortelles, » s'écria-t-il après un moment de silence. Aussitôt il tira d'un sac de peau de chevreuil du baume, des simples, un vase plein d'une eau pure. Il lava mes plaies, les essuya légèrement, les banda avec de longues feuilles de roseaux. Je ne pouvais lui témoigner ma reconnaissance que par un mouvement de tête et par l'admiration qu'il devait lire dans mes yeux presque éteints. Quand il fallut me transporter, son embarras devint extrême. Il regardait avec inquiétude autour de nous : il craignait, comme il me l'a dit depuis, d'être découvert par quelque parti de Barbares. L'heure du flux approchait; mon libérateur tira du danger même le moyen de mon salut : il aperçut une nacelle des Francs échouée sur le sable ; il commença par me soulever à moitié; puis, se couchant presque à terre devant moi, il m'attira doucement à lui, me chargea doucement sur ses épaules, se leva, et me porta avec peine au bateau voisin ; car il était déjà sur l'âge. La mer ne tarda pas à couvrir ses grèves. L'esclave arracha du sable une pique dont le fer était rompu, et lorsque les flots soulevèrent la nacelle, il la dirigea, avec son arme brisée, comme aurait fait le pilote le plus habile. Chassés par le flux, nous entrâmes bien avant dans les terres, sur les rives d'un fleuve bordé de forêts.

« Ces lieux étaient connus du Franc. Il descendit dans l'eau, et me prenant de nouveau sur ses épaules, il me déposa dans une espèce de souterrain où les Barbares ont coutume de cacher leur blé pendant la guerre. Là il me fit un lit de mousse, et me donna un peu de vin pour me ranimer.

« Pauvre infortuné, me dit-il en me parlant dans ma propre langue, il faut que je vous quitte, et vous serez obligé de passer la nuit seul ici. J'espère vous apporter demain matin de bonnes nouvelles : en attendant, tâchez de goûter un peu de sommeil. »

« En disant ces mots, il étendit sur moi sa misérable saye, dont il se dépouilla pour me couvrir, et il s'enfuit dans les bois. »

LIVRE SEPTIÈME

SOMMAIRE.

Suite du récit. Eudore devient esclave de Pharamond. Histoire de Zacharie. Clothilde, femme de Pharamond. Commencement du christianisme chez les Francs. Mœurs des Francs. Retour du printemps. Chasse. Barbares du Nord. Tombeau d'Ovide. Eudore sauve la vie à Mérovée. Mérovée promet la liberté à Eudore. Retour des chasseurs au camp de Pharamond. La déesse Hertha. Festin des Francs. On délibère sur la paix et sur la guerre avec les Romains. Dispute de Camulogènes et de Chlodéric. Les Francs se décident à demander la paix. Eudore, devenu libre, est chargé par les Francs d'aller proposer la paix à Constance. Zacharie conduit Eudore jusque sur la frontière de la Gaule. Leurs adieux.

« Par Hercule, s'écria Démodocus en interrompant le récit d'Eudore, j'ai toujours aimé les enfants d'Esculape ! ils sont pieux envers les hommes et connaissent les choses cachées. On les trouve parmi les dieux, les centaures, les héros et les bergers. Mon fils, quel était le nom de ce divin Barbare, pour qui Jupiter, hélas ! ne me semble pas avoir puisé dans l'urne des biens ? Le maître des nuées dispose à son gré du sort des mortels : il donne à l'un la prospérité, il fait tomber l'autre dans toute sorte de malheurs. Le roi d'Ithaque fut réduit à sentir un mouvement de joie en se couchant sur un lit de feuilles séchées qu'il avait amoncelé de ses propres mains. Jadis, chez les hommes plus vertueux, un favori du dieu d'Épidaure eût été l'ami et le compagnon des guerriers; aujourd'hui il est esclave chez une nation inhospitalière. Mais hâte-toi, fils de Lasthénès, de m'apprendre le nom de ton libérateur ; car je veux l'honorer comme Nestor honorait Machaon. »

— « Son nom, parmi les Francs, était Harold, reprit Eudore en souriant. Il vint me retrouver aux premiers rayons du jour, selon sa promesse. Il était accompagné d'une femme vêtue d'une robe de fil teinte de pourpre ; elle avait le haut de la gorge et les bras découverts, à la manière des Francs. Ses traits offraient, au premier coup d'œil, un mélange inexplicable de barbarie et d'humanité : c'était une expression de physionomie naturellement forte et sauvage, corrigée par je ne sais quelle habitude étrangère de pitié et de douceur. »

« Jeune Grec, me dit l'esclave, remerciez Clothilde, femme de Pharamond mon maître. Elle a obtenu votre grâce de son époux : elle vient elle-même vous chercher pour vous mettre à l'abri des Francs. Quand vous serez guéri de vos blessures, vous vous montrerez sans doute esclave reconaissant et fidèle.

« Plusieurs serfs entrèrent alors dans la caverne. Ils m'étendirent sur des branches d'arbres entrelacées, et me portèrent au camp de mon maître.

« Les Francs, malgré leur valeur et le soulèvement des flots, avaient été obligés de céder la victoire à la discipline des légions; heureux d'échapper à une entière défaite, ils se retiraient devant les vainqueurs. Je fus jeté dans les chariots avec les autres blessés. On marcha quinze jours et quinze nuits en s'enfonçant vers le Nord, et l'on ne s'arrêta que quand on se crut à l'abri de l'armée de Constance.

« Jusqu'alors j'avais à peine senti l'horreur de ma situation ; mais aussitôt que le repos commença à cicatriser mes plaies, je jetai les yeux autour de moi avec épouvante. Je me vis au milieu des forêts, esclave chez les Barbares, et prisonnier dans une hutte qu'entourait, comme un rempart, un cercle de jeunes arbres qui devaient s'entrelacer en croissant. Une boisson grossière, faite de froment, un peu d'orge écrasée entre deux pierres, des lambeaux de daims et de chevreuils qu'on me jetait quelquefois par pitié, telle était ma nourriture. La moitié du jour j'étais abandonné seul sur mon lit d'herbes fanées; mais je souffrais encore beaucoup plus de la présence que de l'absence des Barbares. L'odeur des graisses mêlées de cendres de frêne dont ils frottent leurs cheveux, la vapeur des chairs grillées, le peu d'air de la hutte, et le nuage de fumée qui la remplissait sans cesse, me suffoquaient. Ainsi une juste Providence me faisait payer les délices de Naples, les parfums et les voluptés dont je m'étais enivré.

« Le vieil esclave, occupé de ses devoirs, ne pouvait donner que quelques moments à mes peines. J'étais toujours étonné de la sérénité de son visage, au milieu des travaux dont il était accablé.

« Eudore, me dit-il un soir, vos blessures sont presque guéries. Demain vous commencerez à remplir vos nouveaux devoirs. Je sais que l'on doit vous envoyer avec quelques serfs chercher du bois au fond de la forêt. Allons, mon fils et mon compagnon, rappelez votre vertu. Le ciel vous aidera si vous l'implorez. »

« A ces mots, l'esclave s'éloigna, et me laissa plongé dans le désespoir. Je passai la nuit dans une agitation horrible, formant et rejetant tour à tour mille projets. Tantôt je voulais attenter à mes jours, tantôt je songeais à la fuite. Mais comment fuir, faible et sans secours? Comment trouver un chemin à travers ces bois? Hélas! j'avais une ressource contre mes maux, la religion ; et c'était le seul moyen de délivrance auquel je ne songeais pas! Le jour me surprit au milieu de ces angoisses, et j'entendis tout à coup une voix qui me cria :

« Esclave romain, lève-toi ! »

« On me donna une peau de sanglier pour me couvrir, une corne de bœuf pour puiser de l'eau, un poisson sec pour ma nourriture, et je suivis les serfs qui me montraient le chemin.

« Lorsqu'ils furent arrivés à la forêt, ils commencèrent par ramasser parmi la neige et les feuilles flétries les branches d'arbres brisées par les vents. Ils en formaient çà et là des monceaux qu'ils liaient avec des écorces. Ils me firent quelques signes pour m'engager à les imiter; et voyant que j'ignorais leur ouvrage, ils se contentèrent de mettre sur mes épaules un paquet de rameaux desséchés. Mon front orgueilleux fut forcé de s'humilier sous le joug de la servitude; mes pieds nus foulaient la neige, mes cheveux étaient hérissés par le givre, et la bise glaçait les larmes dans mes yeux. J'appuyais mes pas chancelants sur une branche arrachée de mon fardeau; et, courbé comme un vieillard, je cheminais lentement entre les arbres de la forêt.

« J'étais prêt à succomber à ma douleur, lorsque je vis tout à coup auprès de moi le vieil esclave, chargé d'un poids plus pesant que le mien, et me souriant de cet air paisible qui ne l'abandonnait jamais. Je ne pus me défendre d'un mouvement de honte.

« Quoi! me dis-je en moi-même, cet homme, accablé par les ans, sourit sous un fardeau triple du mien; et moi, jeune et fort, je pleure!

« Eudore, me dit mon libérateur en m'abordant, ne trouvez-vous pas que le premier fardeau est bien lourd? Mon jeune compagnon, l'habitude et surtout la résignation rendront les autres plus légers. Voyez quel poids je suis venu à bout de porter à mon âge. »

— « Ah! m'écriai-je, chargez-moi de ce poids qui fait plier vos genoux. Puissé-je expirer en vous délivrant de vos peines! »

— « Eh! mon fils, repartit le vieillard, je n'ai point de peines. Pourquoi désirer la mort? Allons, je veux vous réconcilier avec la vie. Venez vous reposer à quelques pas d'ici; nous allumerons du feu et nous causerons ensemble. »

« Nous gravîmes des monticules irréguliers, formés, comme je le vis bientôt, par les débris d'un ouvrage romain. De grands chênes croissaient dans ce lieu, sur une autre génération de chênes tombés à leurs pieds. Lorsque nous fûmes arrivés au sommet des monticules, je découvris l'enceinte d'un camp abandonné.

« Voilà, me dit l'esclave, le bois de Teuteberg et le camp de Varus. La pyramide de terre que vous apercevez au milieu est la tombe où Germanicus fit renfermer les restes des légions massacrées. Mais elle a été rouverte par les Barbares; les os des Romains ont été de nouveau semés sur la terre, comme l'attestent ces crânes blanchis, cloués aux troncs des arbres. Un peu plus loin vous pouvez remarquer des autels sur lesquels on égorgea les centurions des premières compagnies, et le tribunal de gazon d'où Arminius harangua les Germains. »

« A ces mots le vieillard jeta sa ramée sur la neige. Il en tira quelques branches dont il fit un peu de feu; puis m'invitant à m'asseoir auprès de lui et à réchauffer mes mains glacées, il me raconta son histoire :

« Mon fils, vous plaindrez-vous encore de vos malheurs? Oseriez-
« vous parler de vos peines à la vue du camp de Varus? Ou plutôt
« ne reconnaissez-vous pas quel est le sort de tous les hommes,
« et combien il est inutile de se révolter contre des maux insépa-
« rables de la condition humaine? Je vous offre moi-même un exemple
« frappant de ce qu'une fausse sagesse appelle les coups de la for-
« tune. Vous gémissez de votre servitude! Et que direz-vous donc
« quand vous verrez en moi un descendant de Cassius, esclave, et
« esclave volontaire?

« Lorsque mes ancêtres furent bannis de Rome pour avoir défendu
« la liberté, et qu'on n'osa même plus porter leurs images aux funé-
« railles, ma famille se réfugia dans le christianisme, asile de la vé-
« ritable indépendance.

« Nourri des préceptes d'une loi divine, je servis longtemps comme
« simple soldat dans la légion thébaine, où je portais le nom de Za-
« charie. Cette légion chrétienne ayant refusé de sacrifier aux faux
« dieux, Maximien la fit massacrer près d'Agaune dans les Alpes.
« On vit alors un exemple à jamais mémorable de l'esprit de dou-
« ceur de l'Évangile. Quatre mille vétérans, blanchis dans le métier
« des armes, pleins de force, et ayant à la main la pique et l'épée,
« tendirent, comme des agneaux paisibles, la gorge aux bourreaux.
« La pensée de se défendre ne se présenta pas même à leur esprit,
« tant ils avaient gravées au fond du cœur les paroles de leur Maître,
« qui ordonne d'obéir et défend de se venger! Maurice, qui com-
« mandait la légion, tomba le premier. La plupart des soldats péri-
« rent par le fer. On m'avait attaché les mains derrière le dos. Assis
« parmi la foule des victimes, j'attendais le coup fatal; mais je ne
« sais par quel dessein de la Providence je fus oublié dans ce grand
« massacre. Les corps entassés autour de moi me dérobèrent à la
« vue des centurions; et Maximien, ayant accompli son œuvre, s'é-
« loigna avec l'armée.

« Vers la seconde veille de la nuit, n'entendant plus que le bruit
« d'un torrent dans les montagnes, je levai la tête et je fus à l'in-

« stant frappé d'un prodige. Les corps de mes compagnons sem-
« blaient jeter une vive lumière, et répandre une agréable odeur.
« J'adorai le Dieu des miracles, qui n'avait pas voulu accepter le
« sacrifice de mes jours; et comme je ne pouvais donner la sépul-
« ture à tant de saints, je cherchai du moins le grand Maurice. Je
« le trouvai à demi recouvert de la neige tombée pendant la nuit.
« Animé d'une force surnaturelle, je me dégageai de mes liens, et
« avec le fer d'une lance je creusai à mon général une fosse pro-
« fonde. J'y réunis le tronc et le chef de Maurice, en priant le nou-
« veau Machabée d'obtenir bientôt pour son soldat une place dans
« la milice céleste. Ensuite je quittai ce champ de triomphe et de
« larmes; je pris le chemin des Gaules, et me retirai vers Denis, pre-
« mier évêque de Lutèce.

« Ce saint prélat me reçut avec des pleurs de joie, et m'admit au
« nombre de ses disciples. Quand il me crut capable de le seconder
« dans son ministère, il m'imposa les mains, et, me créant prêtre
« de Jésus-Christ, il me dit : « Humble Zacharie, soyez charitable;
« voilà toutes les instructions que j'ai à vous donner. » Hélas! j'étais
« toujours destiné à perdre mes amis, et toujours par la même main!
« Maximien fit trancher la tête à Denis et à ses compagnons, Rustique
« et Éleuthère. Ce fut son dernier exploit dans les Gaules, qu'il céda
« bientôt après à Constance.

« J'avais sans cesse devant les yeux le précepte de mon saint évêque.
« Je me sentis pressé du désir de rendre quelque service à des misé-
« rables, et j'allais souvent prier Denis de m'obtenir cette faveur, par
« son intercession auprès du Fils de Marie.

« Les chrétiens de Lutèce avaient enseveli leur évêque dans une
« grotte, au pied de la colline sur laquelle il avait été décapité. Cette
« colline s'appelait le Mont de Mars, et elle était séparée de la Se-
« quana par des marais. Un jour, comme je traversais ces marais,
« je vis venir à moi une femme chrétienne tout éplorée, qui s'écria:
« O Zacharie! je suis la plus infortunée des femmes! Mon époux a
« été pris par les Francs; il me laisse avec trois enfants en bas âge,
« et sans aucun moyen de les nourrir! » Une rougeur subite couvrit mon
« front; je compris que Dieu m'envoyait cette grâce par les prières du
« généreux martyr que j'allais implorer. Je cachai cependant ma joie, et
« dis à cette femme : « Ayez bon courage, Dieu aura pitié de vous. »
« Et, sans m'arrêter, je me mis en route pour la colonie d'Agrippina.

« Je connaissais le soldat prisonnier. Il était chrétien, et j'avais
« été quelque temps son frère d'armes. C'était un homme simple et
« craignant Dieu pendant la prospérité; mais les revers le découra-

« geaient aisément, et il était à craindre qu'il ne perdît la foi dans
« le malheur. J'appris à Agrippina qu'il était tombé entre les mains
« du chef des Saliens. Les Romains venaient de conclure une trêve
« avec les Francs. Je passai chez ces Barbares. Je me présentai à Pha-
« ramond et m'offris en échange du chrétien : je ne pouvais payer
« autrement sa rançon, car je ne possédais rien au monde. Comme
« j'étais fort et vigoureux, et que l'autre esclave était faible, ma pro-
« position fut acceptée. J'y mis pour seule condition que mon maître
« renverrait son prisonnier sans lui dire par quel moyen il était racheté.
« Cela fut fait ainsi, et ce pauvre père de famille rentra plein de joie dans
« ses foyers, pour nourrir ses enfants et consoler son épouse.

« Depuis ce temps, je suis demeuré esclave ici. Dieu m'a bien ré-
« compensé; car, en habitant parmi ces peuples, j'ai eu le bonheur d'y
« semer la parole de Jésus-Christ. Je vais surtout le long des fleuves ré-
« parer, autant qu'il est en moi, le malheur d'une expérience funeste :
« les Barbares, afin d'éprouver si leurs enfants seront vaillants un jour,
« ont coutume de les exposer aux flots sur un bouclier. Ils ne con-
« servent que ceux qui surnagent, et laissent périr les autres. Quand
« je puis réussir à sauver des eaux ces petits anges, je les baptise au
« nom du Père, du Fils et du Saint-Esprit, pour leur ouvrir le ciel.

« Les lieux où se livrent les batailles m'offrent encore une abondante
« moisson. Je rôde comme un loup ravissant, dans les ténèbres, au
« milieu du carnage et des morts. J'appelle les mourants, qui croient
« que je viens les dépouiller; je leur parle d'une meilleure vie; je tâche
« de les envoyer dans le repos d'Abraham. S'ils ne sont pas mortel-
« lement blessés, je m'empresse de les secourir, espérant les gagner
« par la charité au Dieu des pauvres et des misérables.

« Jusqu'à présent ma plus belle conquête est la jeune femme de
« mon vieux maître Pharamond. Clothilde a ouvert son cœur à Jésus-
« Christ. De violente et cruelle qu'elle était, elle est devenue douce
« et compatissante. Elle m'aide à sauver tous les jours quelques in-
« fortunés. C'est à elle que vous devez la vie. Lorsque je courus lui
« apprendre que je vous avais trouvé parmi les morts, elle songea
« d'abord à vous tenir caché dans la grotte, afin de vous soustraire
« à l'esclavage. Elle découvrit ensuite que les Francs allaient conti-
« nuer leur retraite. Alors il ne lui resta plus qu'à révéler le secret à
« son époux, et obtenir votre grâce de Pharamond; car si les Bar-
« bares aiment les esclaves sains et vigoureux, leur impatience natu-
« relle et le mépris qu'ils ont eux-mêmes pour la vie leur font presque
« toujours sacrifier les blessés.

« Mon fils, telle est l'histoire de Zacharie. Si vous trouvez qu'il a

« fait quelque chose pour vous, il ne vous demande en récompense
« que de ne pas vous laisser abattre par les chagrins et de souffrir
« qu'il sauve votre âme après avoir sauvé votre corps. Eudore, vous
« êtes né dans ce doux climat voisin de la terre des miracles, chez ces
« peuples polis qui ont civilisé les hommes, dans cette Grèce où le
« sublime Paul a porté la lumière de la foi : que d'avantages n'avez-vous
« donc pas sur les hommes du Nord, dont l'esprit est grossier et les
« mœurs féroces! Seriez-vous moins sensible qu'eux à la charité
« évangélique? »

« Les dernières paroles de Zacharie entrèrent dans mon cœur comme un aiguillon. L'indigne secret de ma vie m'accablait. Je n'osais lever les yeux sur mon libérateur. Moi qui avais soutenu sans trouble les regards des maîtres du monde, j'étais anéanti devant la majesté d'un vieux prêtre chrétien esclave chez les Barbares! Retenu par la honte de confesser l'oubli que j'avais fait de ma religion, poussé par le désir de tout avouer, mon désordre était extrême. Zacharie s'en aperçut. Il crut que mes blessures étaient rouvertes. Il me demanda la cause de de mon agitation avec inquiétude. Vaincu par tant de bonté, et les larmes malgré moi se faisant un passage, je me jetai aux pieds du vieillard :

« O mon père! ce ne sont pas les blessures de mon corps qui saignent; c'est une plaie plus profonde et plus mortelle! Vous qui faites tant d'actes sublimes au nom de votre religion, pourrez-vous croire, en voyant entre nous si peu de ressemblance, que j'ai la même religion que vous? »

— « Jésus-Christ! s'écria le saint levant les mains vers le ciel ; Jésus-Christ! mon divin maître, quoi! vous auriez ici un autre serviteur que moi! »

— « Je suis chrétien, » répondis-je.

« L'homme de charité me prend dans ses bras, m'arrose de ses larmes, me presse contre ses cheveux blancs, en disant avec des sanglots de joie :

« Mon frère! mon cher frère! J'ai trouvé un frère! »

« Et je répétais :

« Je suis chrétien, je suis chrétien. »

« Pendant cette conversation, la nuit était descendue. Nous reprîmes nos fardeaux, et nous retournâmes à la hutte de Pharamond. Le lendemain, Zacharie vint me chercher à la pointe du jour. Il me conduisit au fond d'une forêt. Dans le tronc d'un vieux hêtre, où Ségovia, prophétesse des Germains, avait jadis rendu ses oracles, je vis une petite image qui représentait Marie, mère du Sauveur. Elle était ornée d'une branche de lierre chargée de ses fruits mûrs, et nouvellement placée aux pieds de la Mère et de l'Enfant, car la neige ne l'avait point encore recouverte.

« Cette nuit même, me dit Zacharie, j'ai appris à l'épouse de notre maître que nous avions un frère parmi nous. Pleine de joie, elle a voulu venir au milieu des ténèbres parer notre autel, et offrir cette branche à Marie en signe d'allégresse. »

« Zacharie avait à peine achevé de prononcer ces mots, que nous vîmes accourir Clothilde. Elle se mit à genoux sur la neige, au pied du hêtre. Nous nous plaçâmes à ses côtés, et elle prononça à haute voix l'oraison du Seigneur dans un idiome sauvage. Ainsi je vis commencer le christianisme chez les Francs. Religion céleste, qui dira les charmes de votre berceau? Combien il parut divin dans Bethléem aux pasteurs de la Judée! Qu'il me sembla miraculeux dans les Catacombes, lorsque je vis s'humilier devant lui une puissante impératrice! Et qui n'eût versé des larmes en le retrouvant sous un arbre de la Germanie, entouré, pour tout adorateur, d'un Romain esclave, d'un prisonnier grec, et d'une reine barbare!

« Qu'attendais-je pour retourner au bercail? Les dégoûts avaient commencé à m'avertir de la vanité des plaisirs; l'ermite du Vésuve avait ébranlé mon esprit, Zacharie subjuguait mon cœur; mais il était écrit que je ne reviendrais à la vérité que par une suite de malheurs et d'expériences.

« Zacharie redoubla de zèle et de soins auprès de moi. Je croyais, en l'écoutant, entendre une voix sortie du ciel. Quelle leçon n'offrait point la seule vue de l'héritier chrétien de Cassius et de Brutus! Le stoïque meurtrier de César, après une vie courte, libre, puissante et glorieuse, déclare que la vertu n'est qu'un fantôme; le charitable disciple de Jésus-Christ, esclave, vieux, pauvre, ignoré, proclame qu'il n'y a rien de réel ici-bas que la vertu. Ce prêtre, qui ne paraissait savoir que la charité, avait toutefois l'esprit de science, et un goût pur des arts et des lettres. Il possédait les antiquités grecques, hébraïques et latines. C'était un charme de l'entendre parler des hommes des anciens jours en gardant les troupeaux des Barbares. Il m'entretenait souvent des coutumes de nos maîtres; il me disait :

« Quand vous serez retourné dans la Grèce, mon cher Eudore, on
« s'assemblera autour de vous pour vous ouïr conter les mœurs des
« rois à la longue chevelure. Vos malheurs présents vous deviendront
« une source d'agréables souvenirs. Vous serez parmi ces peuples in-
« génieux un nouvel Hérodote, arrivé d'une contrée lointaine pour
« les enchanter de vos merveilleux récits. Vous leur direz qu'il existe

« dans les forêts de la Germanie un peuple qui prétend descendre
« des Troyens (car tous les hommes, ravis des belles fables de vos
« Hellènes, veulent y tenir par quelque côté); que ce peuple, formé
« de diverses tribus de Germains, les Sicambres, les Bructères, les
« Saliens, les Cattes, a pris le nom de Franc, qui veut dire libre, et
« qu'il est digne de porter ce nom.

« Son gouvernement est pourtant essentiellement monarchique. Le
« pouvoir partagé entre différents rois se réunit dans la main d'un
« seul lorsque le danger est pressant. La tribu des Saliens, dont
« Pharamond est le chef, a presque toujours l'honneur de commander,
« parce qu'elle passe parmi les Barbares pour la plus noble. Elle doit
« cette renommée à l'usage qui exclut chez elle les femmes de la puis-
« sance, et ne confie le sceptre qu'à un guerrier.

« Les Francs s'assemblent une fois l'année, au mois de mars, pour
« délibérer sur les affaires de la nation. Ils viennent au rendez-vous
« tout armés. Le roi s'assied sous un chêne. On lui apporte des pré-
« sents qu'il reçoit avec beaucoup de joie. Il écoute la plainte de ses
« sujets, ou plutôt de ses compagnons, et rend la justice avec
« équité.

« Les propriétés sont annuelles. Une famille cultive chaque année
« le terrain qui lui est assigné par le prince, et après la récolte, le
« champ moissonné rentre dans la possession commune.

« Le reste des mœurs se ressent de cette simplicité. Vous voyez
« que nous partageons avec nos maîtres la saye, le lait, le fromage,
« la maison de terre, la couche de peaux.

« Vous fûtes hier témoin du mariage de Mérovée. Un bouclier, une
« francisque, un canot d'osier, un cheval bridé, deux bœufs accou-
« plés, ont été les présents de noces de l'héritier de la couronne des
« Francs. Si, dans les jeux de son âge, il saute mieux qu'un autre au
« milieu des lances et des épées nues, s'il est brave à la guerre, juste
« pendant la paix, il peut espérer après sa mort un bûcher funèbre et
« même une pyramide de gazon pour couvrir son tombeau. »

« Ainsi me parlait Zacharie.

« Le printemps vint enfin ranimer les forêts du Nord. Bientôt tout
changea de face dans les bois et dans les vallées : les angles noircis
des rochers se montrèrent les premiers sur l'uniforme blancheur
des frimas; les flèches rougeâtres des sapins parurent ensuite, et de
précoces arbrisseaux remplacèrent par des festons de fleurs les cristaux glacés qui pendaient à leurs cimes. Les beaux jours ramenèrent
la saison des combats.

« Une partie des Francs reprend les armes, une autre se prépare à aller chasser l'uroch et les ours dans les contrées lointaines. Mérovée se mit à la tête des chasseurs, et je fus compris au nombre des esclaves qui devaient l'accompagner. Je dis adieu à Zacharie, et me séparai pour quelque temps du plus vertueux des hommes.

« Nous parcourûmes avec une rapidité incroyable les régions qui s'étendent depuis la mer de Scandie jusqu'aux grèves du Pont-Euxin. Ces forêts servent de passage à cent peuples barbares qui roulent tour à tour leurs torrents vers l'empire romain. On dirait qu'ils ont entendu quelque chose au midi qui les appelle du septentrion et de l'aurore. Quel est leur nom, leur race, leur pays? Demandez-le au ciel qui les conduit, car ils sont aussi inconnus aux hommes que les lieux d'où ils sortent et où ils passent. Ils viennent; tout est préparé pour eux : les arbres sont leurs tentes, les déserts sont leurs voies. Voulez-vous savoir où ils ont campé? Voyez ces ossements de troupeaux égorgés, ces pins brisés comme par la foudre, ces forêts en feu, et ces plaines couvertes de cendres.

« Nous eûmes le bonheur de ne rencontrer aucune de ces grandes migrations, mais nous trouvâmes quelques familles errantes auprès desquelles les Francs sont un peuple policé. Ces infortunés, sans abri, sans vêtement, souvent même sans nourriture, n'ont, pour consoler leurs maux, qu'une liberté inutile et quelques danses dans le désert. Mais, lorsque ces danses sont exécutées au bord d'un fleuve, dans la profondeur des bois; que l'écho répète pour la première fois les accents d'une voix humaine; que l'ours regarde du haut de son rocher ces jeux de l'homme sauvage, on ne peut s'empêcher de trouver quelque chose de grand dans la rudesse même du tableau, de s'attendrir sur la destinée de cet enfant de la solitude, qui naît inconnu du monde, foule un moment des vallées où il ne repassera plus, et bientôt cache sa tombe sous la mousse des déserts, qui n'a pas même conservé l'empreinte de ses pas.

« Un jour, ayant passé l'Ister vers son embouchure, et m'étant un peu écarté de la troupe des chasseurs, je me trouvai à la vue des flots du Pont-Euxin. Je découvris un tombeau de pierre sur lequel croissait un laurier. J'arrachai les herbes qui couvraient quelques lettres latines, et bientôt je parvins à lire ce premier vers des élégies d'un poëte infortuné :

« Mon livre, vous irez à Rome, et vous irez à Rome sans moi. »

« Je ne saurais vous peindre ce que j'éprouvai en retrouvant au fond de ce désert le tombeau d'Ovide. Quelles tristes réflexions ne fis-je point sur les peines de l'exil, qui étaient aussi les miennes, et sur l'inutilité des talents pour le bonheur? Rome, qui jouit aujourd'hui des tableaux du plus ingénieux de ses poëtes, Rome a vu couler vingt ans d'un œil sec les larmes d'Ovide. Ah! moins ingrats que les peuples de l'Ausonie, les sauvages habitants des bords de l'Ister se souviennent encore de l'Orphée qui parut dans leurs forêts! Ils viennent danser autour de ses cendres; ils ont même retenu quelque chose de son langage : tant leur est douce la mémoire de ce Romain, qui s'accusait d'être le Barbare, parce qu'il n'était pas entendu du Sarmate!

« Les Francs n'avaient traversé de si vastes contrées qu'afin de visiter quelques tribus de leur nation transportées autrefois par Probus au bord du Pont-Euxin. Nous apprîmes, en arrivant, que ces tribus avaient disparu depuis plusieurs mois, et qu'on ignorait ce qu'elles étaient devenues. Mérovée prit à l'instant la résolution de retourner au camp de Pharamond.

« La Providence avait ordonné que je retrouverais la liberté au tombeau d'Ovide. Lorsque nous repassâmes auprès de ce monument, une louve, qui s'y était cachée pour y déposer ses petits, s'élança sur Mérovée. Je tuai cet animal furieux. Dès ce moment, mon jeune maître me promit de demander ma liberté à son père. Je devins son compagnon pendant le reste de la chasse. Il me faisait dormir à ses côtés. Quelquefois je lui parlais de la bataille sanglante où je l'avais vu traîné par trois taureaux indomptés, et il tressaillait de joie au souvenir de sa gloire. Quelquefois aussi je l'entretenais des coutumes et des traditions de mon pays; mais de tout ce que je lui racontais, il n'écoutait avec plaisir que l'histoire des travaux d'Hercule et de Thésée. Quand j'essayais de lui faire comprendre nos arts, il brandissait sa framée, et me disait avec impatience : « Grec, Grec, je suis ton « maître. »

« Après une absence de plusieurs mois, nous arrivâmes au camp de Pharamond. La hutte royale était déserte. Le chef à la longue chevelure avait eu des hôtes : après avoir prodigué en leur honneur tout ce qu'il possédait de richesses, il était allé vivre dans la cabane d'un chef voisin, qui, ruiné à son tour par le monarque barbare, s'était établi avec lui chez un autre chef. Nous trouvâmes enfin Pharamond goûtant, assis à un grand repas, les charmes de cette hospitalité naïve, et il nous apprit le sujet de ces fêtes.

« Au milieu de la mer des Suèves se voit une île appelée Chaste, consacrée à la déesse Hertha. La statue de cette divinité est placée sur un char toujours couvert d'un voile. Ce char, traîné par des génisses blanches, se promène à des temps marqués au milieu des nations germaniques. Les inimitiés sont alors suspendues, et pour un moment les forêts du Nord cessent de retentir du bruit des armes. La déesse mystérieuse venait de passer chez les Barbares, et nous étions arrivés au milieu des réjouissances que cause son apparition. Zacharie eut à peine un moment pour me serrer dans ses bras. Tous les chefs étaient convoqués au banquet solennel : on devait y traiter de la conclusion de la paix, ou de la continuation de la guerre avec les Romains. Je fus chargé du rôle d'échanson, et Mérovée prit sa place au milieu des guerriers.

« Ils étaient rangés en demi-cercle, ayant au centre le foyer où s'apprêtaient les viandes du festin. Chaque chef, armé comme pour la guerre, était assis sur un faisceau d'herbes, ou sur un rouleau de peaux; il avait devant lui une petite table séparée des autres, sur laquelle on lui servait une portion de la victime, selon sa vaillance ou sa noblesse. Le guerrier reconnu pour le plus brave (et c'était Mérovée) occupait la première place. Des affranchis, armés de lances et de boucliers, portaient çà et là des trépieds chargés de viande, et des cornes d'uroch pleines de liqueur de froment.

« Vers la fin du repas, on commença à délibérer. Il y avait dans la ligne des Francs un Gaulois appelé Camulogènes, descendant du fameux vieillard qui défendit Lutèce contre Labiénus, lieutenant de Jules. Élevé parmi les quarante mille disciples des écoles d'Augustodunum[1], il avait perfectionné une éducation brillante sous les rhéteurs les plus célèbres de Marseille et de Burdigalie[2]; mais l'inconstance naturelle aux Gaulois et un caractère sauvage l'avaient jeté d'abord dans la révolte des Bagaudes. Ces paysans soulevés furent domptés par Maximien, et Camulogènes passa chez les Francs, qui l'adoptèrent à cause de sa valeur et de ses richesses. Les prêtres du banquet de Pharamond ayant fait faire silence, le Gaulois se leva, et, peut-être lassé secrètement d'un long exil, il proposa d'envoyer des députés à César. Il vanta la discipline des légions romaines, les vertus de Constance, les charmes de la paix, et la douceur de la société.

« Qu'un Gaulois nous parle de la sorte, répondit Chlodéric, chef d'une tribu des Francs, cela ne doit pas nous surprendre : il attend quelques récompenses de ses anciens maîtres. J'avoue que le cep de vigne d'un centurion est plus facile à manier que ma framée, et qu'il est moins périlleux d'adorer César sur la pourpre au Capitole, que de le mépriser dans cette hutte sur une peau de loup. Je les ai vus dans Rome même, ces avides possesseurs de tant de palais, qui sont assez à plaindre pour désirer encore une cabane dans nos forêts : croyez-moi, ils ne sont pas si redoutables que la frayeur d'un Gaulois vous les représente. Conquis

---

[1] Autun. — [2] Bordeaux.

par cette nation de femmes, les Gaulois peuvent demander la paix s'ils le veulent; pour Chlodéric, il sent en lui quelque chose qui le porte à brûler le Capitole, et à effacer le nom romain de la terre. »

« L'assemblée applaudit à ce discours, en agitant les lances et en frappant sur les boucliers.

« Allez, allez donc à Rome, repartit le Gaulois avec impétuosité. Que faites-vous ici cachés dans vos forêts? Quoi! braves, vous parlez de passer le Tibre, et vous n'avez pu encore franchir le Rhin! Les serfs gaulois, conquis par une nation de femmes, n'étaient pas assis tranquillement à un repas lorsqu'ils ravageaient cette ville que vous menacez de loin. Ignorez-vous que l'épée de fer d'un Gaulois a seule servi de contre-poids à l'empire du monde? Partout où il s'est remué quelque chose de grand, vous trouverez mes ancêtres. Les Gaulois seuls ne furent point étonnés à la vue d'Alexandre. César les combattit dix ans pour les soumettre, et Vercingétorix aurait soumis César si les Gaulois n'eussent été divisés. Les lieux les plus célèbres dans l'univers ont été assujettis à mes pères. Ils ont ravagé la Grèce, occupé Byzance, campé sur les ruines de Troie, possédé le royaume de Mithridate, et vaincu au delà du Taurus ces Scythes qui n'avaient été vaincus par personne. Le destin de la terre paraît attaché à mes ancêtres, comme à une nation fatale et marquée d'un sceau mystérieux. Tous les peuples semblent avoir ouï successivement cette voix qui annonça l'arrivée de Brennus à Rome, et qui disait à Céditius, au milieu de la nuit : « Céditius, va dire « aux tribuns que les Gaulois seront demain ici. »

« Camulogènes allait continuer, lorsque Chlodéric l'interrompant par de bruyants éclats de rire, frappant du pommeau de son épée la table du festin, et renversant son vase à boire, s'écria :

« Rois chevelus, avez-vous compris quelque chose aux longs propos de cette prophétesse des Gaulois? Qui de vous a entendu parler de cet Alexandre, de ce Mithridate? Camulogènes, si tu sais faire de grands discours dans la langue de tes maîtres, épargne-toi la peine de les prononcer devant nous. Nous défendons à nos enfants d'apprendre à lire et à écrire, cet art de la servitude : nous ne voulons que du fer, des combats, du sang. »

« Des cris tumultueux s'élevèrent dans le conseil des Barbares. Le Gaulois, se vengeant de l'insulte par le mépris :

« Puisque le fameux Chlodéric ne connaît pas Alexandre et n'aime pas les longs discours, je ne lui dirai qu'un mot : Si les Francs n'ont pas d'autres guerriers que lui pour porter la flamme au Capitole, je leur conseille d'accepter la paix à quelque prix que ce puisse être. »

— « Traître, s'écria le Sicambre écumant de rage, avant que peu d'années se soient écoulées, j'espère que ta nation changera de maître. Tu reconnaîtras, en cultivant la terre pour les Francs, quelle est la valeur des rois chevelus. »

— « Si je n'ai que la tienne à craindre, repartit ironiquement le Gaulois, je ne me donnerai pas la peine de recueillir l'œuf du serpent à la lune nouvelle, afin de me mettre à l'abri des malheurs que me prépare Teutatès. »

« A ces mots, Chlodéric furieux tendit à Camulogènes la pointe de sa framée, en lui disant d'une voix étouffée par la colère :

« Tu n'oserais seulement y porter la vue. »

— « Tu mens, repartit le Gaulois tirant son épée et se précipitant sur le Franc. »

« On se jeta entre les deux guerriers. Les prêtres firent cesser ce nouveau festin des Centaures et des Lapithes. Le lendemain, jour où la lune avait acquis toute sa splendeur, on décida dans le calme ce qu'on avait discuté dans l'ivresse, alors que le cœur ne peut feindre, et qu'il est ouvert aux entreprises généreuses.

« On se détermina à faire des propositions de paix aux Romains; et comme Mérovée, fidèle à sa parole, avait déjà obtenu ma liberté de son père, il fut résolu que j'irais à l'instant porter les paroles du conseil à Constance. Zacharie et Clothilde vinrent m'annoncer ma délivrance. Ils me conjurèrent de me mettre en route sur-le-champ, pour éviter l'inconstance naturelle aux Barbares. Je fus obligé de céder à leurs inquiétudes. Zacharie m'accompagna jusqu'à la frontière des Gaules. Le bonheur de recouvrer ma liberté était balancé par le chagrin de me séparer de ce vieillard. En vain je le pressai de me suivre, en vain je m'attendris sur les maux dont il était accablé. Il cueillit en marchant une plante de lis sauvage, dont la cime commençait à percer la neige, et il me dit :

« Cette fleur est le symbole du chef des Saliens et de sa tribu; elle croît naturellement plus belle parmi ces bois que dans un sol moins exposé aux glaces de l'hiver; elle efface la blancheur des frimas qui la couvrent, et qui ne font que la conserver dans leur sein, au lieu de la flétrir. J'espère que cette rude saison de ma vie, passée auprès de la famille de mon maître, me rendra un jour comme ce lis aux yeux de Dieu : l'âme a besoin, pour se développer dans toute sa force, d'être ensevelie quelque temps sous les rigueurs de l'adversité. ».

« En achevant ces mots, Zacharie s'arrêta, me montra le ciel, où nous devions nous retrouver un jour; et, sans me laisser le temps de me jeter à ses pieds, il me quitta après m'avoir donné sa dernière leçon. C'est ainsi que Jésus-Christ, dont il imite l'exemple, se plaisait à instruire ses disciples en se promenant au bord du lac de Génésareth, et faisait parler l'herbe des champs et les lis de la vallée. »

LIVRE HUITIÈME

SOMMAIRE.

Interruption du récit. Commencement de l'amour d'Eudore pour Cymodocée, et de Cymodocée pour Eudore. Satan veut profiter de cet amour pour troubler l'Église. L'enfer. Assemblée des démons. Discours du démon de l'homicide. Discours du démon de la fausse sagesse. Discours du démon de la volupté. Discours de Satan. Les démons se répandent sur la terre.

Déjà le récit d'Eudore s'était prolongé jusqu'à la neuvième heure du jour. Le soleil dardait ses rayons brûlants sur les montagnes de l'Arcadie, et les oiseaux muets étaient retirés dans les roseaux du Ladon. Lasthénès invita les étrangers à prendre un nouveau repas, et leur proposa de remettre au jour suivant la fin de l'histoire de son fils. On quitta l'île et les deux autels, et l'on regagna en silence le toit hospitalier.

A peine quelques mots interrompus se firent entendre le reste de la journée. L'évêque de Lacédémone paraissait profondément occupé de l'histoire du fils de Lasthénès. Il admirait la peinture de l'état de l'Église et de ses progrès dans tout le monde. Il voyait figurer au milieu de ce tableau les hommes que les fidèles avaient à craindre, et dont les caractères tracés par Eudore ne promettaient qu'un sombre avenir. Cyrille reçut même de Rome des nouvelles alarmantes, qu'il ne crut pas devoir communiquer à la vertueuse famille.

Eudore à son tour était loin d'être tranquille. Il portait au pied de la croix des tribulations intérieures; il ignorait encore qu'elles étaient une suite des desseins de Dieu. Il redoublait de prières et d'austérités; mais au travers des pleurs de la pénitence, ses yeux apercevaient malgré lui les beaux cheveux, les mains d'albâtre, la taille élégante et les grâces ingénues de la fille d'Homère. Il voyait sans cesse ses doux et timides regards attachés sur lui, ses traits charmants où se venaient peindre tous les sentiments qu'il exprimait et même ceux qu'il n'exprimait point encore. Quelle naïve pudeur embellissait la vierge innocente, lorsqu'il racontait les coupables plaisirs de Rome et de

Baïes! Quelle pâleur mortelle couvrait ses joues, lorsqu'il décrivait des combats, ou qu'il parlait de blessures et d'esclavage!

La prêtresse des Muses éprouvait de son côté des sentiments confus et une émotion nouvelle. Son esprit et son cœur sortaient en même temps de leur double enfance. L'ignorance de son esprit s'évanouissait devant la raison du christianisme; l'ignorance de son cœur cédait à cette lumière qu'apportent toujours les passions. Chose extraordinaire, cette jeune fille ressentait à la fois le trouble et les délices de la sagesse et de l'amour!

« Mon père, disait-elle à Démodocus, quel divin étranger nous a conviés à ses banquets! combien le fils de Lasthénès est grand par le cœur et par les armes! N'est-ce point un de ces premiers habitants du monde que Jupiter a transformés en dieux favorables aux mortels? Jouet des cruelles destinées, que de combats il a livrés! que de maux il a soufferts! O Muses chastes et puissantes! ô mes divinités tutélaires! où étiez-vous lorsque d'indignes chaînes pressaient de si nobles mains? Ne pouviez-vous faire tomber les liens de ce jeune héros au son de vos lyres? Mais, prêtre d'Homère, toi qui sais toutes choses et qui as la sage retenue des vieillards, dis : quelle est cette religion dont parle Eudore? Elle est belle, cette religion! elle approche le cœur de la justice, elle apaise les folles amours. Celui qui la suit est toujours prêt à secourir le malheur, comme un voisin généreux, sans se donner le temps de prendre sa ceinture. Allons dans les temples immoler des brebis à Cérès qui porte des lois, au Soleil qui voit l'avenir. La robe traînante, la coupe des libations à la main, faisons le tour des autels arrosés de sang, pétrissons les gâteaux sacrés, et tâchons de découvrir quel est le génie inconnu qui protège Eudore... Je sens qu'une divinité mystérieuse parle à mon cœur... Mais une vierge doit-elle pénétrer les secrets des jeunes hommes, et chercher à connaître leurs dieux? La pudeur lèvera-t-elle son voile pour interroger les oracles? »

En achevant ces mots, Cymodocée remplit son sein des larmes qui coulaient de ses yeux.

Ainsi le ciel rapprochait deux cœurs dont l'union devait amener le triomphe de la croix. Satan allait profiter de l'amour du couple prédestiné, pour faire naître de violents orages, et tout marchait à l'accomplissement des décrets de l'Éternel. Le prince des ténèbres achevait dans ce moment même la revue des temples de la terre. Il avait visité les sanctuaires du mensonge et de l'imposture, l'antre de Trophonius, les soupiraux de la sibylle, les trépieds de Delphes, la pierre de Teutatès, les souterrains d'Isis, de Mitra, de Wishnou. Partout les sacrifices étaient suspendus, les oracles abandonnés, les prestiges de l'idolâtrie près de s'évanouir devant la vérité du Christ. Satan gémit de la perte de sa puissance, mais du moins il ne cèdera par la victoire sans combat. Il jure, par l'éternité de l'enfer, d'anéantir les adorateurs du vrai Dieu, oubliant que les portes du lieu de douleur ne prévaudront pas contre la bien-aimée du Fils de l'Homme. L'archange rebelle ignore les desseins de l'Éternel, qui va punir son Église coupable; mais il sent que la domination sur les fidèles lui est un moment accordée, et que le ciel le laisse libre d'accomplir ses noirs projets. Aussitôt il quitte la terre et descend vers le sombre empire.

Tel qu'on voit au sommet du Vésuve une roche calcinée suspendue au milieu des cendres; si le soufre et le bitume rallumés dans la montagne obscurcissent le soleil, font bouillonner la mer et chanceler Parthénope comme une bacchante enivrée, alors la cime du volcan change sa forme mobile, la lave s'affaisse, la pierre roule et rentre en grondant au fond des entrailles brûlantes qui l'avaient rejetée : ainsi Satan, vomi par l'enfer, se replonge dans le gouffre béant. Plus rapide que la pensée, il franchit tout l'espace qui doit s'anéantir un jour; par delà les restes mugissants du chaos, il arrive à la frontière de ces régions impérissables comme la vengeance qui les forma ; régions maudites, tombe et berceau de la mort, où le temps ne fait point la règle, et qui resteront encore quand l'univers aura été enlevé ainsi qu'une tente dressée pour un jour. Une larme involontaire mouille les yeux de l'esprit pervers, au moment où il s'enfonce dans les royaumes de la nuit. Sa lance de feu éclaire à peine autour de lui l'épaisseur des ombres. Il ne suit aucune route à travers les ténèbres; mais, entraîné par le poids de ses crimes, il descend naturellement vers l'enfer. Il ne voit pas encore la lueur lointaine de ces flammes qui brûlent sans aliments, et pourtant sans jamais s'éteindre, et déjà les gémissements des réprouvés parviennent à son oreille. Il s'arrête, il frémit à ce premier soupir des éternelles douleurs. L'enfer étonne encore son monarque. Un mouvement de remords et de pitié saisit le cœur de l'archange rebelle.

« C'est donc moi, s'écrie-t-il, qui ai creusé ces prisons et ras-
« semblé tous ces maux ! Sans moi le mal eût été inconnu dans les
« œuvres du Tout-Puissant. Que m'avait fait l'homme, cette belle et
« noble créature?... »

Satan allait prolonger les plaintes d'un repentir inutile, quand la bouche embrasée de l'abîme venant à s'ouvrir le rappela tout à coup à d'autres pensées.

Un fantôme s'élance sur le seuil des portes inexorables : c'est la Mort

Elle se montre comme une tache obscure sur les flammes des cachots qui brûlent derrière elle; son squelette laisse passer les rayons livides de la lumière infernale entre les creux de ses ossements. Sa tête est ornée d'une couronne changeante, dont elle dérobe les joyaux aux peuples et aux rois de la terre. Quelquefois elle se pare des lambeaux de la pourpre ou de la bure, dont elle a dépouillé le riche et l'indigent. Tantôt elle vole, tantôt elle se traîne; elle prend toutes les formes, mêmes celles de la beauté. On la croirait sourde, et toutefois elle entend le plus petit bruit qui décèle la vie; elle paraît aveugle, et pourtant elle découvre le moindre insecte rampant sous l'herbe. D'une main elle tient une faux comme un moissonneur; de l'autre elle cache la seule blessure qu'elle ait jamais reçu, et que le Christ vainqueur lui porta dans le sein, au sommet du Golgotha.

C'est le Crime qui ouvre les portes de l'enfer, et c'est la Mort qui les referme. Ces deux monstres, par un certain amour affreux, avaient été avertis de l'approche de leur père. Aussitôt que la Mort reconnaît de loin l'ennemi des hommes, elle vole pleine de joie à sa rencontre :

« O mon père! s'écrie-t-elle, j'incline devant toi cette tête qui ne « s'abaissa jamais devant personne. Viens-tu rassasier la faim insa- « tiable de ta fille? je suis fatiguée des mêmes festins, et j'attends de « toi quelque nouveau monde à dévorer. »

Satan, saisi d'horreur, détourna la tête pour éviter les embrassements du squelette. Il l'écarte avec sa lance, et lui répond en passant :

« O Mort! tu seras satisfaite et vengée : je vais livrer à ta rage le « peuple nombreux de ton unique vainqueur. »

En prononçant ces mots, le chef des démons entre au séjour où pleurent à jamais ses victimes; il s'avance dans les campagnes ardentes. L'abîme s'émeut à la vue de son roi; les bûchers jettent une flamme plus éclatante; le réprouvé, qui pensait être au comble de la douleur, est percé d'un aiguillon plus aigu : ainsi, dans le désert de Zahara, accablé par l'ardeur d'un orage sans pluie, le noir Africain se couche sur les sables, au milieu des serpents et des lions altérés comme lui; il se croit parvenu au dernier degré du supplice : un soleil troublé, se montrant entre des nuées arides, lui fait sentir des tourments nouveaux.

Qui pourrait peindre l'horreur de ces lieux, où sont rassemblées, agrandies et perpétuées sans fin toutes les tribulations de la vie? Lié par cent nœuds de diamant sur un trône de bronze, le démon du désespoir domine l'empire des chagrins. Satan, accoutumé aux clameurs infernales, distingue à chaque cri et la faute punie et la douleur éprouvée. Il reconnaît la voix du premier homicide ; il entend le mauvais riche qui demande une goutte d'eau ; il rit des lamentations du pauvre qui réclame, au nom de ses haillons, les royaumes du ciel.

« Insensé, lui dit-il, tu croyais donc que l'indigence suppléait à
« toutes les vertus? Tu pensais que tous les rois étaient dans mon
« empire, et tous tes frères autour de mon rival? Vile et chétive créa-
« ture, tu fus insolent, menteur, lâche, envieux du bien d'autrui,
« ennemi de tout ce qui était au-dessus de toi par l'éducation, l'hon-
« neur et la naissance, et tu demandes des couronnes ! Brûle ici avec
« l'opulence impitoyable, qui fit bien de t'éloigner d'elle, mais qui te
« devait un habit et du pain. »

Du milieu de leurs supplices, une foule de malheureux criaient à Satan :

« Nous t'avons adoré, Jupiter, et c'est pour cela, maudit, que tu nous
« retiens dans les flammes ! »

Et l'archange orgueilleux, souriant avec ironie, répondait :

« Tu m'as préféré au Christ, partage mes honneurs et mes joies! »

La peine du feu n'est pas le tourment le plus affreux qu'éprouvent les âmes condamnées : elles conservent la mémoire de leur divine origine ; elles portent en elles-mêmes l'image ineffaçable de la beauté de Dieu, et regrettent à jamais le souverain bien qu'elles ont perdu : ce regret est sans cesse excité par la vue des âmes dont la demeure touche à l'enfer, et qui, après avoir expié leurs erreurs, s'envolent aux régions célestes. A tous ces maux les réprouvés joignent encore les afflictions morales et la honte des crimes qu'ils ont commis sur la terre : les douleurs de l'hypocrite s'augmentent de la vénération que ses fausses vertus continuent d'inspirer au monde. Les titres magnifiques que le siècle déçu donne à des morts renommés, font le tourment de ces morts dans les flammes de la vérité et de la vengeance. Les vœux qu'une tendre amitié offre au ciel pour des âmes perdues désolent, au fond de l'abîme, ces âmes inconsolables. C'est alors qu'on voit sortir du sépulcre ces coupables qui viennent révéler à la terre les châtiments de la justice divine, et dire aux hommes : « Ne priez pas pour moi; je suis jugé. »

Au centre de l'abîme, au milieu d'un océan qui roule du sang et des larmes, s'élève parmi des rochers un noir château, ouvrage du Désespoir et de la Mort. Une tempête éternelle gronde autour de ses créneaux menaçants, un arbre stérile est planté devant sa porte, et sur le donjon de ses tristes murs, repliés neuf fois sur eux-mêmes, flotte l'étendard de l'Orgueil à demi consumé par la foudre. Les démons que les païens appellent les Parques, veillent à la barrière de ce palais ténébreux. Satan arrive au pied de sa royale demeure. Les trois gardes du palais se lèvent, et laissent le marteau d'airain retomber avec un bruit lugubre sur la porte d'airain. Trois autres démons, adorés sous le nom de Furies, ouvrent le guichet ardent: on aperçoit alors une longue suite de portiques désolés, semblables à ces galeries souterraines où les prêtres de l'Égypte cachaient les monstres qu'ils faisaient adorer aux hommes. Les dômes du fatal édifice retentissent des sourds mugissements d'un incendie; une pâle lueur descend des voûtes embrasées. A l'entrée du premier vestibule, l'Éternité des douleurs est couchée sur un lit de fer : elle est immobile ; son cœur même n'a aucun mouvement : elle tient à la main un sablier inépuisable. Elle ne sait et ne prononce que ce mot : « Jamais! »

Aussitôt que le souverain des hiérarchies maudites est entré dans son habitacle impur, il ordonne aux quatre chefs des légions rebelles de convoquer le sénat des enfers. Les démons s'empressent d'obéir aux ordres de leur monarque. Ils remplissent en foule la vaste salle du conseil de Satan; ils se placent sur les gradins brûlants du sombre amphithéâtre; ils viennent tels que les adorent les mortels, avec les attributs d'un pouvoir qui n'est qu'imposture. Celui-là porte le trident dont il frappe en vain les mers, qui n'obéissent qu'à Dieu; celui-ci, couronné des rayons d'une fausse gloire, veut imiter, astre menteur, ce géant superbe que l'Éternel fait sortir chaque matin du lieu où se lève l'aurore. Là raisonne le génie de la fausse sagesse, là rugit l'esprit de la guerre, là sourit le démon de la volupté : les hommes l'appellent Vénus ; l'enfer le connaît sous le nom d'Astarté ; ses yeux sont remplis d'une molle langueur, sa voix porte le trouble dans les âmes, et la brillante ceinture qui se rattache autour de ses flancs est l'ouvrage le plus dangereux des puissances de l'abîme. Enfin, on voit réunis dans ce conseil tous les faux dieux des nations, et Mitra, et Baal, et Moloch, Anubis, Brama, Teutatès, Odin, Irminsul, et mille autres fantômes de nos passions et de nos caprices.

Filles du ciel, les passions nous furent données avec la vie : tant qu'elles restent pures dans notre sein, elles sont sous la garde des anges; mais aussitôt qu'elles se corrompent, elles passent sous l'empire des démons. C'est ainsi qu'il y a un amour légitime et un amour coupable, une colère pernicieuse et une sainte colère, un orgueil criminel et une noble fierté, un courage brutal et une valeur éclairée. O grandeur de l'homme! nos vices et nos vertus font l'occupation et une partie de la puissance de l'enfer et du ciel.

Non plus comme cet astre du matin qui nous apporte la lumière, mais semblable à une comète effrayante, Lucifer s'assied sur son trône, au milieu de ce peuple d'esprits. Tel qu'on voit pendant une tempête une vague s'élever au-dessus des autres flots, et menacer les nautoniers de sa cime écumante; ou tel que, dans une ville embrasée, on remarque, au milieu des édifices fumants, une haute tour dont les flammes couronnent le sommet : tel paraît l'archange tombé au milieu de ses compagnons. Il soulève le sceptre de l'enfer, où, par un feu subtil, tous les maux sont attachés. Dissimulant les chagrins qui le dévorent, Satan parle ainsi à l'assemblée :

« Dieux des nations, trônes, ardeurs, guerriers généreux, milices
« invincibles, race noble et indépendante, magnanimes enfants de
« cette forte patrie, le jour de gloire est arrivé; nous allons recueillir
« le fruit de notre constance et de nos combats. Depuis que j'ai brisé
« le joug du tyran, j'ai tâché de me rendre digne du pouvoir que vous
« m'avez confié. Je vous ai soumis l'univers; vous entendez ici les
« plaintes des descendants de cet homme qui devait vous remplacer
« au séjour des béatitudes. Pour sauver cette race misérable, notre
« persécuteur fut obligé d'envoyer son Fils sur la terre. Il a paru, ce
« Messie; il a osé pénétrer dans nos royaumes; et, si vous eussiez
« secondé mon audace, nous l'aurions chargé de fers et retenu au fond
« de ces abîmes : la guerre alors était à jamais terminée entre nous
« et l'Éternel. Mais cette occasion favorable est perdue, et c'est ce
« qui nous oblige à reprendre les armes. Les sectateurs du Christ se
« multiplient. Trop sûrs de la justice de nos droits, nous avons négligé
« de défendre nos autels : faisons donc tous ensemble un nouvel effort,
« afin de renverser cette croix qui nous menace, et délibérons sur
« les moyens les plus prompts de parvenir à cette victoire. »

Ainsi parle le blasphémateur vaincu du Christ dans la nuit éternelle, cet archange qui vit le Sauveur briser avec sa croix les portes de l'enfer, et délivrer la troupe des justes d'Israël; les démons éperdus fuyaient à l'aspect de la lumière divine; et Satan lui-même, renversé au milieu des ruines de son empire, avait la tête écrasée sous le pied d'une femme.

Lorsque le père du mal eut fini son discours, le démon de l'homicide se leva. Des bras teints de sang, des gestes furieux, une voix effrayante, tout annonce en cet esprit révolté les crimes qui le souillent et la violence des sentiments qui l'agitent. Il ne peut supporter la pensée qu'un seul chrétien échappe à ses fureurs : ainsi, dans l'Océan qui baigne les rivages du Nouveau-Monde, on voit un monstre marin poursuivre sa proie au milieu des flots : si la proie brillante déploie tout à coup des ailes argentées, et trouve, oiseau d'un moment, sa sûreté dans les airs, le monstre trompé bondit sur les vagues, et, vomissant des tourbillons d'écume et de fumée, il effraie les matelots de sa rage impuissante.

« Qu'est-il besoin de délibérer? s'écrie l'ange atroce. Faut-il, pour
« détruire les peuples du Christ, d'autres moyens que des bourreaux et
« des flammes? Dieux des nations, laissez-moi le soin de rétablir vos
« temples. Le prince qui va bientôt régner sur l'empire romain est dévoué
« à ma puissance. J'exciterai la cruauté de Galérius. Qu'un immense et
« dernier massacre fasse nager les autels de notre ennemi dans le sang de
« ses adorateurs. Satan aura commencé la victoire en perdant le pre-
« mier homme, moi je l'aurai couronnée en exterminant les chrétiens. »

Il dit; et tout à coup les angoisses de l'enfer se font sentir à cet esprit féroce; il pousse un cri comme un coupable frappé du glaive des bourreaux, comme un assassin percé de la pointe des remords. Une sueur ardente paraît sur son front; quelque chose de semblable à du sang distille de sa bouche : il se débat en vain sous le poids de la réprobation.

Alors le démon de la fausse sagesse se lève avec une gravité qui ressemble à une triste folie. La feinte sévérité de sa voix, le calme apparent de ses esprits, trompent la multitude éblouie : tel qu'une belle fleur portée sur une tige empoisonnée, il séduit les hommes et leur donne la mort. Il affecte la forme d'un vieillard, chef d'une de ces écoles répandues dans Athènes et dans Alexandrie. Des cheveux blancs couronnés d'une branche d'olivier, un front à moitié chauve, préviennent d'abord en sa faveur; mais quand on le considère de plus près, on découvre en lui un abîme de bassesse et d'hypocrisie, et une haine monstrueuse de la véritable raison. Son crime commença dans le ciel avec la création des mondes, aussitôt que ces mondes eurent été livrés à ses vaines disputes. Il blâma les ouvrages du Tout-Puissant; il voulait, dans son orgueil, établir un autre ordre parmi les anges et dans l'empire de la souveraine sagesse : c'est lui qui fut le père de l'Athéisme, exécrable fantôme que Satan même n'avait point enfanté, et qui devint amoureux de la Mort, lorsqu'elle parut aux enfers. Mais, quoique le démon des doctrines funestes s'applaudisse de ses lumières, il sait pourtant combien elles sont pernicieuses aux mortels, et il triomphe des maux qu'elles font à la terre. Plus coupable que tous les anges rebelles, il connaît sa propre perversité, et s'en fait un titre de gloire. Cette fausse sagesse, née après les temps, parla de cette sorte à l'assemblée des démons :

« Monarques de l'enfer, vous le savez, j'ai toujours été opposé à la
« violence. Nous n'obtiendrons la victoire que par le raisonnement, la
« douceur et la persuasion. Laissez-moi répandre parmi nos adorateurs,
« et chez les chrétiens eux-mêmes, ces principes qui dissolvent les

« liens de la société, et minent les fondements des empires. Déjà Hiéro-
« clès, ministre chéri de Galérius, s'est jeté dans mes bras. Les sectes
« se multiplient. Je livrerai les hommes à leur propre raison ; je leur en-
« verrai mon fils, l'Athéisme, amant de la Mort et ennemi de l'Espérance.
« Ils en viendront jusqu'à nier l'existence de celui qui les créa. Vous
« n'aurez point à livrer de combats, dont l'issue est toujours incer-
« taine : je saurai forcer l'Éternel à détruire une seconde fois son ou-
« vrage. »

A ce discours de l'esprit le plus profondément corrompu de l'abîme, les démons applaudirent en tumulte. Le bruit de cette lamentable joie se prolongea sous les voûtes infernales. Les réprouvés crurent que leurs persécuteurs venaient d'inventer de nouveaux tourments. Aussitôt ces âmes, qui n'étaient plus gardées dans leurs bûchers, s'échappèrent des flammes, et accoururent au conseil : elles traînaient avec elles quelque partie de leurs supplices : l'une son suaire embrasé, l'autre sa chape de plomb, celle-ci les glaçons qui pendaient à ses yeux remplis de larmes, celle-là les serpents dont elle était dévorée. Ces affreux spectateurs d'un affreux sénat prennent leurs rangs dans les tribunes brûlantes. Satan lui-même, effrayé, appelle les spectres gardiens des ombres, les vaines Chimères, les Songes funestes, les Harpies aux sales griffes, l'Épouvante au visage étonné, la Vengeance à l'œil hagard, les Remords qui ne dorment jamais, l'inconcevable Folie, les pâles Douleurs et le Trépas.

« Remettez, s'écrie-t-il, ces coupables dans les fers, ou craignez que
« Satan ne vous enchaîne avec eux. »

Inutiles menaces! Les fantômes se mêlent aux réprouvés, et veulent, à leur exemple, assister au conseil de leurs rois. On aurait vu peut-être un combat horrible, si Dieu, qui maintient sa justice, et qui seul est l'auteur de l'ordre, même aux enfers, n'eût fait cesser le tumulte. Il étendit son bras, l'ombre de sa main se dessina sur le mur de la salle maudite. Aussitôt une terreur profonde s'empare des âmes perdues et des esprits rebelles : les premières retournent à leurs tourments; les seconds, après que la main divine s'est retirée, recommencent à délibérer.

Le démon de la volupté, essayant de sourire sur le siége où il était à demi couché, fait un effort et relève la tête. Le plus beau des anges tombés après l'archange rebelle, il a conservé une partie des grâces dont l'avait orné le Créateur; mais au fond de ses regards si doux, à travers le charme de sa voix et de son sourire, on découvre je ne sais quoi de perfide et d'empoisonné. Né pour l'amour, éternel habitant du séjour de la haine, il supporte impatiemment son malheur; trop délicat pour pousser des cris de rage, il pleure seulement, et prononce ces paroles avec de profonds soupirs :

« Dieux de l'Olympe, et vous que je connais moins, divinités du
« brahmane et du druide, je n'essaierai point de le cacher ; oui, l'enfer
« me pèse! Vous ne l'ignorez pas : je ne nourrissais contre l'Éternel
« aucun sujet de haine, et j'ai seulement suivi, dans sa rébellion et dans
« sa chute, un ange que j'aimais. Mais, puisque je suis tombé du ciel
« avec vous, je veux du moins vivre longtemps au milieu des mortels,
« et je ne me laisserai point bannir de la terre. Tyr, Héliopolis, Paphos,
« Amathonte, m'appellent. Mon étoile brille encore sur le mont Liban :
« là, j'ai des temples enchantés, des fêtes gracieuses, des cygnes qui
« m'entraînent au milieu des airs, des fleurs, de l'encens, des parfums,
« de frais gazons, des danses voluptueuses et de riants sacrifices ! Et
« les chrétiens m'arracheraient ce léger dédommagement des joies cé-
« lestes! le myrte de mes bosquets, qui donne à l'enfer tant de vic-
« times, serait transformé en croix sauvage, qui multiplie les habitants
« du ciel ! Non, je ferai connaître aujourd'hui ma puissance. Pour
« vaincre les disciples d'une loi sévère, il ne faut ni violence, ni sagesse :
« j'armerai contre eux les tendres passions, cette ceinture vous ré-
« pond de la victoire. Bientôt mes caresses auront amolli ces durs
« serviteurs d'un Dieu chaste. Je dompterai les vierges rigides, et j'irai
« troubler, jusque dans leur désert, ces anachorètes qui pensent
« échapper à mes enchantements. L'ange de la sagesse s'applaudit
« d'avoir enlevé Hiéroclès à notre ennemi ; mais Hiéroclès est aussi
« fidèle à mon culte : déjà j'ai allumé dans son sein une flamme cri-
« minelle ; je saurai maintenir mon ouvrage, faire naître des riva-
« lités, bouleverser le monde en me jouant, et, par les délices,
« amener les hommes à partager vos douleurs. »

En achevant ces mots, Astarté se laisse tomber sur sa couche. Il veut sourire, mais le serpent qu'il porte caché sous sa ceinture le frappe secrètement au cœur : le faible démon pâlit, et les chefs expérimentés des bandes infernales devinèrent sa blessure.

Cependant les trois avis partageaient l'horrible sanhédrin. Satan impose silence à l'assemblée :

« Compagnons, vos conseils sont dignes de vous ; mais, au lieu de
« choisir entre des avis également sages, suivons-les tous pour obte-
« nir un succès éclatant. Appelons encore à notre aide l'Idolâtrie et
« l'Orgueil. Moi-même je réveillerai la Superstition dans le cœur de
« Dioclétien, et l'Ambition dans l'âme de Galérius. Vous tous, dieux
« des nations, secondez mes efforts : allez, volez, excitez le zèle du
« peuple et des prêtres. Remontez sur l'Olympe, faites revivre les

« fables des poëtes. Que les bois de Dodone et de Daphné rendent de
« nouveaux oracles ; que le monde soit partagé entre des fanatiques
« et des athées ; que les doux poisons de la volupté allument des
« passions féroces ; et de tous ces maux réunis faisons naître contre
« les chrétiens une épouvantable persécution. »

Ainsi parle Lucifer : trois fois il frappe son trône de son sceptre ; trois fois le creux de l'abîme renvoie un long mugissement. Le chaos, unique et sombre voisin de l'enfer, ressent le contre-coup, s'entr'ouvre, et laisse passer au travers de son sein un faible rayon de lumière qui descend jusque dans la nuit des réprouvés. Jamais Satan n'avait paru plus formidable depuis le jour où, renonçant à l'obéissance, il se déclara l'ennemi de l'Éternel. Aussitôt les légions s'élèvent, sortent du conseil, traversent la mer de larmes, la région des supplices, et volent vers la porte gardée par le Crime et la Mort. On voit passer la troupe immonde à la lueur des fournaises ardentes, comme, dans une grotte souterraine, voltigent à la lumière d'un flambeau ces oiseaux douteux dont un insecte impur semble avoir tissu les ailes.

Sous le vestibule du palais des enfers, devant le lit de fer où repose l'Éternité des douleurs, est suspendue une lampe : là brûle la flamme primitive de la colère céleste, qui alluma les brasiers éternels. Satan prend une étincelle de ce feu. Il part : du premier bond il touche à la ceinture étoilée ; du second pas il arrive au séjour des hommes. Il porte l'étincelle fatale dans tous les temples, rallume les feux éteints sur les autels des idoles : aussitôt Pallas remue sa lance, Bacchus agite son thyrse, Apollon tend son arc, l'Amour secoue son flambeau, les vieux pénates d'Énée prononcent des paroles mystérieuses, et les dieux d'Ilion prophétisent au Capitole. Le père du mensonge place un esprit d'illusion à chaque simulacre des divinités païennes ; et, réglant les mouvements de ses invisibles cohortes, il fait agir de concert, contre l'Église de Jésus-Christ, l'armée entière des démons.

LIVRE NEUVIÈME

SOMMAIRE.

Reprise du récit d'Eudore. Eudore à la cour de Constance. Il passe dans l'Ile des Bretons. Il obtient les honneurs du triomphe. Il revient dans les Gaules. Il est nommé commandant de l'Armorique. Les Gaules. L'Armorique. Épisode de Velléda.

Trop fidèle à ses promesses, le démon des voluptés est descendu sous les lambris dorés qu'habite le disciple des faux sages. Il réveille dans son cœur une flamme assoupie ; il présente à ses désirs l'image de la fille d'Homère ; il le perce d'une flèche trempée dans les eaux qui recouvrent les ruines fumantes de Gomorrhe. Si Hiéroclès avait pu voir, en ce moment même, la prêtresse des Muses atteinte des traits d'un autre amour ; s'il l'avait pu voir les yeux attachés sur Eudore, qui s'apprête à continuer le récit de ses aventures, quelle jalousie n'eût point embrasé l'âme de l'ennemi des chrétiens ! Hélas ! les ravages de cette jalousie ne sont suspendus que pour quelques jours. La famille de Lasthénès jouit avec ses hôtes des derniers moments de paix que le ciel lui laisse ici-bas. Rassemblés, comme la veille, au lever de l'aurore, Lasthénès, ses filles et son épouse, Cyrille, Démodocus et Cymodocée, sont assis à la porte du verger, et prêtent une oreille attentive au guerrier repentant, qui recommence à parler en ces mots :

« Je vous ai dit, seigneurs, que Zacharie m'avait laissé sur la frontière des Gaules. Constance se trouvait alors à Lutèce. Après plusieurs jours de fatigue, j'arrivai chez les Belges[1] de la Sequana. Le premier objet qui me frappa dans les marais des Parisii, ce fut une tour octogone, consacrée à huit dieux gaulois. Du côté du midi, à deux mille pas de Lutèce, et par delà le fleuve qui l'embrasse, on découvrait le temple d'Hésus ; plus près, dans une prairie au bord du fleuve, s'élevait un second temple dédié à Isis ; et vers le nord, sur une colline, on voyait les ruines d'un troisième temple, jadis bâti en l'honneur de Teutatès. Cette colline était le Mont de Mars, où Denis avait reçu la palme du martyre.

---

[1] Les habitants de l'Ile-de-France.

« En approchant de la Sequana, j'aperçus, à travers un rideau de saules et de noyers, ses eaux claires, transparentes, d'un goût excellent, et qui rarement croissent ou diminuent. Des jardins plantés de quelques figuiers qu'on avait entourés de paille pour les préserver de la gelée étaient le seul ornement de ses rives. J'eus quelque peine à découvrir le village que je cherchais, et qui porte le nom de Lutèce, c'est-à-dire la belle pierre ou la belle colonne. Un berger me le montra enfin au milieu de la Sequana, dans une île qui s'allonge en forme de vaisseau. Deux ponts de bois, défendus par deux châteaux, où l'on paie le tribut à César, joignent ce misérable hameau aux deux rives opposées du fleuve.

« J'entrai dans la capitale des Parisii par le pont du septentrion, et je ne vis dans l'intérieur du village que des huttes de bois et de terre, recouvertes de paille et échauffées par des fourneaux. Je n'y remarquai qu'un seul monument : c'était un autel élevé à Jupiter par la compagnie des Nautes. Mais hors de l'île, de l'autre côté du bras méridional de la Sequana, on voyait, sur la colline Lucotitius, un aqueduc romain, un cirque, un amphithéâtre, et le palais des Thermes habité par Constance.

« Aussitôt que César eut appris que j'étais à la porte de son palais, il s'écria :

« Qu'on laisse entrer l'ami de mon fils ! »

« Je me jetai aux pieds du prince; il me releva avec douceur, m'honora de ses éloges devant sa cour, et me prenant par la main, me fit passer avec lui dans la salle du conseil. Je lui racontai ce qui m'était arrivé chez les Francs. Constance parut charmé que ces peuples consentissent enfin à poser les armes, et il fit partir à l'heure même un centurion pour traiter de la paix avec eux. Je remarquai avec douleur que la pâleur et la faiblesse de Constance étaient augmentées.

« Je trouvai réunis dans le palais de ce prince les fidèles les plus illustres de la Gaule et de l'Italie. Là brillaient Donatien et Rogatien, aimables frères; Gervais et Protais, l'Oreste et le Pylade des chrétiens; Procula de Marseille; Just de Lugdunum; enfin, le fils du préfet des Gaules, Ambroise, modèle de science, de fermeté et de candeur. Ainsi que Xénophon, on racontait qu'il avait été nourri par des abeilles : l'Église attendait en lui un orateur et un grand homme.

« J'avais un désir extrême d'apprendre de la bouche de Constance les changements survenus à la cour de Dioclétien depuis ma captivité. Il me fit bientôt appeler dans les jardins du palais, qui descendent en amphithéâtre sur la colline Lucotitius, jusqu'à la prairie où s'élève le temple d'Isis, au bord de la Sequana.

« Eudore, me dit-il, nous allons combattre Carrausius, et délivrer la Bretagne[1] de ce tyran, usurpateur de la pourpre impériale. Mais, avant de partir pour cette province, il est bon que vous connaissiez l'état des affaires à Rome, afin de régler votre conduite sur ce que je vais vous apprendre. Vous vous souvenez peut-être que lorsque vous vîntes me trouver dans les Gaules, Dioclétien allait pacifier l'Égypte, et Galérius combattre les Perses. Ce dernier a obtenu la victoire : depuis ce moment son orgueil et son ambition n'ont plus connu de bornes. Il a épousé Valérie, fille de Dioclétien, et il manifeste ouvertement le désir de parvenir à l'empire en forçant son beau-père à abdiquer. Dioclétien, qui commence à vieillir, et dont l'esprit est affaibli par une maladie, ne peut presque plus résister à un ingrat. Les créatures de Galérius triomphent. Hiéroclès, votre ennemi, jouit d'une haute faveur; il a été nommé proconsul du Péloponèse, votre patrie. Mon fils est exposé à mille dangers. Galérius a cherché à le faire périr, en l'obligeant une fois à combattre un lion, une autre fois en le chargeant d'une entreprise dangereuse contre les Sarmates. Enfin, Galérius favorise Maxence, fils de Maximien, quoiqu'au fond il ne l'aime pas, mais seulement parce qu'il voit en lui un rival de Constantin. Ainsi, Eudore, tout annonce que nous touchons à une révolution. Mais tandis qu'il me reste un souffle de vie, je ne crains point la jalousie de Galérius. Que mon fils échappe à ses gardes, qu'il vienne retrouver son père, on apprendra, si l'on ose m'attaquer, que l'amour des peuples est pour les princes un rempart inexpugnable. »

« Quelques jours après cet entretien, nous partîmes pour l'île des Bretons, que l'Océan sépare du reste du monde. Les Pictes avaient attaqué la muraille d'Agricola, immortalisée par Tacite. D'une autre part, Carrausius, afin de résister à Constance, avait soulevé le reste des anciennes factions de Caractacus et de la reine Boudicée. Ainsi nous fûmes plongés à la fois dans les troubles des discordes civiles et dans les horreurs d'une guerre étrangère. Un peu de courage naturel au sang dont je sors, et une suite d'actions heureuses, me conduisirent de grade en grade jusqu'au rang de premier tribun de la légion britannique. Bientôt je fus créé maître de la cavalerie, et je commandais l'armée lorsque les Pictes furent vaincus sous les murs de Petuaria[2], colonie que les Parisii des Gaules ont plantée au bord de l'Abus[3]. J'attaquai Carrausius sur le Thamésis[4], fleuve couvert de roseaux, qui baigne le village marécageux de Londinum[5]. L'usurpateur avait choisi ce champ de bataille parce que les Bretons s'y croyaient invincibles. Là s'élevait

---

[1] L'Angleterre. — [2] Beverley, dans le comté d'York, en Angleterre. — [3] L'Humbler. — [4] La Tamise. — [5] Londres.

une vieille tour, du haut de laquelle un barde annonçait, dans ses chants prophétiques, je ne sais quels tombeaux chrétiens qui devaient illustrer le lieu[1]. Carrausius fut vaincu, et ses soldats l'assassinèrent. Constance me laissa toute la gloire de ce succès. Il envoya à l'empereur mes lettres couronnées de lauriers. Il sollicita et obtint pour moi la statue et les honneurs qui ont remplacé le triomphe. Bientôt après nous repassâmes dans les Gaules, et César, voulant me donner une nouvelle preuve de sa puissante amitié, me créa commandant des contrées armoricaines. Je me disposai à partir pour ces provinces, où florissait encore la religion des druides, et dont les rivages étaient souvent insultés par les flottes des Barbares du Nord.

« Quand les préparatifs de mon voyage furent achevés, Rogatien, Sébastien, Gervais, Protais, et tous les chrétiens du palais de César, accoururent pour me dire adieu.

« Nous nous retrouverons peut-être à Rome, s'écrièrent-ils, au milieu des persécutions et des épreuves. Puisse un jour la religion nous réunir à la mort comme de vieux amis et de dignes chrétiens ! »

« J'employai plusieurs mois à visiter les Gaules avant de me rendre à ma province. Jamais pays n'offrira un pareil mélange de mœurs, de religions, de civilisation, de barbarie. Partagé entre les Grecs, les Romains et les Gaulois, entre les chrétiens et les adorateurs de Jupiter et de Teutatès, il présente tous les contrastes.

« De longues voies romaines se déroulent à travers les forêts des druides. Dans les colonies des vainqueurs, au milieu des bois sauvages, vous apercevez les plus beaux monuments de l'architecture grecque et romaine : des aqueducs à trois galeries suspendus sur des torrents, des amphithéâtres, des capitoles, des temples d'une élégance parfaite ; et non loin de ces colonies, vous trouvez les huttes arrondies des Gaulois, leurs forteresses de solives et de pierres, à la porte desquelles sont cloués des pieds de louves, des carcasses de hiboux, des os de morts. A Lugdunum, à Narbonne, à Marseille, à Burdigalie, la jeunesse gauloise s'exerce avec succès dans l'art de Démosthènes et de Cicéron ; à quelques pas plus loin, dans la montagne, vous n'entendez plus qu'un langage grossier, semblable au croassement des corbeaux. Un château romain se montre sur la cime d'un roc ; une chapelle de chrétiens s'élève au fond d'une vallée près de l'autel où l'eubage égorge la victime humaine. J'ai vu le soldat légionnaire veiller au milieu d'un désert sur les remparts d'un camp, et le Gaulois devenu sénateur embarrasser sa toge romaine dans les halliers de ses bois.

[1] Westminster.

J'ai vu les vignes de Falerne mûrir sur les côteaux d'Augustodunum, l'olivier de Corinthe fleurir à Marseille, et l'abeille de l'Attique parfumer Narbonne.

« Mais ce que l'on admire partout dans les Gaules, ce qui fait le principal caractère de ce pays, ce sont les forêts. On voit çà et là dans leur vaste enceinte quelques camps romains abandonnés. On y trouve ensevelis sous l'herbe les squelettes du cheval et du cavalier. Les graines que les soldats y semèrent jadis pour leur nourriture forment des espèces de colonies étrangères et civilisées au milieu des plantes natives et sauvages des Gaules. Je ne pouvais reconnaître sans une sorte d'attendrissement ces végétaux domestiques, dont quelques-uns étaient originaires de la Grèce. Ils s'étaient répandus sur les collines et le long des vallées, selon les habitudes qu'ils avaient apportées de leur sol natal. Ainsi des familles exilées choisissent de préférence les sites qui leur rappellent la patrie.

« Je me souviens encore aujourd'hui d'avoir rencontré un homme parmi les ruines d'un de ces camps romains : c'était un pâtre des Barbares. Tandis que ses porcs affamés achevaient de renverser l'ouvrage des maîtres du monde, en fouillant les racines qui croissaient sous les murs, lui, tranquillement assis sur les débris d'une porte décumane, pressait sous son bras une outre gonflée de vent ; il animait ainsi une espèce de flûte dont les sons avaient une douceur selon son goût. En voyant avec quelle profonde indifférence ce berger foulait le camp des Césars, combien il préférait à de pompeux souvenirs son instrument grossier et son sayon de peau de chèvre, j'aurais dû sentir qu'il faut peu de chose pour passer la vie, et qu'après tout, dans un terme aussi court, il est assez indifférent d'avoir épouvanté la terre par le son du clairon, ou charmé les bois par les soupirs d'une musette.

« J'arrivai enfin chez les Rhédons [1]. L'Armorique ne m'offrit que des bruyères, des bois, des vallées étroites et profondes traversées de petites rivières que ne remonte point le navigateur, et qui portent à la mer des eaux inconnues : région solitaire, triste, orageuse, enveloppée de brouillards, retentissante du bruit des vents, et dont les côtes hérissées de rochers sont battues d'un océan sauvage.

« Le château où je commandais, situé à quelques milles de la mer, était une ancienne forteresse des Gaulois, agrandie par Jules-César, lorsqu'il porta la guerre chez les Vénètes [2] et les Curiosolites [3]. Il était bâti sur un roc, appuyé contre une forêt, et baigné par un lac.

« Là, séparé du reste du monde, je vécus plusieurs mois dans la

---

[1] Les peuples de Rennes, etc. — [2] Les habitants de Vannes. — [3] Peuples des environs de Dinan.

solitude. Cette retraite me fut utile. Je descendis dans ma conscience ; je sondai des plaies que je n'avais encore osé toucher depuis que j'avais quitté Zacharie ; je m'occupai de l'étude de ma religion. Je perdais chaque jour un peu de cette inquiétude si amère que nourrit le commerce des hommes. Je comptais déjà sur une victoire qui aurait demandé des forces supérieures aux miennes. Mon âme était encore tout affaiblie par ma première insouciance et mes criminelles habitudes ; je trouvais même dans les anciens doutes de mon esprit et la mollesse de mes sentiments, un certain charme qui m'arrêtait : mes passions étaient comme des femmes séduisantes qui m'enchaînaient par leurs caresses.

« Un événement interrompit tout à coup des recherches dont le résultat devait avoir pour moi tant d'importance.

« Les soldats m'avertirent que depuis quelques jours une femme sortait des bois à l'entrée de la nuit, montait seule dans une barque, traversait le lac, descendait sur la rive opposée, et disparaissait.

« Je n'ignorais pas que les Gaulois confient aux femmes les secrets les plus importants ; que souvent ils soumettent à un conseil de leurs filles et de leurs épouses les affaires qu'ils n'ont pu régler entre eux. Les habitants de l'Armorique avaient conservé leurs mœurs primitives, et portaient avec impatience le joug romain. Braves, comme tous les Gaulois, jusqu'à la témérité, ils se distinguaient par une franchise de caractère qui leur est particulière, par des haines et des amours violentes, et par une opiniâtreté de sentiments que rien ne peut changer ni vaincre.

« Une circonstance particulière aurait pu me rassurer : il y avait beaucoup de chrétiens dans l'Armorique, et les chrétiens sont sujets fidèles ; mais Clair, pasteur de l'Église des Rhédons, homme plein de vertus, était alors à Condivincum [1], et lui seul pouvait me donner les lumières qui me manquaient. La moindre négligence pouvait me perdre auprès de Dioclétien, et compromettre Constance, mon protecteur. Je crus donc ne devoir pas mépriser le rapport des soldats. Mais comme je connaissais la brutalité de ces hommes, je résolus de prendre sur moi-même le soin d'observer la Gauloise.

« Vers le soir, je me revêtis de mes armes, que je recouvris d'une saye, et, sortant secrètement du château, j'allai me placer sur le rivage du lac, dans l'endroit que les soldats m'avaient indiqué.

« Caché parmi les rochers, j'attendis quelque temps sans voir rien paraître. Tout à coup mon oreille est frappée des sons que le vent

[1] Nantes.

m'apporte du milieu du lac. J'écoute, et je distingue les accents d'une voix humaine; en même temps je découvre un esquif suspendu au sommet d'une vague; il redescend, disparaît entre deux flots, puis se montre encore sur la cime d'une lame élevée; il approche du rivage. Une femme le conduisait : elle chantait en luttant contre la tempête, et semblait se jouer dans les vents : on eût dit qu'ils étaient sous sa puissance, tant elle paraissait les braver. Je la voyais jeter tour à tour en sacrifice, dans le lac, des pièces de toile, des toisons de brebis, des pains de cire et de petites meules d'or et d'argent.

« Bientôt elle touche à la rive, s'élance à terre, attache sa nacelle au tronc d'un saule, et s'enfonce dans le bois en s'appuyant sur la rame de peuplier qu'elle tenait à la main. Elle passa tout près de moi sans me voir. Sa taille était haute; une tunique noire, courte et sans manches, servait à peine de voile à sa nudité. Elle portait une faucille d'or suspendue à une ceinture d'airain, et elle était couronnée d'une branche de chêne. La blancheur de ses bras et de son teint, ses yeux bleus, ses lèvres de rose, ses longs cheveux blonds, qui flottaient épars, annonçaient la fille des Gaulois, et contrastaient, par leur douceur, avec sa démarche fière et sauvage. Elle chantait d'une voix mélodieuse des paroles terribles, et son sein découvert s'abaissait et s'élevait comme l'écume des flots.

« Je la suivis à quelque distance. Elle traversa d'abord une châtaignerie dont les arbres, vieux comme le temps, étaient presque tous desséchés par la cime. Nous marchâmes ensuite plus d'une heure sur une lande couverte de mousse et de fougère. Au bout de cette lande, nous trouvâmes un bois, et au milieu de ce bois une autre bruyère de plusieurs milles de tour. Jamais le sol n'en avait été défriché, et l'on y avait semé des pierres, pour qu'il restât inaccessible à la faux et à la charrue. A l'extrémité de cette arène s'élevait une de ces roches isolées que les Gaulois appellent dolmen, et qui marquent le tombeau de quelque guerrier. Un jour le laboureur, au milieu de ses sillons, contemplera ces informes pyramides : effrayé de la grandeur du monument, il attribuera peut-être à des puissances invisibles et funestes ce qui ne sera que le témoignage de la force et de la rudesse de ses aïeux.

« La nuit était descendue. La jeune fille s'arrêta non loin de la pierre, frappa trois fois des mains, en prononçant à haute voix ce mot mystérieux :

« Au-gui-l'an-neuf! »

« A l'instant, je vis briller dans la profondeur du bois mille lumières; chaque chêne enfanta pour ainsi dire un Gaulois; les Barbares sortirent

LE CONSEIL
(Lapiques)

en foule de leur retraite : les uns étaient complétement armés ; les autres portaient une branche de chêne dans la main droite, et un flambeau dans la gauche. A la faveur de mon déguisement, je me mêle à leur troupe : au premier désordre de l'assemblée succèdent bientôt l'ordre et le recueillement, et l'on commence une procession solennelle.

« Des eubages marchaient à la tête, conduisant deux taureaux blancs qui devaient servir de victimes ; les bardes suivaient en chantant sur une espèce de guitare les louanges de Teutatès ; après eux venaient les disciples ; ils étaient accompagnés d'un héraut d'armes vêtu de blanc, couvert d'un chapeau surmonté de deux ailes, et tenant à la main une branche de verveine entourée de deux serpents. Trois sénanis[1], représentant trois druides, s'avançaient à la suite du héraut d'armes : l'un portait un pain, l'autre un vase plein d'eau, le troisième une main d'ivoire. Enfin, la druidesse (je reconnus alors sa profession) venait la dernière. Elle tenait la place de l'archidruide dont elle était descendue.

« On s'avança vers le chêne de trente ans, où l'on avait découvert le gui sacré. On dressa au pied de l'arbre un autel de gazon. Les sénanis y brûlèrent un peu de pain, et y répandirent quelques gouttes d'un vin pur. Ensuite un eubage vêtu de blanc monta sur le chêne, coupa le gui avec la faucille d'or de la druidesse ; une saye blanche étendue sous l'arbre reçut la plante bénite ; les autres eubages frappèrent les victimes, et le gui, divisé en égales parties, fut distribué à l'assemblée.

« Cette cérémonie achevée, on retourna à la pierre du tombeau ; on planta une épée nue pour indiquer le centre du mallus ou du conseil : au pied du dolmen étaient appuyées deux autres pierres qui en soutenaient une troisième couchée horizontalement. La druidesse monte à cette tribune. Les Gaulois debout et armés l'environnent, tandis que les sénanis et les eubages élèvent des flambeaux : les cœurs étaient secrètement attendris par cette scène qui leur rappelait l'ancienne liberté. Quelques guerriers en cheveux blancs laissaient tomber de grosses larmes qui roulaient sur leurs boucliers. Tous penchés en avant et appuyés sur leurs lances, ils semblaient déjà prêter l'oreille aux paroles de la druidesse.

« Elle promena quelque temps ses regards sur ces guerriers représentants d'un peuple qui le premier osa dire aux hommes : « Malheur « aux vaincus ! » mot impie retombé maintenant sur sa tête ! On

---

[1] Philosophes gaulois qui succédèrent aux druides.

lisait sur le visage de la druidesse l'émotion que lui causait cet exemple des vicissitudes de la fortune. Elle sortit bientôt de ses réflexions, et prononça ce discours :

« Fidèles enfants de Teutatès, vous qui, au milieu de l'esclavage de votre patrie, avez conservé la religion et les lois de vos pères, je ne puis vous contempler ici sans verser des larmes ! Est-ce là le reste de cette nation qui donnait des lois au monde? Où sont ces États florissants de la Gaule, ce conseil des femmes auquel se soumit le grand Annibal? Où sont ces druides qui élevaient dans leurs colléges sacrés une nombreuse jeunesse? Proscrits par les tyrans, à peine quelques-uns d'entre eux vivent inconnus dans des antres sauvages. Velléda, une faible druidesse, voilà donc tout ce qui vous reste aujourd'hui pour accomplir vos sacrifices! O île de Sayne, île vénérable et sacrée ! je suis demeurée seule des neuf vierges qui desservaient votre sanctuaire! Bientôt Teutatès n'aura plus ni prêtres, ni autels. Mais pourquoi perdrions-nous l'espérance? J'ai à vous annoncer les secours d'un allié puissant : auriez-vous besoin qu'on vous retraçât le tableau de vos souffrances pour vous faire courir aux armes? Esclaves en naissant, à peine avez-vous passé le premier âge, que des Romains vous enlèvent. Que devenez-vous ? Je l'ignore. Parvenus à l'âge d'homme, vous allez mourir sur la frontière pour la défense de vos tyrans, ou creuser le sillon qui les nourrit. Condamnés aux plus rudes travaux, vous abattez vos forêts, vous tracez avec des fatigues inouïes les routes qui introduisent l'esclavage jusque dans le cœur de votre pays : la servitude, l'oppression et la mort accourent sur ces chemins en poussant des cris d'allégresse, aussitôt que le passage est ouvert. Enfin, si vous survivez à tant d'outrages, vous serez conduits à Rome : là, renfermés dans un amphithéâtre, on vous forcera de vous entre-tuer, pour amuser par votre agonie une populace féroce. Gaulois, il est une manière plus digne de vous de visiter Rome! Souvenez-vous que votre nom veut dire voyageur. Apparaissez tout à coup au Capitole, comme ces terribles voyageurs vos aïeux et vos devanciers. On vous demande à l'amphithéâtre de Titus ? Partez : obéissez aux illustres spectateurs qui vous appellent. Allez apprendre aux Romains à mourir, mais d'une tout autre façon qu'en répandant votre sang dans leurs fêtes : assez longtemps ils ont étudié la leçon, faites-la-leur pratiquer. Ce que je vous propose n'est point impossible. Les tribus des Francs qui s'étaient établis en Espagne retournent maintenant dans leur pays ; leur flotte est à la vue de vos côtes ; ils n'attendent qu'un signal pour vous secourir. Mais si le ciel ne couronne pas vos efforts, si la fortune des Césars doit l'emporter encore, eh bien! nous irons chercher avec les Francs un coin du monde où l'esclavage soit inconnu ! Que les peuples étrangers nous accordent ou nous refusent une patrie, la terre ne peut nous manquer pour y vivre ou pour y mourir. »

« Je ne puis vous peindre, seigneurs, l'effet de ce discours prononcé à la lueur des flambeaux, sur une bruyère, près d'une tombe, dans le sang des taureaux mal égorgés, qui mêlaient leurs derniers mugissements aux sifflements de la tempête : ainsi l'on représente ces assemblées des esprits de ténèbres que des magiciennes convoquent la nuit dans les lieux sauvages. Les imaginations échauffées ne laissèrent aucune autorité à la raison. On résolut, sans délibérer, de se réunir aux Francs. Trois fois un guerrier voulut ouvrir un avis contraire, trois fois on le força au silence, et à la troisième fois le héraut d'armes lui coupa un pan de son manteau.

« Ce n'était là que le prélude d'une scène épouvantable. La foule demande à grands cris le sacrifice d'une victime humaine, afin de mieux connaître la volonté du ciel. Les druides réservaient autrefois pour ces sacrifices quelque malfaiteur déjà condamné par les lois. La druidesse fut obligée de déclarer que, puisqu'il n'y avait point de victime désignée, la religion demandait un vieillard, comme l'holocauste le plus agréable à Teutatès.

« Aussitôt on apporte un bassin de fer sur lequel Velléda devait égorger le vieillard. On place le bassin à terre devant elle. Elle n'était point descendue de la tribune funèbre d'où elle avait harangué le peuple ; mais elle s'était assise sur un triangle de bronze, les vêtements en désordre, la tête échevelée, tenant un poignard à la main, et une torche flamboyante sous ses pieds. Je ne sais comment aurait fini cette scène : j'aurais peut-être succombé sous le fer des Barbares en essayant d'interrompre le sacrifice ; le ciel, dans sa bonté ou dans sa colère, mit fin à mes perplexités. Les astres penchaient vers leur couchant. Les Gaulois craignirent d'être surpris par la lumière. Ils résolurent d'attendre, pour offrir l'hostie abominable, que Dis, père des ombres, eût ramené une autre nuit dans les cieux. La foule se dispersa sur les bruyères, et les flambeaux s'éteignirent ; seulement quelques torches agitées par le vent brillaient encore çà et là dans la profondeur des bois, et l'on entendait le chœur lointain des bardes qui chantaient en se retirant ces paroles lugubres :

« Teutatès veut du sang ; il a parlé dans le chêne des druides. Le gui
« sacré a été coupé avec une faucille d'or, au sixième jour de la lune,
« au premier jour du siècle. Teutatès veut du sang ; il a parlé dans le
« chêne des druides ! »

« Je me hâtai de retourner au château. Je convoquai les tribus gauloises. Lorsqu'elles furent réunies au pied de la forteresse, je leur déclarai que je connaissais leur assemblée séditieuse, et les complots qu'on tramait contre César.

« Les Barbares furent glacés d'effroi. Environnés de soldats romains, ils crurent toucher à leur dernier moment. Tout à coup des gémissements se font entendre : une troupe de femmes se précipite dans l'assemblée. Elles étaient chrétiennes, et portaient dans leurs bras leurs enfants nouvellement baptisés. Elles tombent à mes genoux, me demandent grâce pour leurs époux, leurs fils et leurs frères ; elles me présentent leurs nouveau-nés, et me supplient, au nom de cette génération pacifique, d'être doux et charitable.

« Eh ! comment aurais-je pu résister à leurs prières ? Comment aurais-je pu mettre en oubli la charité de Zacharie ? Je relevai ces femmes.

« Mes sœurs, leur dis-je, je vous accorde la grâce que vous me demandez au nom de Jésus-Christ, notre commun maître. Vous me répondrez de vos époux, et je serai tranquille quand vous m'aurez promis qu'ils resteront fidèles à César. »

« Les Armoricains poussèrent des cris de joie, et ils élevèrent jusqu'aux nues une clémence qui me coûtait bien peu. Avant de les congédier, j'arrachai d'eux la promesse qu'ils renonceraient à des sacrifices affreux sans doute, puisqu'ils avaient été proscrits par Tibère même et par Claude. J'exigeai toutefois qu'on me livrât la druidesse Velléda et son père Ségenax, le premier magistrat des Rhédons. Dès le soir même, on m'amena les deux otages ; je leur donnai le château pour asile. Je fis sortir une flotte qui rencontra celle des Francs, et l'obligea de s'éloigner des côtes de l'Armorique. Tout rentra dans l'ordre. Cette aventure eut pour moi seul des suites dont il me reste à vous entretenir. »

Ici Eudore s'interrompit tout à coup. Il parut embarrassé, baissa les yeux, les reporta malgré lui sur Cymodocée, qui rougit comme si elle eût pénétré la pensée d'Eudore. Cyrille s'aperçut de leur trouble, et s'adressant aussitôt à l'épouse de Lasthénès :

« Séphora, dit-il, je veux offrir le saint sacrifice pour Eudore, quand il aura fini de raconter son histoire. Me pourriez-vous faire préparer l'autel ? »

Séphora se leva, et ses filles la suivirent. La timide Cymodocée n'osa rester seule avec les vieillards : elle accompagna les femmes, non sans éprouver un mortel regret.

Démodocus, qui la voyait passer comme une biche légère sur le gazon du verger, s'écria plein de joie :

« Quelle gloire peut égaler celle d'un père qui voit son enfant croître et s'embellir sous ses yeux ! Jupiter même aima tendrement son fils Hercule : tout immortel qu'il est, il ressentit des craintes et des angoisses mortelles, parce qu'il avait pris le cœur d'un père. Cher Eudore, tu causes les mêmes alarmes et les mêmes plaisirs à tes parents ! Continue ton histoire. J'aime, je l'avouerai, tes chrétiens : enfants des Prières, ils viennent partout, comme leurs mères, à la suite de l'Injure, pour réparer le mal qu'elle a fait. Ils sont courageux comme des lions et tendres comme des colombes ; ils ont un cœur paisible et intelligent ; c'est bien dommage qu'ils ne connaissent pas Jupiter ! Mais, Eudore, je parle encore, malgré le désir que j'ai de t'entendre. Mon fils, tels sont les vieillards : lorsqu'ils ont commencé un discours, ils s'enchantent de leur propre sagesse ; un dieu les pousse, et ils ne peuvent plus s'arrêter. »

Eudore reprit la parole.

LIVRE DIXIÈME

SOMMAIRE.

Suite du récit. Fin de l'épisode de Velléda.

« Je vous ai dit, seigneurs, que Velléda habitait le château avec son père. Le chagrin et l'inquiétude plongèrent d'abord Ségenax dans une fièvre ardente, pendant laquelle je lui prodiguai les secours qu'exigeait l'humanité. J'allais chaque jour visiter le père et la fille dans la tour où je les avais fait transporter. Cette conduite, différente de celle des autres commandants romains, charma les deux infortunés : le vieillard revint à la vie, et la druidesse, qui avait montré un grand abattement, parut bientôt plus contente. Je la rencontrais se promenant seule, avec un air de joie, dans les cours du château, dans les salles, dans les galeries, les passages secrets, les escaliers tournants qui conduisaient au haut de la forteresse ; elle se multipliait sous mes pas, et quand je la croyais auprès de son père, elle se montrait tout à coup au fond d'un corridor obscur, comme une apparition.

« Cette femme était extraordinaire. Elle avait, ainsi que toutes les Gauloises, quelque chose de capricieux et d'attirant. Son regard était prompt, sa bouche un peu dédaigneuse, et son sourire singulièrement doux et spirituel. Ses manières étaient tantôt hautaines, tantôt voluptueuses; il y avait dans toute sa personne de l'abandon et de la dignité, de l'innocence et de l'art. J'aurais été étonné de trouver dans une espèce de Sauvage une connaissance approfondie des lettres grecques et de l'histoire de son pays, si je n'avais su que Velléda descendait de la famille de l'archidruide, et qu'elle avait été élevée par un sénani, pour être attachée à l'ordre savant des prêtres gaulois. L'orgueil dominait chez cette barbare, et l'exaltation de ses sentiments allait souvent jusqu'au désordre.

« Une nuit, je veillais seul dans une salle d'armes, où l'on ne découvrait le ciel que par d'étroites et longues ouvertures pratiquées dans l'épaisseur des pierres. Quelques rayons des étoiles, descendant à travers ces ouvertures, faisaient briller les lances et les aigles rangées en ordre le long des murailles. Je n'avais point allumé de flambeau, et je me promenais au milieu des ténèbres.

« Tout à coup, à l'une des extrémités de la galerie, un pâle crépuscule blanchit les ombres. La clarté augmente par degrés, et bientôt je vois paraître Velléda. Elle tenait à la main une de ces lampes romaines qui pendent au bout d'une chaîne d'or. Ses cheveux blonds, relevés à la grecque sur le sommet de sa tête, étaient ornés d'une couronne de verveine, plante sacrée parmi les druides. Elle portait pour tout vêtement une tunique blanche : fille de roi a moins de beauté, de noblesse et de grandeur.

« Elle suspendit sa lampe aux courroies d'un bouclier, et venant à moi elle me dit :

« Mon père dort; assieds-toi, écoute. »

« Je détachai du mur un trophée de piques et de javelots, que je couchai par terre, et nous nous assîmes sur cette pile d'armes, en face de la lampe.

« Sais-tu, me dit alors la jeune Barbare, que je suis fée? »

« Je lui demandai l'explication de ce mot.

« Les fées gauloises, répondit-elle, ont le pouvoir d'exciter les tempêtes, de les conjurer, de se rendre invisibles, de prendre la forme de différents animaux. »

— « Je ne reconnais pas ce pouvoir, répondis-je avec gravité. Comment pourriez-vous croire raisonnablement posséder une puissance que vous n'avez jamais exercée? Ma religion s'offense de ces superstitions. Les orages n'obéissent qu'à Dieu. »

— « Je ne te parle pas de ton Dieu, reprit-elle avec impatience. Dis-moi, as-tu entendu la dernière nuit le gémissement d'une fontaine dans les bois, et la plainte de la brise dans l'herbe qui croît sur ta fenêtre? Eh bien! c'était moi qui soupirais dans cette fontaine et dans cette brise! Je me suis aperçue que tu aimais le murmure des eaux et des vents. »

« J'eus pitié de cette insensée : elle lut ce sentiment sur mon visage.

« Je te fais pitié, me dit-elle. Mais si tu me crois atteinte de folie, ne t'en prends qu'à toi. Pourquoi as-tu sauvé mon père avec tant de bonté? Pourquoi m'as-tu traitée avec tant de douceur? Je suis vierge, vierge de l'île de Sayne : que je garde ou que je viole mes vœux, j'en mourrai. Tu en seras la cause. Voilà ce que je voulais te dire. Adieu. »

« Elle se leva, prit sa lampe et disparut.

« Jamais, seigneurs, je n'ai éprouvé une douleur pareille. Rien n'est affreux comme le malheur de troubler l'innocence. Je m'étais endormi au milieu des dangers, content de trouver en moi la résolution du bien et la volonté de revenir un jour au bercail. Cette tiédeur devait être punie : j'avais bercé dans mon cœur les passions avec complaisance, et il était juste que je subisse le châtiment des passions.

« Aussi le ciel m'ôta-t-il dans ce moment tout moyen d'écarter le danger. Clair, le pasteur chrétien, était absent; Ségenax était encore trop faible pour sortir du château, et je ne pouvais sans inhumanité séparer la fille du père. Je fus donc obligé de garder l'ennemi en dedans, et de m'exposer, malgré moi, à ses attaques. En vain je cessai de visiter le vieillard, en vain je me dérobai à la vue de Velléda : je la retrouvais partout; elle m'attendait des journées entières dans les lieux où je ne pouvais éviter de passer, et là elle m'entretenait de son amour.

« Je sentais, il est vrai, que Velléda ne m'inspirerait jamais un attachement véritable : elle manquait pour moi de ce charme secret qui fait le destin de notre vie; mais la fille de Ségenax était jeune, elle était belle, passionnée, et quand des paroles brûlantes sortaient de ses lèvres, tous mes sens étaient bouleversés.

« A quelque distance du château, dans un de ces bois appelés chastes par les druides, on voyait un arbre mort que le fer avait dépouillé de son écorce. Cette espèce de fantôme se faisait distinguer par sa pâleur au milieu des noirs enfoncements de la forêt. Adoré sous le nom d'Irminsul, il était devenu une divinité formidable pour les Barbares, qui, dans leurs joies comme dans leurs peines, ne savent invoquer que la mort. Autour de ce simulacre, quelques chênes, dont les racines avaient été arrosées de sang humain, portaient suspendues à leurs branches les armes et les enseignes de guerre des Gaulois; le vent les agitait sur les rameaux, et elles rendaient, en s'entre-choquant, des murmures sinistres.

« J'allais souvent visiter ce sanctuaire plein du souvenir de l'antique race des Celtes. Un soir je rêvais dans ce lieu. L'aquilon mugissait au loin, et arrachait du tronc des arbres des touffes de lierre et de mousse. Velléda parut tout à coup.

« Tu me fuis, me dit-elle ; tu cherches les endroits les plus déserts pour te dérober à ma présence; mais c'est en vain : l'orage t'apporte Velléda, comme cette mousse flétrie qui tombe à tes pieds. »

« Elle se plaça debout devant moi, croisa les bras, me regarda fixement, et me dit :

« J'ai bien des choses à t'apprendre ; je voudrais causer longtemps avec toi. Je sais que mes plaintes t'importunent, je sais qu'elles ne te donneront pas de l'amour ; mais, cruel, je m'enivre de mes aveux, j'aime à me nourrir de ma flamme, à t'en faire connaître toute la violence! Ah! si tu m'aimais, quelle serait notre félicité ! Nous trouverions pour nous exprimer un langage digne du ciel : à présent il y a des mots qui me manquent, parce que ton âme ne répond pas à la mienne. »

« Un coup de vent ébranla la forêt, et une plainte sortit des boucliers d'airain. Velléda effrayée leva la tête, et regardant les trophées suspendus :

« Ce sont les armes de mon père qui gémissent ; elles m'annoncent quelque malheur. »

« Après un moment de silence, elle ajouta :

« Il faut pourtant qu'il y ait quelque raison à ton indifférence. Tant d'amour aurait dû t'en inspirer. Cette froideur est trop extraordinaire. »

« Elle s'interrompit de nouveau. Sortant tout à coup comme d'une réflexion profonde, elle s'écria :

« Voilà la raison que je cherchais ! Tu ne peux me souffrir, parce que je n'ai rien à t'offrir qui soit digne de toi ! ».

« Alors s'approchant de moi comme en délire, et mettant la main sur mon cœur :

« Guerrier, ton cœur reste tranquille sous la main de l'amour ; mais peut-être qu'un trône le ferait palpiter. Parle : veux-tu l'empire? Une Gauloise l'avait promis à Dioclétien, une Gauloise te le propose ; elle n'était que prophétesse, moi je suis prophétesse et amante. Je peux tout pour toi. Tu le sais : nous avons souvent disposé de la pourpre. J'armerai secrètement nos guerriers. Teutatès te sera favorable, et, par mon art, je forcerai le ciel à seconder tes vœux. Je ferai sortir les druides de leurs forêts. Je marcherai moi-même aux combats, portant à la main une branche de chêne. Et si le sort nous était contraire, il est encore des antres dans les Gaules, où, nouvelle Éponine, je pourrais cacher mon époux. Ah! malheureuse Velléda! tu parles d'époux, et tu ne seras jamais aimée! »

« La voix de la jeune Barbare expire ; la main qu'elle tenait sur mon cœur retombe ; elle penche la tête, et son ardeur s'éteint dans des torrents de larmes.

Cette conversation me remplit d'effroi. Je commençai à craindre que ma résistance ne fût inutile. Mon attendrissement était extrême quand Velléda cessa de parler, et je sentis tout le reste du jour la place brûlante de sa main sur mon cœur. Voulant du moins faire un dernier effort pour me sauver, je pris une résolution qui devait prévenir le mal, et qui ne fit que l'aggraver : car lorsque Dieu veut nous punir, il tourne contre nous notre propre sagesse, et ne nous tient point compte d'une prudence qui vient trop tard.

« Je vous ai dit que je n'avais pu d'abord faire sortir Ségenax du château à cause de son extrême faiblesse ; mais le vieillard reprenant peu à peu ses forces, et le danger croissant pour moi tous les jours, je supposai des lettres de César qui m'ordonnaient de renvoyer les prisonniers. Velléda voulut me parler avant son départ ; je refusai de la voir, afin de nous épargner à tous deux une scène douloureuse : sa piété filiale ne lui permit pas d'abandonner son père, et elle le suivit, comme je l'avais prévu. Dès le lendemain, elle parut aux portes du château ; on lui dit que j'étais parti pour un voyage ; elle baissa la tête et rentra dans le bois en silence. Elle se présenta ainsi pendant plusieurs jours, et reçut la même réponse. La dernière fois elle resta longtemps appuyée contre un arbre à regarder les murs de la forteresse. Je la voyais par une fenêtre, et je ne pouvais retenir mes pleurs : elle s'éloigna à pas lents et ne revint plus.

« Je commençais à retrouver un peu de repos : j'espérais que Velléda s'était enfin guérie de son fatal amour. Fatigué de la prison où je m'étais tenu renfermé, je voulus respirer l'air de la campagne. Je jetai une peau d'ours sur mes épaules, j'armai mon bras de l'épieu d'un chasseur, et, sortant du château, j'allai m'asseoir sur une haute colline d'où l'on apercevait le détroit britannique.

« Comme Ulysse regrettant son Ithaque, ou comme les Troyennes exilées aux champs de la Sicile, je regardais la vaste étendue des flots, et je pleurais. « Né au pied du mont Taygète, me disais-je, le triste murmure de la mer est le premier son qui ait frappé mon oreille en venant à la vie. A combien de rivages n'ai-je pas vu depuis se briser les mêmes flots que je contemple ici ! Qui m'eût dit, il y a quelques années, que j'entendrais gémir sur les côtes d'Italie, sur les grèves des Bataves, des Bretons, des Gaulois, ces vagues que je voyais se dérouler sur les beaux sables de la Messénie ? Quel sera le terme de mes pèlerinages ? Heureux si la mort m'eût surpris avant d'avoir commencé mes courses sur la terre, et lorsque je n'avais d'aventures à conter à personne! »

« Telles étaient mes réflexions, lorsque j'entendis assez près de moi les sons d'une voix et d'une guitare. Ces sons, entrecoupés par des silences, par le murmure de la forêt et de la mer, par le cri du courlis et de l'alouette marine, avaient quelque chose d'enchanté et de sauvage. Je découvris aussitôt Velléda assise sur la bruyère. Sa parure annonçait le désordre de son esprit : elle portait un collier de baies d'églantier ; sa guitare était suspendue à son sein par une tresse de lierre et de fougère flétrie ; un voile blanc jeté sur sa tête descendait jusqu'à ses pieds. Dans ce singulier appareil, pâle, et les yeux fatigués de pleurs, elle était encore d'une beauté frappante. On l'apercevait derrière un buisson à demi dépouillé : ainsi le poëte représente l'ombre de Didon, se montrant à travers un bois de myrtes, comme la lune nouvelle qui se lève dans un nuage.

« Le mouvement que je fis en reconnaissant la fille de Ségenax attira ses regards. A mon aspect une joie troublée éclate sur son visage. Elle me fait un signe mystérieux, et me dit :

« Je savais bien que je t'attirerais ici ; rien ne résiste à la force de mes accents. »

« Et elle se met à chanter :

« Hercule, tu descendis dans la verte Aquitaine. Pyrène, qui donna
« son nom aux montagnes de l'Ibérie ; Pyrène, fille du roi Bébrycius,
« épousa le héros grec ; car les Grecs ont toujours ravi le cœur des
« femmes. »

« Velléda se lève, s'avance vers moi, et me dit :

« Je ne sais quel enchantement m'entraîne sur tes pas ; j'erre autour de ton château, et je suis triste de ne pouvoir y pénétrer. Mais j'ai préparé des charmes ; j'irai chercher le sélago : j'offrirai d'abord une oblation de pain et de vin ; je serai vêtue de blanc ; mes pieds seront nus, ma main droite cachée sous ma tunique arrachera la plante, et ma main gauche la dérobera à ma main droite. Alors rien ne pourra me résister. Je me glisserai chez toi sur les rayons de la lune ; je prendrai la forme d'un ramier, et je volerai sur le haut de la tour que tu habites. Si je savais ce que tu préfères !... je pourrais... Mais non, je veux être aimée pour moi : ce serait m'être infidèle que de m'aimer sous une forme empruntée. »

« A ces mots, Velléda pousse des cris de désespoir.

« Bientôt, changeant d'idée et cherchant à lire dans mes yeux, comme pour pénétrer mes secrets :

« Oh ! oui, c'est cela, s'écria-t-elle, les Romaines auront épuisé ton cœur! Tu les auras trop aimées! Ont-elles donc tant d'avantages sur moi? Les cygnes sont moins blancs que les filles des Gaules; nos yeux ont la couleur et l'éclat du ciel; nos cheveux sont si beaux que tes Romaines nous les empruntent pour en ombrager leurs têtes; mais le feuillage n'a de grâces que sur la cime de l'arbre où il est né. Vois-tu la chevelure que je porte? Eh bien! si j'avais voulu la céder, elle serait maintenant sur le front de l'impératrice : c'est mon diadème; et je l'ai gardé pour toi! Ne sais-tu pas que nos pères, nos frères, nos époux, trouvent en nous quelque chose de divin? Une voix mensongère t'aura peut-être raconté que les Gauloises sont capricieuses, légères, infidèles : ne crois pas ces discours. Chez les enfants des druides, les passions sont sérieuses et leurs conséquences terribles. »

« Je pris les mains de cette infortunée entre les deux miennes : je les serrai tendrement.

« Velléda, dis-je, si vous m'aimez, il est un moyen de me le prouver : retournez chez votre père, il a besoin de votre appui. Ne vous abandonnez plus à une douleur qui trouble votre raison, et qui me fera mourir. »

« Je descendis de la colline, et Velléda me suivit. Nous nous avançâmes dans la campagne par des chemins peu fréquentés où croissait le gazon.

« Si tu m'avais aimée, disait Velléda, avec quelles délices nous aurions parcouru ces champs! Quel bonheur d'errer avec toi dans ces routes solitaires, comme la brebis dont les flocons de laine sont restés suspendus à ces ronces! »

« Elle s'interrompit, regarda ses bras amaigris, et dit avec un sourire :

« Et moi aussi j'ai été déchirée par les épines de ce désert, et j'y laisse chaque jour quelque partie de ma dépouille. »

« Revenant à ses rêveries :

« Au bord du ruisseau, dit-elle, au pied de l'arbre, le long de cette haie, de ces sillons où rit la première verdure des blés que je ne verrai pas mûrir, nous aurions admiré le coucher du soleil. Souvent, pendant les tempêtes, cachés dans quelque grange isolée ou parmi les ruines d'une cabane, nous eussions entendu gémir le vent sous le chaume abandonné. Tu croyais peut-être que, dans mes songes de félicité, je désirais des trésors, des palais, des pompes? Hélas! mes vœux étaient plus modestes, et ils n'ont point été exaucés! Je n'ai jamais aperçu au coin d'un bois la hutte roulante d'un berger, sans songer qu'elle me suffirait avec toi. Plus heureux que ces Scythes dont les druides m'ont conté l'histoire, nous promènerions aujourd'hui notre cabane de solitude en solitude, et notre demeure ne tiendrait pas plus à la terre que notre vie. »

« Nous arrivâmes à l'entrée d'un bois de sapins et de mélèzes. La fille de Ségenax s'arrêta, et me dit :

« Mon père habite ce bois, je ne veux pas que tu entres dans sa demeure : il t'accuse de lui avoir ravi sa fille. Tu peux, sans être trop malheureux, me voir au milieu de mes chagrins, parce que je suis jeune et pleine de force ; mais les larmes d'un vieillard brisent le cœur. Je t'irai chercher au château. »

« En prononçant ces mots, elle me quitta brusquement.

« Cette rencontre imprévue porta le dernier coup à ma raison. Tel est le danger des passions, que, même sans les partager, vous respirez dans leur atmosphère quelque chose d'empoisonné qui vous enivre. Vingt fois, tandis que Velléda m'exprimait des sentiments si tristes et si tendres, vingt fois je fus prêt à me jeter à ses pieds, à l'étonner de sa victoire, à la ravir par l'aveu de ma défaite. Au moment de succomber, je ne dus mon salut qu'à la pitié même que m'inspirait cette infortunée. Mais cette pitié, qui me sauva d'abord, fut en effet ce qui me perdit, car elle m'ôta le reste de mes forces. Je ne me sentis plus aucune fermeté contre Velléda ; je m'accusai d'être la cause de l'égarement de son esprit par trop de sévérité. Un si triste essai de courage me dégoûta du courage même ; je retombai dans ma faiblesse accoutumée, et, ne comptant plus sur moi, je mis tout mon espoir dans le retour de Clair.

« Quelques jours s'écoulèrent : Velléda ne reparaissant point au château selon sa promesse, je commençai à craindre quelque accident fatal. Plein d'inquiétude, je sortais pour me rendre à la demeure de Ségenax, lorsqu'un soldat, accouru du bord de la mer, vint m'avertir que la flotte des Francs reparaissait à la vue de l'Armorique. Je fus obligé de partir sur-le-champ. Le temps était sombre, et tout annonçait une tempête. Comme les Barbares choisissent presque toujours pour débarquer le moment des orages, je redoublai de vigilance. Je fis mettre partout les soldats sous les armes, et fortifier les lieux les plus exposés. La journée entière se passa dans ces travaux, et la nuit, en faisant éclater la tempête, nous apporta de nouvelles inquiétudes.

« A l'extrémité d'une côte dangereuse, sur une grève où croissent à peine quelques herbes dans un sable stérile, s'élève une longue suite de pierres druidiques, semblables à ce tombeau où j'avais jadis rencontré Velléda. Battues des vents, des pluies et des flots, elles sont là solitaires entre la mer, la terre et le ciel. Leur origine et leur destination sont également inconnues. Monuments de la science des druides, retracent-elles quelques secrets de l'astronomie, ou quelques mystères de la Divinité? On l'ignore; mais les Gaulois n'approchent point de ces pierres sans une profonde terreur. Ils disent qu'on y voit des feux errants, et qu'on y entend la voix des fantômes.

« La solitude de ce lieu et la frayeur qu'il inspire me parurent propres à favoriser une descente des Barbares. Je crus donc devoir placer une garde sur cette côte, et je résolus moi-même d'y passer la nuit.

« Un esclave que j'avais envoyé porter une lettre à Velléda était revenu avec cette lettre. Il n'avait point trouvé la druidesse; elle avait quitté son père vers la troisième heure du jour, et l'on ne savait ce qu'elle était devenue. Cette nouvelle ne fit qu'augmenter mes alarmes. Dévoré de chagrins, je m'étais assis, loin des soldats, dans un endroit écarté. Tout à coup j'entends du bruit, et crois entrevoir quelque chose dans l'ombre. Je mets l'épée à la main; je me lève et cours vers le fantôme qui fuyait. Quelle fut ma surprise lorsque je saisis Velléda !

« Quoi! me dit-elle à voix basse, c'est toi! Tu as donc su que j'étais ici? »

— « Non, lui répondis-je; mais vous, trahissez-vous les Romains? »

— « Trahir! repartit-elle indignée. Ne t'ai-je point juré de ne rien entreprendre contre toi? Suis-moi, tu vas voir ce que je fais ici. »

« Elle me prit par la main, et me conduisit sur la pointe la plus élevée du dernier rocher druidique.

« La mer se brisait au-dessous de nous parmi des écueils avec un bruit horrible. Ses tourbillons, poussés par le vent, s'élançaient contre le rocher, et nous couvraient d'écume et d'étincelles de feu. Des nuages volaient dans le ciel sur la face de la lune, qui semblait courir rapidement à travers ce chaos.

« Écoute bien ce que je vais t'apprendre, me dit Velléda. Sur cette côte demeurent des pêcheurs qui te sont inconnus. Lorsque la moitié de la nuit sera écoulée, ils entendront quelqu'un frapper à leurs portes, et les appeler à voix basse. Alors ils courront au rivage sans connaître le pouvoir qui les entraîne. Ils y trouveront des bateaux vides, et pourtant ces bateaux seront si chargés des âmes des morts, qu'ils s'élèveront à peine au-dessus des flots. En moins d'une heure les pêcheurs achèveront une navigation d'une journée, et conduiront les âmes à l'île des Bretons. Ils ne verront personne, ni pendant le trajet ni pendant le débarquement; mais ils entendront une voix qui comptera les nouveaux passagers au gardien des âmes. S'il se trouve quelques femmes dans les barques, la voix déclarera le nom de leurs époux. Tu sais, cruel, si l'on pourra nommer le mien. »

« Je voulus combattre les superstitions de Velléda.

« Tais-toi, me dit-elle, comme si j'eusse été coupable d'impiété. Tu verras bientôt le tourbillon de feu qui annonce le passage des âmes. N'entends-tu pas déjà leurs cris? »

« Velléda se tut, et prêta une oreille attentive.

« Après quelques moments de silence elle me dit :

« Quand je ne serai plus, promets-moi de me donner des nouvelles de mon père. Lorsque quelqu'un sera mort, tu m'écriras des lettres que tu jetteras dans le bûcher funèbre; elles me parviendront au *Séjour des Souvenirs*; je les lirai avec délices, et nous causerons ainsi des deux côtés du tombeau. »

« Dans ce moment une vague furieuse vient roulant contre le rocher, qu'elle ébranle dans ses fondements. Un coup de vent déchire les nuages, et la lune laisse tomber un pâle rayon sur la surface des flots. Des bruits sinistres s'élèvent sur le rivage. Le triste oiseau des écueils, le lumb, fait entendre sa plainte, semblable au cri de détresse d'un homme qui se noie : la sentinelle effrayée appelle aux armes. Velléda tressaille, étend les bras, s'écrie :

« On m'attend ! »

« Et elle s'élançait dans les flots. Je la retins par son voile...

« O Cyrille! comment continuer ce récit? Je rougis de honte et de confusion, mais je vous dois l'entier aveu de mes fautes : je les soumets, sans en rien dérober, au saint tribunal de votre vieillesse. Hélas! après mon naufrage, je me réfugie dans votre charité, comme dans un port de miséricorde!

« Épuisé par les combats que j'avais soutenus contre moi-même, je ne pus résister au dernier témoignage de l'amour de Velléda! Tant de beauté, tant de passion, tant de désespoir, m'ôtèrent à mon tour la raison : je fus vaincu.

« Non, dis-je au milieu de la nuit et de la tempête, je ne suis pas assez fort pour être chrétien ! »

« Je tombe aux pieds de Velléda... L'enfer donne le signal de cet hymen funeste; les esprits des ténèbres hurlent dans l'abîme, les chastes épouses des patriarches détournent la tête, et mon ange protecteur, se voilant de ses ailes, remonte vers les cieux !

« La fille de Ségenax consentit à vivre, ou plutôt elle n'eut pas la force de mourir. Elle restait muette dans une sorte de stupeur, qui était à la fois un supplice affreux et une ineffable volupté. L'amour, le remords, la honte, la crainte, et surtout l'étonnement, agitaient le cœur de Velléda : elle ne pouvait croire que je fusse ce même Eudore jusque-là si insensible; elle ne savait si elle n'était point abusée par quelque fantôme de la nuit, et elle me touchait les mains et les cheveux pour s'assurer de la réalité de mon existence. Mon bonheur à moi ressemblait au désespoir, et quiconque nous eût vus au milieu de notre félicité nous eût pris pour deux coupables à qui l'on vient de prononcer l'arrêt fatal.

« Dans ce moment, je me sentis marqué du sceau de la réprobation divine : je doutai de la possibilité de mon salut et de la toute-puissance de la miséricorde de Dieu. D'épaisses ténèbres, comme une fumée, s'élevèrent dans mon âme, dont il me sembla qu'une légion d'esprits rebelles prenait tout à coup possession. Je me trouvai des idées inconnues, le langage de l'enfer s'échappa naturellement de ma bouche, et je fis entendre les blasphèmes de ces lieux où il y aura des gémissements et des pleurs éternels.

« Pleurant et souriant tour à tour, la plus heureuse et la plus infortunée des créatures, Velléda, gardait le silence. L'aube commençait à blanchir les cieux. L'ennemi ne parut point. Je retournai au château, ma victime m'y suivit. Deux fois l'étoile qui marque les derniers pas du jour cacha notre rougeur dans les ombres, et deux fois l'étoile qui rapporte la lumière nous ramena la honte et le remords. A la troisième aurore, Velléda monta sur mon char pour aller chercher Ségenax. Elle avait à peine disparu dans les bois de chênes, que je vis s'élever au-dessus des forêts une colonne de feu et de fumée. A l'instant où je découvrais ces signaux, un centurion vint m'apprendre qu'on entendait retentir de village en village les cris que poussent les Gaulois quand ils veulent se communiquer une nouvelle. Je crus que les Francs avaient attaqué quelque partie du rivage, et je me hâtai de sortir avec mes soldats.

« Bientôt j'aperçois des paysans qui courent de toutes parts. Ils se réunissent à une grande troupe qui s'avance vers moi.

« Je marche à la tête des Romains vers les bataillons rustiques. Arrivé à la portée du javelot, j'arrête mes soldats, et m'avançant seul, la tête nue, entre les deux armées :

« Gaulois, quel sujet vous rassemble? Les Francs sont-ils descendus dans les Armoriques? Venez-vous m'offrir votre secours, ou vous présentez-vous ici comme ennemis de César? »

« Un vieillard sort des rangs. Ses épaules tremblaient sous le poids de sa cuirasse, et son bras était chargé d'un fer inutile. O surprise! je crois reconnaître une de ces armures que j'avais vues supendues au bois des druides. O confusion! ô douleur! ce vénérable guerrier était Ségenax!

« Gaulois, s'écrie-t-il, j'en atteste ces armes de ma jeunesse, que j'ai reprises au tronc d'Irminsul, où je les avais consacrées; voilà celui qui a déshonoré mes cheveux blancs. Un eubage avait suivi ma fille, dont la raison est égarée : il a vu dans l'ombre le crime d'un Romain. La vierge de Sayne a été outragée. Vengez vos filles et vos épouses, vengez les Gaulois et vos dieux ! »

« Il dit, et me lance un javelot d'une main impuissante. Le dard, sans force, vient tomber à mes pieds ; je l'aurais béni s'il m'eût percé le cœur. Les Gaulois, poussant un cri, se précipitent sur moi ; mes soldats s'avancent pour me secourir. En vain je veux arrêter les combattants. Ce n'est plus un tumulte passager, c'est un véritable combat, dont les clameurs s'élèvent jusqu'au ciel. On eût cru que les divinités des druides étaient sorties de leurs forêts, et que, du faîte de quelque bergerie, elles animaient les Gaulois au carnage, tant ces laboureurs montraient d'audace ! Indifférent sur les coups qui menacent ma tête, je ne songe qu'à sauver Ségenax ; mais, tandis que je l'arrache aux mains des soldats, et que je cherche à lui faire un abri du tronc d'un chêne, une javeline, lancée du milieu de la foule, vient avec un affreux sifflement s'enfoncer dans les entrailles du vieillard ; il tombe sous l'arbre de ses aïeux, comme l'antique Priam sous le laurier qui ombrageait ses autels domestiques.

« Dans ce moment, un char paraît à l'extrémité de la plaine. Penchée sur les coursiers, une femme échevelée excite leur ardeur, et semble vouloir leur donner des ailes. Velléda n'avait point trouvé son père. Elle avait appris qu'il assemblait les Gaulois pour venger l'honneur de sa fille. La druidesse voit qu'elle est trahie, et connaît toute l'étendue de sa faute. Elle vole sur les traces du vieillard, arrive dans la plaine où se donnait le combat fatal, pousse ses chevaux à travers les rangs, et me découvre gémissant sur son père étendu mort à mes pieds. Transportée de douleur, Velléda arrête ses coursiers, et s'écrie du haut de son char :

« Gaulois, suspendez vos coups. C'est moi qui ai causé vos maux, c'est moi qui ai tué mon père. Cessez d'exposer vos jours pour une fille criminelle. Le Romain est innocent. La vierge de Sayne n'a point été outragée : elle s'est livrée elle-même, elle a violé volontairement ses vœux. Puisse ma mort rendre la paix à ma patrie ! »

« Alors, arrachant de son front sa couronne de verveine, et prenant à sa ceinture sa faucille d'or, comme si elle allait faire un sacrifice à ses dieux :

« Je ne souillerai plus, dit-elle, ces ornements d'une vestale ! »

« Aussitôt elle porte à sa gorge l'instrument sacré : le sang jaillit. Comme une moissonneuse qui a fini son ouvrage, et qui s'endort fatiguée au bout du sillon, Velléda s'affaisse sur le char ; la faucille d'or échappe à sa main défaillante, et sa tête se penche doucement sur son épaule.

Elle veut prononcer encore le nom de celui qu'elle aime, mais sa bouche ne fait entendre qu'un murmure confus : déjà je n'étais plus que dans les songes de la fille des Gaules, et un invincible sommeil avait fermé ses yeux. »

LIVRE ONZIÈME

SOMMAIRE.

Suite du récit. Repentir d'Eudore. Sa pénitence publique. Il quitte l'armée. Il passe en Égypte pour demander sa retraite à Dioclétien. Navigation. Alexandrie. Le Nil. L'Égypte. Eudore obtient sa retraite de Dioclétien. La Thébaïde. Retour d'Eudore chez son père. Fin du récit.

« Pardonnez, seigneurs, aux larmes qui coulent encore de mes yeux! Je ne vous dirai point que les centurions m'avaient retenu au milieu d'eux, tandis que Velléda s'arrachait la vie. Trop juste châtiment du ciel, je ne devais plus revoir celle que j'avais séduite que pour l'ensevelir dans la tombe!

« La grande époque de ma vie, ô Cyrille! doit être comptée de ce moment, puisque c'est l'époque de mon retour à la religion. Jusqu'alors, les fautes qui m'avaient été personnelles, et qui n'étaient retombées que sur moi, m'avaient peu frappé; mais quand je me trouvai la cause du malheur d'autrui, mon cœur se révolta contre moi. Je ne balançai plus. Clair arriva : je tombai à ses genoux ; je lui fis la confession des iniquités de ma vie. Il m'embrassa avec des transports de joie, et m'imposa une partie de cette pénitence, non assez rigoureuse, dont vous voyez la suite aujourd'hui.

« Les fièvres de l'âme sont semblables à celles du corps : pour les guérir, il faut surtout changer de lieux. Je résolus de quitter l'Armorique, de renoncer au monde, et d'aller pleurer mes erreurs sous le toit de mes pères. Je renvoyai à Constance les marques de mon pouvoir, en le priant de me permettre d'abandonner le siècle et les armes. César essaya de me retenir par toutes sortes de moyens : il me nomma préfet du prétoire des Gaules, dignité suprême dont l'autorité s'étend sur l'Espagne et sur les îles des Bretons. Mais Constance, s'apercevant que j'étais ferme dans mes projets, m'écrivit ces mots pleins de sa douceur accoutumée :

« Je ne puis vous accorder moi-même la grâce que vous me deman-
« dez, parce que vous appartenez au peuple romain. L'empereur seul a
« le droit de prononcer sur votre sort. Rendez-vous donc auprès de lui,
« sollicitez votre retraite, et si Auguste vous refuse, revenez trouver
« César.

« Je remis le commandement de l'Armorique au tribun qui me devait remplacer ; j'embrassai Clair, et, plein d'attendrissement et de remords, j'abandonnai les bois et les bruyères qu'avait habités Velléda. Je m'embarquai au port de Nîmes, j'arrivai à Ostie, et je revis cette Rome, théâtre de mes premières erreurs. En vain quelques jeunes amis voulurent me rappeler à leurs fêtes, ma tristesse corrompait la joie du banquet ; en affectant de sourire, je tenais longtemps la coupe à mes lèvres pour cacher les pleurs qui tombaient de mes yeux. Prosterné devant le chef des chrétiens, qui m'avait retranché de la communion des fidèles, je le suppliai de me réunir au troupeau. Marcellin m'admit au repentir ; il me fit même espérer que mon épreuve serait abrégée, et que la maison du Seigneur me serait rouverte après cinq ans, si je persévérais dans la pénitence.

« Il ne me restait plus qu'à porter mes prières aux pieds de Dioclétien : il était encore en Égypte. Je ne voulus point attendre son retour, et je me déterminai à passer en Orient.

« Il y avait au môle de Marc-Aurèle un de ces vaisseaux chrétiens que les évêques d'Alexandrie envoient, dans les temps de disette, porter du blé destiné au soulagement des pauvres. Ce vaisseau était prêt à faire voile pour l'Égypte : je m'y embarquai. La saison était favorable. Nous levâmes l'ancre, et nous nous éloignâmes rapidement des côtes de l'Italie.

« Hélas ! j'avais déjà traversé cette mer, en sortant pour la première fois de mon Arcadie ! J'étais jeune alors, plein d'espérance ; je rêvais gloire, fortune, honneurs ; je ne connaissais le monde que par les songes de mon imagination. « Aujourd'hui, me disais-je, quelle différence ! je reviens de ce monde, et qu'ai-je appris dans ce triste pèlerinage ? »

« L'équipage était chrétien : les devoirs de notre religion accomplis sur le vaisseau semblaient augmenter la majesté de la scène. Si tous ces hommes revenus à la raison ne voyaient plus Vénus sortir d'une mer brillante, et s'envoler au ciel sur l'aile des Heures, ils admiraient la main de celui qui creusa l'abîme, et qui répandit à volonté la terreur ou la beauté sur les flots. Avions-nous besoin des fables d'Alcyon et de Céix pour trouver des rapports attendrissants entre les oiseaux qui passent sur les mers et nos destinées ? En voyant se suspendre à nos mâts des hirondelles fatiguées, nous étions tentés de les interroger touchant notre patrie. Elles avaient peut-être voltigé autour de notre demeure, et suspendu leurs nids à notre toit. Reconnaissez ici, Démodocus, cette simplicité des chrétiens qui les rend semblables à des enfants. Un cœur couronné d'innocence vaut mieux pour le marinier qu'une poupe ornée de fleurs; et les sentiments que répand une âme pure sont plus agréables au souverain des mers que le vin qui coule d'une coupe d'or.

« La nuit, au lieu d'adresser aux astres des invocations coupables et vaines, nous regardions en silence ce firmament où les étoiles se plaisent à luire pour le Dieu qui les a créées, ce beau ciel, ces demeures paisibles, que j'avais pour toujours fermés à Velléda!

« Nous passâmes non loin d'Utique et de Carthage : Marius et Caton ne me rappelèrent dans le crime et dans la vertu qu'un peu de gloire et beaucoup de malheur. J'aurais voulu embrasser Augustin sur ces bords. A la vue de la colline où fut le palais de Didon, je fondis tout à coup en larmes. Une colonne de fumée qui s'élevait du rivage sembla m'annoncer, ainsi qu'au fils d'Anchise, l'embrasement du bûcher funèbre. Dans le destin de la reine de Carthage, je retrouvai celui de la prêtresse des Gaulois. Cachant ma tête dans mes deux mains, je me mis à pousser des sanglots. Je fuyais aussi sur les mers après avoir causé la mort d'une femme; et pourtant, homme sans gloire et sans avenir, je n'étais pas comme Énée le dernier héritier d'Ilion et d'Hector; je n'avais pas comme lui pour excuse l'ordre du ciel et les destinées de l'empire romain.

« Nous franchîmes le promontoire de Mercure, et le cap où Scipion, saluant la fortune de Rome, voulut aborder avec son armée. Poussés par les vents de la petite Sirte, nous vîmes la tour qui servit de retraite au grand Annibal, lorsqu'il s'embarqua furtivement pour échapper à l'ingratitude de sa patrie : à quelque terre que l'on aborde, on est sûr d'y rencontrer les traces de l'injustice et du malheur. C'est ainsi qu'au rivage opposé de la Sicile, je croyais voir ces victimes de Verrès, qui, du haut de l'instrument de leur supplice, tournaient inutilement vers Rome leurs regards mourants. Ah! le chrétien sur sa croix n'implorera point en vain sa patrie!

« Déjà nous avions laissé à notre droite l'île délicieuse des Lotophages, les autels des Philènes, et Leptis, patrie de Sévère. Nous ne tardâmes pas à traverser le golfe de Cyrène. La treizième aurore embellissait les cieux, lorsque nous vîmes se former à l'horizon, le long des flots, une rive basse et désolée. Par delà une vaste plaine de sable, une haute colonne attira bientôt nos regards. Les marins reconnurent la colonne de Pompée, consacrée aujourd'hui à Dioclétien par Pollion, préfet d'Égypte. Nous nous dirigeâmes sur ce monument, qui annonce si bien aux voyageurs cette cité fille d'Alexandre, bâtie par le vainqueur d'Arbelles, pour être le tombeau du vaincu de Pharsale. Nous vînmes jeter l'ancre à l'occident du phare, dans le grand port d'Alexandrie. Pierre[1], évêque de cette ville fameuse, m'accueillit avec une bonté paternelle. Il m'offrit un asile dans les bâtiments des serviteurs de l'autel; mais des liens de parenté me firent choisir la maison de la belle et pieuse Catherine[2].

« Avant de rejoindre Dioclétien dans la Haute-Égypte, je passai quelques jours à Alexandrie pour en visiter les merveilles. La bibliothèque excita mon admiration. Elle était gouvernée par le savant Didyme, digne successeur d'Aristarque. Là, je rencontrai des philosophes de tous les pays, et les hommes les plus illustres des Églises de l'Afrique et de l'Asie : Arnobe[3] de Carthage, Athanase[4] d'Alexandrie, Eusèbe[5] de Césarée, Timothée, Pamphile[6], tous apologistes, docteurs ou confesseurs de Jésus-Christ. Le faible séducteur de Velléda osait à peine lever les yeux dans la société de ces hommes forts qui avaient vaincu et détrôné les passions, comme ces conquérants envoyés du ciel pour frapper les princes de la verge, et mettre le pied sur le cou des rois.

« Un soir, j'étais resté presque seul dans le dépôt des remèdes et des poisons de l'âme. Du haut d'une galerie de marbre, je regardais Alexandrie éclairée des derniers rayons du jour. Je contemplais cette ville habitée par un million d'hommes, et située entre trois déserts : la mer, les sables de la Libye et Nécropolis, cité des morts aussi grande que celle des vivants. Mes yeux erraient sur tant de monuments, le Phare, le Timonium, l'Hippodrome, le palais des Ptolémées, les aiguilles de Cléopâtre ; je considérais ces deux ports couverts de navires, ces flots, témoins de la magnanimité du premier des Césars et de la douleur de Cornélie. La forme même de la cité frappait mes regards : elle dessine comme une cuirasse macédonienne sur les sables de la Libye, soit pour rappeler le souvenir de son fondateur, soit pour dire aux voyageurs que les armes du héros grec étaient fécondes, et que la pique d'Alexandre faisait éclore des cités au désert, comme la lance de Minerve fit sortir l'olivier fleuri du sein de la terre.

« Pardonnez, seigneurs, à cette image empruntée d'une source impure. Plein d'admiration pour Alexandre, je rentrai dans l'intérieur de la bibliothèque ; je découvris une salle que je n'avais point encore parcourue. A l'extrémité de cette salle, je vis un petit monument de

---

[1] Le martyr. Il nous reste une lettre apostolique de lui. — [2] Catherine, qui résista à l'amour de Maximin. — [3] L'apologiste, dont nous avons les ouvrages. — [4] Le patriarche. — [5] L'historien. — [6] Le martyr, maître d'Eusèbe.

verre qui réfléchissait les feux du soleil couchant. Je m'en approchai ; c'était un cercueil : le cristal transparent me laissa voir au fond du cercueil un roi mort à la fleur de l'âge, le front ceint d'une couronne d'or, et environné de toutes les marques de la puissance. Ses traits immobiles conservaient encore des traces de la grandeur de l'âme qui les anima ; il semblait dormir du sommeil de ces vaillants qui sont tombés morts, et qui ont mis leurs épées sous leur tête.

« Un homme était assis près du cercueil : il paraissait profondément occupé d'une lecture. Je jetai les yeux sur son livre : je reconnus la Bible des Septante qu'on m'avait déjà montrée. Il la tenait déroulée à ce verset des Machabées :

« Lorsque Alexandre eut vaincu Darius, il passa jusqu'à l'extrémité du
« monde, et la terre se tut devant lui. Après cela il connut qu'il devait
« bientôt mourir. Les grands de sa cour prirent tous le diadème après
« sa mort, et les maux se multiplièrent sur la terre. »

« Dans ce moment je reportai mes regards sur le cercueil : le fantôme qu'il renfermait me parut avoir quelque ressemblance avec les bustes d'Alexandre.... Celui devant qui la terre se taisait, réduit à un éternel silence ! Un obscur chrétien assis près du cercueil du plus fameux des conquérants, et lisant dans la Bible l'histoire et les destinées de ce conquérant ! Quel vaste sujet de réflexions ! Ah ! si l'homme, quelque grand qu'il soit, est si peu de chose, qu'est-ce donc que ses œuvres ! disais-je en moi-même. Cette superbe Alexandrie périra à son tour comme son fondateur. Un jour, dévorée par les trois déserts qui la pressent, la mer, les sables et la mort la reprendront comme un bien envahi sur eux, et l'Arabe reviendra planter sa tente sur ses ruines ensevelies !

« Le lendemain de cette journée, je m'embarquai pour Memphis. Nous nous trouvâmes bientôt au milieu de la mer, dans les eaux rougissantes du Nil. Quelques palmiers qui semblaient plantés dans les flots nous annoncèrent ensuite une terre que l'on ne voyait point encore. Le sol qui les portait s'éleva peu à peu au-dessus de l'horizon. On découvrit par degrés les sommets confus des édifices de Canope ; et l'Égypte enfin, toute brillante d'une inondation nouvelle, se montre à nos yeux comme une génisse féconde qui vient de se baigner dans les flots du Nil.

« Nous entrâmes à pleines voiles dans le fleuve. Les mariniers le saluèrent de leurs cris, et portèrent à leur bouche son onde sacrée. Un paysage à fleur d'eau s'étendait sur l'une et l'autre rive. Ce fertile marais était à peine ombragé par des sycomores chargés de figues, et par des palmiers qui semblent être les roseaux du Nil. Quelquefois le désert, comme un ennemi, se glisse dans la verte plaine ; il pousse ses sables en longs serpents d'or, et dessine, au sein de la fécondité, des méandres stériles. Les hommes ont multiplié sur cette terre l'obélisque, la colonne et la pyramide, sorte d'architecture isolée, qui remplace par l'art les troncs des vieux chênes que la nature a refusés à un sol rajeuni tous les ans.

« Cependant nous commencions à découvrir à notre droite les premières sinuosités de la montagne de Libye, et à notre gauche la crête des monts de la mer Érythrée. Bientôt, dans l'espace vide que laissait l'écartement de ces deux chaînes de montagnes, nous vîmes paraître le sommet des deux grandes pyramides. Placées à l'entrée de la vallée du Nil, elles ressemblent aux portes funèbres de l'Égypte, ou plutôt à quelque monument triomphal élevé à la mort pour ses victoires : Pharaon est là avec tout son peuple, et ses sépulcres sont autour de lui.

« Non loin et comme à l'ombre de ces demeures du néant, Memphis s'élève entourée de cercueils. Baignée par le lac Acherus, où Caron passait les morts; voisine de la plaine des tombeaux, elle semble n'avoir qu'un pas à franchir pour descendre aux enfers avec ses générations. Je ne m'arrêtai pas longtemps dans cette ville déchue de sa première grandeur. Cherchant toujours Dioclétien, je remontai jusque dans la Haute-Égypte. Je visitai Thèbes aux cent portes, Tentyra aux ruines magnifiques, et quelques-unes des quatre mille cités que le Nil arrose dans son cours.

« Ce fut en vain que je cherchai cette sage et sérieuse Égypte qui donna Cécrops et Inachus à la Grèce, et qui fut visitée par Homère, Lycurgue et Pythagore, et par Jacob, Joseph et Moïse; cette Égypte où le peuple jugeait ses rois après leur mort, où l'on empruntait en livrant pour gage le corps d'un père, où le père qui avait tué son fils était obligé de tenir pendant trois jours le corps de ce fils embrassé, où l'on promenait un cercueil autour de la table du festin, où les maisons s'appelaient des hôtelleries, et les tombeaux des maisons. J'interrogeai les prêtres si renommés dans la science des choses du ciel et des traditions de la terre. Je ne trouvai que des fourbes qui entourent la vérité de bandelettes comme leurs momies, et la rangent au nombre des morts dans leurs puits funèbres. Retombés dans une grossière ignorance, ils n'entendent plus la langue hiéroglyphique ; leurs symboles bizarres ou effrontés sont muets pour eux comme pour l'avenir : ainsi la plupart de leurs monuments, les obélisques, les sphinx, les colosses, ont perdu leurs rapports avec l'histoire et les mœurs. Tout est changé sur ces bords, hors la superstition consacrée par le souvenir des ancêtres : elle ressemble à ces monstres d'airain que le temps ne peut faire entièrement disparaître dans ce climat conservateur : leurs croupes et leurs dos sont ensevelis dans le sable, mais ils lèvent encore une tête hideuse du milieu des tombeaux.

« Enfin, je rencontrai Dioclétien auprès des grandes cataractes, où il venait de conclure un traité avec les peuples de Nubie. L'empereur me daigna parler des honneurs militaires que j'avais obtenus, et me témoigner quelque regret de la résolution que j'avais prise.

« Toutefois, dit-il, si vous persistez dans votre projet, vous pouvez retourner dans votre patrie. J'accorde cette grâce à vos services : vous serez le premier de votre famille qui soit rentré sous le toit de ses pères avant d'avoir laissé un fils en otage au peuple romain. »

« Plein de joie de me trouver libre, il me restait à voir en Égypte une autre espèce d'antiquités, plus d'accord avec mes sentiments, ma patience et mes remords. Je touchais au désert témoin de la fuite des Hébreux, et consacré par les miracles du Dieu d'Israël : je résolus de le traverser en prenant la route de Syrie.

« Je redescendis le fleuve de l'Égypte. A deux journées au-dessus de Memphis, je pris un guide pour me conduire au rivage de la mer Rouge; de là je devais passer à Arsinoé[1] pour me rendre à Gaza avec les marchands de Syrie. Quelques dattes et des outres remplies d'eau furent les seules provisions du voyage. Le guide marchait devant moi, monté sur un dromadaire : je le suivais sur une cavale arabe. Nous franchîmes la première chaîne des montagnes qui bordent la rive orientale du Nil; et, perdant de vue les humides campagnes, nous entrâmes dans une plaine aride : rien ne représente mieux le passage de la vie à la mort.

« Figurez-vous, seigneurs, des plages sablonneuses, labourées par les pluies de l'hiver, brûlées par les feux de l'été, d'un aspect rougeâtre, et d'une nudité affreuse. Quelquefois seulement des nopals épineux couvrent une petite partie de l'arène sans bornes; le vent traverse ces forêts armées, sans pouvoir courber leurs inflexibles rameaux : çà et là des débris de vaisseaux pétrifiés étonnent les regards, et des monceaux de pierre élevés de loin à loin servent à marquer le chemin aux caravanes.

« Nous marchâmes tout un jour dans cette plaine. Nous franchîmes une autre chaîne de montagnes, et nous découvrîmes une seconde plaine plus vaste et plus désolée que la première.

« La nuit vint. La lune éclairait le désert vide : on n'apercevait, sur une solitude sans ombre, que l'ombre immobile de notre dromadaire, et l'ombre errante de quelques troupeaux de gazelles. Le silence n'était

---

[1] Suez.

interrompu que par le bruit des sangliers qui broyaient des racines flétries, ou par le chant du grillon, qui demandait en vain dans ce sable inculte le foyer du laboureur.

« Nous reprîmes notre route avant le retour de la lumière. Le soleil se leva dépouillé de ses rayons, et semblable à une meule de fer rougie. La chaleur augmentait à chaque instant. Vers la troisième heure du jour, le dromadaire commença à donner des signes d'inquiétude : il enfonçait ses naseaux dans le sable et soufflait avec violence. Par intervalle, l'autruche poussait des sons lugubres. Les serpents et les caméléons se hâtaient de rentrer dans le sein de la terre. Je vis le guide regarder le ciel et pâlir. Je lui demandai la cause de son trouble :

« Je crains, dit-il, le vent du midi ; sauvons-nous. »

« Tournant le visage au nord, il se mit à fuir de toute la vitesse de son dromadaire. Je le suivis : l'horrible vent qui nous menaçait était plus léger que nous.

« Soudain de l'extrémité du désert accourt un tourbillon. Le sol emporté devant nous manque à nos pas, tandis que d'autres colonnes de sable, enlevées derrière nous, roulent sur nos têtes. Égaré dans un labyrinthe de tertres mouvants et semblables entre eux, le guide déclare qu'il ne reconnaît plus sa route ; pour dernière calamité, dans la rapidité de notre course, les outres remplies d'eau s'écoulent. Haletants, dévorés d'une soif ardente, retenant fortement notre haleine dans la crainte d'aspirer des flammes, la sueur ruisselle à grands flots de nos membres abattus. L'ouragan redouble de rage : il creuse jusqu'aux antiques fondements de la terre, et répand dans le ciel les entrailles brûlantes du désert. Enseveli dans une atmosphère de sable embrasé, le guide échappe à ma vue. Tout à coup j'entends son cri ; je vole à sa voix : l'infortuné, foudroyé par le vent de feu, était tombé mort sur l'arène, et son dromadaire avait disparu.

« En vain j'essayai de ranimer mon malheureux compagnon. Mes efforts furent inutiles. Je m'assis à quelque distance, tenant mon cheval en main, et n'espérant plus que dans celui qui changea les feux de la fournaise d'Azarias en un vent frais et une douce rosée. Un acacia qui croissait dans ce lieu me servit d'abri. Derrière ce frêle rempart, j'attendis la fin de la tempête. Vers le soir, le vent du nord reprit son cours : l'air perdit sa chaleur cuisante, les sables tombèrent du ciel et me laissèrent voir les étoiles : inutiles flambeaux qui me montrèrent seulement l'immensité du désert !

« Toutes les bornes avaient disparu, tous les sentiers étaient effacés. Des paysages de sable formés par les vents offraient de toutes parts leurs nouveaux aspects et leurs créations nouvelles. Épuisée de soif, de faim et de fatigue, ma cavale ne pouvait plus porter son fardeau : elle se coucha mourante à mes pieds. Le jour vint achever mon supplice. Le soleil m'ôta le peu de force qui me restait : j'essayai de faire quelques pas; mais bientôt, incapable d'aller plus avant, je me précipitai la tête dans un buisson, et j'attendis, ou plutôt j'appelai la mort.

« Déjà le soleil avait passé le milieu de son cours : tout à coup le rugissement d'un lion se fait entendre. Je me soulève avec peine, et j'aperçois l'animal terrible courant à travers les sables. Il me vint alors en pensée qu'il se rendait peut-être à quelque fontaine connue des bêtes de ces solitudes. Je me recommandai à la puissance qui protégea Daniel, et louant Dieu, je me levai et suivis de loin mon étrange conducteur. Nous ne tardâmes pas d'arriver à une petite vallée. Là se voyait un puits d'eau fraîche environné d'une mousse verdoyante. Un dattier s'élevait auprès; ses fruits mûrs pendaient sous ses palmes recourbées. Ce secours inespéré me rendit la vie. Le lion but à la fontaine, et s'éloigna doucement comme pour me céder sa place au banquet de la Providence : ainsi renaissaient pour moi ces jours du berceau du monde, alors que le premier homme, exempt de souillure, voyait les bêtes de la création se jouer autour de leur roi, et lui demander le nom qu'elles porteraient au désert.

« De la vallée du palmier on apercevait à l'orient une haute montagne. Je me dirigeai sur cette espèce de phare, qui semblait m'appeler à un port à travers les flots fixes et les ondes épaisses d'un océan de sable. J'arrivai au pied de cette montagne; je commençai à gravir des rocs noircis et calcinés qui fermaient l'horizon de toutes parts. La nuit était descendue; je n'entendais que les pas d'une bête sauvage qui marchait devant moi, et qui brisait, en passant dans l'ombre, quelques plantes desséchées. Je crus reconnaître le lion de la fontaine. Tout à coup il se mit à rugir : les échos de ces montagnes inconnues semblèrent s'éveiller pour la première fois, et répondirent par un murmure sauvage aux accents du lion. Il s'était arrêté devant une caverne dont l'entrée était fermée par une pierre. J'entrevois une faible lumière à travers les fentes du rocher. Le cœur palpitant de surprise et d'espoir, je m'approche, je regarde : ô miracle! je découvre réellement une lumière au fond de cette grotte!

« Qui que vous soyez, m'écriai-je, vous qui apprivoisez les bêtes farouches, prenez pitié d'un voyageur égaré. »

« A peine avais-je prononcé ces mots, que j'entendis la voix d'un vieillard qui chantait un cantique de l'Écriture.

« O chrétien! m'écriai-je de nouveau, recevez votre frère! »

« A l'instant même je vis paraître un homme cassé de vieillesse, et qui semblait réunir sur sa tête autant d'années que Jacob. Il était vêtu d'une robe de feuilles de palmier :

« Étranger, me dit-il, soyez le bienvenu! Vous voyez un homme qui est sur le point d'être réduit en poussière. L'heure de mon heureux sommeil est arrivée ; mais je puis encore vous donner l'hospitalité pour quelques moments. Entrez, mon frère, dans la grotte de Paul. »

« Je suivis, en tremblant de respect, ce fondateur du christianisme dans les sables de la Thébaïde.

« Au fond de la grotte, un palmier, étendant et entrelaçant ses branches de toutes parts, formait une espèce de vestibule. Une fontaine très-claire coulait auprès. De cette fontaine sortait un petit ruisseau qui, à peine échappé de sa source, rentrait dans le sein de la terre. Paul s'assit avec moi au bord de l'eau, et le lion qui m'avait montré le puits de l'Arabe se vint coucher à nos pieds.

« Étranger, me dit l'anachorète avec une bienheureuse simplicité, comment vont les choses du monde? Bâtit-on encore des villes? Quel est le maître qui règne aujourd'hui? Il y a cent treize ans que j'habite cette grotte : depuis cent ans je n'ai vu que deux hommes, vous aujourd'hui, et Antoine, l'héritier de mon désert, qui vint frapper hier à ma porte, et qui reviendra demain pour m'ensevelir. »

« En achevant ces mots, Paul alla chercher dans le trou d'un rocher un pain du plus pur froment. Il me dit que la Providence lui fournissait chaque jour une pareille nourriture. Il m'invita à rompre avec lui le don céleste. Nous bûmes un peu d'eau dans le creux de notre main ; et après ce repas frugal, l'homme saint me demanda quels événements m'avaient conduit dans cette retraite inaccessible. Après avoir entendu la déplorable histoire de ma vie :

« Eudore, me dit-il, vos fautes ont été grandes, mais il n'est rien que ne puissent effacer des larmes sincères. Ce n'est pas sans dessein sur vous que la Providence vous a fait voir le christianisme naissant par toute la terre. Vous le retrouvez encore dans cette solitude, parmi les lions, sous les feux du tropique, comme vous l'avez rencontré au milieu des ours et des glaces du pôle. Soldat de Jésus-Christ, vous êtes destiné à combattre et à vaincre pour la foi. O Dieu! dont les voies sont incompréhensibles, c'est toi qui as conduit ce jeune confesseur dans cette grotte, afin que je lui dévoile l'avenir, et qu'en achevant de lui faire connaître sa religion, je complète en lui, par la grâce, l'œuvre que la nature a commencée! Eudore, reposez-vous ici toute cette journée ; demain, au lever du soleil, nous irons prier Dieu sur la montagne, et je vous parlerai avant de mourir. »

« L'anachorète m'entretint encore longtemps de la beauté de la religion et des bienfaits qu'elle doit répandre un jour sur le genre humain. Ce vieillard présentait dans ses discours un contraste extraordinaire : aussi naïf qu'un enfant, quand il était abandonné à la seule nature, il semblait avoir tout oublié, ou ne rien connaître du monde, de ses grandeurs, de ses peines, de ses plaisirs ; mais, quand Dieu descendait dans son âme, Paul devenait un génie inspiré, rempli de l'expérience du présent et des visions de l'avenir. Deux hommes se trouvaient ainsi réunis dans le même homme : on ne pouvait dire lequel était le plus admirable, ou de Paul l'ignorant, ou de Paul le prophète, puisque c'était à la simplicité du premier qu'était accordée la sublimité du second.

« Après m'avoir donné des leçons pleines d'une douceur grave et d'une agréable sagesse, Paul m'invite à faire un sacrifice de louanges à l'Éternel ; il se lève, et, debout sous le palmier, il chante :

« Béni soyez-vous, Dieu de nos pères, qui n'avez pas méprisé ma bassesse !

« Solitude, ô mon épouse ! vous allez prendre celui qui trouvait en vous des douceurs !

« Le solitaire doit avoir le corps chaste, la bouche pure, l'esprit
« éclairé d'une lumière divine.

« Sainte tristesse de la pénitence, percez mon âme comme un ai-
« guillon d'or, et remplissez-la d'une douleur céleste !

« Les larmes sont mères des vertus, et le malheur est un marche-
« pied pour s'élever vers le ciel. »

« La prière du saint était à peine achevée qu'un doux et profond sommeil me saisit. Je m'endormis sur le lit de cendre que Paul préférait à la couche des rois. Le soleil était prêt à finir son tour quand je rouvris les yeux à la lumière. L'ermite me dit :

« Levez-vous, priez, mangez, et allons sur la montagne. »

« Je lui obéis ; nous partîmes. Pendant plus de six heures nous gravîmes des rochers escarpés, et au lever du jour nous atteignîmes la pointe la plus élevée du mont Colzim.

« Un horizon immense s'étendait en cercle autour de nous. On découvrait, à l'orient, les sommets d'Horeb et de Sinaï, le désert de Sur et la mer Rouge ; au midi, les chaînes des montagnes de la Thébaïde ; au nord, les plaines stériles où Pharaon poursuivit les Hébreux ; et à l'occident, par delà les sables où je m'étais égaré, la vallée féconde de l'Égypte.

« L'aurore, entr'ouvrant le ciel de l'Arabie Heureuse, éclaira quelque temps ce tableau. L'onagre, la gazelle et l'autruche, couraient rapidement dans le désert, tandis que les chameaux d'une caravane passaient lentement à la file, menés par l'âne intelligent qui leur servait de conducteur. On voyait fuir, sur la mer Rouge, des vaisseaux chargés de parfums et de soie, ou qui portaient quelque sage aux rives indiennes. Couronnant enfin de splendeur cette frontière des deux mondes, le soleil se leva : il parut éclatant de lumière au sommet du Sinaï ; faible et pourtant brillante image du Dieu que Moïse contempla sur la cime de ce mont sacré !

« Le solitaire prit la parole :

« Confesseur de la foi, jetez les yeux autour de vous. Voilà cet Orient d'où sont sorties toutes les religions et toutes les révolutions de la terre ; voilà cette Égypte qui a donné des dieux élégants à votre Grèce, et des dieux informes à l'Inde ; voilà ce désert de Sur où Moïse reçut la loi ; Jésus-Christ a paru dans ces mêmes régions, et un jour viendra qu'un descendant d'Ismaël rétablira l'erreur sous la tente de l'Arabe. La morale écrite est pareillement un fruit de ce sol fécond. Or, remarquez que les peuples de l'Orient, comme en punition de quelque grande rébellion tentée par leurs pères, ont presque toujours été soumis à des tyrans : ainsi (merveilleux contre-poids !) la morale est née auprès de l'esclavage, et la religion nous est venue de la contrée du malheur. Enfin, ces mêmes déserts ont vu marcher les armées de Sésostris, de Cambyse, d'Alexandre, de César. Siècles à venir, vous y ramènerez des armées non moins nombreuses, des guerriers non moins célèbres ! Tous les grands mouvements imprimés à l'espèce humaine sont partis d'ici, ou sont venus s'y perdre. Une énergie surnaturelle s'est conservée aux bords où le premier homme a reçu la vie ; quelque chose de merveilleux semble encore attaché au berceau de la création et aux sources de la lumière.

« Sans nous arrêter à ces grandeurs humaines qui tour à tour ont trébuché dans la tombe ; sans considérer ces siècles fameux qu'une pelletée de terre sépare, et qu'un peu de poussière recouvre, c'est surtout pour les chrétiens que l'Orient est le pays des merveilles.

« Vous avez vu le christianisme pénétrer, à l'aide de la morale, chez les nations civilisées de l'Italie et de la Grèce ; vous l'avez vu s'introduire par la charité au milieu des peuples barbares de la Gaule et de la Germanie ; ici, sous l'influence d'une nature qui affaiblit l'âme en rendant l'esprit obstiné, chez un peuple grave par ses institutions politiques, et léger par son climat, la charité et la morale seraient insuffisantes. La religion de Jésus-Christ ne peut entrer dans les temples d'Isis et d'Ammon que sous les voiles de la pénitence. Il faut qu'elle offre à la mollesse le spectacle de toutes les privations ; il faut qu'elle oppose aux fourberies des prêtres et aux mensonges des faux dieux, des miracles certains et de vrais oracles ; des scènes extraordinaires de vertu peuvent seules arracher la foule enchantée aux jeux du cirque et du théâtre : tandis que, d'une part, les hommes commettent de grands crimes, les grandes expiations sont nécessaires, afin que la renommée de ces dernières étouffe la célébrité des premiers.

« Voilà la raison de l'établissement de ces missionnaires qui commencent en moi, et qui se perpétueront dans ces solitudes. Admirez notre divin chef, qui sait dresser sa milice selon les lieux et les obstacles qu'elle a à combattre. Contemplez les deux religions qui vont lutter ici corps à corps, jusqu'à ce que l'une ait terrassé l'autre. L'antique culte d'Osiris qui se perd dans la nuit des temps, fier de ses traditions, de ses mystères, de ses pompes, se croit sûr de la victoire. Le grand dragon d'Égypte se couche au milieu de ses eaux, et dit : « Le fleuve est à moi. » Il croit que le crocodile recevra toujours l'encens des mortels, que le bœuf qu'on assomme à la crèche sera toujours le plus grand des dieux. Non, mon fils, une armée va se former dans le désert, et marcher à la vérité. Elle s'avance de la Thébaïde et de la solitude de Scété ; elle est composée de saints vieillards qui ne portent que des bâtons blancs pour assiéger les prêtres de l'erreur dans leurs temples. Ces derniers occupent des champs fertiles, et sont plongés dans le luxe et les plaisirs ; les premiers habitent un sable brûlant parmi toutes les rigueurs de la vie. L'enfer, qui pressent sa ruine, tente tous les moyens de victoire : les démons de la volupté, de l'or, de l'ambition, cherchent à corrompre la milice fidèle. Le ciel vient au secours de ses enfants ; il prodigue en leur faveur les miracles. Qui pourrait dire les noms de tant d'illustres solitaires, les Antoine, les Sérapion, les Macaire, les Pacôme ! La victoire se déclare pour eux : le Seigneur se revêt de l'Égypte, comme un berger de son manteau. Partout où l'erreur avait parlé, la vérité s'est fait entendre ; partout où les faux dieux avaient placé un mystère, Jésus-Christ a placé un saint. Les grottes de la Thébaïde sont envahies ; les catacombes des morts sont occupées par les vivants morts aux passions de la terre. Les dieux, forcés dans leurs temples, retournent au fleuve ou à la charrue. Un cri de triomphe s'élève depuis la pyramide de Chéops jusqu'au tombeau d'Osymandué. La postérité de Joseph rentre dans la terre de Gessen ; et cette conquête, due aux larmes des vainqueurs, ne coûte pas une larme aux vaincus ! »

« Paul suspendit un moment son discours ; ensuite, reprenant la parole :

« Eudore, dit-il, vous n'abandonnerez plus les rangs des soldats de Jésus-Christ. Si vous n'êtes pas rebelle à la voix du ciel, quelle couronne vous attend! Quelle gloire sera répandue sur vous! Eh! mon fils, que chercheriez-vous à présent parmi les hommes? Le monde pourrait-il vous toucher? Voudriez-vous, ainsi que l'infidèle Israélite, mener des danses autour du veau d'or? Savez-vous quelle fin menace cet empire, qui depuis longtemps écrase le genre humain? Les crimes des maîtres du monde amèneront bientôt le jour de la vengeance. Ils ont persécuté les fidèles; ils se sont remplis du sang des martyrs, comme les coupes et les cornes de l'autel... »

« Paul s'interrompit de nouveau. Il étendit ses bras vers le mont Horeb, ses yeux s'animèrent, une flamme parut sur sa tête, son front ridé brilla tout à coup d'une jeunesse divine; le nouvel Élie s'écria :

« D'où viennent ces familles fugitives qui cherchent un abri dans l'antre du solitaire? qui sont ces peuples sortis des quatre régions de la terre? Voyez-vous ces hideux cadavres, enfants impurs des démons et des sorcières de la Scythie[1]? Le fléau de Dieu les conduit[2]. Leurs chevaux sont plus légers que les léopards; ils assemblent des troupes de captifs comme des monceaux de sable! Que veulent ces rois vêtus de peaux de bêtes, la tête couverte d'un chapeau barbare[3], ou les joues peintes d'une couleur verte[4]? Pourquoi ces hommes nus[5] égorgent-ils les prisonniers autour de la ville assiégée? Arrêtez : ce monstre a bu le sang du Romain qu'il avait abattu[6]! Tous viennent du désert d'une terre affreuse; tous marchent vers la nouvelle Babylone. Es-tu tombée, reine des cités? Ton Capitole est-il caché dans la poussière? Que tes campagnes sont désertes! Quelle solitude autour de toi!... Mais, ô prodige! la croix paraît au milieu de ce tourbillon de poussière! Elle s'élève sur Rome ressuscitée! Elle en marque les édifices. Père des anachorètes, Paul, réjouis-toi avant de mourir! tes enfants occupent les ruines du palais des Césars, les portiques où la mort des chrétiens fut jurée sont changés en cloîtres pieux[7], et la pénitence habite où régna le crime triomphant! »

Paul laissa retomber ses mains à ses côtés. Le feu qui l'avait animé s'éteignit. Redevenu mortel, il en reprit le langage.

« Eudore, me dit-il, il faut nous séparer. Je ne dois plus descendre de la montagne. Celui qui me doit ensevelir approche; il vient couvrir ce pauvre corps et rendre la terre à la terre. Vous le trouverez au bas du rocher; vous attendrez son retour; il vous montrera le chemin. »

« Alors l'étonnant vieillard me força de le quitter. Triste, et plongé dans les plus sérieuses pensées, je m'éloignai en silence. J'entendais la

---

[1] Les Huns. — [2] Attila. — [3] Les Goths. — [4] Les Lombards. — [5] Les Francs et les Vandales. — [6] Le Sarrazin. — [7] Les Thermes de Dioclétien, habités par les chartreux.

voix de Paul, qui chantait son dernier cantique. Prêt à se brûler sur l'autel, le vieux phénix saluait par des concerts sa jeunesse renaissante. Au bas de la montagne je rencontrai un autre vieillard qui hâtait ses pas. Il tenait à la main la tunique d'Athanase, que Paul lui avait demandée pour lui servir de linceul. C'était le grand Antoine, éprouvé par tant de combats contre l'enfer. Je voulus lui parler; mais lui, toujours marchant, s'écriait :

« J'ai vu Élie, j'ai vu Jean dans le désert, j'ai vu Paul dans un paradis! »

« Il passa, et j'attendis son retour toute la journée. Il ne revint que le jour suivant. Des pleurs coulaient de ses yeux.

« Mon fils, s'écria-t-il en s'approchant de moi, le séraphin n'est plus sur la terre. A peine hier m'étais-je éloigné de vous, que je vis, au milieu d'un chœur d'anges et de prophètes, Paul, tout éclatant d'une blancheur pure, monter au ciel. Je courus au haut de la montagne, j'aperçus le saint, les genoux en terre, la tête levée et les bras étendus vers le ciel; il semblait encore prier, et il n'était plus! Deux lions qui sortirent des rochers voisins m'ont aidé à lui creuser un tombeau, et sa tunique de feuilles de palmier est devenue mon héritage. »

« Ce fut ainsi qu'Antoine me raconta la mort du premier des anachorètes. Nous nous mîmes en route, et nous arrivâmes au monastère où déjà se formait, sous la direction d'Antoine, cette milice dont Paul m'avait annoncé les conquêtes. Un solitaire me conduisit à Arsinoé. J'en partis bientôt avec les marchands de Ptolémaïs. En traversant l'Asie, je m'arrêtai aux Saints Lieux, où je connus la pieuse Hélène, épouse de Constance, mon généreux protecteur, et mère de Constantin, mon illustre ami. Je vis ensuite les sept Églises instruites par le prophète de Patmos, la patiente Éphèse, Smyrne l'affligée, Pergame remplie de foi, la charitable Thyatire, Sardes, mise au rang des morts; Laodicée, qui doit acheter des habits blancs, et Philadelphie, aimée de celui qui possède la clé de David. J'eus le bonheur de rencontrer à Byzance le jeune prince Constantin, qui daigna me presser dans ses bras, et me confier ses vastes projets. Je vous revis enfin, ô mes parents! après dix années d'absence et de malheurs! Si le ciel exauçait mes vœux, je ne quitterais plus les vallons de l'Arcadie : heureux d'y passer mes jours dans la pénitence, et d'y dormir après ma mort dans le tombeau de mes pères! »

Ces dernières paroles mirent fin au récit d'Eudore : les vieillards qui l'écoutaient demeurèrent quelque temps en silence. Lasthénès remerciait Dieu au fond du cœur de lui avoir donné un tel fils; Cyrille n'avait plus rien à dire à un jeune homme qui avouait ses fautes avec tant de candeur; il le regardait même avec un mélange de respect et d'admiration, comme un confesseur appelé par le ciel aux plus hautes destinées. Démodocus était presque effrayé du langage inconnu et des vertus incompréhensibles d'Eudore. Les trois vieillards se lèvent avec majesté, comme trois rois, et rentrent au foyer de Lasthénès. Cyrille, après avoir offert pour Eudore le redoutable sacrifice, prend congé de ses hôtes et retourne à Lacédémone. Eudore se retire dans la grotte témoin de sa pénitence. Démodocus, resté seul avec sa fille, la serre tendrement dans ses bras, et lui dit avec un pressentiment triste :

« Fille de Démodocus, tu seras peut-être aussi malheureuse à ton tour; car Jupiter dispose de nos destinées. Mais tu imiteras Eudore. L'adversité a augmenté les vertus de ce jeune homme. Les vertus les plus rares ne sont pas toujours le résultat de cette lente maturité que l'âge amène : la grappe encore verte, tordue par la main du vigneron, et flétrie sur le cep avant l'automne, donne le plus doux vin aux bords de l'Alphée et sur les coteaux de l'Érymanthe. »

LIVRE DOUZIÈME

SOMMAIRE.

Invocation à l'Esprit-Saint. Conjuration des démons contre l'Église. Dioclétien ordonne de faire le dénombrement des chrétiens. Hiéroclès part pour l'Achaïe. Amour d'Eudore et de Cymodocée.

Esprit-Saint, qui fécondas le vaste abîme en le couvrant de tes ailes, c'est à présent que j'ai besoin de ton secours! Du haut de la montagne qui voit s'abaisser à ses pieds les sommets d'Aonie, tu contemples ce mouvement perpétuel des choses de la terre, cette société humaine où tout change, même les principes, où le bien devient le mal, où le mal devient le bien; tu regardes en pitié les dignités qui nous enflent le cœur, les vains honneurs qui le corrompent; tu menaces le pouvoir acquis par des crimes; tu consoles le malheur acheté par des vertus; tu vois les diverses passions des hommes, leurs craintes honteuses, leurs haines basses, leurs vœux intéressés, leurs joies si courtes, leurs ennuis si longs; tu pénètres toutes ces misères, ô Esprit créateur! Anime et vivifie ma parole dans le récit que je vais faire : heureux si je puis adoucir l'horreur du tableau, en y peignant les miracles de ton amour!

Placés aux postes désignés par leur chef, les esprits des ténèbres soufflent de toutes parts la discorde et l'horreur du nom chrétien. Ils déchaînent dans Rome même les passions des chefs et des ministres de l'empire. Astarté présente sans cesse à Hiéroclès l'image de la fille d'Homère. Il donne à ce fantôme séduisant toutes les grâces qu'ajoutent à la beauté l'absence et le souvenir. Satan réveille secrètement l'ambition de Galérius : il lui peint les fidèles attachés à Dioclétien, comme le seul appui qui soutient le vieil empereur sur son trône. Le préfet d'Achaïe, déserteur de la loi évangélique et livré au démon de la fausse sagesse, confirme le fougueux César dans sa haine contre les adorateurs du vrai Dieu. La mère de Galérius se plaint de ce que les disciples de la Croix insultent à ses sacrifices, et refusent de prier pour son fils les divinités champêtres. Lorsqu'un vautour, sauvage enfant de la montagne, va fondre sur une colombe qui se désaltère dans un courant d'eau ; à l'instant où il se précipite, d'autres vautours arrêtés sur un rocher poussent des cris cruels, et l'excitent à dévorer sa proie : ainsi Galérius, qui veut anéantir la religion de Jésus-Christ, est encore animé au carnage par sa mère et par l'impie Hiéroclès. Enivré de ses victoires sur les Parthes ; traînant à sa suite le luxe et la corruption de l'Asie ; nourrissant les projets les plus ambitieux, il fatigue Dioclétien de ses plaintes et de ses menaces.

« Qu'attendez-vous, lui dit-il, pour punir une race odieuse que votre dangereuse clémence laisse multiplier dans l'empire ? Nos temples sont déserts, ma mère est insultée, votre épouse séduite. Osez frapper des sujets rebelles : vous trouverez dans leurs richesses des ressources qui vous manquent, et vous ferez un acte de justice agréable aux dieux. »

Dioclétien était un prince orné de modération et de sagesse ; son âge le faisait encore pencher vers la douceur en faveur des peuples : tel un vieil arbre, en abaissant ses rameaux, rapproche ses fruits de la terre. Mais l'avarice qui resserre le cœur, et la superstition qui le trouble, gâtaient les grandes qualités de Dioclétien. Il se laissa séduire par l'espoir de trouver des trésors chez les fidèles. Marcellin, évêque de Rome, reçut l'ordre de livrer aux temples des idoles les richesses du nouveau culte. L'empereur se rendit lui-même à l'église où ces trésors devaient avoir été rassemblés. Les portes s'ouvrent : il aperçoit une troupe innombrable de pauvres, d'infirmes, d'orphelins !

« Prince, lui dit le pasteur des hommes, voilà les trésors de l'Église, les joyaux, les vases précieux, les couronnes d'or de Jésus-Christ. »

Cette austère et touchante leçon fit monter la rougeur au front du prince. Un monarque est terrible quand il est vaincu en magnanimité :

la puissance, par un instinct sublime, prétend à la vertu, comme une mâle jeunesse se croit faite pour la beauté : malheur à celui qui ose lui faire sentir les qualités ou les grâces qui lui manquent!

Satan profite de ce moment de faiblesse pour augmenter le ressentiment de Dioclétien de toutes les frayeurs de la superstition. Tantôt les sacrifices sont tout à coup suspendus, et les prêtres déclarent que la présence des chrétiens éloigne les dieux de la patrie; tantôt le foie des victimes immolées paraît sans tête ; leurs entrailles, parsemées de taches livides, n'offrent que des signes funestes ; les divinités couchées sur leurs lits, dans les places publiques, détournent les yeux; les portes des temples se referment d'elles-mêmes ; des bruits confus font retentir les antres sacrés ; chaque moment apporte à Rome la nouvelle d'un nouveau prodige : le Nil a retenu le produit de ses eaux ; la foudre gronde, la terre tremble, les volcans vomissent des flammes ; la peste et la famine ravagent les provinces de l'Orient ; l'Occident est troublé par des séditions dangereuses et des guerres étrangères : tout est attribué à l'impiété des chrétiens.

Dans la vaste enceinte du palais de Dioclétien, au milieu du jardin des Thermes, s'élevait un cyprès qu'arrosait une fontaine. Au pied de ce cyprès était un autel consacré à Romulus. Tout à coup un serpent, le dos marqué de taches sanglantes, sort en sifflant de dessous l'autel ; il embrasse le tronc du cyprès. Parmi le feuillage, sur le rameau le plus élevé, trois passereaux étaient cachés dans leur nid : l'horrible dragon les dévore ; la mère vole à l'entour en gémissant ; l'impitoyable reptile la saisit bientôt par les ailes, et l'enveloppe malgré ses cris. Dioclétien, effrayé de ce prodige, fait appeler Tagès, chef des aruspices. Gagné secrètement par Galérius, et fanatique adorateur des idoles, Tagès s'écrie :

« O prince, le dragon représente la religion nouvelle prête à dévorer les deux Césars et le chef de l'empire ! Hâtez-vous de détourner les effets de la colère céleste, en punissant les ennemis des dieux. »

Alors le Tout-Puissant prend dans sa main les balances d'or où sont pesées les destinées des rois et des empires : le sort de Dioclétien fut trouvé léger. A l'instant l'empereur rejeté sent en lui quelque chose d'extraordinaire : il lui semble que son bonheur l'abandonne, et que les Parques, fausses divinités qu'il adore, filent plus rapidement ses jours. Une partie de sa prudence accoutumée lui échappe. Il ne voit plus aussi clairement les hommes et leurs passions; il se laisse entraîner aux siennes : il veut que les officiers chrétiens de son palais sacrifient aux dieux, et il ordonne qu'il soit fait un dénombrement exact des fidèles dans tout l'empire.

Galérius est transporté de joie. Comme un vigneron, possesseur d'un terrain fameux dans les vallons du Tmolus, se promène entre les ceps de sa vigne en fleur, et compte déjà les flots du vin pur qui rempliront la coupe des rois ou le calice des autels : ainsi Galérius voit couler en espérance les torrents du sang précieux que lui promet le christianisme florissant. Les proconsuls, les préfets, les gouverneurs des provinces quittent la cour pour exécuter les ordres de Dioclétien. Hiéroclès baise humblement le bas de la toge de Galérius, et faisant un effort, comme un homme qui va s'immoler à la vertu, il ose lever un regard humilié vers César :

« Fils de Jupiter, lui dit-il, prince sublime, amateur de la sagesse, je pars pour l'Achaïe. Je vais commencer à punir ces factieux qui blasphèment ton Éternité. Mais, César, toi qui es ma fortune et mes dieux, permets que je m'explique avec franchise. Un sage, même au péril de ses jours, doit la vérité tout entière à son prince. Le divin empereur ne montre point encore assez de fermeté contre des hommes odieux. Oserai-je le dire sans attirer sur moi ta colère ? Si des mains affaiblies par l'âge laissent échapper les rênes de l'État, Galérius, vainqueur des Parthes, n'est-il pas digne de monter sur le trône de l'univers ? Mais, ô mon héros ! garde-toi des ennemis qui t'environnent ! Dorothée, chef du palais, est chrétien. Depuis qu'un Arcadien rebelle fut introduit à la cour, l'impératrice même favorise les impies. Le jeune prince Constantin, ô honte ! ô douleur !... »

Hiéroclès s'interrompit brusquement, versa des pleurs, et parut profondément alarmé des périls de César. Il rallume ainsi dans le cœur du tyran ses deux passions dominantes, l'ambition et la cruauté. Il jette en même temps les fondements de sa grandeur future ; car Hiéroclès n'était point aimé de l'empereur, ennemi des sophistes, et il savait qu'il n'obtiendrait jamais sous Dioclétien les honneurs qu'il espérait de Galérius.

Il vole à Tarente, et monte sur la flotte qui le doit porter en Messénie. Il brûle de revoir le rivage de la Grèce : c'est là que respire la fille d'Homère ; c'est là qu'il pourra satisfaire à la fois son amour pour Cymodocée, et sa haine contre les chrétiens. Cependant il cache ses sentiments au fond de son cœur ; et, couvrant ses vices du masque des vertus, les mots de sagesse et d'humanité sortent incessamment de sa bouche : telle une eau profonde qui recèle dans son sein des écueils et des abîmes, embellit souvent sa surface de l'image et de la lumière des cieux.

Cependant les démons, qui veulent hâter la ruine de l'Église, envoient au proconsul d'Achaïe un vent favorable. Il franchit rapidement cette mer qui vit passer Alcibiade, lorsque l'Italie charmée accourut pour contempler le plus beau des Grecs. Déjà Hiéroclès a vu fuir les jardins d'Alcinoüs et les hauteurs de Buthrotum, lieux voisins immortalisés par les deux maîtres de la lyre. Leucate, où respirent encore les feux de la fille de Lesbos; Ithaque, hérissée de rochers; Zacynthe, couverte de forêts; Céphallénie, aimée des colombes, attirent tour à tour les regards du proconsul romain. Il découvre les Strophades, demeure impure de Céléno, et bientôt il salue les monts lointains de l'Élide. Il ordonne de tourner la proue vers l'orient. Il rase le sablonneux rivage où Nestor offrait une hécatombe à Neptune, quand Télémaque vint lui demander des nouvelles d'Ulysse, égal aux dieux pour sa sagesse. Il laisse à sa gauche Pylos, Sphactérie, Mothone; il s'enfonce dans le golfe de Messénie; et son vaisseau rapide, abandonnant les flots amers, vient enfin arrêter sa course dans les eaux tranquilles du Pamysus.

Tandis que, semblable à un sombre nuage levé sur les mers, Hiéroclès s'approche de la patrie des dieux et des héros, l'ange des saintes amours était descendu dans la grotte du fils de Lasthénès : ainsi le fils supposé d'Ananias s'offrit au jeune Tobie pour le conduire auprès de la fille de Raguel. Lorsque Dieu veut mettre dans le cœur de l'homme ces chastes ardeurs d'où sortent des miracles de vertu, c'est au plus beau des esprits du ciel que ce soin important est confié. Uriel est son nom; d'une main il tient une flèche d'or tirée du carquois du Seigneur, de l'autre un flambeau allumé au foudre éternel. Sa naissance ne précéda point celle de l'univers : il naquit avec Ève, au moment même où la première femme ouvrit les yeux à la lumière récente. La puissance créatrice répandit sur le chérubin ardent un mélange des grâces séduisantes de la mère des humains, et des beautés mâles du père des hommes : il a le sourire de la pudeur et le regard du génie. Quiconque est frappé de son trait divin, ou brûlé de son flambeau céleste, embrasse avec transport les dévouements les plus héroïques, les entreprises les plus périlleuses, les sacrifices les plus douloureux. Le cœur ainsi blessé connaît toutes les délicatesses des sentiments; sa tendresse s'accroît dans les larmes et survit aux désirs satisfaits. L'amour n'est point pour ce cœur un penchant borné et frivole, mais une passion grande et sévère, dont la noble fin est de donner la vie à des êtres immortels.

L'ange des saintes amours allume dans le cœur du fils de Lasthénès une flamme irrésistible : le chrétien repentant se sent brûler sous le cilice, et l'objet de ses vœux est une infidèle ! Le souvenir de ses erreurs passées alarme Eudore : il craint de retomber dans les fautes de sa première jeunesse; il songe à fuir, à se dérober au péril qui le menace :

ainsi, lorsque la tempête n'a point encore éclaté, que tout paraît tranquille sur le rivage, que des vaisseaux imprudents osent déployer leurs voiles et sortir du port, le pêcheur expérimenté secoue la tête au fond de sa barque, et appuyant sur la rame une main robuste, il se hâte de quitter la haute mer, afin de se mettre à l'abri derrière un rocher. Cependant un véritable amour s'est glissé pour la première fois dans le sein d'Eudore. Le fils de Lasthénès s'étonne de la timidité de ses sentiments, de la gravité de ses projets, si différents de cette hardiesse de désirs, de cette légèreté de pensées qu'il portait jadis dans ses attachements. Ah! s'il pouvait convertir à Jésus-Christ cette femme idolâtre; si, la prenant pour son épouse, il lui ouvrait à la fois les portes du ciel et les portes de la chambre nuptiale! Quel bonheur pour un chrétien!

Le soleil se plongeait dans la mer des Atlantides, et dorait de ses derniers rayons les îles Fortunées, lorsque Démodocus voulut quitter la famille chrétienne; mais Lasthénès lui représenta que la nuit était pleine d'embûches et de périls. Le prêtre d'Homère consentit à attendre chez son hôte le retour de l'aurore. Retirée à son appartement, Cymodocée repassait dans son esprit ce qu'elle savait de l'histoire d'Eudore; ses joues étaient colorées, ses yeux brillaient d'un feu inconnu. La brûlante insomnie chasse enfin de sa couche la prêtresse des Muses. Elle se lève : elle veut respirer la fraîcheur de la nuit, et descend dans les jardins, sur la pente de la montagne.

Suspendue au milieu du ciel de l'Arcadie, la lune était presque, comme le soleil, un astre solitaire : l'éclat de ses rayons avait fait disparaître les constellations autour d'elle; quelques-unes se montraient çà et là dans l'immensité : le firmament, d'un bleu tendre, ainsi parsemé de quelques étoiles, ressemblait à un lit d'azur chargé des perles de la rosée. Les hauts sommets du Cyllène, les croupes du Pholoé et du Thelphusse, les forêts d'Anémose et de Phalante, formaient de toutes parts un horizon confus et vaporeux. On entendait le concert lointain des torrents et des sources qui descendent des monts de l'Arcadie. Dans le vallon où l'on voyait briller ses eaux, Alphée semblait suivre encore les pas d'Aréthuse, Zéphyre soupirait dans les roseaux de Syrinx, et Philomèle chantait dans les lauriers de Daphné au bord du Ladon.

Cette belle nuit rappelle à la mémoire de Cymodocée cette autre nuit qui la conduisit auprès du jeune homme semblable au chasseur Endymion. A ce souvenir, le cœur de la fille d'Homère palpite avec plus de vitesse. Elle se retrace vivement la beauté, le courage, la noblesse du fils de Lasthénès; elle se souvient que Démodocus a prononcé quelquefois le nom d'époux en parlant d'Eudore. Quoi! pour échapper à Hiéroclès, se priver des douceurs de l'hyménée, ceindre pour toujours son front des bandelettes glacées de la vestale! Aucun mortel, il est vrai, n'avait été jusqu'alors assez puissant pour oser unir son sort au sort d'une vierge désirée d'un gouverneur impie; mais Eudore triomphateur et revêtu des dignités de l'empire; Eudore, estimé de Dioclétien, adoré des soldats, chéri du prince héritier de la pourpre, n'est-il pas le glorieux époux qui peut défendre et protéger Cymodocée? Ah! c'est Jupiter, c'est Vénus, c'est l'Amour, qui ont conduit eux-mêmes le jeune héros aux rivages de la Messénie!

Cymodocée s'avançait involontairement vers le lieu où le fils de Lasthénès avait achevé de conter son histoire. Lorsqu'une chevrette des Pyrénées s'est reposée pendant le jour avec le pasteur au fond d'un vallon, si la nuit, s'échappant de la crèche, elle vient chercher le pâturage accoutumé, le berger la retrouve le matin sous le cytise en fleur qu'il a choisi pour abri : ainsi la fille d'Homère monte peu à peu vers la grotte habitée par le chasseur arcadien. Tout à coup elle entrevoit comme une ombre immobile à l'entrée de cette grotte; elle croit reconnaître Eudore. Elle s'arrête; ses genoux tremblent sous elle; elle ne peut ni fuir ni avancer. C'était le fils de Lasthénès lui-même; il priait environné des marques de sa pénitence : le cilice, la cendre, la tête blanchie d'un martyr, excitaient ses larmes et animaient sa foi. Il entend les pas de Cymodocée, il voit cette vierge charmante prête à tomber sur la terre, il vole à son secours, il la soutient dans ses bras, il se défend à peine de la presser sur son cœur. Ce n'est plus ce chrétien si grave, si rigide : c'est un homme plein d'indulgence et de tendresse, qui veut attirer une âme à Dieu, et obtenir une épouse divine.

Comme un laboureur porte doucement à la bergerie l'agneau que la ronce a déchiré, ainsi le fils de Lasthénès enlève dans ses bras Cymodocée, et la dépose sur un banc de mousse à l'entrée de la grotte. Alors la fille de Démodocus, d'une voix tremblante :

« Me pardonneras-tu d'avoir encore troublé tes mystères? Un dieu, je ne sais quel dieu, m'a égarée comme la première nuit. »

— « Cymodocée, répondit Eudore aussi tremblant que la prêtresse des Muses, ce Dieu qui vous a égarée est mon Dieu, mon Dieu qui vous cherche et qui veut peut-être vous donner à moi. »

La fille d'Homère répliqua :

« Ta religion défend aux jeunes hommes de s'attacher aux jeunes filles, et aux jeunes filles de suivre les pas des jeunes hommes : tu n'as aimé que lorsque tu étais infidèle à ton Dieu. »

Cymodocée rougit. Eudore s'écria :

« Ah! je n'ai jamais aimé quand j'offensais ma religion. Je le sens à présent, que j'aime par la volonté de mon Dieu. »

Le baume que l'on verse sur la blessure, l'eau fraîche qui désaltère le voyageur fatigué, ont moins de charmes que ces paroles échappées au fils de Lasthénès. Elles pénètrent de joie le cœur de Cymodocée. Comme deux peupliers s'élèvent silencieux au bord d'une source, pendant le calme d'une nuit d'été, ainsi les deux époux désignés par le ciel demeuraient immobiles et muets à l'entrée de la grotte. Cymodocée rompit la première le silence :

« Guerrier, pardonne aux demandes importunes d'une Messénienne ignorante. Nul ne peut savoir quelque chose s'il n'a été instruit par un maître habile, ou si les dieux eux-mêmes n'ont pris soin d'orner son esprit. Une jeune fille surtout ne sait rien, à moins qu'elle ne soit allée broder des voiles chez ses compagnes, ou qu'elle n'ait visité les temples ou les théâtres. Pour moi, je n'ai jamais quitté mon père, prêtre chéri des immortels. Dis-moi, puisqu'on peut aimer dans ton culte, il y a donc une Vénus chrétienne? A-t-elle un char et des colombes? Les désirs, les querelles amoureuses, les entretiens secrets, les tromperies innocentes, le doux badinage qui surprend le cœur de l'homme le plus sensé, sont-ils cachés dans sa ceinture, ainsi que le raconte mon divin aïeul? La colère de cette déesse est-elle redoutable? Force-t-elle la jeune fille à chercher le jeune homme dans la palestre, à l'introduire furtivement sous le toit paternel? Ta Vénus rend-elle la langue embarrassée? Répand-elle un feu brûlant, un froid mortel dans les veines? Oblige-t-elle à recourir à des philtres pour ramener un amant volage, à chanter la lune, à conjurer le seuil de la porte? Toi, chrétien, tu ignores peut-être que l'Amour est fils de Vénus, qu'il fut nourri dans les bois du lait des bêtes féroces; que son premier arc était de frêne, ses premières flèches de cyprès; qu'il s'assied sur le dos du lion, sur la croupe du centaure, sur les épaules d'Hercule; qu'il porte des ailes et un bandeau, et qu'il accompagne Mars et Mercure, l'éloquence et la valeur? »

— « Infidèle, répondit Eudore, ma religion ne favorise point les passions funestes, mais elle sait donner par la sagesse même une exaltation aux sentiments de l'âme que votre Vénus n'inspirera jamais. Quelle religion est la vôtre, Cymodicée! Rien n'est plus chaste que votre âme, plus innocent que votre pensée, et pourtant à vous entendre parler de vos dieux, qui ne vous croirait trop habile dans les plus dangereux mystères? Prêtre des idoles, votre père a cru faire un acte de piété en vous instruisant du culte, des effets et des attributs des passions divinisées. Un chrétien craindrait de blesser l'amour même par des peintures trop libres. Cymodocée, si j'avais pu mériter votre tendresse, si je devais être l'époux choisi de votre innocence, je voudrais aimer en vous moins une femme accomplie que le Dieu même qui vous fit à son image. Lorsque le Tout-Puissant eut formé le premier homme du limon de la terre, il le plaça dans un jardin plus délicieux que les bois de l'Arcadie. Bientôt l'homme trouva sa solitude trop profonde, et pria le Créateur de lui donner une compagne. L'Éternel tira du côté d'Adam une créature divine; il l'appela la femme; elle devint l'épouse de celui dont elle était la chair et le sang. Adam était formé pour la puissance et la valeur, Ève pour la soumission et les grâces; la grandeur de l'âme, la dignité du caractère, l'autorité de la raison, furent le partage du premier; la seconde eut la beauté, la tendresse et des séductions invincibles. Tel est, Cymodocée, le modèle de la femme chrétienne. Si vous consentiez à l'imiter, je tâcherais de vous gagner à moi, au nom de tous les attraits qui gagnent les cœurs; je vous rendrais mon épouse par une alliance de justice, de compassion et de miséricorde; je régnerais sur vous, Cymodocée, parce que l'homme est fait pour l'empire, mais je vous aimerais comme une grappe de raisin que l'on trouve dans un désert brûlant. Semblables aux patriarches, nous serions unis dans la vue de laisser après nous une famille héritière des bénédictions de Jacob: ainsi le fils d'Abraham prit dans sa tente la fille de Bathuel; il en eut tant de joie qu'il oublia la mort de sa mère. »

A ces mots Cymodocée verse des larmes de honte et de tendresse.

« Guerrier, dit-elle, tes paroles sont douces comme du miel et perçantes comme des flèches. Je vois bien que les chrétiens savent parler le langage du cœur. J'avais dans l'âme tout ce que tu viens de dire. Que ta religion soit la mienne, puisqu'elle enseigne à mieux aimer! »

Eudore n'écoutant plus que son amour et sa foi :

« Quoi! Cymodocée, vous voudriez devenir chrétienne! je donnerais un pareil ange au ciel, une pareille compagne à mes jours! »

Cymodocée baissa la tête et répondit :

« Je n'ose plus parler avant que tu n'aies achevé de m'enseigner la pudeur : elle avait quitté la terre avec Némésis; les chrétiens l'auront fait descendre du ciel. »

Un mouvement du fils de Lasthénès fit alors rouler à terre un crucifix; la jeune Messénienne poussa un cri de surprise mêlé d'une sorte de frayeur.

« C'est l'image de mon Dieu, dit Eudore en relevant avec respect le bois sacré, de ce Dieu descendu au tombeau, et ressuscité plein de gloire. »

— « C'est donc, repartit la fille d'Homère, comme le beau jeune homme de l'Arabie, pleuré des femmes de Byblos, et rendu à la lumière des cieux par la volonté de Jupiter? »

— « Cymodocée, répliqua Eudore avec une douce sévérité, vous connaîtrez quelque jour combien cette comparaison est impie et sacrilége : au lieu des mystères de honte et de plaisir, vous voyez ici des miracles de modestie et de douleur; vous voyez le fils du Tout-Puissant attaché à une croix pour nous ouvrir le ciel, et pour mettre en honneur sur la terre l'infortune, la simplicité et l'innocence. Mais au bord du Ladon, sous les ombrages de l'Arcadie, au milieu d'une nuit enchantée, dans ce pays où l'imagination des poëtes a placé l'amour et le bonheur, comment arrêter l'esprit d'une prêtresse des Muses sur un objet aussi grave? Toutefois, fille de Démodocus, les austères méditations fortifient dans le cœur du chrétien les attachements légitimes; et en le rendant capable de toutes les vertus, elles le rendent plus digne d'être aimé. »

Cymodocée prêtait une oreille attentive à ce discours : je ne sais quoi d'étonnant se passait au fond de son cœur. Il lui semblait qu'un bandeau tombait tout à coup de ses yeux, et qu'elle découvrait une lumière lointaine et divine. La sagesse, la raison, la pudeur et l'amour s'offraient pour la première fois à ses regards dans une alliance inconnue. Cette tristesse évangélique que le chrétien mêle à tous les sentiments de la vie, cette voix douloureuse qu'il fait sortir du sein des plaisirs, achevaient d'étonner et de confondre la fille d'Homère. Eudore lui présentant le crucifix :

« Voilà, lui dit-il, le Dieu de charité, de paix, de miséricorde, et pourtant le Dieu persécuté! O Cymodocée, c'est sur cette image auguste que je pourrais seulement recevoir votre foi, si vous me jugiez digne de devenir votre époux. Jamais l'autel de vos idoles, jamais le carquois de votre Amour, ne verront l'adorateur du Christ uni à la prêtresse des Muses. »

Quel moment pour la fille d'Homère! Passer tout à coup des idées voluptueuses de la mythologie à un amour juré sur un crucifix! Ces mains, qui n'avaient jamais porté que les guirlandes des Muses et les bandelettes des sacrifices, sont chargées pour la première fois du signe redoutable du salut des hommes. Cymodocée, que l'ange des saintes amours a blessée comme Eudore, et qu'un charme irrésistible entraîne, promet aisément de se faire instruire dans la religion du maître de son cœur.

« Et d'être mon épouse! » dit Eudore en pressant les mains de la vierge timide.

« Et d'être ton épouse! » répéta la jeune fille tremblante.

Doux serment qu'elle prononce devant le Dieu des larmes et du malheur.

Alors on entend sur le sommet des montagnes un chœur qui commençait la fête des Lupercales. Il chantait le dieu protecteur de l'Arcadie, Pan, aux pieds de chèvre, l'effroi des nymphes, l'inventeur de la flûte à sept tuyaux. Ces chants étaient le signal du lever de l'aurore; elle éclairait de son premier rayon la tombe d'Épaminondas, et la cime du bois Pelagus dans les champs de Mantinée. Cymodocée se hâte de retourner auprès de son père; Eudore va réveiller Lasthénès.

LIVRE TREIZIÈME

SOMMAIRE.

Cymodocée déclare à son père qu'elle veut embrasser la religion des chrétiens pour devenir l'épouse d'Eudore. Irrésolution de Démodocus. On apprend l'arrivée d'Hiéroclès en Achaïe. Astarté attaque Eudore, et est vaincu par l'ange des saintes amours. Démodocus consent à donner sa fille à Eudore pour éviter les persécutions d'Hiéroclès. Jalousie d'Hiéroclès. Dénombrement des chrétiens en Arcadie. Hiéroclès accuse Eudore auprès de Dioclétien. Cymodocée et Démodocus partent pour Lacédémone.

Déjà le prêtre d'Homère offrait une libation au soleil sortant de l'onde. Il saluait cet astre dont la lumière éclaire les pas du voyageur, et, touchant d'une main la terre humide de rosée, il se préparait à quitter le toit de Lasthénès. Tout à coup Cymodocée, tremblante de crainte et d'amour, se présente devant son père. Elle se jette dans les bras du vieillard. Démodocus avait aisément deviné la cause du trouble qui commençait à tourmenter la prêtresse des Muses. Mais comme il ne savait point encore que le fils de Lasthénès partageait le même amour, il cherche à consoler Cymodocée.

« Ma fille, lui dit-il, quelle divinité t'a frappée? Tu pleures, toi dont l'âge ne devrait connaître que les ris innocents! Quelque peine cachée se serait-elle glissée dans ton sein? O mon enfant! ayons recours aux autels des dieux préservateurs, à la compagnie des sages, qui rend à notre âme sa tranquillité première. Le temple de Junon-Lacinienne est ouvert de tous côtés, et toutefois les vents ne dispersent point dans son enceinte les cendres du sacrifice : tel doit être notre cœur : si les souffles des passions y pénètrent, il faut du moins qu'ils ne troublent jamais l'inaltérable paix de son sanctuaire. »

— « Père de Cymodocée, répond la jeune Messénienne, tu ne sais pas notre bonheur! Eudore aime ta fille ; il veut, dit-il, suspendre à ma porte les couronnes d'hyménée. »

— « Dieu des ingénieux mensonges, s'écria Démodocus, ne m'as-tu point abusé? Dois-je te croire, ô ma fille, et la vérité aurait-elle cessé de veiller à tes lèvres ? Mais pourquoi m'étonnerais-je de te voir aimée d'un héros? tu disputerais le prix de la beauté aux nymphes du Ménale, et Mercure t'aurait choisie sur le mont Chélydorée. Apprends-moi donc comment le chasseur arcadien t'a fait connaître qu'il était blessé par le fils de Vénus. »

— « Cette nuit même, répondit Cymodocée, je voulais chanter les Muses, pour écarter je ne sais quel souci de mon cœur. Eudore, comme un de ces songes brillants qui s'échappent par les portes de l'Élysée, m'a rencontrée dans l'ombre. Il a pris ma main ; il m'a dit : « Vierge, « je veux que les enfants de tes enfants soient assis pendant sept géné- « rations sur les genoux de Démodocus. » Mais il m'a dit tout cela dans son langage chrétien, bien mieux que je ne puis te le raconter. Il m'a parlé de son Dieu. C'est un Dieu qui aime ceux qui pleurent, et qui bénit les infortunés. Mon père, ce Dieu m'a charmée ; nous n'avons point parmi les nôtres de divinités si douces et si secourables. Il faut que j'apprenne à connaître et à pratiquer la religion des chrétiens, car le fils de Lasthénès ne peut me recevoir qu'à ce prix. »

Lorsque le serein Borée et le vent nébuleux du midi se disputent l'empire des mers, les matelots se fatiguent à présenter tour à tour la voile oblique à la tempête : ainsi Démodocus cède ou résiste aux sentiments contraires qui l'agitent. Il pense avec joie que Cymodocée déposera sur l'autel de l'hymen le rameau stérile de la vestale ; que la famille d'Homère, prête à s'éteindre, verra refleurir autour d'elle de nombreux rejetons. Démodocus aperçoit encore dans le fils de Lasthénès un gendre illustre et honoré, et surtout un protecteur puissant contre le favori de Galérius ; mais bientôt il frémit en songeant que sa fille abandonnera ses dieux paternels, qu'elle sera parjure aux neuf Sœurs, au culte de son divin aïeul.

« Ah ! ma fille ! s'écriait-il en la serrant contre son cœur, quel mélange de bonheur et de larmes ! Que m'as-tu dit? Comment te refuser, et comment consentir à ce que tu demandes ? Tu quitterais ton père pour suivre un Dieu étranger à nos ancêtres ! Quoi ! nous pourrions avoir deux religions ! nous pourrions demander au ciel des faveurs différentes! Quand nos cœurs ne font qu'un même cœur, nous cesserions d'avoir un seul et même sacrifice ! »

— « Mon père, dit Cymodocée en l'interrompant, je ne te délaisserai jamais ! Jamais mes vœux ne seront différents des tiens ! Chrétienne, je vivrai avec toi près de ton temple, et je redirai avec toi les vers de mon divin aïeul. »

Le prêtre d'Homère, poussant des sanglots et pressant dans sa main sa barbe vénérable, échappe aux caresses de sa fille. Il va seul errer autour de la demeure de Lasthénès, et demander conseil aux dieux sur la montagne : tel autrefois l'aigle des Alpes s'envolait au milieu des nuées pendant un orage, et, noble augure des destinées romaines, allait apprendre, au sein de la foudre, les desseins cachés du ciel. A la vue de tous ces sommets de l'Arcadie, marqués par le culte de quelque divinité, Démodocus verse des larmes, et la superstition est prête à l'emporter dans son cœur. Mais comment refuser Eudore à l'amour de Cymodocée? Comment rendre sa fille éternellement malheureuse? Dieu, qui poursuit ses desseins, achève de subjuguer Démodocus, et fait servir à la gloire de ses futurs élus la faiblesse paternelle. Par un effet de sa puissance, il termine les incertitudes du prêtre d'Homère ; il dissipe ses craintes, il lui présente le mariage de Cymodocée et d'Eudore sous les auspices les plus prospères. Démodocus rentre aux foyers de Lasthénès ; il retrouve sa fille affligée ; il s'écrie :

« Ne pleure point, ô vierge digne de toutes les prospérités ! Que jamais Démodocus ne coûte une larme à des yeux qu'il chérit plus que la lumière du jour ! Deviens l'épouse d'Eudore, et puisse seulement ton nouveau Dieu ne t'arracher jamais à ton père ! »

Eudore, dans ce moment même, révélait pareillement à Lasthénès le secret de son cœur.

« Mon fils, dit l'époux de Séphora, que Cymodocée soit chrétienne ! Apportez-lui le royaume du ciel en héritage, et souvenez-vous d'être complaisant envers votre épouse. »

Eudore, pressé par l'ange des saintes amours, vole auprès de Démodocus. Il croyait trouver seul le prêtre d'Homère : il voit la fille et le père dans les bras l'un de l'autre. Il ne sait si son sort est décidé : il s'arrête. Démodocus l'aperçoit.

« Voilà ton épouse ! » s'écrie-t-il.

Des larmes d'attendrissement étouffent la voix du vieillard. Eudore se précipite aux pieds de son nouveau père, et tient en même temps embrassés les genoux de Cymodocée. Lasthénès, son épouse et ses filles, surviennent alors. Les jeunes chrétiennes se jettent au cou de la prêtresse des Muses. Elles la comblent de caresse, elles l'appellent deux fois leur sœur, et comme servante de Jésus-Christ et comme épouse de leur frère.

Cyrille fut choisi d'un commun accord pour répandre les premières semences de la foi dans le cœur de la future catéchumène. Les deux familles résolurent de se rendre à Sparte, afin que le saint évêque pût multiplier ses leçons, et hâter l'hymen de Cymodocée.

Mais tandis que le ciel poursuit ses desseins, l'enfer accomplit ses menaces. Démodocus et Lasthénès s'étaient à peine liés par des serments, que la nouvelle de l'arrivée d'Hiéroclès vint consterner les habitants de la Messénie. Vous eussiez vu les mères presser leurs filles dans leurs bras, les jeux suspendus comme dans une calamité publique, l'Église en deuil, les païens même effrayés : tel est l'effet de l'apparition du méchant.

Précédé de ses licteurs, le proconsul entre dans les murs de Messène. Il fait publier aussitôt l'ordre du dénombrement des chrétiens. Lorsqu'un loup ravissant rôde autour d'une bergerie, son œil s'enflamme à l'aspect du troupeau nombreux nourri dans un gras pâturage ; la vue de la brebis excite sa faim ; et sa langue, sortant de sa gueule béante, semble déjà teinte du sang dont il brûle de s'abreuver : ainsi Hiéroclès, en proie à sa haine contre les fidèles, s'émeut à la pensée des vierges sans défense, des faibles enfants et de la foule des chrétiens qu'il va bientôt rassembler au pied de son tribunal.

Cependant, poussé par le plus dangereux des esprits de l'abîme, il monte au sommet de l'Ithome. Il cherche des yeux, dans la forêt d'oliviers, les colonnes du temple d'Homère. O surprise ! il ne trouve point au sanctuaire le gardien de l'autel. Il apprend que Démodocus et sa fille sont allés visiter Lasthénès, dont le fils a rencontré Cymodocée au milieu des bois du Taygète. A cette nouvelle inattendue, Hiéroclès change de visage : mille pensées confuses s'élèvent dans son sein. Lasthénès est le chrétien le plus riche de la Grèce ; il est le père d'Eudore, ennemi puissant d'Hiéroclès. Comment Eudore a-t-il quitté l'armée de Constance ? Quelle fatalité l'a ramené sur ces rivages pour traverser encore les desseins du proconsul d'Achaïe ? Aurait-il touché le cœur de Cymodocée ?... Hiéroclès brûle d'éclaircir ses soupçons, et l'inquiétude qui le dévore ne lui permet aucun retard.

Non loin de la retraite de Lasthénès, près des ruines d'un temple qu'Oreste avait consacré aux Grâces et aux Furies, on voyait s'élever un magnifique palais. Hiéroclès l'avait fait bâtir par un des descendants d'Ictinus et de Phidias, lorsqu'il espérait ravir Cymodocée à son père, et cacher ensuite sa victime dans cette délicieuse demeure.

Rappelé à la cour des empereurs, il n'avait point eu le temps d'exécuter son noir projet. Aujourd'hui il veut se rendre à ce palais; il ordonne que les chrétiens de l'Arcadie viennent de toutes parts y porter leurs noms. Voisin de la demeure de Lasthénès, il espère ainsi revoir plus tôt Cymodocée, et découvrir quel dessein a pu conduire la prêtresse des Muses chez l'adorateur du Christ.

Plus prompte que l'éclair, la Renommée a bientôt publié la nouvelle de l'arrivée d'Hiéroclès, depuis les sommets d'Apesante, montagne respectée des peuples de l'Argolide, jusqu'au promontoire de Malée, qui voit les astres fatigués se reposer sur sa cime. Elle raconte en même temps les maux qui menacent les chrétiens; Démodocus en frémit. Souffrira-t-il que sa fille embrasse une religion qu'environnent les périls? Mais peut-il violer ses serments? Peut-il désoler Cymodocée, qui s'obstine à vouloir Eudore pour époux?

Des pensées tumultueuses s'élèvent également au fond du cœur d'Eudore; les démons lui livrent un secret combat. Dans l'espoir de le séduire, ils arment contre lui la générosité de ses propres sentiments. Amener une âme à Dieu en dépit de tous les dangers et de tous les obstacles, est le plus grand bonheur du chrétien; mais Eudore ne se sent point encore ce zèle ardent et ce courage sublime. L'enfer, qui veut faire naître des rivalités funestes, mais qui craint de voir Cymodocée passer sous le joug de la croix, cherche à obscurcir la foi du fils de Lasthénès. Satan appelle Astarté, lui ordonne d'attaquer le jeune chrétien qu'il a si souvent vaincu, et de l'arracher à la puissance de l'ange des saintes amours.

Aussitôt le démon de la volupté se revêt de tous ses charmes. Il prend à la main une torche odorante, et traverse les bois de l'Arcadie. Les Zéphirs agitent doucement la lumière du flambeau. Le fantôme magique fait naître sur ses pas une foule de prestiges. La nature semble se ranimer à sa présence, la colombe gémit, le rossignol soupire, le cerf suit en bramant sa légère compagne. Les esprits séducteurs qui enchantent les forêts de l'Alphée entr'ouvrent les chênes amollis, et montrent çà et là leurs têtes de nymphes. On entend des voix mystérieuses dans la cime des arbres, tandis que les divinités champêtres dansent avec des chaînes de fleurs autour du démon de la volupté.

Astarté entre dans la grotte d'Eudore, et commence à lui souffler les pensées d'un amour purement humain.

« Tu peux, lui dit-il tout bas, tu peux mourir pour ton Dieu, si ton
« Dieu t'appelle; mais comment précipiter Cymodocée dans tes mal-
« heurs? Regarde ces yeux qui lancent des flammes, ce sein qui fait
« naître les désirs; veux-tu donc courber les grâces sous le poids des

« chaînes? Ah! qu'il serait plus sage d'adoucir ta farouche vertu ! Laisse
« à Cymodocée ses fables ingénieuses : le ciel prendra-t-il sa foudre,
« parce que ton épouse, ou, si tu le voulais, ton amante, couvrira de
« quelques fleurs les autels élégants des Muses, et chantera les poéti-
« ques songes d'Homère? Aie pitié de la jeunesse et de la beauté. Tu
« n'as pas toujours été aussi barbare. »

Telles sont les inspirations dangereuses de l'esprit de ténèbres. En même temps, d'un air enjoué, avec un sourire perfide, il lance contre Eudore les mêmes dards dont il perça jadis le plus sage des rois. Mais l'ange des saintes amours défend le fils de Lasthénès. Aux feux des sens, il oppose les feux de l'âme ; à une tendresse d'un moment, une tendresse éternelle. Il détourne d'un souffle pur les traits du démon de la volupté, et les flèches impuissantes viennent s'émousser sur le cilice d'Eudore, comme sur un bouclier de diamant.

Toutefois, le faux honneur du monde, et un attachement encore timide, l'emportent en ce moment dans le cœur du soldat pénitent. Il ne veut point avoir surpris la parole de Démodocus; il craint d'exposer Cymodocée. Il va trouver le prêtre d'Homère :

« Je viens, lui dit-il, vous délier de votre serment. La félicité de mes jours serait de voir Cymodocée chrétienne, et de recevoir sa main à l'autel du véritable Dieu ; mais on va faire le dénombrement du troupeau choisi. Quoique ce dénombrement n'annonce encore rien de funeste, vos sentiments sont alarmés peut-être, et l'avenir repose dans le sein de Dieu : que le beau présent que vous consentiez à me faire soit libre, que votre volonté seule décide du destin de Cymodocée et du bonheur de ma vie. »

— « Mortel généreux, répondit le vieillard touché jusqu'aux larmes, un dieu mit au fond de tes entrailles la magnanimité des rois des premiers temps ; et quand ta mère te donna le jour au milieu des lauriers et des bandelettes, ce fut Jupiter même qui plaça dans ton sein ton noble cœur! O mon fils! que veux-tu que je fasse? Tu sais si ma fille m'est chère! Ne pourrait-elle devenir ton épouse sans embrasser la foi des chrétiens ? Nous serions ainsi délivrés de toutes craintes ; et, sans exposer Cymodocée à des périls nouveaux, tu la protégerais contre l'impie Hiéroclès. »

— « Démodocus, répondit tristement Eudore, je puis, par cet effort plus qu'humain, renoncer à l'amour de votre fille ; mais sachez qu'un chrétien ne peut recevoir une épouse souillée de l'encens des idoles. Quel ministre voudrait bénir, au pied de la croix, l'alliance de l'enfer et du ciel? Mon fils entendra-t-il prononcer sur son berceau le nom du Fils de l'Homme et le nom de Jupiter? Sera-ce la Vierge sans tache, ou l'impudique Vénus qui donnera des leçons à ma fille? Démodocus, nos lois nous défendent de nous unir à des femmes étrangères au culte du Dieu d'Israël : nous voulons des épouses qui partagent nos dangers dans cette vie, et que nous puissions retrouver au ciel après notre mort. »

Cymodocée avait entendu, d'un lieu voisin, la voix confuse de son père et du fils de Lasthénès. L'ange des saintes amours l'inspire, et la Mère du Sauveur la remplit de résolutions généreuses : elle vole à l'appartement de Démodocus; elle tombe aux pieds du vieillard, et joignant des mains suppliantes :

« Mon père, s'écrie-t-elle, les dieux me préservent d'affliger tes vieux ans ! mais je veux être l'épouse d'Eudore. Je serai chrétienne sans cesser d'être ta fille soumise et dévouée ! Ne crains point pour moi les périls : l'amour me donnera la force de les surmonter. »

A ces paroles, Eudore levant les bras au ciel :

« Dieu de mes pères, qu'ai-je fait pour mériter une pareille récompense? Toute ma vie j'ai offensé vos lois, et vous me comblez de félicité! Accomplissez vos décrets éternels ! Achevez d'attirer à vous cet ange d'innocence. Ce sont ses propres vertus qui la portent dans votre sein, et non l'amour qu'un chrétien trop coupable eut le bonheur de lui inspirer ! »

Il dit, et l'on entend les pas précipités d'un messager rapide : les portes s'ouvrent, un esclave de Démodocus paraît : il arrive du temple d'Homère. La sueur coule de son front; ses pieds nus et ses cheveux en désordre sont couverts de poussière; il porte au bras gauche un bouclier fracassé, avec lequel il a brisé les branches des chênes en traversant l'épaisseur des bois. Il prononce ces mots :

« Démodocus, Hiéroclès a paru au temple de ton aïeul ; sa bouche était pleine de menaces. Fier de la protection de Galérius, il parle avec fureur de ta Cymodocée; il jure, par le lit de fer des Euménides, que ta fille passera dans sa couche, dût le noir Chagrin, compagnon des Parques, s'asseoir sur le seuil de ta demeure pendant le reste de tes jours. »

Une pâleur mortelle se répand sur le front de Démodocus; ses genoux tremblants le supportent à peine, mais ce nouveau malheur fixe ses résolutions. Des ordres sévères contre les fidèles ne menaceraient Cymodocée, devenue chrétienne, que d'un péril incertain et éloigné; l'amour du proconsul, au contraire, expose la prêtresse des Muses à des maux aussi prochains qu'inévitables. Dans ce pressant danger, la protection d'Eudore semble donc à Démodocus un bonheur inespéré, et le seul refuge qui reste à Cymodocée contre les violences d'Hiéroclès.

Le vieillard prend sa fille dans ses bras :

« Mon enfant, lui dit-il, je ne violerai point mes serments, je serai fidèle à la parole que je t'ai jurée : reste à jamais l'épouse d'Eudore ; c'est maintenant à lui de te défendre, et comme la mère de ses enfants, et comme la compagne de ses jours. Peut-être que les dieux se plairont à exercer ta vertu ; mais, ô Cymodocée ! tu ne te laisseras point abattre. S'il est des muses chrétiennes, elles te prêteront leur secours : leurs chants pleins de sagesse fortifieront ton cœur contre l'attaque de tes ennemis. »

Lasthénès entra comme Démodocus achevait de prononcer ces mots.

Eudore posa la main sur son cœur, en signe de reconnaissance et de tendresse, prononça ces paroles avec un grand éclat de voix, et les yeux attachés à la terre :

« Je reçois, ô Démodocus ! l'inestimable don que vous faites à Dieu par mes mains. Je défendrai, au prix de tout mon sang, la vierge que vous me confiez : j'en jure par vous, ô Lasthénès ! ô mon père ! Je serai fidèle à Cymodocée. »

Après avoir reçu ce serment, le prêtre des dieux partit avec sa fille, dans le dessein de fermer le temple d'Homère, et de se rendre ensuite à Lacédémone, où la famille de Lasthénès devait l'attendre chez Cyrille.

Démodocus et Cymodocée prennent les sentiers les plus déserts pour éviter la rencontre de leur persécuteur ; mais déjà le proconsul était arrivé au palais de l'Alphée. Ces riantes solitudes, le cristal si pur du Ladon, les croupes des montagnes couvertes de pins, la fraîcheur des vallées de l'Arcadie et les scènes tranquilles que ces doux noms rappellent, rien ne peut calmer le trouble d'Hiéroclès. Ses licteurs vont de toutes parts rassembler les fidèles, dans les paisibles retraites où jadis les bergers d'Évandre menaient une vie moins innocente que celle de ces premiers chrétiens. Du fond des grottes consacrées à Pan et aux autres divinités champêtres, on voit descendre des troupeaux de femmes, d'enfants et de vieillards, que les soldats chassent devant eux. En face du palais d'Hiéroclès, dans une vaste prairie que bordaient les eaux du Ladon, s'élevait le tribunal du gouverneur romain. Assis sur sa chaise d'ivoire, Hiéroclès recevait les noms qui devaient remplir les listes fatales. Tout à coup un murmure se fait entendre ; les chrétiens tournent la tête, et reconnaissent la famille puissante de Lasthénès, que l'on amène au pied du tribunal.

Comme un chasseur des Alpes qui poursuit avec de grands cris une troupe de chamois bondissant parmi les rochers et les cascades ; si tout à coup un sanglier vient à s'élever au milieu des faons fugitifs, le chasseur effrayé recule, et reste les yeux fixés sur le terrible animal qui hérisse son poil et découvre ses défenses meurtrières : ainsi Hiéroclès reste interdit à l'aspect d'Eudore, qu'il reconnaît au milieu de sa famille. Toute son ancienne inimitié se réveille ; il ne voit point, il est vrai, Cymodocée ; mais la beauté du fils de Lasthénès, son air mâle et guerrier, l'admiration qu'il inspire, augmentent ses alarmes. Plusieurs soldats de la garde du proconsul, qui avaient fait la guerre sous Eudore, environnent leur ancien général, et le comblent de bénédictions : les uns vantent sa douceur, d'autres sa générosité, tous sa valeur et sa gloire. Ceux-ci rappellent la bataille des Francs, où il remporta la couronne civique ; ceux-là parlent de ses victoires sur les Bretons. On répète de toutes parts : « C'est ce jeune guerrier couvert de blessures qui triompha de Carrausius ; c'est le maître de la cavalerie ; c'est le préfet des Gaules ; c'est le favori de Constance et l'ami du prince Constantin. » Ces discours font pâlir sur son trône le proconsul indigné : il congédie brusquement l'assemblée, et se renferme dans son palais.

Hiéroclès ne doute plus que son rival ne soit aimé de Cymodocée ; il juge que l'amour a suivi la gloire. Mille projets sinistres se présentent à son esprit : il veut enlever de force la fille de Démodocus, il veut jeter Eudore au fond des cachots ; mais bientôt il craint la faveur dont le fils de Lasthénès jouit à la cour. Il n'ose attaquer ouvertement un triomphateur qui fut décoré des dignités de l'empire ; il connaît la modération de Dioclétien, toujours ennemi de la violence. Il prend donc un moyen plus lent, mais plus sûr, de satisfaire la haine qu'il nourrit depuis si longtemps contre Eudore : il écrit à Rome que les chrétiens de l'Achaïe sont prêts à se soulever, qu'ils s'opposent au dénombrement, et qu'ils ont à leur tête cet Arcadien exilé par l'empereur à l'armée de Constance.

Hiéroclès espère ainsi faire bannir Eudore de la Grèce, et pouvoir poursuivre, sans obstacle, ses coupables projets sur Cymodocée. Cependant, il environne son rival d'espions et de délateurs, et cherche à pénétrer un secret qui doit causer le malheur de sa vie. Le fils de Lasthénès ne s'était point endormi sur les dangers de ses frères. Ce n'était plus ce jeune homme incertain dans ses désirs chimériques, dans ses projets, nourri de songes et d'illusion : c'était un homme éprouvé par le malheur, capable des actions les plus graves comme les plus hautes, réfléchi, sérieux, occupé, éloquent au conseil, brave à la guerre, et conservant des passions d'autant plus propres à atteindre un but élevé, qu'elles n'étaient plus mêlées dans son âme aux petites choses. Il connaissait l'empire d'Hiéroclès sur Galérius, et de Galérius sur Dioclétien. Il prévoyait que le sophiste persécuteur de Cymodocée s'abandonnerait aux plus noires fureurs contre les chrétiens, quand il viendrait à découvrir l'amour et la conversion de la prêtresse des Muses. Eudore aperçoit d'un coup d'œil tous les maux dont l'Église est menacée, et il cherche à les détourner : avant de se rendre à Lacédémone avec sa famille, il fait partir un messager fidèle, chargé d'instruire Constantin de la vérité, et de prévenir auprès d'Auguste les dangereux rapports d'Hiéroclès.

Comme le préfet d'Achaïe descendait de son tribunal, Démodocus et sa fille arrivaient au temple d'Homère. Les feux n'étaient point encore éteints sur les autels domestiques; Démodocus les fit aussitôt ranimer. On conduit au sanctuaire la génisse aux cornes dorées, on apporte au prêtre des dieux une coupe d'argent ciselée : c'était celle dont se servaient autrefois Danaüs et le vieux Phoronée dans leurs sacrifices. Une main savante avait représenté sur cette coupe Ganymède enlevé par l'aigle de Jupiter; les compagnons du chasseur phrygien paraissaient accablés de tristesse, et sa meute fidèle faisait retentir de ses aboiements douloureux les forêts de l'Ida. Le père de Cymodocée remplit cette coupe d'un vin pur; il se revêt d'une tunique sans tache, il couronne sa tête d'une branche d'olivier : on l'eût pris pour Tirésias, ou pour le devin Amphiaraüs, prêt à descendre vivant aux enfers avec ses armes blanches, son char blanc et ses coursiers blancs. Démodocus répand la libation aux pieds de la statue du poëte. La génisse tombe sous le couteau sacré ; Cymodocée suspend sa lyre à l'autel ; ensuite adressant la parole au cygne de Méonie :

« Auteur de ma race, ta fille te consacre ce luth mélodieux que tu pris soin quelquefois d'accorder pour elle. Deux divinités, Vénus et l'Hymen, me forcent de passer sous d'autres lois : que peut une jeune fille contre les traits de l'Amour et les ordres du Destin? Andromaque (tu l'as raconté) ne voyait dans la superbe Troie qu'Astyanax et son Hector. Je n'ai point encore de fils, mais je dois suivre mon époux. »

Tels furent les adieux de la prêtresse des Muses au chantre de Pénélope et de Nausicaa. Les yeux de la jeune vierge étaient humides de larmes; malgré le charme de son amour, elle regrettait les héros et les divinités qui faisaient une partie de sa famille, ce temple où elle retrouvait à la fois ses dieux et son père, où elle fut nourrie du nectar des Muses au défaut du lait maternel. Tout la rappelait aux belles fictions du poëte, tout était dans ces lieux sous la puissance d'Homère; et la chrétienne désignée se sentait, en dépit d'elle-même, domptée par le génie du père des fables : ainsi, lorsqu'un serpent d'or et d'azur roule au sein d'un pré ses écailles changeantes, il lève une crête de pourpre au milieu des fleurs, darde une triple langue de feu, et lance des regards étincelants ; la colombe qui l'aperçoit du haut des airs, fascinée par le brillant reptile, abaisse peu à peu son vol, s'abat sur un arbre voisin, et, descendant de branche en branche, se livre au pouvoir magique qui la fait tomber des voûtes du ciel.

LIVRE QUATORZIÈME

SOMMAIRE.

Description de la Laconie. Arrivée de Démodocus chez Cyrille. Instruction de Cymodocée. Astarté envoie le démon de la jalousie à Hiéroclès. Cymodocée va à l'église pour être fiancée à Eudore. Cérémonies de l'Église primitive. Des soldats, par ordre d'Hiéroclès, dispersent les fidèles. Eudore sauve Cymodocée et la défend au tombeau de Léonidas. Il reçoit l'ordre de partir pour Rome. Les deux familles se décident à envoyer Cymodocée à Jérusalem pour la mettre sous la protection de la mère de Constantin. Eudore et Cymodocée partent pour s'embarquer à Athènes.

Démodocus ferme en pleurant les portes du temple d'Homère. Il monte sur son char avec Cymodocée ; il traverse de nouveau la Messénie. Bientôt il arrive à la statue de Mercure, placée à l'entrée de l'Herméum, et pénètre dans les défilés du Taygète. Des rochers entassés jusqu'au ciel formaient des deux côtés de grands escarpements stériles, au haut desquelles croissaient à peine quelques sapins, comme des touffes d'herbe sur des tours et des murailles en ruine. Cachée parmi des genêts à demi brûlés et des sauges jaunissantes, l'importune cigale faisait entendre son chant monotone sous les ardeurs du midi.

« Ma fille, disait Démodocus, c'est par le même chemin que Lyciscus s'échappa, comme moi, avec sa fille vers Lacédémone, et sa fuite donna naissance à la tragique aventure d'Aristomène. Que de générations se sont écoulées pour nous amener à notre tour dans ces lieux solitaires! Puisse le grand Jupiter nous envoyer quelque signe favorable, et détourner de toi tous les malheurs! »

A peine avait-il prononcé ces mots, qu'un vautour à tête chauve tombe de la cime d'un arbre desséché sur une hirondelle ; un aigle fond du sommet des montagnes, il enlève le vautour dans ses serres puissantes : soudain l'éclair brille à l'orient, la foudre éclate, perce d'un trait enflammé le roi des airs et précipite sur la terre le vainqueur, le vaincu et leur victime. Démodocus, effrayé, cherche en vain l'arrêt des destinées dans ces jeux incertains du hasard. Cependant le char a franchi le sommet de l'Herméum, et commence à descendre vers Pillane. Le prêtre d'Homère salue l'Eurotas dont il côtoie les bords; il touche au tombeau de Ladas; il découvre bientôt la statue de la Pudeur, qui marque l'endroit où Pénélope, prête à suivre Ulysse, baissa son voile en rougissant. Il laisse derrière lui le monument de Diane Mysienne, le bois sacré de Carnéus, les sept colonnes, la sépulture du Coursier, et tout à coup il arrive au penchant fleuri d'un coteau que couronnait le temple d'Achille : Sparte et la vallée de la Laconie se présentent à ses regards. La chaîne des montagnes du Taygète, couvert de neige et de forêts, se déployait à l'occident; d'autres montagnes moins élevées formaient à l'orient un rideau parallèle : elles diminuaient de hauteur par degrés, et se terminaient aux sommets rougis du Ménélaïon. La vallée comprise entre ces deux chaînes de montagnes était obstruée vers le nord par un amas confus de monticules irréguliers. Ceux-ci, s'avançant au midi, venaient former de leurs dernières croupes les collines où Sparte était assise. Depuis Sparte jusqu'à la mer, on n'aperçoit qu'un terrain uni, fertile, entrecoupé de champs, de vignes et de froment, ombragé de bosquets d'oliviers, de sycomores et de platanes. L'Eurotas promenait son cours tortueux dans cette riante solitude, et cachait sous des lauriers-roses ses flots d'azur qu'embellissaient les cygnes de Léda.

Le prêtre des dieux et Cymodocée ne pouvaient se lasser d'admirer ce tableau, que peignaient de mille couleurs les feux de l'aurore naissante. Qui pourrait fouler impunément la poussière de Sparte, et contempler sans émotion la patrie de Lycurgue et de Léonidas? Démodocus agitait encore d'étonnement son sceptre augural, que déjà ses coursiers rapides entraient dans Lacédémone. Le char traverse la place publique, franchit le sénat des vieillards et le portique des Perses, prend la route du théâtre adossé à la citadelle, et monte à la maison de Cyrille, bâtie près du temple de Vénus armée.

La famille de Lasthénès attendait chez l'évêque de Lacédémone l'arrivée de la nouvelle épouse; le prélat était instruit de tout ce qui s'était passé en Arcadie. Pour mettre Cymodocée à l'abri des entreprises d'Hiéroclès, et afin qu'Eudore acquît des droits sur elle, Cyrille se proposait de la fiancer au fils de Lasthénès aussitôt qu'elle serait déclarée néophyte; mais la prêtresse des Muses ne pouvait devenir l'épouse d'Eudore qu'après avoir reçu le baptême. Les vieillards saluèrent l'aimable étrangère avec une tendresse grave et sainte. Les soins les plus touchants lui furent prodigués par sa nouvelle mère et ses nouvelles sœurs. Ces caresses, que Cymodocée n'avait jamais connues, lui semblaient d'une extrême douceur. Elle ne vit point Eudore, qui, dans ce moment de bonheur, redoublait de veilles et d'austérités. Dès le soir même, Cyrille commença les instructions de la jeune infidèle. Elle écoutait avec candeur et ingénuité ; la morale et la charité évangéliques charmaient son cœur. Elle pleurait abondamment sur le mystère de la croix, et sur les douleurs du Fils de l'Homme ; le culte de la mère du Sauveur la remplissait d'attendrissement et de délices ; elle se faisait conter sans cesse par le vieux martyr l'histoire de la crèche, des bergers, des anges, des mages ; elle répétait tout bas ces paroles qu'elle avait apprises : « Je vous salue, Marie, pleine de grâce. » La grandeur du Dieu des chrétiens effrayait un peu Cymodocée ; elle se réfugiait auprès de Marie, qu'elle paraissait prendre pour sa mère. Elle expliquait souvent à Démodocus quelques-unes des leçons qu'elle avait reçues ; elle s'asseyait sur ses genoux et lui disait dans un langage charmant l'heureuse vie des patriarches ; la tendresse de Nachor pour Sara sa fille, l'amour du jeune Tobie pour son épouse étrangère ; elle lui parlait d'une femme qu'un apôtre fit sortir du tombeau, et rendit à ses parents désolés.

« Crois-tu, ajoutait-elle, que le Dieu des chrétiens, qui me commande d'aimer mon père afin de vivre longuement, ne vaut pas bien ces dieux qui ne me parlaient jamais de toi ? »

Rien n'était plus touchant que de voir ainsi ce missionnaire d'une espèce nouvelle, tour à tour disciple d'un vieillard et maître d'un autre vieillard, placé, comme la grâce et la persuasion, entre ces hommes vénérables, pour faire goûter au prêtre d'Homère les sérieuses instructions du prêtre d'Israël.

L'ennemi du genre humain voyait en frémissant de rage cette vierge innocente échapper à son pouvoir. Il en accuse Astarté.

« Faible démon, s'écrie-t-il, que fais-tu donc dans l'abîme ? Tu
« n'as quitté le ciel qu'en gémissant, et maintenant encore te voilà
« vaincu par l'ange des saintes amours ! »

Astarté répondit :

« O Satan ! calme ta colère. Si je n'ai pu l'emporter sur l'ange qui m'a
« remplacé au séjour du bonheur, ma défaite même va servir au succès
« de tes desseins. J'ai un fils aux enfers ; mais je n'ose l'approcher, car
« ses fureurs m'intimident. Tu le connais : descends à sa prison ; ra-
« mène-le sur la terre ; je vais l'attendre auprès d'Hiéroclès ; et quand
« ce mortel sera brûlé de mes feux et de ceux de mon fils, tu
« n'auras plus qu'à livrer les chrétiens au démon de l'homicide. »

Il dit, et Satan se précipite au fond du gouffre des tourments. Par delà des marais croupissants et des lacs de soufre et de bitume, dans les vastes régions de l'enfer, s'ouvre un cachot, séjour du plus infortuné des habitants de l'abîme. C'est là que le démon de la jalousie fait entendre ses éternels hurlements. Couché parmi des vipères et d'affreux reptiles, jamais le sommeil n'approcha de ses yeux. L'inquiétude, le soupçon, la vengeance, le désespoir et une sorte d'amour féroce agitent ses regards, des chimères occupent et tourmentent son esprit : il tressaille ; il croit entendre des bruits mystérieux, il croit poursuivre de vains fantômes. Pour éteindre sa soif brûlante, il boit dans une coupe d'airain un poison composé de ses sueurs et de ses larmes. Ses lèvres tremblantes respirent l'homicide : au défaut de la victime qu'il cherche sans cesse, il se frappe lui-même d'un poignard, oubliant qu'il est immortel.

Le prince des ténèbres, descendu vers ce monstre, s'arrête à l'entrée de la caverne.

« Archange puissant, dit-il, je t'ai toujours distingué des innom-
« brables esprits de mon empire. Aujourd'hui tu peux me prouver ta
« reconnaissance : il faut allumer dans le sein d'un mortel cette flamme
« que tu mis autrefois dans le cœur d'Hérode. Il faut perdre les chré-
« tiens ; il faut reprendre le sceptre du monde : l'entreprise est digne
« de ton courage. Viens, ô mon fils ! seconde les vastes desseins de
« ton roi. »

Le démon de la jalousie retire de sa bouche la coupe empoisonnée, et essuyant ses lèvres avec sa chevelure de serpents :

« O Satan, répondit-il avec un profond soupir, le poids de l'enfer
« ne courbera-t-il jamais ton front superbe ? Veux-tu m'exposer encore
« aux coups de cette foudre qui t'a précipité dans le gouffre des pleurs ?
« Que peux-tu contre la croix ? Une femme a écrasé ta tête orgueil-
« leuse. Je hais la lumière du ciel. Les chastes amours des chré-
« tiens ont détruit mon empire sur la terre. Poursuis, si tu le veux, tes
« projets, mais laisse-moi jouir en paix de ma rage, et ne viens plus
« troubler mes fureurs. »

Il dit, et d'une main forcenée il arrache les serpents attachés à ses flancs, et les déchire avec ses dents bruyantes.

Satan frémissant de colère :

« Ange pusillanime, d'où te vient aujourd'hui cette crainte ? Le re-
« pentir, cette lâche vertu des chrétiens, serait-il entré dans ton cœur ?
« Regarde autour de toi : voilà ton éternelle demeure ! A des maux
« sans fin sache opposer une haine sans terme, et bannis d'inutiles
« regrets. Ose me suivre : je ferai bientôt disparaître du monde ces
« chastes amours qui t'épouvantent. Je te rendrai ton empire sur
« l'homme abattu. Mais n'attends pas que mon bras te contraigne à
« m'accorder ce que j'ai daigné demander à ton zèle. »

A cette espérance, à cette menace, le démon de la jalousie se laisse entraîner.

Satan, plein de joie, monte aussitôt sur un char de feu, et fait placer à ses côtés le monstre qu'il appelle son fils ; il l'instruit de ce qu'il doit faire, et lui nomme la victime qu'il doit frapper. Pour éviter l'importunité des esprits de ténèbres, les deux chefs de l'enfer traversent invisibles le séjour de la douleur. La Mort seule les voit sortir des portes de l'abîme et les salue par un sourire affreux. Bientôt ils touchent à la terre et descendent dans le vallon de l'Alphée. En proie à son fatal amour, le proconsul d'Achaïe était alors agité d'un sommeil pénible. Le démon de la jalousie se cache sous la figure d'un vieil augure, confident des peines secrètes d'Hiéroclès. Il prend le visage ridé de l'antique devin, sa voix sombre, son front chauve et sa pâleur religieuse. Sa tête est couverte d'un long voile ; les bandelettes sacrées descendent sur ses épaules ; il s'approche du lit de l'impie comme un songe funeste. Du rameau qu'il tient à la main il touche la poitrine d'Hiéroclès :

« Tu dors, lui dit-il, et ton ennemi triomphe ! Cymodocée, con-
« duite à Lacédémone, embrasse la religion des chrétiens, et va
« bientôt devenir l'épouse du fils de Lasthénès ! Réveille-toi, saisis-
« sons ta proie ; et pour l'enlever à ton rival, perdons, s'il le faut, la
« race entière des chrétiens. »

En achevant de prononcer ces mots, le démon de la jalousie arrache de sa tête le voile et les bandelettes sacerdotales. Il reprend son horrible forme : il se penche sur Hiéroclès ; il le serre étroitement dans ses bras et fait couler sur lui un sang impur. Rempli de terreur, l'infortuné se débat sous le poids du fantôme, et se réveille en poussant un cri : tel un homme enseveli vivant au champ des tombeaux sort avec effroi de sa léthargie, frappe du front son cercueil, et fait entendre une plainte dans le sein de la terre. Tous les poisons du monstre infernal ont passé dans l'âme de l'ennemi des fidèles. Il s'élance de son lit, les cheveux hérissés. Il appelle ses gardes : il veut devancer les ordres d'Auguste, il veut qu'on arrête les chrétiens, qu'on disperse leurs assemblées ; il parle de conspiration, d'un projet fatal à l'empire.

« Il faut du sang !... s'écrie-t-il. Un feu dévorant coule dans tous les cœurs... Ne consultons point les entrailles des victimes : les vœux, les prières, les autels, ne peuvent rien pour nous ! »

L'insensé ! Bientôt les délateurs arrivés de Lacédémone lui confirment la vérité du songe qui le poursuit.

Eudore, résigné aux décrets de la Providence, et désirant avec ardeur la gloire du martyre, ne croyait pas toutefois l'orage si près de sa tête : il s'occupait à perfectionner son âme pour se rendre digne à la fois, et des destinées que Paul lui avait prédites, et de l'épouse que Dieu lui avait choisie. Dans une terre dont le maître s'est éloigné, on voit un arbre de riche espérance devenir stérile : le maître, après quelques années d'absence, rentre à sa demeure; il retourne à son arbre chéri, il coupe les branches blessées par la chèvre ou rompues par les vents; l'arbre reprend une vigueur nouvelle, et bientôt sa tête s'incline sous le poids de ses fruits parfumés : ainsi le fils de Lasthénès, abandonné de Dieu, avait langui faute de culture; mais, quand le père de famille rentra dans son héritage et donna ses soins à la plante de son amour, Eudore se couronna des vertus que son enfance avait promises.

Il touchait à l'accomplissement d'une partie de ses vœux; il allait recevoir la foi de Cymodocée. La nouvelle catéchumène avait mérité par son intelligence, sa pureté et sa douceur, d'être admise aux deux degrés d'auditrice et de postulante. Elle devait paraître à l'église, pour la première fois, le jour d'une fête consacrée à la mère du Sauveur; fiancée après la célébration des mystères, elle était destinée à jurer dans le même moment fidélité à Dieu et à son époux.

Les premiers chrétiens choisissaient surtout le silence des ombres pour accomplir les cérémonies de leur culte. Le jour qui précéda la nuit où Cymodocée triompha de l'enfer, ce jour se passa dans les méditations et les prières. Vers le soir, Séphora et ses deux filles commencèrent à parer la nouvelle épouse. Elle se dépouilla d'abord des ornements des Muses; elle déposa sur un autel domestique, consacré à la reine des anges, son sceptre, son voile et ses bandelettes : sa lyre était restée au temple d'Homère. Ce ne fut pas sans répandre des larmes que Cymodocée se sépara des marques gracieuses de la religion paternelle. Une tunique blanche, une couronne de lis, lui tinrent lieu des perles et des colliers que ne portaient point les chrétiennes. La pudeur évangélique remplaça sur ses lèvres le sourire des Muses, et lui donna des charmes dignes du ciel.

A la seconde veille de la nuit, elle sortit au milieu des flambeaux, portant un flambeau elle-même. Elle était précédée de Cyrille, des prêtres, des veuves et des diaconesses; le chœur des vierges l'attendait à la porte. Quand elle parut, la foule qu'attirait cette cérémonie poussa un cri d'admiration. Les païens disaient :

« C'est la fille de Tyndare, couronnée des fleurs du plataniste, et
« prête à passer dans le lit de Ménélas! C'est Vénus, lorsqu'elle eut
« jeté ses bracelets dans l'Eurotas, et qu'elle se montra à Lycurgue
« sous les traits de Minerve! »

Les chrétiens s'écriaient :

« C'est une nouvelle Ève ! c'est l'épouse du jeune Tobie ! c'est la « chaste Suzanne ! c'est Esther ! »

Ce nom d'Esther, donné par la voix du peuple fidèle, devint aussitôt le nom chrétien de Cymodocée.

Près du Lesché, et non loin des tombeaux des rois Agides, les chrétiens de Sparte avaient bâti une église. Éloignée du bruit de la foule, environnée de cours et de jardins, elle était séparée de tout monument profane. Après avoir passé un péristyle décoré de fontaines où les fidèles se purifiaient avant la prière, on trouvait trois portes qui conduisaient à la basilique. Au fond de l'église, à l'orient, on apercevait l'autel, et derrière l'autel, le sanctuaire. Cet autel d'or massif, enrichi de pierreries, couvrait le corps d'un martyr ; quatre rideaux d'une étoffe précieuse l'environnaient. Une colombe d'ivoire, image de l'Esprit-Saint, était suspendue au-dessus de l'autel, et protégeait de ses ailes le tabernacle. Les murs étaient décorés de tableaux qui représentaient des sujets tirés de l'Écriture. Le baptistère s'élevait isolé à la porte de l'église, et faisait soupirer l'impatient catéchumène.

Cymodocée s'avance vers les saints portiques. Un contraste étonnant se faisait remarquer de toutes parts : les filles de Lacédémone, encore attachées à leurs dieux, paraissaient sur la route avec leurs tuniques entr'ouvertes, leur air libre, leurs regards hardis : telles elles dansaient aux fêtes de Bacchus ou d'Hyacinthe : les rudes souvenirs de Sparte, la fourberie, la cruauté, la férocité maternelle, se montraient dans les yeux de la foule idolâtre. Plus loin on découvrait des vierges chrétiennes chastement vêtues, dignes filles d'Hélène par leur beauté, plus belles que leur mère par leur modestie. Elles allaient avec le reste des fidèles célébrer les mystères d'un culte qui rend le cœur doux pour l'enfant, charitable pour l'esclave, et inspire l'horreur de la dissimulation et du mensonge. On eût cru voir deux peuples parmi ces frères : tant la religion peut changer les hommes !

Lorsqu'on fut arrivé au lieu de la fête, l'évêque, tenant l'Évangile à la main, monta sur son trône, qui s'élevait au fond du sanctuaire, en face du peuple. Les prêtres, assis à sa droite et à sa gauche, remplirent le demi-cercle de l'abside. Les diacres se rangèrent debout derrière eux ; la foule occupait le reste de l'église ; les hommes étaient séparés des femmes ; les premiers la tête découverte, les secondes la tête voilée.

Tandis que l'assemblée prenait ses rangs, un chœur chantait le psaume de l'introduction de la fête. Après ce cantique, les fidèles prièrent en silence ; ensuite l'évêque prononça l'oraison des vœux réunis des fidèles,

Le lecteur monta à l'ambon, et choisit dans l'Ancien et le Nouveau Testament les textes qui se rapportaient davantage à la double fête que l'on célébrait. Quel spectacle pour Cymodocée! Quelle différence de cette sainte et tranquille cérémonie, aux sanglants sacrifices, aux chants impurs des païens! Tous les yeux se tournaient sur l'innocente catéchumène; elle était assise au milieu d'une troupe de vierges qu'elle effaçait par sa beauté. Accablée de respect et de crainte, à peine osait-elle lever un regard timide pour chercher dans la foule celui qui, après Dieu, occupait alors uniquement son cœur.

Le lecteur fut remplacé par l'évêque dans la chaire de vérité. Il expliqua d'abord l'évangile du jour : il parla de la conversion des idolâtres, et du bonheur qu'aurait bientôt une fille vertueuse d'être unie à un époux chrétien, sous la protection de la mère du Sauveur. Il termina son discours par ces paroles :

« Habitants de Lacédémone, il est temps que je vous rappelle l'alliance qui vous unit avec Sion. Descendu d'Abraham comme le peuple fidèle, Arius votre roi réclama jadis auprès du pontife Onias les lois de cette parenté sainte. Dans la lettre qu'il adressa au peuple juif, il lui dit : « Nos troupeaux et tous nos biens sont à vous, et les vôtres sont « à nous. » Les Machabées, reconnaissant cette commune origine, envoyèrent aux Spartiates une députation amicale. Si donc, n'étant encore que gentils, vous fûtes distingués du Dieu de Jacob entre tous les peuples de Javan, de Séthim et d'Élisa, que ne devez-vous pas faire pour le ciel, à présent que vous êtes marqués du sceau de la race élue! Voici l'instant de vous montrer dignes de votre berceau, qu'ombragèrent les palmes de l'Idumée. Les grands martyrs Judas, Jonathas et ses frères vous invitent à marcher sur leurs traces. Vous êtes appelés aujourd'hui à la défense de la patrie céleste. Troupeau chéri que le ciel a confié à mes soins, c'est peut-être la dernière fois que votre pasteur vous rassemble sous sa houlette! Combien peu d'entre nous se retrouveront au pied de cet autel, quand il nous sera permis de nous réunir! Servantes de Jésus-Christ, épouses vertueuses, vierges sans tache, c'est aujourd'hui qu'il faut vous glorifier d'avoir quitté les pompes du siècle, afin de ne vous attacher qu'à la pudeur. Ah! qu'il serait à craindre que des pieds entravés par des bandelettes de soie ne pussent monter à l'échafaud! Ces colliers de perles, qui entourent un cou trop délicat, laisseraient-ils quelque place à l'épée? Réjouissons-nous donc, mes frères, le temps de notre délivrance approche; je dis délivrance, car sans doute vous n'appelez pas esclavage les cachots et les fers dont vous êtes menacés. Pour un chrétien persécuté, la prison n'est point un lieu de souffrances, mais un lieu de délices; quand l'âme prie, le corps ne sent point le poids de ses chaînes : elle emporte avec soi tout l'homme. »

Cyrille descendit de la chaire. Un diacre s'écria :

« Priez, mes frères ! »

L'assemblée se leva, se tourna vers l'orient, et, les mains étendues vers le ciel, pria pour les chrétiens, pour les infidèles, pour les persécuteurs, pour les faibles, pour les malades, pour les affligés, pour tous ceux qui pleurent. Alors les diacres firent sortir du lieu saint tous ceux qui ne devaient point assister au sacrifice, les gentils, les possédés du démon, les pénitents. La mère d'Eudore, assistée de deux veuves, vint chercher la tremblante catéchumène ; elle la conduisit aux pieds de Cyrille. Alors le martyr lui adressant la parole, lui dit :

« Qui êtes-vous ? »

Elle répondit, selon l'instruction qu'elle avait reçue :

« Je suis Cymodocée, fille de Démodocus. »

— « Que voulez-vous ? » dit le prélat.

« Sortir, repartit la jeune vierge, des ténèbres de l'idolâtrie, et entrer dans le troupeau de Jésus-Christ. »

— « Avez-vous, dit l'évêque, bien pensé à votre résolution ; ne craignez-vous ni la prison ni la mort ? Votre foi en Jésus-Christ est-elle vive et sincère ? »

Cymodocée hésita. Elle ne s'attendait point à la première partie de cette question : elle vit la douleur de son père, mais elle songea qu'elle balançait à accepter le sort d'Eudore ; elle se décida sur-le-champ, et prononça d'une voix ferme :

« Je ne crains ni la prison ni la mort, et ma foi en Jésus-Christ est vive et sincère. »

Alors l'évêque lui imposa les mains, et la marqua au front du signe de la croix. Une langue de feu parut à la voûte de l'église, et l'Esprit-Saint descendit sur la vierge prédestinée. Un diacre lui met une palme à la main, les jeunes chrétiennes lui jettent des couronnes ; elle retourne au banc des femmes, précédée de cent flambeaux, et semblable à une martyre qui s'envole éclatante vers le ciel.

Le sacrifice commence. L'évêque salue le peuple, et un diacre s'écrie :

« Embrassez-vous les uns les autres. »

L'assemblée se donne le baiser de paix. Le prêtre reçoit les dons des fidèles, l'autel est comblé des pains offerts en sacrifice ; Cyrille les bénit. Les lampes sont allumées, l'encens fume, les chrétiens élèvent leur voix : le sacrifice s'accomplit, l'hostie est partagée aux élus, l'agape suit la communion sainte, et tous les cœurs se tournent vers une cérémonie attendrissante.

L'épouse de Lasthénès annonce à Cymodocée qu'elle va promettre sa foi à Eudore. Cymodocée est soutenue dans les bras des vierges qui l'environnent. Mais qui peut dire où est le nouvel époux? Pourquoi marque-t-il si peu d'empressement? Quel lieu de ce temple le dérobe aux yeux de la fille d'Homère? On fait silence; les portes de l'église s'ouvrent, et l'on entend au dehors une voix qui disait :

« J'ai péché devant Dieu et devant les hommes. A Rome, j'ai oublié
« ma religion, et j'ai été rejeté du sein de l'Église; dans les Gaules,
« j'ai donné la mort à l'innocence : priez pour moi, mes frères. »

Cymodocée reconnaît la voix d'Eudore! Le descendant de Philopœmen, revêtu d'un cilice, la tête couverte de cendres, prosterné sur le pavé du vestibule, accomplissait sa pénitence, et se confessait publiquement. Le prélat offre au Seigneur, en faveur du chrétien humilié, une prière de miséricorde que répètent tous les fidèles. Quel nouveau sujet d'étonnement pour Cymodocée! Elle est conduite une seconde fois à l'autel; elle est fiancée à son époux, et répète, de la voix la plus touchante, les paroles que l'évêque récitait avant elle. Un diacre s'était rendu auprès d'Eudore : debout à la porte de l'église, où il ne pouvait pénétrer, le pénitent prononce de son côté les mots qui l'engagent à Cymodocée. Échangé de l'autel au vestibule, le serment des deux époux est reporté de l'un à l'autre par les prêtres : on eût cru voir l'union de l'innocence et du repentir. La fille de Démodocus consacre à la reine des anges une quenouille chargée d'une laine sans tache, symbole des occupations domestiques. Pendant cette cérémonie, qui faisait répandre des larmes à tous les témoins, les vierges de la nouvelle Sion chantaient le cantique de l'épouse :

« Tel est le lis entre les épines, telle est ma bien-aimée entre les
« vierges. Que vous êtes belle, ô mon amie! votre bouche est une gre-
« nade entr'ouverte, et vos cheveux ressemblent aux rameaux du pal-
« mier. L'épouse s'avance comme l'aurore : elle s'élève du désert
« comme la fumée de l'encens! Filles de Jérusalem, je vous conjure
« par les chevreuils de la montagne de me soutenir avec des fruits et
« des fleurs; car mon âme s'est fondue à la voix de mon amie. Vent
« du milieu du jour, répandez les plus doux parfums autour de celle
« qui est les délices de l'époux! Ma bien-aimée, vous avez blessé mon
« âme! Ouvrez-moi vos portes de cèdre; mes cheveux sont mouillés
« de la rosée de la nuit. Que la myrrhe et l'aloès couvrent votre lit em-
« baumé! que votre main gauche soutienne ma tête languissante; met-
« tez-moi comme un sceau sur votre cœur, car l'amour est plus fort
« que la mort. »

À peine les vierges chrétiennes avaient-elles cessé leur cantique, qu'on entendit au dehors d'autres voix et d'autres concerts. Démodocus avait rassemblé une troupe de ses parents et de ses amis, et faisait chanter à son tour l'union d'Eudore et de Cymodocée :

« L'étoile du soir a brillé : jeunes hommes, abandonnez les tables
« du festin. Déjà la vierge paraît : chantons l'Hymen, chantons l'Hy-
« ménée.

« Fils d'Uranie, cultivateur des collines de l'Hélicon, toi qui conduis
« à l'époux la vierge timide, Hymen, viens fouler ces tapis au son de
« ta voix harmonieuse, et secoue dans ta main la torche à la chevelure
« d'or.

« Ouvrez les portes de la chambre nuptiale, la vierge s'avance! La
« pudeur ralentit ses pas ; elle pleure en quittant la maison pater-
« nelle. Viens, nouvelle épouse, un mari fidèle se veut reposer sur ton
« sein.

« Que des enfants plus beaux que le jour sortent de ce fécond hymé-
« née. Je veux voir un jeune Eudore suspendu au sein de Cymodocée,
« tendre ses faibles mains à sa mère, et sourire doucement au guerrier
« qui lui donna le jour ! »

Ainsi les deux religions se réunissaient pour célébrer l'union d'un couple qui semblait heureux, à l'instant même où les plus grands périls menaçaient sa tête. A peine les chants d'allégresse avaient cessé, que l'on entend retentir le pas régulier des soldats et le bruit des armes. Une rumeur confuse s'élève dans les airs, des hommes farouches entrent dans l'asile de la paix, le fer et la flamme à la main. La foule épouvantée se précipite par toutes les portes de l'église. Étouffés dans les étroits passages de la nef et des vestibules, les femmes, les enfants, les vieillards poussent des cris lamentables ; tout fuit, tout se disperse. Cyrille, revêtu de ses habits pontificaux, et tranquille devant le saint des saints, est arrêté à l'autel. Un centurion, chargé des ordres d'Hiéroclès, cherche Cymodocée, la reconnaît au milieu de la foule, et veut porter sur elle une main profane. A l'instant Eudore, cet agneau paisible, devient un lion rugissant. Il se précipite sur le centurion, lui arrache son épée, la brise ; et saisissant dans ses bras la fille de Démodocus, il l'emporte à travers les ombres. Le centurion, désarmé, appelle ses soldats et poursuit le fils de Lasthénès. Eudore, redoublant de vitesse, touche déjà la tombe de Léonidas ; mais il entend derrière lui la marche précipitée des satellites d'Hiéroclès. Ses forces épuisées trompent son amour ; il ne peut plus porter son fardeau, il dépose son épouse derrière le monument sacré. Auprès du tombeau s'élevait le trophée d'armes des Thermopyles. Eudore saisit la lance du roi de Lacédémone : les soldats arrivent. Prêts à s'élancer sur le chrétien, ils croient voir, à la lueur de leurs torches, l'ombre magnanime de Léonidas, qui d'une main tient sa lance et de l'autre embrasse son sépulcre. Les yeux du fils de Lasthénès étincellent; il secoue dans la nuit sa noire chevelure; le fer de sa lance brise et renvoie en mille éclairs la lueur des flambeaux : moins terrible parut aux Perses Léonidas lui-même, dans cette nuit où, pénétrant jusqu'à la tente de Xercès, il remplit de meurtre et d'épouvante le camp des Barbares. O surprise! plusieurs soldats reconnaissent leur général.

« Romains, s'écrie Eudore, c'est mon épouse que vous me voulez ravir; mais vous ne me l'arracherez qu'avec la vie! »

Touchés par la voix de leur ancien compagnon d'armes, effrayés de son air terrible, les soldats s'arrêtent. Quand une troupe rustique est entrée dans un champ de blé nouveau, les frêles épis tombent sans effort sous la faucille; mais arrivés au pied d'un chêne qui s'élève au milieu des gerbes, les moissonneurs admirent l'arbre puissant que pourraient seules abattre ou la tempête ou la cognée : ainsi, après avoir dispersé la foule des chrétiens, les soldats s'arrêtent devant le fils de Lasthénès. En vain le lâche centurion leur ordonne d'avancer : ils semblent attachés sur le sol par un charme. Dieu leur inspirait secrètement cet effroi. Il fait plus : il ordonne à l'ange protecteur du fils de Lasthénès de se dévoiler aux yeux de la cohorte. La foudre gronde dans les cieux, l'ange paraît au côté d'Eudore, sous la forme d'un guerrier couvert d'armes étincelantes; les soldats jettent leur bouclier sur leur dos, et s'enfuient dans les ténèbres, au milieu de la grêle et des éclairs. Eudore profite de cet instant : il enlève de nouveau sa bien-aimée. Suspendue au cou d'Eudore, Cymodocée presse dans ses bras la tête sacrée de son époux : la vigne s'attache avec moins de grâce au peuplier qui la soutient, la flamme embrasse avec moins de vivacité le tronc du pin qu'elle dévore, la voile est repliée moins étroitement autour du mât pendant la tempête. Le fils de Lasthénès, chargé de son trésor, arrive bientôt chez son père; et, du moins pour un moment, met à l'abri la vierge qui vient de lui consacrer ses jours.

En proie au démon de la jalousie, Hiéroclès s'était porté à cette violence contre les chrétiens, dans l'espoir de ravir Cymodocée à Eudore, avant qu'elle eût prononcé les mots qui l'engageaient à son époux; mais ses satellites arrivèrent trop tard, et le courage d'Eudore sauva l'innocente catéchumène. Le messager que le fils de Lasthénès avait envoyé à Constantin revint à Lacédémone la nuit même de ce scandale. Il apporta des nouvelles à la fois heureuses et inquiétantes. Dioclétien avait encore pris un de ces partis modérés convenables à son caractère. Sur le faux rapport envoyé par Hiéroclès, l'empereur avait ordonné de surveiller les prêtres, et de disperser les assemblées secrètes ; mais éclairé par Constantin, il n'avait pu croire qu'Eudore se fût mis à la tête des rebelles, et il se contentait de le rappeler à Rome. Constantin ajoutait dans sa lettre :

« Venez donc auprès de moi ; nous aurons besoin de votre secours.
« J'envoie Dorothée à Jérusalem, afin de prévenir ma mère du sort qui
« menace les fidèles. Il doit toucher à Athènes. Si vous choisissiez le
« Pyrée pour vous embarquer, vous pourriez apprendre de la bouche
« de votre ancien ami des choses importantes. »

La galère de Dorothée venait en effet d'arriver au port de Phalère. La famille de Lasthénès et celle de Démodocus délibèrent sur le parti qui leur reste à prendre.

« Cymodocée, dit Eudore, ne peut demeurer en Grèce après mon départ, sans être exposée aux violences d'Hiéroclès ; elle ne peut me suivre à Rome, puisqu'elle n'est pas encore mon épouse. Il s'offre une circonstance favorable : Dorothée pourrait conduire Cymodocée à Jérusalem. Sous la protection de l'épouse de Constance, elle achèverait de s'instruire des vérités du salut. Aussitôt que l'empereur m'en accorderait la grâce, j'irais au tombeau de Jésus-Christ réclamer la foi que la fille de Démodocus m'a jurée. »

Les deux familles regardèrent ce dessein comme une inspiration du ciel : ainsi lorsque des marins ont embarqué sur leur galère cet oiseau belliqueux et rustique qui réveille au matin les laboureurs ; si, pendant la nuit, au travers des sifflements d'une tempête, il fait entendre son cri guerrier et villageois, je ne sais quel doux regret de la patrie pénètre avec un rayon d'espérance dans le cœur du matelot réjoui : il bénit la voix qui, rappelant au milieu des mers la vie pastorale, semble promettre une terre prochaine. Démodocus lui-même est rassuré par le projet d'Eudore ; sans songer à une séparation douloureuse, il ne voit, au premier moment, qu'un moyen de sauver sa fille : il l'aurait voulu suivre aux extrémités de la terre, mais son âge et ses fonctions de pontife l'enchaînaient au sol de la Grèce.

« Eh bien, dit Lasthénès, que la volonté de Dieu s'accomplisse ! Démodocus conduira Cymodocée à Athènes ; Eudore s'y rendra de son côté. Les deux époux s'embarqueront au même moment et au même port, l'un pour Rome, l'autre pour la Syrie. O mes enfants ! le temps des épreuves est de peu de durée et passe comme un courrier rapide ! Soyez chrétiens, et l'amour vous restera avec le ciel. »

Le départ fut fixé au jour suivant, dans la crainte de quelque nouvelle fureur du proconsul. Avant de quitter Lacédémone, Eudore écrivit à Cyrille, qu'il ne put voir dans les prisons. Le confesseur, accoutumé aux

WASHINGTON

chaînes, envoya du fond de son cachot sa bénédiction au couple persécuté. Jeunes époux, vous espériez encore le bonheur sur la terre, et déjà le chœur des vierges et des martyrs commençait pour vous dans le ciel des cantiques d'une union plus durable et d'une félicité sans fin!

LIVRE QUINZIÈME

SOMMAIRE.

Athènes. Adieux de Cymodocée, d'Eudore et de Démodocus. Cymodocée s'embarque avec Dorothée pour Joppé. Eudore s'embarque en même temps pour Ostie. La mère du Sauveur envoie Gabriel à l'ange des mers. Eudore arrive à Rome. Il trouve le sénat prêt à se rassembler pour prononcer sur le sort des chrétiens. Il est choisi pour plaider leur cause. Hiéroclès arrive à Rome : les sophistes le chargent de défendre leur secte et d'accuser les chrétiens. Symmaque, pontife de Jupiter, doit parler au sénat en faveur des anciens dieux de la patrie.

Monté sur un coursier de Thessalie, et suivi d'un seul serviteur, le fils de Lasthénès avait quitté Lacédémone ; il marchait vers Argos, par le chemin de la montagne. La religion et l'amour remplissaient son âme de résolutions généreuses. Dieu, qui voulait l'élever au plus haut degré de la gloire, le conduisait à ces grands spectacles qui nous apprennent à mépriser les choses de la terre. Eudore, errant sur des sommets arides, foulait le patrimoine du Roi des rois. Pendant trois soleils il presse les flancs de son coursier, et vient se reposer un moment à Argos. Tous ces lieux encore remplis des noms d'Hercule, de Pélops, de Clytemnestre, d'Iphigénie, n'offraient que des débris silencieux. Il voit ensuite les portes solitaires de Mycènes et la tombe ignorée d'Agamemnon : il ne cherche à Corinthe que les monuments où l'Apôtre fit entendre sa voix. En traversant l'isthme dépeuplé, il se rappelle ces jeux chantés par Pindare, qui participaient en quelque sorte de l'éclat et de la toute-puissance des dieux ; il cherche à Mégare les foyers de son aïeule, qui recueillit les cendres de Phocion. Tout était désert à Éleusis ; et dans le canal de Salamine, une seule barque de pêcheur était attachée aux pierres d'un môle détruit. Mais lorsque, suivant la voie Sacrée, le fils de Lasthénès eut gravi le mont Pœcile, et que la plaine de l'Attique s'offrit à ses regards, il s'arrêta saisi d'admiration et de surprise : la citadelle d'Athènes, élégamment découpée dans la forme d'un piédestal, portait au ciel le temple de Minerve et lés Propylées : la ville s'étendait à sa base, et laissait voir les colonnes confuses de mille autres monuments. Le mont Hymette faisait le fond du tableau, et un bois d'oliviers servait de ceinture à la cité de Minerve.

Eudore traverse le Céphise, qui coule dans ce bois sacré : il demande la route des jardins d'Académe : des tombeaux lui tracent le chemin de cette retraite de la philosophie. Il reconnaît les pierres funèbres de Thrasybule, de Conon, de Timothée ; il salue les sépulcres de ces jeunes hommes morts pour la patrie dans la guerre du Péloponèse : Périclès, qui compara Athènes privée de sa jeunesse à l'année dépouillée de son printemps, repose lui-même au milieu de ces fleurs moissonnées.

La statue de l'Amour annonce au fils de Lasthénès l'entrée des jardins de Platon. Adrien, en rendant à l'Académie son ancienne splendeur, n'avait fait qu'ouvrir un asile aux songes de l'esprit humain. Quiconque était parvenu au grade de sophiste semblait avoir acquis le privilége de l'insolence et de l'erreur. Le cynique, à peine couvert d'une chlamyde sale et déchirée, insultait, avec son bâton et sa besace, au platonicien enveloppé dans un large manteau de pourpre ; le stoïcien, vêtu d'une longue robe noire, déclarait la guerre à l'épicurien couronné de fleurs. De toutes parts retentissaient les cris de l'école, que les Athéniens appelaient le chant des cygnes et des sirènes ; et les promenades qu'avait immortalisées un génie divin, étaient abandonnées aux plus imposteurs, comme aux plus inutiles des hommes.

Eudore cherchait dans ces lieux le premier officier du palais de l'empereur : il ne se put défendre d'un mouvement de mépris lorsqu'il traversa les groupes des sophistes qui le prenaient pour un adepte ; désirant l'attirer à leurs systèmes, ils lui proposaient la sagesse dans le langage de la folie. Il pénètre enfin jusqu'à Dorothée : ce vertueux chrétien se promenait au fond d'une allée de platanes que bordait un canal limpide ; il était environné d'une troupe de jeunes gens déjà célèbres par leurs talents ou par leur naissance. On remarquait auprès de lui Grégoire de Nazianze, animé d'un souffle poétique ; Jean, nouveau Démosthènes, que son éloquence prématurée avait fait nommer *Bouche d'or;* Basile, et Grégoire de Nysse son frère : ceux-ci montraient un penchant décidé vers la religion qu'avaient professée Justin le philosophe et Denys l'Aréopagite. Julien, au contraire, neveu de Constantin, s'attachait à Lampridius, ennemi déclaré du culte évangélique : des habitudes bizarres et des mouvements convulsifs décelaient dans le jeune prince une sorte de déréglement de l'esprit et du cœur.

Dorothée eut quelque peine à reconnaître Eudore : le visage du fils de Lasthénès avait pris cette beauté mâle que donnent le métier des armes et l'exercice des vertus. Ils se retirèrent à l'écart, et Dorothée ouvrit son cœur à l'ami de Constantin.

« J'ai quitté Rome, lui dit-il, à l'arrivée de votre messager. Le mal est encore plus grand que vous ne le croyez peut-être : Galérius l'emporte, et tôt ou tard Dioclétien sera obligé d'abdiquer la pourpre. On veut perdre d'abord les chrétiens, afin d'ôter à l'empereur son premier appui : c'est l'ancien projet d'Hiéroclès, aujourd'hui tout-puissant auprès de César. Celui-ci répète sans cesse que le dénombrement ordonné, en découvrant une multitude effrayante d'ennemis des dieux, a révélé le danger de l'empire ; qu'il faut en venir aux mesures les plus sévères pour réprimer une secte qui menace les autels de la patrie. Pour moi, presque tombé dans la disgrâce de Dioclétien, vous savez quel sujet me conduit en Syrie. Eudore, nos frères malheureux tournent les yeux vers vous. La gloire que vous vous êtes acquise dans les armes, et surtout votre repentir éclatant, sont l'objet de l'admiration et des discours de tous les fidèles. Le souverain pontife vous attend : Constantin vous appelle. Ce prince, environné de délateurs, se soutient à peine à la cour ; il a besoin d'un ami tel que vous, qui puisse l'aider de ses conseils, et, s'il le faut, le servir de son bras. »

Eudore raconte à son tour à Dorothée les événements qui s'étaient passés dans la Grèce. Dorothée s'engage avec joie à conduire vers Hélène l'épouse du fils de Lasthénès. Une galère napolitaine, prête à retourner en Italie, se trouvait au port de Phalère, non loin du vaisseau de Dorothée : Eudore la retient pour son passage. Les deux voyageurs fixent ensuite le moment du départ au troisième jour de la fête des Panathénées. Démodocus arriva pour cette époque fatale avec la triste Cymodocée ; il alla cacher ses pleurs dans la citadelle, où le plus ancien des Prytanes, son parent et son ami, lui donna l'hospitalité.

Le fils de Lasthénès avait été reçu par le docte Piste, évêque d'Athènes, qui brilla depuis dans ce concile de Nicée, où l'on vit trois prélats ayant le don des miracles et ressuscitant les morts, quarante évêques confesseurs ou martyrs, des prêtres savants, des philosophes même, enfin les plus grands caractères, les plus beaux génies et les hommes les plus vertueux de l'Église.

La veille de la double séparation du père et de la fille, de l'épouse et de l'époux, Eudore fit savoir à Cymodocée que tout était prêt, et que le lendemain, vers le coucher du soleil, il irait la chercher sous le portique du temple de Minerve.

Le jour fatal arrive : le fils de Lasthénès sort de sa demeure ; il passe devant l'Aréopage, où le Dieu que Paul annonça n'était plus inconnu ; il monte à la citadelle, et se trouve le premier au rendez-vous, sous le portique du plus beau temple de l'univers.

Jamais si brillant spectacle n'avait frappé les regards d'Eudore. Athènes s'offrait à lui dans toutes ses pompes, le mont Hymette s'élevait à l'orient comme revêtu d'une robe d'or ; le Pentélique se courbait vers le septentrion pour aller joindre le Permetta ; le mont Icare s'abaissait au couchant, et laissait voir derrière lui la cime sacrée du Cythéron ; au midi, la mer, le Pyrée, les rivages d'Égine, les côtes d'Épidaure, et, dans le lointain, la citadelle de Corinthe, terminaient le cercle entier de la patrie des arts, des héros et des dieux.

Athènes, avec tous ses chefs-d'œuvre, reposait au centre de ce bassin superbe : ses marbres polis et non pas usés par le temps se peignaient des feux du soleil à son coucher ; l'astre du jour, prêt à se plonger dans la mer, frappait de ses derniers rayons les colonnes du temple de Minerve : il faisait étinceler les boucliers des Perses, suspendus au fronton du portique, et semblait animer sur la frise les admirables sculptures de Phidias.

Ajoutez à ce tableau le mouvement que la fête des Panathénées répandait dans la ville et dans la campagne. Là, de jeunes Canéphores reportaient aux jardins de Vénus les corbeilles sacrées ; ici, le Péplus flottait encore au mât du vaisseau qui se mouvait par ressorts ; des chœurs répétaient les chansons d'Harmodius et d'Aristogiton ; les chars roulaient vers le Stade ; les citoyens couraient au Lycée, au Pœcile, au Céramique ; la foule se pressait surtout au théâtre de Bacchus, placé sous la Citadelle ; et la voix des acteurs, qui représentaient une tragédie de Sophocle, montait par intervalles jusqu'à l'oreille du fils de Lasthénès.

Cymodocée parut : à son vêtement sans tache, à son front virginal, à ses yeux d'azur, à la modestie de son maintien, les Grecs l'auraient prise pour Minerve elle-même, sortant de son temple et prête à rentrer dans l'Olympe, après avoir reçu l'encens des mortels.

Eudore, saisi d'admiration et d'amour, faisait des efforts pour cacher son trouble, afin d'inspirer plus de courage à la fille d'Homère.

« Cymodocée, lui dit-il, comment vous exprimer la reconnaissance et les sentiments de mon cœur ? Vous consentez à quitter pour moi la Grèce, à traverser les mers, à vivre sous des cieux étrangers, loin de votre père, loin de celui que vous avez choisi pour époux. Ah ! si je ne croyais vous ouvrir les cieux et vous conduire à des félicités éternelles, pourrais-je vous demander de pareilles marques d'attachement ? Pourrais-je espérer qu'un amour humain vous fît faire des choses si douloureuses ? »

— « Tu pourrais, repartit Cymodocée en larmes, me demander mon repos et ma vie : le bonheur de faire quelque chose pour toi me payerait de tous mes sacrifices. Si je t'aimais seulement comme mon époux, rien encore ne me serait impossible. Que dois-je donc faire à présent que ta religion m'apprend à t'aimer pour le ciel et pour Dieu même ! Je ne pleure pas sur moi, mais sur les chagrins de mon père, et sur les dangers que tu vas courir. »

— « O la plus belle des filles de la nouvelle Sion ! répondit Eudore, ne craignez point les périls qui peuvent menacer ma tête; priez pour moi : Dieu exaucera les vœux d'une âme aussi pure. La mort même, ô Cymodocée! n'est point un mal quand elle nous rencontre accompagnés de la vertu ! D'ailleurs, des destinées tranquilles et ignorées ne nous mettent point à l'abri de ses traits : elle nous surprend dans la couche de nos aïeux comme sur une terre étrangère. Voyez ces cigognes qui s'élèvent en ce moment des bords de l'Ilissus ; elles s'envolent tous les ans aux rives de Cyrène, elles reviennent tous les ans aux champs d'Érechthée; mais combien de fois ont-elles retrouvé déserte la maison qu'elles avaient laissée florissante ! combien de fois ont-elles cherché en vain le toit même où elles avaient accoutumé de bâtir leurs nids ! »

— « Pardonne, dit Cymodocée, pardonne ces frayeurs à une jeune fille élevée par des dieux moins sévères, et qui permettent les larmes aux amants près de se quitter ! »

A ces mots, Cymodocée, étouffant ses pleurs, se couvrit le visage de son voile. Eudore prit dans ses mains les mains de son épouse; il les pressa chastement sur ses lèvres et sur son cœur.

« Cymodocée, dit-il, bonheur et gloire de ma vie, que la douleur ne vous fasse pas blasphémer une religion divine. Oubliez ces dieux qui ne vous offraient aucune ressource contre les tribulations du cœur. Fille d'Homère, mon Dieu est le Dieu des âmes tendres, l'ami de ceux qui pleurent, le consolateur des affligés; c'est lui qui entend sous le buisson la voix du petit oiseau, et qui mesure le vent pour la brebis tondue. Loin de vouloir vous priver de vos larmes, il les bénit ; il vous en tiendra compte quand il vous visitera à votre dernière heure, puisque vous les versez pour lui et pour votre époux. »

A ces dernières paroles, la voix d'Eudore s'altéra. Cymodocée se découvre le visage : elle aperçoit la noble figure du guerrier inondée des pleurs qui descendaient le long de ses joues brunies. La gravité de cette douleur chrétienne, ce combat de la religion et de la nature, donnaient au fils de Lasthénès une incomparable beauté. Par un mouvement involontaire, la fille de Démodocus allait tomber aux genoux d'Eudore; il la retient entre ses bras, il la presse tendrement sur son cœur ; tous les deux demeurent ravis dans une sainte et douce extase : tels parurent sans doute, à l'entrée de la tente de Laban, Rachel et Jacob se disant un triste adieu : le fils d'Isaac était obligé de garder les troupeaux durant sept nouvelles années, pour obtenir son épouse.

Démodocus sortit alors des bâtiments du temple ; oubliant qu'il avait consenti au départ de sa fille, les chagrins de son cœur s'exhalent aussitôt en plaintes amères.

« Comment, s'écrie-t-il, as-tu la barbarie d'arracher une fille à son père ? Du moins, si ma Cymodocée était ton épouse, si vous me laissiez l'un et l'autre un aimable enfant qui pût sourire à ma douleur, et de ses mains innocentes se jouer avec mes cheveux blanchis !... Mais loin de toi, loin de moi, sous un ciel inhospitalier, errante sur une mer où des pirates barbares... ah ! si ma fille allait tomber entre leurs mains ! S'il lui fallait servir un maître cruel, préparer son repas et son lit ! Que la terre me cache dans son sein avant que j'éprouve un pareil malheur ! Les chrétiens ont-ils donc un cœur plus dur que les rochers ? Leur Dieu est-il donc inexorable ? »

Cymodocée avait volé dans les bras de son père, et mêlait ses larmes à celles du vieillard. Eudore écoutait les reproches de Démodocus avec une fermeté qui n'avait rien de dur, et une affliction qui n'avait rien de faible.

« Mon père, répondit-il, permettez que je vous donne ce nom, car votre Cymodocée est déjà mon épouse aux yeux de l'Éternel ; je ne l'arrache point de force à vos embrassements, elle est libre de suivre ou de rejeter ma religion ; mon Dieu ne veut point obtenir les cœurs par contrainte : si cela doit vous coûter à tous deux trop de regrets et de pleurs, demeurez ensemble dans la Grèce. Puisse le ciel répandre sur vous ses faveurs ! Pour moi, j'accomplirai ma destinée. Mais, Démodocus, si votre fille m'aime, si vous croyez que je la puisse rendre heureuse, si vous craignez pour elle les persécutions d'Hiéroclès, supportez une séparation qui, je l'espère, ne sera point de longue durée, et qui met Cymodocée à l'abri des plus grands malheurs. Démodocus, Dieu dispose de nous comme il lui plaît : notre devoir est de nous soumettre à sa volonté suprême. »

— « O mon fils ! repartit Démodocus, excuse ma douleur ; je le sens, je suis injuste : tu ne mérites pas les reproches que je te fais ; tu sauves, au contraire, ma Cymodocée des persécutions d'un impie ; tu la mets sous la protection d'une princesse magnanime ; tu lui apportes de grands biens et un nom illustre. Mais comment rester seul dans la Grèce ? Oh ! que ne suis-je libre de quitter les sacrifices que les peuples ont confiés à mes soins ! Que n'ai-je l'âge où je parcourais les villes et les pays étrangers pour apprendre à connaître les hommes ! comme je suivrais ma Cymodocée ! Hélas ! je ne te verrai donc plus danser avec les vierges sur le sommet de l'Ithome ! Rose de Messénie, je te chercherai en vain dans les bois du temple ! Cymodocée, je n'entendrai plus ta douce voix retentir dans les chœurs des sacrifices ; tu ne présenteras plus l'orge nouvelle ou le couteau sacré ; je contemplerai, suspendue à l'autel, ta lyre couverte de poussière et ses cordes brisées ; mes yeux pleins de larmes verront se dessécher au pied de la statue d'Homère les couronnes de fleurs qu'embellissait ta chevelure. Hélas ! j'avais compté sur toi pour me fermer les yeux ; je mourrai donc sans pouvoir te bénir en quittant la vie ? Le lit où j'exhalerai mon dernier soupir sera solitaire ; car, ma fille, je n'espère plus te revoir ; j'entends le vieux Nocher qui m'appelle ; à mon âge, il ne faut pas compter sur les jours : lorsque la graine de la plante est mûre et séchée, elle devient légère, et le moindre vent l'emporte. »

Comme le prêtre d'Homère prononçait ces mots, des applaudissements font retentir le théâtre de Bacchus ; l'acteur qui représentait OEdipe à Colone élève la voix, et ces paroles viennent frapper les oreilles d'Eudore, de Démodocus et de Cymodocée :

« O Thésée ! unissez dans mes mains vos mains à celles de ma fille !

« promettez-moi de servir de père à ma chère Antigone ! »

— « Je le promets, » s'écria Eudore, appliquant à ses destinées les vers du poëte. »

« Elle est donc à toi, » dit Démodocus en lui tendant les bras.

Eudore s'y précipite, le vieillard presse ses deux enfants contre son cœur : ainsi l'on voit un saule creusé par les ans, dont le sein entr'ouvert porte quelques fleurs de la prairie ; l'arbre étend son ombrage antique sur ces jeunes trésors, et semble n'implorer que pour eux le zéphir et la rosée ; mais bientôt un brûlant orage renverse et le saule et les fleurs, aimables enfants de la terre.

La lune parut à l'horizon ; son front d'argent se couronnait des rayons d'or du soleil, dont le disque élargi s'enfonçait dans les flots. C'était l'heure qui ramène aux nautoniers le vent favorable pour sortir du port de l'Attique. Les chars et les esclaves de Démodocus l'attendaient au bas de la citadelle, à l'entrée de la rue des Trépieds. Il fallut descendre, il fallut se soumettre à sa destinée ; les chars emmènent les trois infortunés, qui n'avaient plus la force de gémir. Ils ont bientôt passé la porte du Pyrée, les tombeaux d'Antiope, de Ménandre et d'Euripide ; ils tournent vers le temple ruiné de Cérès, et, après avoir traversé le champ d'Aristide, ils touchent au port de Phalère. Le vent venait de se lever, les flots légèrement agités battaient le rivage, les galères déployaient leurs voiles, on entendait les cris des matelots qui levaient l'ancre avec de grands efforts. Dorothée attendait les passagers sur la grève, et les barques des vaisseaux étaient déjà prêtes à les recevoir. Eudore, Démodocus et Cymodocée descendent des chars arrêtés au bord des vagues. Le prêtre d'Homère ne pouvait plus se soutenir, ses genoux se dérobaient sous lui. Il disait à sa fille d'une voix éteinte :

« Ce port me sera funeste comme au père de Thésée : je ne verrai point revenir ta voile blanchie ! »

Le fils de Lasthénès et la jeune catéchumène s'inclinent devant Démodocus, et lui demandent sa bénédiction : un pied dans la mer et le visage tourné vers la rive, ils avaient l'air d'offrir un sacrifice expiatoire, à la manière antique. Démodocus lève les mains et bénit ses deux enfants du fond de son cœur, mais sans pouvoir prononcer une parole. Eudore soutient Cymodocée, et lui remet un écrit pour la pieuse Hélène ; ensuite, imprimant avec respect le baiser des adieux sur le front de la vierge éplorée :

« Mon épouse, lui dit-il, devenez bientôt chrétienne ; souvenez-vous d'Eudore, et que du haut de la tour du Troupeau la fille de Jérusalem jette quelquefois un regard sur la mer qui nous sépare. »

— « Mon père, dit Cymodocée d'une voix entrecoupée par les sanglots ; mon tendre père, vivez pour moi, je tâcherai de vivre pour vous. O Eudore ! vous reverrai-je un jour ? reverrai-je mon père ? »

Alors Eudore inspiré :

« Oui, nous nous reverrons pour ne nous quitter jamais ! »

Les mariniers enlèvent Cymodocée, les esclaves entraînent Démodocus. Eudore se jette dans la barque qui le transporte à son vaisseau. La flotte sort de Phalère, et les matelots couronnés de fleurs font blanchir la mer sous l'effort des rames ; ils invoquent les Néréides, et Palémon, et Thétys, et saluent en s'éloignant la tombe sacrée de Thémistocle.

Le vaisseau de Cymodocée prend sa course vers l'orient, et celui du fils de Lasthénès tourne la proue vers l'Italie.

La divine mère du Sauveur veillait sur les jours de l'innocente pèlerine : elle envoie Gabriel à l'ange des mers, afin de lui commander de ne laisser souffler que la plus douce haleine des vents. Aussitôt Gabriel, après avoir détaché de ses épaules ses ailes blanches, bordées d'or, se plonge du ciel dans les flots.

Aux sources de l'Océan, sous des grottes profondes, toujours retentissantes du bruit des vagues, habite l'ange sévère qui veille aux mouvements de l'abîme. Pour l'instruire de ses devoirs, la Sagesse le prit avec elle, lorsqu'à la naissance des temps elle se promena sous la mer. Ce fut lui qui, par l'ordre de Dieu, ouvrit au déluge les cataractes du ciel; c'est lui qui, dans les derniers jours du monde, doit une seconde fois rouler les flots sur le sommet des montagnes. Placé au berceau de tous les fleuves, il dirige leur cours, enfle ou fait décroître leurs ondes; il repousse dans la nuit des pôles, et retient sous des chaînes de glace les brouillards, les nuages et les tempêtes; il connaît les écueils les plus cachés, les détroits les plus déserts, les terres les plus lointaines, et les découvre tour à tour au génie de l'homme; il voit d'un regard et les tristes régions du Nord, et les brillants climats des tropiques; deux fois par jour il soulève les écluses de l'Océan, et, rétablissant avec sa main l'équilibre du globe, à chaque équinoxe il ramène la terre sous les feux obliques du soleil.

Gabriel pénètre dans le sein des mers : des nations entières et des continents inconnus dorment engloutis dans le gouffre des ondes. Combien de monstres divers que ne verra jamais l'œil des mortels ! Quel puissant rayon de vie jusque dans ces profondeurs ténébreuses ! Mais aussi, que de débris et de naufrages ! Gabriel plaint les hommes et admire la puissance divine. Bientôt il aperçoit l'ange des mers, attentif à quelques grandes révolutions des eaux : assis sur un trône de cristal, il tenait à la main un frein d'or ; sa chevelure verte descendait humide sur ses épaules, et une écharpe d'azur enveloppait ses formes divines. Gabriel le salue avec majesté.

« Esprit redoutable, lui dit-il, ô mon frère ! le pouvoir que l'Éternel
« vous a confié montre assez le haut rang que vous occupez dans les
« hiérarchies célestes ! Quel monde nouveau ! Quelle intelligence su-
« blime ! Que vous êtes heureux de connaître ces merveilleux se-
« crets ! »

— « Divin messager, répondit l'ange des mers, quel que soit le sujet
« qui vous amène, je reçois avec joie un hôte tel que vous. Pour mieux
« admirer la puissance de notre maître, il faudrait l'avoir vu, comme
« moi, poser les fondements de cet empire : j'étais présent quand il
« divisa en deux parties les eaux de l'abîme; je le vis assujettir les flots
« aux mouvements des astres, et lier le destin de l'Océan à celui de la
« lune et du soleil; il couvrit Léviathan d'une cuirasse de fer, et l'en-
« voya se jouer dans ces gouffres; il planta des forêts de corail sous les
« ondes; il les peupla de poissons et d'oiseaux ; il fit sortir des îles riantes
« du sein d'un élément furieux ; il régla le cours des vents ; il soumit
« les orages à des lois; et, s'arrêtant sur le rivage, il dit à la mer : Tu
« n'iras pas plus loin, et tu briseras ici l'orgueil de tes flots. Illustre
« serviteur de Marie, hâtez-vous de m'apprendre quel ordre souverain
« vous a fait descendre dans ces grottes mobiles. Les temps sont-ils

« accomplis? Faut-il rassembler les nuages? Faut-il rompre les digues
« de l'Océan? Abandonnant l'univers au chaos, dois-je remonter avec
« vous dans les cieux? »

— « Je vous apporte un message de paix, dit Gabriel avec un sou-
« rire : l'homme est toujours l'objet des complaisances de l'Éternel; la
« croix va triompher sur la terre ; Satan va rentrer dans l'enfer. Marie
« vous ordonne de conduire au port ces deux époux que vous voyez
« s'éloigner des bords de la Grèce. Ne laissez souffler sur les ondes que
« la plus douce haleine des vents. »

— « Qu'il soit fait selon la volonté de l'Étoile des mers ! » dit en
s'inclinant respectueusement l'ange qui gouverne les tempêtes. « Puisse
« Satan être bientôt renfermé dans les lieux de son supplice ! souvent
« il trouble mon repos et déchaîne malgré moi les orages. »

En prononçant ces mots, le puissant esprit choisit les vents doux et
parfumés qui caressent les rivages de l'Inde et de l'océan Pacifique; il
les dirige dans les voiles d'Eudore et de Cymodocée, et fait avancer les
deux galères, par un même souffle, à deux ports opposés.

Favorisé de cette bénigne influence du ciel, Eudore touche bientôt au
rivage d'Ostie. Il vole à Rome. Constantin l'embrasse avec tendresse,
et lui fait le récit des malheurs de l'Église et des intrigues de la
cour.

Le sénat était convoqué pour délibérer sur le sort des fidèles. Rome
reposait dans l'attente et dans la terreur. Toutefois Dioclétien, par un
dernier acte de justice, en cédant aux violences de Galérius, avait voulu
que les chrétiens eussent un défenseur au sénat. Les prêtres les plus
illustres de la capitale de l'empire s'occupaient, dans ce moment, du
choix d'un orateur digne de plaider la cause de la croix. Le concile, que
présidait Marcellin, était assemblé à la lueur des lampes dans les catacombes : ces Pères, assis sur les tombeaux des martyrs, ressemblaient
à de vieux guerriers délibérant sur le champ de bataille, ou à des rois
blessés en défendant leurs peuples. Il n'y avait pas un de ces confesseurs qui ne portât sur ses membres les marques d'une glorieuse persécution : l'un avait perdu l'usage de ses mains, l'autre ne voyait plus
la lumière des cieux ; la langue de celui-ci avait été coupée, mais le
cœur lui restait pour louer l'Éternel ; celui-là se montrait tout mutilé
par le bûcher, comme une victime à demi dévorée des feux du sacrifice.
Les saints vieillards ne pouvaient s'accorder sur le choix d'un défenseur : aucun d'eux n'était éloquent que par ses vertus, et chacun craignait de compromettre le sort des fidèles. Le pontife de Rome proposa
de s'en référer à la décision du ciel. On place le saint Évangile sur le
sépulcre du martyr qui servait d'autel : les Pères se mettent en prières,

et demandent à Dieu d'indiquer, par quelques versets des Écritures, le défenseur agréable à ses yeux. Dieu, qui leur avait inspiré cette pensée, fait descendre aussitôt l'ange chargé d'inscrire les décrets éternels dans le livre de vie. L'esprit céleste, enveloppé d'un nuage, marque au milieu de la Bible les décrets demandés. Les Pères se lèvent ; Marcellin ouvre la loi des chrétiens ; il lit ces paroles des Machabées :

« Il se revêtit de la cuirasse comme un géant, il se couvrit de ses
« armes dans les combats, et son épée était la protection de tout le
« camp. »

Marcellin, surpris, ferme et rouvre une seconde fois le livre prophétique ; il y trouve ces mots :

« Son souvenir sera doux comme un concert de musique dans un
« festin délicieux. Il a été destiné divinement pour faire rentrer le
« peuple dans la pénitence. »

Enfin le souverain pontife consulte une troisième fois l'oracle d'Israël ; tous les Pères sont frappés de ce passage des Cantiques :

« Je me suis couvert d'un sac en jeûnant.... J'ai pris pour mon
« vêtement un cilice. »

Aussitôt une voix (on ne sait quelle voix) prononça le nom d'Eudore ! Les vieux martyrs, subitement éclairés, font retentir d'un Hosanna prolongé les voûtes des catacombes. Ils relisent le texte sacré. Saisis d'étonnement, ils voient avec quelle justesse tous les mots s'appliquent au fils de Lasthénès. Chacun admire les conseils du Très-Haut ; chacun reconnaît combien ce choix est saint et désirable. La renommée du jeune orateur, sa pénitence exemplaire, sa faveur à la cour, son habitude de parler devant les princes, les charges dont il a été revêtu, l'amitié dont Constantin l'honore, tout justifie l'arrêt du ciel. On se hâte de lui porter les vœux des Pères. Eudore s'humilie dans la poudre ; il cherche à se soustraire à cet honneur si sublime, à ce fardeau si pesant ! On lui montre les passages de l'Écriture : il se soumet. Il se retire aussitôt parmi les tombeaux des saints, et se prépare par des veilles, des prières et des larmes, à plaider la plus grande cause qui fut jamais portée au tribunal des humains.

Tandis qu'il ne songe qu'à remplir dignement l'effrayante mission dont il est chargé, Hiéroclès arrivait à Rome, soutenu de toutes les puissances de l'enfer. Cet ennemi de Dieu avait appris avec désespoir le mauvais succès de ses violences à Lacédémone, la fuite de Cymodocée et le départ d'Eudore pour l'Italie. Les ordres modérés qu'il reçut en même temps de Dioclétien lui firent comprendre que ses calomnies n'avaient pas réussi complètement à la cour. Il avait cru renverser un rival ; et ce rival était simplement rappelé sous l'œil vigilant du chef de l'empire. Il tremble que le fils de Lasthénès ne parvienne à le perdre dans l'esprit de Dioclétien. Afin de prévenir quelque disgrâce soudaine, il se détermine à voler auprès de Galérius, qui ne cessait de le redemander à ses conseils. L'esprit de ténèbres console en même temps l'apostat.

« Hiéroclès, lui dit-il secrètement, tu seras bientôt assez puissant « pour atteindre Cymodocée jusque dans les bras d'Hélène. Cette vierge « imprudente, en changeant de religion, t'offre une espérance nou-« velle. Si tu peux déterminer les princes à persécuter les chrétiens, « ton rival se trouvera d'abord enveloppé dans le massacre ; tu vain-« cras ensuite la fille d'Homère par la crainte des tourments, ou tu la « réclameras comme une esclave chrétienne échappée à ton pouvoir. »

Le sophiste, qui prend ces conseils pour les inspirations de son cœur, s'applaudit de la profondeur de son génie : il ne sait pas qu'il n'est que l'instrument des projets de Satan contre la croix. Plein de ces pensées, le proconsul s'était précipité des montagnes de l'Arcadie, comme le torrent du Styx qui tombe de ces mêmes montagnes et qui donne la mort à tous ceux qui boivent de ses eaux. Il passe en Épire, s'embarque au promontoire d'Actium, aborde à Tarente, et ne s'arrête qu'auprès de Galérius, qui profanait alors à Tusculum les jardins de Cicéron.

César était environné dans ce moment des sophistes de l'école, qui se prétendaient aussi persécutés parce qu'on méprisait leurs opinions. Ils s'agitaient pour être consultés sur la grande question que l'on allait débattre. Ils se disaient juges naturels de tout ce qui concerne la religion des hommes. Ils avaient supplié Dioclétien de leur donner comme aux chrétiens un orateur au sénat. L'empereur, importuné de leurs cris, leur avait accordé leur demande. L'arrivée d'Hiéroclès les remplit de joie. Ils le nomment orateur des sectes philosophiques. Hiéroclès accepte un honneur qui flatte sa vanité et lui fournit l'occasion de se rendre accusateur des chrétiens. L'orgueil d'une raison pervertie, et la fureur de l'amour, lui font déjà voir les fidèles terrassés, et Cymodocée dans ses bras. Galérius, dont il corrompt l'esprit et seconde les projets, lui accorde une protection éclatante, et lui permet de s'exprimer au Capitole avec toute la licence des opinions des faux sages. Symmaque, pontife de Jupiter, doit parler en faveur des anciens faux dieux de la patrie.

Le jour qui allait décider du sort de la moitié des habitants de l'empire ; le jour où les destinées du genre humain étaient menacées dans la religion de Jésus-Christ ; ce jour si désiré, si craint des anges, des démons et des hommes, ce jour se leva. Dès la première blancheur de l'aube, les gardes prétoriennes occupèrent les avenues du Capitole. Un peuple immense était répandu sur le Forum, autour du temple de Jupiter Stator, et le long du Tibre jusqu'au théâtre de Marcellus : ceux qui n'avaient pu trouver place étaient montés jusque sur les toits voisins, et sur les arcs de triomphe de Titus et de Sévère. Dioclétien sort de son palais ; il s'avance au Capitole par la voie Sacrée, comme s'il allait triompher des Marcomans et des Parthes. On avait peine à le reconnaître : depuis quelque temps, il succombait sous une maladie de langueur et sous le poids des ennuis que lui donnait Galérius. En vain le vieillard avait pris soin de colorer son visage : la pâleur de la mort perçait à travers cet éclat emprunté, et déjà les traits du néant paraissaient sous le masque à demi tombé de la puissance humaine.

Galérius, environné de tout le faste de l'Asie, suivait l'empereur sur un char superbe, traîné par des tigres. Le peuple tremblait, effrayé de la taille gigantesque et de l'air furieux du nouveau Titan. Constantin s'avançait ensuite, monté sur un cheval léger ; il attirait les vœux et les regards des soldats et des chrétiens ; les trois orateurs marchaient après les maîtres du monde. Le pontife de Jupiter, porté par le collège des prêtres, précédé des aruspices, et suivi du corps des vestales, saluait la foule, qui reconnaissait avec joie l'interprète du culte de Romulus. Hiéroclès, couvert du manteau des stoïciens, paraissait dans une litière ; il était entouré de Libanius, de Jamblique, de Porphyre, et de la troupe des sophistes : le peuple, naturellement ennemi de l'affectation et de la vaine sagesse, lui prodiguait les railleries et les mépris. Enfin, Eudore se montrait le dernier, vêtu d'un habit de deuil : il marchait seul, à pied, l'air grave, les yeux baissés, et semblait porter tout le poids des douleurs de l'Église : les païens reconnaissaient avec étonnement, dans ce simple appareil, le guerrier dont ils avaient vu les statues triomphales ; les fidèles s'inclinaient avec respect devant leur défenseur : les vieillards le bénissaient, les femmes le montraient à leurs enfants, tandis qu'à tous les autels de Jésus-Christ les prêtres offraient pour lui le saint sacrifice.

Il y avait au Capitole une salle appelée la salle Julienne : Auguste l'avait jadis décorée d'une statue de la Victoire. Là se trouvaient la colonne milliaire, la poutre percée des clous sacrés, la louve de bronze, et les armes de Romulus. Autour des murs étaient suspendus les portraits des consuls, l'équitable Publicola, le généreux Fabricius, Cincinnatus le rustique, Fabius le temporiseur, Paul-Émile, Caton, Marcellus, et Cicéron, père de la patrie. Ces citoyens magnanimes semblaient encore siéger au sénat avec les successeurs des Tigellin et des Séjan, comme pour montrer d'un coup d'œil les extrémités du vice et de la vertu, et pour attester les affreux changements que le temps amène dans les empires.

Ce fut dans cette vaste salle que se réunirent les juges des chrétiens. Dioclétien monta sur son trône; Galérius s'assit à la droite, et Constantin à la gauche de l'empereur; les officiers du palais occupaient, chacun selon son rang, les degrés du trône. Après avoir salué la statue de la Victoire, et renouvelé devant elle le serment de fidélité, les sénateurs se rangèrent sur les bancs autour de la salle; les orateurs se placèrent au milieu d'eux. Le vestibule et la cour du Capitole étaient remplis par les grands, les soldats et le peuple. Dieu permit aux puissances de l'abîme et aux habitants des tabernacles divins de se mêler à cette délibération mémorable : aussitôt les anges et les démons se répandent dans le sénat, les premiers pour calmer, les seconds pour soulever les passions; ceux-ci pour éclairer les esprits, ceux-là pour les aveugler.

On immola d'abord un taureau blanc à Jupiter, auteur des bons conseils : pendant ce sacrifice, Eudore se couvrit la tête, et secoua son manteau, qu'avaient souillé quelques gouttes d'eau lustrale. Dioclétien donne le signal, et Symmaque se lève au milieu des applaudissements universels : nourri dans les grandes traditions de l'éloquence latine, ces paroles sortirent de sa bouche, comme on voit les flots majestueux d'un fleuve rouler lentement dans une campagne qu'ils embellissent de leur cours :

LIVRE SEIZIÈME

SOMMAIRE.

Harangues de Symmaque, d'Hiéroclès et d'Eudore. Dioclétien consent à donner l'édit de persécution, mais il veut que l'on consulte auparavant la sibylle de Cumes.

« Très-clément empereur Dioclétien, et vous, très-heureux prince César Galérius, si jamais vos âmes divines donnèrent une preuve éclatante de leur justice, c'est dans l'affaire importante qui rassemble le très-auguste sénat aux pieds de vos Éternités.

« Proscrirons-nous les adorateurs du nouveau Dieu? Laisserons-nous les chrétiens jouir en paix du culte de leur divinité? Telle est la question que l'on propose au sénat.

« Que Jupiter et les autres dieux vengeurs de l'humanité me préservent de faire couler jamais le sang et les larmes! Pourquoi persécuterions-nous des hommes qui remplissent tous les devoirs du citoyen? Les chrétiens exercent des arts utiles; leurs richesses alimentent le trésor de l'État; ils servent avec courage dans nos armées; ils ouvrent souvent dans nos conseils des avis pleins de sens, de justesse et de prudence. D'ailleurs, ce n'est point par la violence que l'on parviendra au but désiré. L'expérience a démontré que les chrétiens se multiplient sous le fer des bourreaux. Voulez-vous les gagner à la religion de la patrie, appelez-les au temple de la Miséricorde, et non pas aux autels des Euménides.

« Mais, après avoir déclaré ce qui me semble conforme à la raison, je dois, avec la même justice, manifester la crainte que m'inspirent les chrétiens. C'est le seul reproche que l'on puisse légitimement leur faire : il est certain que nos dieux sont l'objet de leur dérision et quelquefois de leurs insultes. Que de Romains se sont déjà laissé entraîner par des raisonnements téméraires! Ah! nous parlons d'attaquer une divinité étrangère, songeons plutôt à défendre les nôtres! Rattachons-nous à leur culte par le souvenir de tout ce qu'elles ont fait pour nous. Quand nous serons bien convaincus de la grandeur et de la bonté de nos dieux paternels, nous ne craindrons plus de voir la secte des chrétiens s'accroître et se grossir des déserteurs de nos temples.

C'est une vérité reconnue depuis longtemps que Rome a dû l'empire du monde à sa piété envers les immortels. Elle a élevé des autels à tous les génies bienfaisants, à la petite Fortune, à l'Amour filial, à la Paix, à la Concorde, à la Justice, à la Liberté, à la Victoire, au dieu Terme, qui, seul, ne se leva point devant Jupiter dans l'assemblée des dieux. Cette famille divine pourrait-elle déplaire aux chrétiens? Quel homme oserait refuser des hommages à de si nobles déités? Voulez-vous remonter plus haut, vous trouverez les noms mêmes de notre patrie, nos traditions les plus antiques, liés à notre religion, et faisant partie de nos sacrifices; vous trouverez le souvenir de cet âge d'or, règne de bonheur et d'innocence, que tous les peuples envient à l'Ausonie. Y a-t-il rien de plus touchant que ce nom de Latium donné à la campagne de Laurente, parce qu'elle fut l'asile d'un dieu persécuté? Nos pères, en récompense de leur vertu, reçurent du ciel un cœur hospitalier, et Rome servit de refuge à tous les infortunés bannis. Que d'intéressantes aventures! Que de noms illustres attachés à ces migrations des premiers temps du monde, Diomède, Philoctète, Idoménée, Nestor! Ah! quand une forêt couvrait la montagne où s'élève ce Capitole ; lorsque des chaumières occupaient la place de ces palais, que ce Tibre si fameux ne portait encore que le nom inconnu d'Albula, on ne demandait point ici si le dieu d'une obscure nation de la Judée était préférable aux dieux de Rome ! Pour se convaincre de la puissance de Jupiter, il suffit de considérer la faible origine de cet empire. Quatre petites sources ont formé le torrent du peuple romain : Albe, le cher pays et le premier amour des Curiaces ; les guerriers latins, qui s'unirent aux guerriers d'Énée ; les Arcadiens d'Évandre, qui transmirent aux Cincinnatus l'amour des troupeaux et le sang des Hellènes, doux germe de l'éloquence chez les rudes nourrissons d'une louve ; enfin les Sabins, qui donnèrent des épouses aux compagnons de Romulus ; ces Sabins, vêtus de peaux de brebis, conduisant leurs troupeaux avec une lance, vivant de laitage et de miel, et se consacrant à Cérès et à Hercule, l'une le génie, et l'autre le bras du laboureur.

« Ces dieux, qui ont opéré tant de merveilles ; ces dieux, qui ont inspiré Numa, Fabricius et Caton ; ces dieux, qui protégent les cendres illustres de nos citoyens ; ces dieux, au milieu desquels brillent aujourd'hui nos empereurs, sont-ils des divinités sans pouvoir et sans vertu ?

« Dioclétien, je suppose que Rome chargée d'années apparaisse tout à coup à vos yeux sous les voûtes de ce Capitole, et qu'elle s'adresse ainsi à votre Éternité :

« Grand prince, ayez égard à cette vieillesse où ma piété envers les
« dieux m'a fait parvenir. Libre comme je le suis, je m'en tiendrai tou-
« jours à la religion de mes ancêtres. Cette religion a mis l'univers
« sous ma loi. Ses sacrifices ont éloigné Annibal de mes murailles et
« les Gaulois du Capitole. Quoi ! l'on renverserait un jour cette statue
« de la Victoire sans craindre de soulever mes légions ensevelies aux
« champs de Zama ! N'aurais-je été préservée des plus redoutables
« ennemis que pour être déshonorée par mes enfants dans ma vieil-
« lesse ? »

« C'est ainsi, ô puissant empereur, que vous parle Rome suppliante. Voyez se lever de leurs tombeaux, sur le chemin d'Appius, ces républicains, vainqueurs des Volsques et des Samnites, dont nous révérons ici les images ; ils montent à ce Capitole qu'ils remplirent de dépouilles opimes ; ils viennent, couronnés de la branche du chêne, unir leurs voix à la voix de la patrie. Ces mânes sacrés n'avaient point rompu leur sommeil de fer pour la perte de nos mœurs et de nos lois ; ils ne s'étaient point réveillés au bruit des proscriptions de Marius, ou des fureurs du triumvirat ; mais la cause du ciel les arrache au cercueil, et ils viennent la plaider devant leurs fils. Romains séduits par la religion nouvelle, comment avez-vous pu changer pour un culte étranger nos belles fêtes et nos pieuses cérémonies!

« Princes, je le répète, nous ne demandons point la persécution des chrétiens. On dit que le dieu qu'ils adorent est un dieu de paix et de justice : nous ne refusons point de l'admettre dans le Panthéon; car nous souhaitons, très-pieux empereur, que les dieux de toutes les religions vous protégent; mais que l'on cesse d'insulter Jupiter. Dioclétien, Galérius, sénateurs, indulgence pour les chrétiens, protection pour les dieux de la patrie ! »

En achevant de prononcer ces mots, Symmaque salue de nouveau la statue de la Victoire, et se rassied au milieu des sénateurs. Les esprits étaient différemment agités : les uns, charmés de la dignité du discours de Symmaque, se rappelaient les jours des Hortensius et des Cicéron; les autres blâmaient la modération du pontife de Jupiter. Satan n'avait plus d'espoir que dans Hiéroclès, et cherchait à détruire l'effet de l'éloquence du grand prêtre ; les anges de lumière profitaient au contraire de cette éloquence pour ramener le sénat à des sentiments plus humains. On voyait s'agiter les casques des guerriers, les toges des sénateurs, les robes et les sceptres des augures et des aruspices ; on entendait un murmure confus, signe équivoque du blâme et de la louange. Dans un champ où l'ivraie et d'inutiles fleurs de pourpre et d'azur s'élèvent au milieu du froment d'or, si quelque zéphyr se glisse dans la forêt diaprée, d'abord les plus frêles épis courbent leurs têtes ; bientôt le souffle croissant balance en tumulte les gerbes fécondes et les plantes stériles : tel paraissait dans le sénat le mouvement de tant d'hommes divers.

Les courtisans regardaient curieusement Dioclétien et Galérius, afin de régler leur opinion sur celle de leurs maîtres : César donnait des signes d'emportement; mais le visage d'Auguste était impassible.

Hiéroclès se lève : il s'enveloppe dans son manteau, et garde quelque temps un air sévère et pensif. Initié à toutes les ruses de l'éloquence athénienne; armé de tous les sophismes, souple, adroit, railleur, hypocrite ; affectant une élocution concise et sentencieuse ; parlant d'humanité en demandant le sang de l'innocent; méprisant les leçons du temps et de l'expérience ; voulant à travers mille maux conduire le monde au bonheur par des systèmes; esprit faux, s'applaudissant de sa justesse : tel était l'orateur qui parut dans la lice pour attaquer toutes les religions, et surtout celle des chrétiens. Galérius laissait un libre cours aux blasphèmes de son ministre : Satan poussait au mal l'ennemi des fidèles; et l'espoir de perdre Eudore animait l'amant de Cymodocée. Le démon de la fausse sagesse, sous la figure d'un chef de l'école, nouvellement arrivé d'Alexandrie, se place auprès d'Hiéroclès : celui-ci, après un moment de silence, déploie tout à coup ses bras ; il rejette son manteau en arrière, pose les deux mains sur son cœur, s'incline jusqu'au pavé du Capitole en saluant Auguste et César, et prononce ce discours :

« Valérius Dioclétien, fils de Jupiter, empereur éternel, Auguste, huit fois consul, très-clément, très-divin, très-sage ; Valérius Maximianus Galérius, fils d'Hercule, fils adoptif de l'empereur, César, éternel et très-heureux, Parthique, triomphateur, amateur de la science, et vérissime philosophe ; sénat très-vénérable et sacré, vous permettez donc que ma voix se fasse entendre ! Troublé par cet honneur insigne, comment pourrais-je m'exprimer avec assez de force ou de grâce ? Pardonnez à la faiblesse de mon éloquence, en faveur de la vérité qui me fait parler.

« La terre, dans sa fécondité première, enfanta les hommes. Les hommes, par hasard et par nécessité, s'assemblèrent pour leurs besoins communs. La propriété commença : les violences suivirent ; l'homme ne put les réprimer : il inventa les dieux.

« La religion trouvée, les tyrans en profitèrent. L'intérêt multiplia les erreurs, les passions y mêlèrent leurs songes.

« L'homme, oubliant l'origine des dieux, crut bientôt à leur existence. On prit pour le consentement unanime des peuples ce qui n'était que le consentement unanime des passions. Les tyrans, en écrasant les hommes, eurent soin de faire élever des temples à la piété et à la miséricorde, afin que les infortunés crussent aussi qu'il y avait des dieux.

« Le prêtre, d'abord trompeur, ensuite trompé, se passionna pour son idole ; le jeune homme, pour les grâces divinisées de sa maîtresse ; le malheureux, pour les simulacres de sa douleur : de là le fanatisme, le plus grand des maux qui aient affligé l'espèce humaine.

« Ce monstre, portant un flambeau, parcourut les trois régions de la terre. Il brûla, par la main des mages, les temples de Memphis et d'Athènes. Il alluma la guerre sacrée qui livra la Grèce à Philippe. Bientôt, si une secte odieuse venait à s'étendre, de nos jours même, et malgré l'accroissement des lumières, on verrait l'univers plongé dans un abîme de malheurs !

« C'est ici, princes, que je tâcherai de peindre les maux que le fanatisme a faits aux hommes, en vous dévoilant l'origine et les progrès de la religion la plus ridicule et la plus horrible que la corruption des peuples ait engendrée.

« Que ne m'est-il permis d'ensevelir dans un profond oubli ces honteuses turpitudes! mais je suis appelé à la défense de la vérité : il faut sauver mon empereur, il faut éclairer le monde. Je sais que j'expose mes jours au ressentiment d'une faction dangereuse. Qu'importe? un ami de la sagesse doit fermer son cœur à toute crainte comme à toute pitié, quand il s'agit du bonheur de ses frères et des droits sacrés de l'humanité.

« Vous connaissez ce peuple que sa lèpre et ses déserts séparent du genre humain, ce peuple odieux qu'extermina le divin Titus.

« Un certain fourbe, appelé Moïse, par une suite de crimes et de prestiges grossiers, délivra ce peuple de la servitude. Il le conduisit au milieu des sables de l'Arabie ; il lui promettait au nom du dieu Jéhovah, une terre où coulerait le lait et le miel.

« Après quarante années les Juifs arrivèrent à cette terre promise, dont ils égorgèrent les habitants. Ce jardin délicieux était la stérile Judée, petite vallée de pierres, sans blé, sans arbres, sans eaux.

« Retirés dans leur repaire, ces brigands ne se firent remarquer que par leur haine contre le genre humain : ils vivaient au milieu des adultères, des meurtres, des cruautés.

« Que pouvait-il sortir d'une pareille race? (c'est ici le prodige) une race plus exécrable encore, les chrétiens : ils ont surpassé, en folie, en crimes, les Juifs leurs pères.

« Les Hébreux, que trompaient des prêtres fanatiques, attendaient dans leur impuissance et dans leur bassesse un monarque qui devait leur soumettre le monde entier.

« Le bruit se répand un jour que la femme d'un vil artisan a donné naissance à ce roi si longtemps promis. Une partie des Juifs s'empresse de croire au prodige.

« Celui qu'ils appellent leur Christ vit trente ans caché dans sa misère. Après ces trente années, il commence à dogmatiser ; il s'associe quelques pêcheurs, qu'il nomme ses apôtres. Il parcourt les villes, il se cache au désert, il séduit des femmes faibles, une populace crédule. Sa morale est pure, dit-on ; mais surpasse-t-elle celle de Socrate?

« Bientôt il est arrêté pour ses discours séditieux, et condamné à mourir sur la croix. Un jardinier dérobe son corps ; ses apôtres s'écrient que Jésus est ressuscité ; ils prêchent leur maître à la foule étonnée. La superstition s'étend, les chrétiens deviennent une secte nombreuse.

« Un culte né dans les derniers rangs du peuple, propagé par des esclaves, caché d'abord en des lieux déserts, s'est chargé peu à peu des abominations que le secret et des mœurs basses et féroces doivent naturellement engendrer : aussi la cruauté et l'infamie font-elles la partie principale de ses mystères.

« Les chrétiens s'assemblent la nuit au milieu des morts et des sépulcres. La résurrection des cadavres est le plus absurde comme le plus doux de leurs entretiens. Assis à un festin abominable, après avoir juré haine aux dieux et aux hommes, après avoir renoncé à tous les plaisirs légitimes, ils boivent le sang d'un homme sacrifié, et dévorent les chairs palpitantes d'un enfant : c'est ce qu'ils appellent leur pain et leur vin sacré !

« Le repas fini, des chiens dressés aux crimes de leurs maîtres, entrent dans l'assemblée, et renversent les flambeaux ; alors les chrétiens se cherchent au milieu des ténèbres, s'unissent au hasard par d'horribles embrassements : les pères avec les filles, les fils avec les mères, les frères avec les sœurs : le nombre et la variété des incestes fait le mérite et la vertu.

« Quoi ! ce n'était pas assez d'avoir voulu amener les hommes au culte d'un séditieux justement puni du dernier supplice ! ce n'était pas un assez grand crime d'avoir essayé d'abrutir à ce point la raison humaine ! il fallait encore que les chrétiens fissent de leur religion l'école des mœurs les plus dépravées, des forfaits les plus inouïs !

« Ce que je viens d'avancer aurait-il besoin d'autres preuves que la conduite des chrétiens ? Partout où ils se glissent, ils font naître des troubles ; ils débauchent les soldats de nos armées ; ils portent la désunion dans les familles ; ils séduisent des vierges crédules ; ils arment le frère contre le frère, l'époux contre l'épouse. Puissants aujourd'hui, ils ont des temples, des trésors, et ils refusent de prêter serment aux empereurs dont ils tiennent ces bienfaits ; ils insultent aux sacrées images de Dioclétien, ils aiment mieux mourir que de sacrifier à ses autels. Dernièrement encore, n'ont-ils pas laissé la divine mère de Galérius offrir seule des victimes pour son fils aux génies innocents des montagnes ! Enfin, joignant le fanatisme à la dissolution, ils voudraient précipiter du Capitole la statue de la Victoire, arracher de leurs sanctuaires vos dieux paternels !

« Qu'on ne croie pas cependant que je défende ici ces dieux qui, dans l'enfance des peuples, ont pu paraître nécessaires à des législateurs habiles. Nous n'avons plus besoin de ces ressources. La raison commence son règne. Désormais on n'élèvera d'autel qu'à la vertu. Le genre humain se perfectionne chaque jour. Un temps viendra que tous les hommes, soumis à la seule pensée, se conduiront par les clartés de l'esprit. Je ne soutiens donc ni Jupiter, ni Mitra, ni Sérapis. Mais, si l'on conserve encore une religion dans l'empire, l'ancienne réclame une juste préférence. La nouvelle est un mal qu'il faut extirper par le fer et par le feu. Il faut guérir les chrétiens eux-mêmes de leur propre folie. Eh bien! un peu de sang coulera! Nous nous attendrirons sans doute sur le sort des criminels ; mais nous admirerons, nous bénirons la loi qui frappera les victimes pour la consolation des sages et le bonheur du genre humain. »

Hiéroclès achevait à peine son discours que Galérius donna le signal des applaudissements. L'œil en feu, le visage rouge de colère, César semblait déjà prononcer l'arrêt fatal des chrétiens. Ses courtisans levaient les mains au ciel, comme saisis d'horreur et de crainte ; ses gardes frémissaient de rage en songeant que des impies voulaient renverser l'autel de la Victoire ; le peuple redisait avec effroi les incestes nocturnes et les repas de chair humaine. Les sophistes qui environnaient Hiéroclès le portaient au ciel : c'était l'intrépide ami des princes, le véritable ami des principes, le soutien de la vertu, un Socrate !

Satan échauffait les préjugés et les haines ; ravi des paroles du proconsul, il se flattait d'aller plus sûrement à son but par l'athéisme que par l'idolâtrie ; secondé de toutes les puissances de l'enfer, il augmentait le bruit et le tumulte, et donnait au mouvement du sénat quelque chose de prodigieux. Comme le sabot circule sous le fouet de l'enfant; comme le fuseau descend et remonte entre les doigts de la matrone ; comme l'ébène ou l'ivoire roule sous le ciseau du tourneur : ainsi les esprits étaient agités. Dioclétien seul paraissait immobile ; on ne voyait sur son visage ni colère, ni haine, ni amour. Les chrétiens répandus dans l'assemblée se montraient abattus et consternés. Constantin surtout était plongé dans une douleur profonde; il jetait par intervalles un regard inquiet et attendri sur Eudore.

Le fils de Lasthénès se leva sans paraître ému de la défaveur de César, des bassesses des courtisans et des clameurs de la foule. Son habit de deuil, sa noble figure, encore embellie par l'expression d'une simple tristesse, attirèrent tous les regards. Les anges du Seigneur, formant un cercle invisible autour de lui, le couvraient de lumière, et lui donnaient une assurance divine. Du haut du ciel, les quatre évangélistes, penchés sur sa tête, lui dictaient secrètement les paroles qu'il allait répéter. On entendait dire de toutes parts dans le sénat : « C'est « le chrétien ! Comment pourra-t-il répondre ? » Chacun cherchait vainement dans ses traits, à la fois si calmes et si animés, l'expression des crimes dont Hiéroclès avait accusé les fidèles. Lorsque des chasseurs, croyant surprendre au bord d'un fleuve un affreux vautour, découvrent tout à coup un cygne qui nage sur l'onde, charmés, ils s'arrêtent ; ils contemplent l'oiseau chéri des Muses ; ils admirent la blancheur de son plumage, la fierté de son port, la grâce de ses mouvements ; ils prêtent déjà l'oreille à ses chants harmonieux. Le cygne de l'Alphée ne tarda pas à se faire entendre : Eudore s'incline devant Auguste et César ; ensuite, sans saluer la statue de la Victoire, sans faire de gestes, sans chercher à séduire ou l'oreille ou les yeux, il parle en ces mots :

« Auguste, César, pères conscrits, peuple romain, au nom de ces hommes victimes d'une haine injuste, moi, Eudore, fils de Lasthénès, natif de Mégalopolis en Arcadie, et chrétien, salut !

« Hiéroclès a commencé son discours par excuser la faiblesse de son éloquence ; je réclame à mon tour l'indulgence du sénat. Je ne suis qu'un soldat, plus accoutumé à verser mon sang pour mes princes qu'à demander en termes fleuris le massacre d'une foule de vieillards, de femmes et d'enfants.

« Je remercie d'abord Symmaque de la modération qu'il a montrée envers mes frères. Le respect que je dois au chef de l'empire me force à me taire sur le culte des idoles. J'observerai cependant que les Camille, les Scipion, les Paul-Émile, n'ont point été de grands hommes parce qu'ils suivaient le culte de Jupiter, mais parce qu'ils s'éloignaient de la morale et des exemples des divinités de l'Olympe. Dans notre religion, au contraire, on ne peut atteindre au plus haut degré de la perfection qu'en imitant notre Dieu. Nous plaçons aussi de simples mortels dans les éternelles demeures ; mais il ne suffit pas, pour acquérir cette gloire, d'avoir porté le bandeau royal, il faut avoir pratiqué la vertu : nous abandonnons à votre ciel les Néron et les Domitien.

« Toutefois l'effet d'une religion quelconque est si salutaire à l'âme, que le pontife de Jupiter a parlé des chrétiens avec douceur, tandis qu'un homme qui ne reconnaît point de Dieu demande notre sang au nom de l'humanité et de la vertu. Hé quoi ! Hiéroclès, c'est sous le manteau que vous portez que vous voulez semer la désolation dans l'empire ! Magistrat romain, vous provoquez la mort de plusieurs millions de citoyens romains ! Car, pères conscrits, vous ne pouvez vous le dissimuler, nous ne sommes que d'hier, et déjà nous remplissons vos cités, vos colonies, vos camps, le palais, le sénat, le Forum : nous ne vous laissons que vos temples.

« Princes, notre accusateur est un apostat, et il se confesse athée : il sait lui-même quel titre je pourrais ajouter à ces titres. Symmaque est un homme pieux, dont l'âge, la science et les mœurs sont également respectables. Dans toute cause criminelle, on prend en considération le caractère des témoins : Symmaque nous excuse ; Hiéroclès nous dénonce : lequel des deux doit être écouté ? Auguste, César, pères conscrits, peuple romain, daignez me prêter une oreille attentive, je vais reprendre la suite des accusations d'Hiéroclès, et défendre la religion de Jésus-Christ. »

À ce grand nom l'orateur s'arrêta ; tous les chrétiens s'inclinèrent, et la statue de Jupiter trembla sur son autel. Eudore reprit :

« Je ne remonterai point, comme Hiéroclès, jusqu'au berceau du monde pour en venir à la question du moment. Je laisse aux disciples de l'école ce vain étalage de principes odieux, de faits altérés et de déclamations puériles. Il ne s'agit ici ni de la formation du monde, ni de l'origine des sociétés : tout se borne à savoir si l'existence des chrétiens est compatible avec la sûreté de l'État ; si leur religion ne blesse ni les mœurs ni les lois ; si elle ne s'oppose point à la soumission que l'on doit au chef de l'empire ; en un mot, si la morale et la politique n'ont rien à reprocher au culte de Jésus-Christ. Cependant, je ne puis m'empêcher de vous faire remarquer la singulière opinion d'Hiéroclès touchant les Hébreux.

« La raison politique de l'établissement de Jérusalem au centre d'un pays stérile était trop profonde pour être aperçue de l'accusateur des chrétiens. Le législateur des Israélites voulait en faire un peuple qui pût résister au temps, conserver le culte du vrai Dieu au milieu de l'idolâtrie universelle, et trouver dans ses institutions une force qu'il n'avait point par lui-même : il les enferma donc dans la montagne. Leurs lois et leur religion furent conformes à cet état d'isolement : ils n'eurent qu'un temple, qu'un sacrifice, qu'un livre. Quatre mille ans se sont écoulés, et ce peuple existe encore. Hiéroclès, montrez-nous ailleurs un exemple d'une législation aussi miraculeuse dans ses effets, et nous écouterons ensuite vos railleries sur le pays des Hébreux. »

Un signe d'approbation échappé à Dioclétien interrompit le fils de Lasthénès. Insensible aux mouvements oratoires de Symmaque, et aux déclamations d'Hiéroclès, l'empereur fut frappé des raisons politiques présentées par le défenseur des fidèles. Eudore s'était étendu sur ce sujet avec adresse, afin de toucher le génie du prince avant de parler des chrétiens. Le parti modéré du sénat, qui redoutait Galérius ; Publius, préfet de Rome, dévoué à César, mais ennemi d'Hiéroclès ; les courtisans, toujours attentifs aux impressions du maître ; les chrétiens, dont le sort était encore suspendu, tous s'aperçurent des sentiments favorables de Dioclétien : ils donnèrent de grandes louanges à l'orateur. Les soldats, les centurions, les tribuns, s'étaient laissé toucher à la vue de leur général obligé de défendre sa vie contre les accusations d'un rhéteur ; cette noble race d'hommes revient facilement à des opinions généreuses. Tant de raison unie à tant de beauté et de jeunesse avait intéressé la foule toujours passionnée. La douleur de Constantin s'était changée en allégresse ; il encourageait son ami par ses gestes et ses regards. Les anges de lumière, redoublant de zèle autour de l'orateur chrétien, lui donnaient à chaque moment de nouvelles grâces, et prolongeaient les sons de sa voix comme d'harmonieux échos. Lorsqu'une neige éclatante tombe de la voûte éthérée, souvent l'aquilon s'apaise ; les champs, muets, reçoivent avec joie les flocons nombreux qui vont mettre les plantes à l'abri des glaces de l'hiver : ainsi, quand le fils de Lasthénès recommença son discours, l'assemblée fit un profond silence afin de recueillir ces paroles pures qui semblaient descendre du ciel pour prévenir la désolation de la terre.

« Princes, dit-il, je n'entrerai point dans les preuves de la religion chrétienne : une longue suite de prophéties, toutes vérifiées, des miracles éclatants, des témoins sans nombre, ont depuis longtemps attesté la divinité de celui que nous appelons le Sauveur. Sa vertu sublime est reconnue de l'univers ; plusieurs empereurs romains, sans être soumis à Jésus-Christ, l'ont honoré de leurs hommages ; des philosophes fameux ont rendu justice à la beauté de sa morale, et Hiéroclès lui-même ne la conteste pas.

« Il serait bien étrange que ceux qui adorent un tel Dieu fussent des monstres dignes du bûcher. Quoi ! Jésus-Christ serait un modèle de douceur, d'humanité, de chasteté, et nous penserions l'honorer par des mystères de cruauté et de débauche! Même dans le paganisme, célèbre-t-on la fête de Diane par les prostitutions des fêtes de Vénus? Le christianisme, dit-on, est sorti de la dernière classe du peuple, et de là les infamies de son culte. Reprochez donc à cette religion ce qui fait sa beauté et sa gloire. Elle est allée chercher, pour les consoler, des hommes auxquels les hommes ne pensaient point, et dont ils détournaient les regards ; et vous le lui imputez à crime ! Pense-t-on qu'il n'y ait de douleurs que sous la pourpre, et qu'un Dieu consolateur n'est fait que pour les grands et les rois ! Loin d'avoir pris la bassesse et la férocité des mœurs du peuple, notre religion a corrigé ses mœurs. Dites, est-il un homme plus patient dans ses maux qu'un vrai chrétien, plus résigné sous un maître, plus fidèle à sa parole, plus ponctuel dans ses devoirs, plus chaste dans ses habitudes? Nous sommes si éloignés de la barbarie, que nous nous retirons de vos jeux où le sang des hommes est une partie du spectacle. Nous croyons qu'il y a peu de différence entre commettre le meurtre et le voir commettre avec plaisir. Nous avons une telle horreur d'une vie dissolue, que nous évitons vos théâtres comme une école de mauvaises mœurs et une occasion de chute.... Mais en justifiant les chrétiens sur un point, je m'aperçois que je les expose sur un autre. Nous fuyons la société, dit Hiéroclès, nous haïssons les hommes !

« S'il en est ainsi, notre châtiment est juste. Frappez nos têtes ;

mais auparavant venez reprendre dans nos hôpitaux les pauvres et les infirmes que vous n'avez point secourus ; faites appeler ces femmes romaines qui ont abandonné les fruits de leur honte. Elles croient peut-être qu'ils sont tombés dans ces lieux infâmes, seul asile offert par vos dieux à l'enfance délaissée ? Qu'elles viennent reconnaître leurs nouveau-nés entre les bras de nos épouses ! Le lait d'une chrétienne ne les a point empoisonnés : les mères selon la grâce les rendront, avant de mourir, aux mères selon la nature.

« Quelques-uns de nos mystères, mal entendus et faussement interprétés, ont donné naissance à ces calomnies. Princes, que ne m'est-il permis de vous dévoiler ces secrets d'innocence et de pureté ! Rome se lève, dit Symmaque, et vous supplie de lui laisser les divinités de ses pères. Oui, princes, Rome se lève, mais non pour réclamer des dieux impuissants : elle se lève pour vous demander Jésus-Christ, qui rétablira parmi ses enfants la pudeur, la bonne foi, la probité, la modération et le règne des mœurs.

« Donnez-moi, s'écrie-t-elle, ce Dieu qui a déjà corrigé les vices
« de mes lois ; ce Dieu qui n'autorise point l'infanticide, la prostitution
« du mariage, le spectacle du meurtre des hommes ; ce Dieu qui couvre
« mon sein des monuments de sa bienfaisance ; ce Dieu qui conserve
« les lumières des lettres et des arts, et qui veut abolir l'esclavage
« sur la terre. Ah ! si un jour je devais encore voir les Barbares à mes
« portes, ce Dieu, je le sens, pourrait seul me sauver, et changer ma
« vieillesse languissante en une immortelle jeunesse. »

« Reste donc à repousser la dernière et la plus effrayante des accusations d'Hiéroclès, si les chrétiens pouvaient s'effrayer de perdre les biens et la vie. Nous sommes, dit notre délateur, des séditieux ; nous refusons d'adorer les images de l'empereur, et d'offrir des sacrifices aux dieux pour le père de la patrie.

« Les chrétiens, des séditieux ! Poussés à bout par leurs persécuteurs, et poursuivis comme des bêtes féroces, ils n'ont pas même fait entendre le plus léger murmure ; neuf fois ils ont été massacrés, et, s'humiliant sous la main de Dieu, ils ont laissé l'univers se soulever contre les tyrans. Que Hiéroclès nomme un seul fidèle engagé dans une conspiration contre son prince ! Soldats chrétiens que j'aperçois ici, Sébastien, Pacôme, Victor, dites-nous où vous avez reçu les nobles blessures dont vous êtes couverts. Est-ce dans les émeutes populaires, en assiégeant le palais de vos empereurs, ou bien en affrontant, pour la gloire de vos princes, la flèche du Parthe, l'épée du Germain et la hache du Franc ? Hélas ! généreux guerriers, mes compagnons, mes amis, mes frères, je ne m'inquiète point de mon sort, bien que j'aie quelque raison de regretter à présent la vie, mais je ne puis m'empêcher de m'attendrir sur votre destinée. Que n'avez-vous choisi un défenseur plus éloquent! J'aurais pu mériter une couronne civique en vous sauvant des mains des Barbares, et je ne pourrai vous dérober au fer d'un proconsul romain!

« Finissons ce discours. Dioclétien, vous trouverez chez les chrétiens des sujets respectueux, qui vous seront soumis sans bassesse, parce que le principe de leur obéissance vient du ciel. Ce sont des hommes de vérité : leur langage ne diffère point de leur conduite ; ils ne reçoivent point les bienfaits d'un maître en le maudissant dans leur cœur. Demandez à de tels hommes leur fortune, leur vie, leurs enfants, ils vous les donneront, parce que tout cela vous appartient. Mais voulez-vous les forcer à encenser les idoles, ils mourront! Pardonnez, princes, à cette liberté chrétienne : l'homme a aussi ses devoirs à remplir envers le ciel. Si vous exigez de nous des marques de soumission qui blessent ces devoirs sacrés, Hiéroclès peut appeler les bourreaux : nous rendrons à César notre sang, qui est à César, et à Dieu notre âme, qui est à Dieu. »

Eudore reprend sa place, rejette sur son épaule sa toge à demi tombée, et se hâte de recouvrir avec une modeste rougeur les cicatrices de son sein.

Pourrai-je exprimer la diversité des sentiments que le discours du fils de Lasthénès excita dans l'assemblée? C'était un mélange d'admiration, de crainte, de fureur : chacun éclatait en mouvements de haine et d'amour. Ceux-ci admiraient la beauté de la religion accusée, ceux-là n'y voyaient qu'un reproche fait à leurs mœurs et à leurs dieux. Les guerriers étaient émus et vivement intéressés en faveur d'Eudore.

« Que nous servira donc, disaient-ils, de verser notre sang pour la patrie, de souffrir l'esclavage chez les Barbares, de triompher des ennemis du prince, si un sophiste nous peut égorger au Capitole? »

Pour la première fois de sa vie, Dioclétien paraissait ému : même en laissant persécuter les fidèles, Dieu se servait de l'éloquence chrétienne pour semer les germes de la foi dans le sénat romain. La mâle simplicité du discours d'Eudore triomphait et des calomnies d'Hiéroclès, et des touchants souvenirs dont Symmaque avait couronné la statue de la Victoire; tout semble annoncer que l'empereur va prononcer une sentence favorable aux chrétiens.

Hiéroclès, alarmé, voulait paraître calme et victorieux ; mais la rage et la frayeur perçaient malgré lui dans ses regards : lorsqu'un tigre s'est précipité dans la fosse escarpée que creusa sous ses pas un berger de Libye, la bête féroce, après s'être longtemps débattue, se couche avec une apparente tranquillité au milieu de l'enceinte fatale ; mais à l'agitation de ses yeux et de ses lèvres sanglantes, on voit qu'elle ressent vivement la crainte et la douleur du piége où elle est tombée.

Galérius rendit bientôt l'espérance à son ministre. Ce fougueux César, accoutumé au langage déshonoré de ses flatteurs, s'indigne des accents de la vertu et de la noble assurance d'un homme de bien. Il déclare que si l'on ne punit pas les fidèles, il quittera la cour, et se mettra à la tête des légions d'Orient :

« Car ces ennemis du ciel porteraient sur moi leurs mains sacriléges. »

Hiéroclès, reprenant son audace, fait observer qu'il y avait des mystères sur lesquels on ne s'expliquait point ; qu'après tout, les factieux refusaient de sacrifier à l'empereur, et cherchaient par une éloquence séditieuse à soulever les soldats.

Trop accoutumé à céder à la violence de Galérius, Dioclétien fut effrayé de ses menaces. Il savait qu'en proscrivant les chrétiens il se privait d'un grand appui contre l'ambition de César ; mais le vieillard n'avait plus la force d'envisager sans frémir les hasards d'une guerre civile. Satan achève d'épouvanter par un prodige l'esprit superstitieux de Dioclétien. Tout à coup le bouclier de Romulus se détache de la voûte du Capitole, tombe, blesse le fils de Lasthénès, et va couvrir, en roulant, la louve de bronze qui fut frappée de la foudre à la mort de Jules César. Galérius s'écrie :

« Vous le voyez, ô Dioclétien, le père des Romains n'a pu supporter les blasphèmes de ce chrétien ! Imitez son exemple ; écrasez les impies, et protégez au Capitole le génie de l'empire. »

Alors Dioclétien, malgré les remords de sa conscience et les lumières de sa politique, promet de donner un édit contre les fidèles : mais, par une dernière ressource de son génie, il voulut que les dieux prononçassent dans leur propre cause, et l'aidassent, avec Galérius, à porter le poids de l'exécration de l'avenir.

« Si la sibylle de Cumes, dit-il, approuve la résolution que vous me faites prendre, on publiera l'édit que vous demandez. Mais en attendant la réponse de l'oracle, je veux qu'on laisse à tous les citoyens la jouissance de leurs droits et la liberté de leur culte. »

En prononçant ces derniers mots, l'empereur quitta brusquement le Capitole. Galérius et Hiéroclès sortirent triomphants ; le premier, méditant les projets les plus ambitieux ; le second, mêlant à ces mêmes projets des desseins d'amour et de vengeance. Constantin, accablé de douleur, se dérobe avec Eudore à la curiosité de la foule. L'enfer pousse un cri de joie, et les anges du Seigneur, dans une sainte tristesse, s'envolent aux pieds de l'Éternel.

LIVRE DIX-SEPTIÈME

SOMMAIRE.

Navigation de Cymodocée. Elle arrive à Joppé. Elle monte à Jérusalem. Hélène la reçoit comme sa fille. Semaine Sainte. Réponse de la sibylle de Cumes. Hiéroclès fait partir un centurion pour réclamer Cymodocée. Dioclétien donne l'édit de persécution.

Emportée par le souffle de l'ange des mers, Cymodocée versait des torrents de larmes. Euryméduse, qui accompagnait la fille de Démodocus, faisait retentir la galère de ses plaintes et de ses gémissements.

« O terre de Cécrops, disait-elle, terre où règnent un souffle divin et des génies amis des hommes, faut-il donc vous quitter sans retour ? Qui me donnera des ailes pour revoir des lieux si agréables à mon cœur? J'arrêterais mon vol sur le temple d'Homère, je porterais à mon cher maître des nouvelles de sa Cymodocée ! Vains désirs ! Nous franchissons les plaines azurées d'Amphitrite, où les Néréides font entendre leurs concerts. Est-ce le désir des richesses qui nous oblige à braver la fureur de Neptune ? L'intérêt a ses douceurs. Non, c'est un dieu plus puissant : le dieu qui fit mourir Ariadne loin des foyers de Minos, sur une rive déserte, le dieu qui força Médée à visiter les tours d'Iolchos, et à suivre un héros volage. »

Le vaisseau s'avançait vers le dernier promontoire de l'Attique. Déjà Sunium élevait sur la pointe d'un rocher son beau temple : les colonnes de marbre blanc semblaient se balancer dans les flots avec la lumière dorée des étoiles. Cymodocée était assise sur la poupe ornée de fleurs, entre les statues d'ivoire de Castor et de Pollux. Sans les larmes qui coulaient de ses yeux, on l'eût prise pour la sœur de ces dieux charmants, prête à descendre avec Pâris dans l'île où la fille de Tyndare célébra son hymen avant d'aborder à Troie. Le vaisseau vole à la gauche des Cyclades blanchissantes, rangées au loin sur la mer comme une troupe de cygnes ; dirigeant sa course au midi, il vient chercher les rivages de l'île de Chypre. On célébrait alors la fête de la déesse d'Amathonte : l'onde molle et silencieuse baignait le pied du temple de Dionée, bâti sur un promontoire au milieu des vagues tranquilles. De jeunes filles demi-nues dansaient dans un bois de myrtes, autour du voluptueux édifice ; de jeunes garçons, qui brûlaient de dénouer la ceinture des Grâces, chantaient en chœur la veillée des fêtes de Vénus. Ces paroles, apportées par le souffle des Zéphyrs, parvenaient sur la mer jusqu'au vaisseau :

« Qu'il aime demain, celui qui n'a point aimé ! Qu'il aime encore demain, celui qui a aimé !

« Ame de l'univers, volupté des hommes et des dieux, belle Vénus,
« c'est toi qui donnes la vie à toute la nature ! Tu parais : les vents
« se taisent, les nuages se dissipent, le printemps renaît, la terre se
« couvre de fleurs, et l'Océan sourit. C'est Vénus qui place sur le sein
« de la jeune fille la rose teinte du sang d'Adonis ; c'est Vénus qui force
« les nymphes à errer avec l'amour, la nuit, sous les yeux de Diane
« rougissante. Nymphes, craignez l'Amour : il a déposé ses armes ;
« mais il est armé quand il est nu ! Le fils de Cythérée naquit dans les
« champs, il fut nourri parmi les fleurs. Philomèle a chanté sa puis-
« sance, ne cédons point à Philomèle.

« Qu'il aime demain, celui qui n'a point aimé ! Qu'il aime encore de-
« main, celui qui a aimé !

« Ile heureuse, tout sur tes bords délicieux atteste les prodiges de
« l'amour. Nautoniers, fatigués des périls, attachez l'ancre à nos ports
« et ployez à jamais vos voiles. Dans les bosquets d'Amathonte, vous
« ne livrerez que de doux combats, vous ne craindrez plus les pirates,
« hors l'ingénieux Amour, qui vous prépare des liens de fleurs. Ce sont
« les Grâces qui filent ici les instants des mortels. Vénus, par un charme
« invincible, assoupit un jour les Parques au fond du Tartare : aussitôt
« Aglaé enlève la quenouille à Lachésis, Euphrosine le fil à Clotho ;
« mais Atropos s'éveilla au moment où Pasithée allait lui dérober ses
« ciseaux. Tout cède à la puissance des Grâces et de Vénus !

« Qu'il aime demain, celui qui n'a point aimé ! Qu'il aime encore de-
« main, celui qui a aimé ! »

Ces chants portaient le trouble dans l'âme des nautoniers. La proue d'airain fendait les vagues avec un bruit harmonieux : chargée des parfums de la fleur de l'oranger et de l'encens des sacrifices, la brise enflait doucement les voiles, et les arrondissait comme le sein d'une jeune mère.

Une langueur dangereuse s'emparait peu à peu de Cymodocée. Docile aux projets de Satan, Astarté, cet esprit impur qui triomphe dans les temples d'Amathonte, combat secrètement la fille d'Homère. Émue par les chants corrupteurs, elle descend au fond du vaisseau ; elle rêve à son époux ; elle ne sait comment régler les mouvements de son amour pour ne pas blesser sa religion nouvelle. Elle va consulter Dorothée : il lui conseille d'avoir recours au ciel; le couple fidèle tombe à genoux, et adresse ses vœux au Tout-Puissant : le vent s'est élevé, les flots battent les deux flancs de la galère, c'est le seul bruit qui accompagne la prière de l'amour : passion orageuse, que le matelot nourrit au milieu de la solitude des mers, comme le pâtre dans la profondeur des bois.

Dorothée et la fille de Démodocus étaient encore troublés par les souvenirs d'Amathonte, lorsqu'ils découvrirent le sommet du Carmel. Peu à peu la plaine de la Palestine sort de l'onde, et se dessine le long de la mer; les montagnes de la Judée se montrent derrière cette plaine : le vaisseau vint en silence, au milieu de la nuit, jeter l'ancre dans le port de Joppé : plus sacré que le vaisseau d'Hiram chargé des cèdres du temple, il portait le temple vivant de Jésus-Christ, et l'innocence, préférable au bois parfumé. Les passagers chrétiens descendent au rivage; ils se prosternent et baisent avec transport la terre où s'accomplit leur salut. Dorothée et la jeune catéchumène se réunissent à une troupe de pèlerins qui devaient partir au point du jour pour Jérusalem.

« L'aube avait à peine blanchi les cieux, que l'on entendit la voix de l'Arabe conducteur de la troupe : il entonnait le chant du départ de la caravane. Aussitôt les pèlerins s'apprêtent, les dromadaires fléchissent les genoux, et reçoivent sur leurs dos voûtés les pesants fardeaux; les ânes robustes, les cavales légères, portent les voyageurs. Cymodocée, qui attirait tous les regards, était assise, avec sa nourrice, sur un chameau orné de tapis, de plumes et de banderoles : Rebecca montra moins de pudeur quand elle se voila la tête en apercevant Isaac qui venait audevant d'elle; Rachel parut moins belle aux yeux de Jacob lorsqu'elle quitta ses pères, emportant ses dieux domestiques. Dorothée et ses serviteurs marchaient aux côtés de la fille de Démodocus, et veillaient au pas de son chameau.

On quitte les murs de Joppé, qu'embellissent des bois de lentisques et de grenadiers semblables à des rosiers chargés de pommes rouges; on traverse la plaine de Saron, qui, dans l'Écriture, partage avec le Carmel et le Liban l'honneur d'être l'image de la beauté : elle était couverte de ces fleurs dont Salomon, dans toute sa pompe royale, ne pouvait égaler la magnificence. Bientôt on pénètre dans les montagnes de Judée par le hameau qui vit naître l'heureux coupable à qui Jésus-Christ promit le ciel sur la croix. Les pieux voyageurs vous saluèrent aussi, berceau de Jérémie, vous qui respirez encore la tristesse du prophète des douleurs! Ils franchissent le torrent qui fournit au berger de Bethléem les pierres dont il frappa le Philistin; ils s'enfoncent dans un désert où des figuiers sauvages, clair-semés, étalaient au vent brûlant du midi leurs feuilles noircies : la terre, qui jusque-là avait conservé quelque verdure, se dépouille ; les flancs des monts s'élargissent et prennent à la fois un air plus grand et plus stérile : peu à peu la végétation se retire et meurt ; les mousses même disparaissent ; une teinte rouge et ardente succède à la pâleur des rochers. Parvenus à un col élevé, tout à coup les pèlerins découvrent un vieux mur surmonté de la cime de quelques édifices nouveaux. Le guide s'écrie : « Jérusalem ! » et la troupe, soudain arrêtée par un mouvement involontaire, répète : « Jérusalem ! Jérusalem ! »

A l'instant les chrétiens se précipitent de leurs cavales ou de leurs chameaux. Ceux-ci se prosternent trois fois, ceux-là se frappent le sein en poussant des sanglots ; les uns apostrophent la ville sacrée dans le langage le plus pathétique ; les autres restent muets d'étonnement, le regard attaché sur Jérusalem. Mille souvenirs accablent à la fois le cœur et l'esprit : souvenirs qui n'embrassent rien moins que la durée du monde ! ô Muse de Sion, toi seule pourrais peindre ce désert qui respire la divinité de Jéhovah, et la grandeur des prophètes !

Entre la vallée du Jourdain et les plaines de l'Idumée s'étend une chaîne de montagnes qui commence aux champs fertiles de la Galilée, et va se perdre dans les sables de l'Yémen. Au centre de ces montagnes se trouve un bassin aride, fermé de toutes parts par des sommets jaunes et rocailleux ; ces sommets ne s'entr'ouvrent qu'au levant, pour laisser voir le gouffre de la mer Morte et les montagnes lointaines de l'Arabie. Au milieu de ce paysage de pierres, sur un terrain inégal et penchant, dans l'enceinte d'un mur jadis ébranlé sous les coups du bélier, et fortifié par des tours qui tombent, on aperçoit de vastes débris ; des cyprès épars, des buissons d'aloès et de nopals, quelques masures arabes, pareilles à des sépulcres blanchis, recouvrent cet amas de ruines : c'est la triste Jérusalem.

Au premier aspect de cette région désolée, un grand ennui saisit le cœur. Mais lorsque, passant de solitude en solitude, l'espace s'étend sans bornes devant vous, peu à peu l'ennui se dissipe ; le voyageur éprouve une terreur secrète qui, loin d'abaisser l'âme, donne du courage et élève le génie. Des aspects extraordinaires décèlent de toutes parts une terre travaillée par les miracles : le soleil brûlant, l'aigle impétueux, l'humble hysope, le cèdre superbe, le figuier stérile, toute la poésie, tous les tableaux de l'Écriture sont là : chaque nom renferme un mystère, chaque grotte déclare l'avenir, chaque sommet retentit des accents d'un prophète. Dieu même a parlé sur ces bords : les torrents desséchés, les rochers fendus, les tombeaux entr'ouverts attestent le prodige ; le désert paraît encore muet de terreur, et l'on dirait qu'il n'a osé rompre le silence depuis qu'il a entendu la voix de l'Éternel.

La pieuse Hélène a porté ses pas à cette terre sacrée : elle veut arracher le tombeau de Jésus-Christ aux profanations de l'idolâtrie ; elle veut renfermer dans de majestueux édifices tant de lieux consacrés par les paroles et les douleurs du Fils de Dieu. Elle appelle de toutes les parties du monde les chrétiens à son secours ; ils descendent en troupes aux rivages de la Syrie : les pieds nus, les yeux baignés de pleurs, ils s'avancent, en chantant des cantiques, vers la montagne où s'opéra le salut des hommes. Dorothée conduit aussi à ce sanctuaire la catéchumène que la mère de Constantin doit instruire et protéger.

La caravane entre par la porte du château qui vit depuis s'élever la tour des Pisans et l'hospice des braves chevaliers du Temple. Le bruit se répand aussitôt que le premier officier de la maison de l'empereur est arrivé avec une catéchumène plus belle que Mariamne, et qui semble aussi malheureuse. Hélène fait appeler Dorothée. Elle frémit au récit des maux qui menacent l'Église : elle reçoit l'épouse du défenseur des chrétiens avec la noblesse d'une impératrice, la bonté d'une mère et le zèle d'une sainte.

« Esther, lui dit-elle, j'aime à trouver dans vos traits une jeune femme que j'ai vue souvent en songe assise à la droite de la divine Marie. Vous n'avez point connu de mère, je vous en servirai. Remerciez Dieu, ma fille, de vous avoir conduite au tombeau de Jésus-Christ. Ici les plus hautes vérités de la foi semblent s'abaisser, et devenir sensibles aux cœurs les plus simples. »

A ces touchantes paroles, Cymodocée verse des pleurs d'attendrissement et de respect. Comme on voit une vigne qu'un violent orage a détachée de l'ormeau qui la soutenait dans les airs ; ses tendres rameaux couvrent la terre ; mais, si on lui présente un autre appui, elle embrasse aussitôt l'arbre secourable, et présente de nouveau aux rayons du soleil son feuillage délicat ; ainsi la fille de Démodocus, séparée de son père, s'attache étroitement à la mère de l'ami d'Eudore.

Cependant Hélène fait partir des messagers qui vont porter aux sept Églises d'Asie l'annonce de la persécution prochaine ; elle daigne en même temps montrer elle-même à l'épouse d'Eudore et à Dorothée les immenses travaux qui doivent faire renaître la cité de Salomon. Le bois consacré à Vénus sur le mont Calvaire était abattu ; la vraie croix était retrouvée. Un homme, que la présence de cette croix miraculeuse avait arraché au cercueil, racontait les choses d'une autre vie dans cette Jérusalem tant de fois instruite par les morts des secrets du tombeau.

Au pied de la montagne de Sion, qui porte à son sommet le monument en ruine de David, s'élève une colline à jamais célèbre sous le nom de Calvaire. Au bas de cette colline sacrée, Hélène avait fait enfermer le sépulcre de Jésus-Christ dans une basilique circulaire de marbre et de porphyre. Éclairé par un dôme de bois de cèdre, placé au centre de l'église, et revêtu d'un catafalque de marbre blanc, le saint tombeau servait d'autel dans les grandes solennités. Une obscurité favorable au recueillement de l'âme régnait au sanctuaire, dans les galeries et les chapelles de l'édifice. Des cantiques s'y faisaient entendre à toutes les heures du jour et de la nuit. On ne sait d'où partent ces concerts; on respire l'odeur de l'encens sans apercevoir la main qui le brûle; on voit passer dans l'ombre, et s'enfoncer dans les détours du temple, le pontife qui va célébrer les redoutables mystères, aux lieux mêmes où ils se sont accomplis.

Cymodocée contemple en silence les merveilles chrétiennes : fille de la Grèce, elle admire les chefs-d'œuvre des arts créés par la puissance de la foi, au milieu des déserts. Les portes du nouvel édifice attirent surtout ses regards. Elles étaient de bronze, et roulaient sur des gonds d'argent et d'or. Un solitaire des rives du Jourdain, animé de l'esprit prophétique, avait donné le dessin de ces portes à deux célèbres sculpteurs de Laodicée. On voyait la ville sainte, tombée au pouvoir d'un peuple infidèle, assiégée par des héros chrétiens : on les reconnaissait à la croix qui brillait sur leurs habits. Le vêtement et les armes de ces héros étaient étrangers, mais les soldats romains croyaient retrouver quelques traits des Francs et des Gaulois parmi ces guerriers à venir. Sur leur front éclataient l'audace, l'esprit d'entreprise et d'aventure, avec une noblesse, une franchise, un honneur, ignorés des Ajax et des Achille. Ici le camp paraissait ému à la vue d'une femme séduisante, qui semblait implorer le secours d'une troupe de jeunes princes; là, cette même enchanteresse enlevait un héros sur les nuages, et le transportait dans des jardins délicieux; plus loin, une assemblée d'esprits de ténèbres était convoquée dans les salles brûlantes de l'enfer; le rauque son de la trompette du Tartare appelle les habitants des ombres éternelles; les noires cavernes en sont ébranlées, et le bruit, d'abîme en abîme, roule et retombe. Avec quel attendrissement Cymodocée aperçut une femme mourante sous l'armure d'un guerrier ! Le chrétien qui lui perça le sein va tout en pleurs puiser de l'eau dans son casque, et revient donner une vie éternelle à la beauté qu'il priva d'un jour passager. Enfin la cité sainte est attaquée de toutes parts, et l'étendard de la croix flotte sur les murs de Jérusalem. L'artiste divin avait aussi représenté, parmi tant de merveilles, le poëte qui devait un jour les chanter : il paraissait écouter au milieu d'un camp le cri de la religion, de l'honneur et de l'amour ; et plein d'un noble enthousiasme, il écrivait ses vers sur un bouclier.

Cependant le temps, qui fuit sans cesse, avait ramené la veille du jour douloureux où Jésus-Christ expira sur la croix. Cymodocée, avec une troupe de vierges choisies, accompagne Hélène au tombeau du Sauveur. La nuit était au milieu de son cours, le Saint-Sépulcre était rempli de fidèles, et pourtant un profond silence régnait dans ce lieu sacré. Le chandelier à sept branches brûlait devant l'autel ; quelques lampes éclairaient à peine le reste de l'édifice ; toutes les images des martyrs et des anges étaient voilées ; le sacrifice était suspendu, et l'hostie déposée dans le saint tombeau. Hélène se place au milieu de la foule : elle avait quitté son diadème ; elle ne voulait pas ceindre son front d'une couronne de diamants dans ces lieux où le Rédempteur avait porté une couronne d'épines. L'habileté de Cymodocée dans l'art des chants était déjà connue de ses compagnes ; elles avaient invité la fille d'Homère à soupirer les plaintes de Jérémie. Hélène l'encourage d'un regard. Cymodocée s'avance au pied de l'autel : elle était vêtue d'une robe de bysse aurore, attachée par une ceinture de soie, et bordée de grenades d'or, à la manière des filles juives ; ses cheveux, son cou et ses bras étaient chargés, pour un moment, de croissants, de bandelettes de cinq couleurs, de bracelets, de pendants d'oreilles et de colliers : telle parut aux yeux des Israélites Michol, épouse promise à David pour prix de sa victoire sur les Philistins ; tel un palmier de Syrie orne sa tête de ses fruits enchaînés comme des cristaux de corail à des filets d'ambre. Cymodocée, élevant une voix pure, fait entendre ces lamentations :

« Comment la ville, autrefois pleine de peuple, est-elle assise dans
« la solitude ? Comment l'or est-il obscurci ? Comment les pierres du
« sanctuaire ont-elles été dispersées ? La maîtresse des nations est
« veuve ; la reine des provinces est sujette au tribut. Les rues de Sion
« pleurent, les portes sont détruites, les prêtres gémissent, les vierges
« sont désolées. O race de Juda, vous avez été traitée comme un vase
« d'argile ! Jérusalem, Jérusalem, dans un moment tu vis tomber l'or-
« gueil de tes tours, et tes ennemis plantèrent leurs tentes à l'en-
« droit même où le Juste pleurant sur toi avait prédit ta ruine. »

Ainsi chantait Cymodocée sur un mode pathétique, transmis aux chrétiens par la religion des Hébreux. De temps en temps des trompettes d'airain mêlaient leurs gémissements aux plaintes de Jérémie. Quelle éloquence dans ces leçons, redites sur les ruines de Jérusalem, près du temple dont il ne restait pas pierre sur pierre, et à la veille d'une persécution ! La voix émue d'une jeune fille séparée de son père, et tremblant pour les jours de son époux, ajoutait un charme à ces cantiques. Les prières continuent jusqu'au lever de l'aurore : alors se prépare la procession solennelle qui doit parcourir la voie Douloureuse.

La vraie croix, portée par quatre évêques, confesseurs et martyrs, marche à la tête du troupeau. Allongé sur deux files, un nombreux clergé, en silence et en habits de deuil, suit le signe de la rédemption des hommes. Viennent ensuite les chœurs des vierges et des veuves, les catéchumènes qui doivent entrer dans le sein de l'Église, les pécheurs qui vont être réconciliés. L'évêque de Jérusalem, la tête découverte, une corde au cou en signe d'expiation, termine la pompe. Hélène marche derrière lui, appuyée sur l'épouse du défenseur des chrétiens : la troupe innombrable des fidèles, l'orphelin, l'aveugle, le boiteux, accompagnent, pleins d'espérance, cette croix qui guérit l'infirme et console l'affligé.

On sort par la porte de Bethléem, et, tournant au levant, le long de la piscine de Bethsabée, on descend vers le puits de Néphi pour remonter à la fontaine de Siloé. A l'aspect de la vallée de Josaphat remplie de tombeaux, de cette vallée où la trompette de l'ange du jugement doit rassembler les morts, une sainte terreur saisit l'âme des fidèles. La pompe religieuse passe au pied du mont Moria, et traverse le torrent de Cédron, qui roulait une eau fangeuse et rougie ; elle laisse à droite les sépulcres de Josaphat et d'Absalon, et vient prier au jardin des Oliviers, à l'endroit même que le Fils de l'Homme arrosa d'une sueur de sang. A chaque station un prêtre explique au peuple, ou le miracle, ou la parole, ou l'action dont ce lieu sacré fut témoin. La porte des Palmes s'ouvre, et la procession rentre dans Jérusalem. Au travers des décombres entassés, elle parvient aux ruines du palais du Prétoire, près de l'enceinte du Temple : c'est là que commence le chemin du Calvaire. Le prêtre qui doit parler à la foule ne peut lire l'Évangile, à cause des pleurs qui tombent de ses yeux : à peine on entend sa voix altérée :

« Mes frères, s'écrie-t-il, là s'élevait la prison où il fut couronné
« d'épines ! De ce portique en ruine, Pilate le montra aux Juifs, en
« disant : « Voilà l'homme ! »

A ces paroles, les chrétiens éclatent en sanglots. On marche vers le Calvaire : le prêtre décrit de nouveau la voie Douloureuse :

« Là fut la maison du riche ; là Jésus-Christ tomba sous sa croix ;
« plus loin l'Homme-Dieu dit aux femmes : « Ne pleurez pas sur moi,
« mais sur vous et sur vos fils. »

On arrive au sommet du Calvaire ; on y plante le signe du salut des hommes : à l'instant le soleil se couvre de ténèbres, la terre tremble, le voile du nouveau temple se déchire. Immortels témoins de la passion du Sauveur, vous vous rassemblâtes autour de la vraie croix : on vit descendre du ciel Marie mère de pitié, Madeleine pénitente, Pierre qui pleura son péché, Jean qui n'abandonna pas son maître, l'esprit redoutable qui présenta le calice amer au Rédempteur du monde, et l'ange de la mort encore épouvanté du coup qu'il porta au Fils de l'Éternel.

Bien différent fut le jour de triomphe qui suivit ce jour de deuil ! Les images des saints sont dévoilées, le feu nouveau est béni devant l'autel, l'antique *Alleluia* de Jacob ébranle les voûtes de l'église :

« O fils, ô filles de Sion, le Roi des cieux, le Roi de gloire va sortir
« du tombeau ! Quel est cet ange vêtu de blanc assis à l'entrée du sé-
« pulcre ? Apôtres, accourez ! Heureux ceux qui croiront sans avoir
« vu ! »

Le peuple répète en chœur cet hymne des bénédictions et des louanges.

Mais rien n'égale la félicité des catéchumènes qui dans ce jour solennel passent au rang des élus. Tous, vêtus de blanc et couronnés de fleurs, reçoivent sur le front l'eau pure qui les rend à l'innocence des premiers jours du monde. Cymodocée contemplait avec envie la félicité de ces nouveaux chrétiens ; mais la fille d'Homère n'était point encore assez instruite des vérités de la foi. Cependant elle touchait à l'heureux moment de son baptême, elle ne devait plus acheter que par une dernière épreuve le bonheur de partager la religion de son époux.

Tandis que, sous la protection d'Hélène, elle se croit à l'abri de tous les dangers, déjà s'avance vers Jérusalem le centurion qui poursuit la colombe fugitive. L'aruspice qui devait consulter la sibylle de Cumes sur le sort des chrétiens avait quitté Rome ; il était accompagné d'un satellite d'Hiéroclès, chargé secrètement au nom de Galérius de se rendre l'oracle favorable : aussitôt que la prêtresse aurait prononcé l'arrêt fatal, le ministre du proconsul avait ordre de s'embarquer pour la Syrie, de saisir Cymodocée dans la ville sainte, de réclamer cette nouvelle Virginie au tribunal d'un nouvel Appius, comme une esclave chrétienne échappée à son maître.

Le prince des ténèbres, poursuivant ses desseins, avait volé de Rome à Cumes, afin d'inspirer à la sibylle l'oracle trompeur qui devait perdre les fidèles. Il découvre avec complaisance le lac Averne, environné d'une sombre forêt. C'est par une ouverture voisine de ces lieux que souvent les démons s'élancent du sein des ombres : du fond de ce soupirail empesté, ils se plaisent à répandre chez les peuples mille fables obscures touchant les vastes demeures de la nuit et du silence. Mais ces anges criminels trahissent malgré eux le secret de leurs douleurs : car ils placent sur le chemin de leur empire les Remords couchés sur un lit de fer ; la Discorde aux crins de couleuvres, rattachés par des bandelettes sanglantes ; les vains Songes suspendus aux branches d'un orme antique ; le Travail, les Chagrins, l'Épouvante, la Mort et les Joies coupables du cœur.

L'Éternel, qui voit Satan s'avancer vers l'antre de la sibylle, s'oppose à l'entier accomplissement des projets de l'enfer. Si Dieu, dans la profondeur de ses conseils, souffre que son Église soit persécutée, il ne permet pas que les démons puissent s'en attribuer la coupable gloire ; même en châtiant les chrétiens, il songe à humilier les esprits rebelles. Il veut que les faux oracles se taisent, et que les idoles, s'avouant vaincues, reconnaissent enfin le triomphe de la croix.

Un ange, chargé des ordres du Très-Haut, descend aussitôt sur la colline où Dédale, après avoir franchi les cieux, consacra, dit la Fable, ses ailes au génie de la lumière. Le messager céleste pénètre dans le temple de la sibylle. L'aruspice envoyé par Dioclétien offrait dans ce moment même un sacrifice. Quatre taureaux tombent égorgés en l'honneur d'Hécate ; on immole une brebis noire à la Nuit, mère des Euménides ; le feu est allumé sur les autels de Pluton ; les victimes entières sont précipitées dans la flamme, et des flots d'huile inondent leurs entrailles brûlantes. On invoque le Chaos, le Styx, le Phlégéton, les Parques, les Furies, divinités infernales : on leur dévoue la tête des chrétiens. A peine l'odieux sacrifice est consommé, que la sibylle, hors d'elle-même, s'écrie :

« Il est temps de consulter l'oracle ! Le dieu ! Voilà le dieu ! »

Tandis qu'elle parle à l'entrée du sanctuaire, Satan agite tout à coup la prêtresse des idoles. Les traits de la sibylle s'altèrent, son visage change de couleur, ses cheveux se hérissent, sa poitrine se soulève, sa taille s'agrandit, sa voix n'a plus rien d'une mortelle. Assise sur le trépied, elle lutte encore contre l'inspiration du prince des ténèbres.

« Puissant Apollon, s'écrie l'aruspice, dieu de Sminthe et de Délos,
« vous que le destin a choisi pour dévoiler l'avenir aux mortels, dai-
« gnez m'apprendre quel sera le sort des chrétiens ! Le pieux empe-
« reur doit-il faire disparaître de la terre les sacriléges ennemis des
« dieux ? »

A ces mots, la prêtresse se lève trois fois avec violence ; trois fois une force surnaturelle la rasseoit sur le trépied : les cent portes du sanctuaire s'ouvrent pour laisser passer les paroles prophétiques. O prodige ! la sibylle reste muette. En vain, fatiguée par le démon, elle cherche à rompre le silence ; elle ne rend que des sons confus et inarticulés.

L'ange du Seigneur s'est dévoilé aux yeux de la prêtresse : la bouche entr'ouverte, les yeux égarés, les cheveux épars, elle le montre de la main aux spectateurs ; ils ne voient point l'apparition céleste, mais ils sont saisis d'épouvante. Domptée par l'esprit de l'abîme, et faisant un dernier effort, la sibylle veut ordonner la proscription des chrétiens, et elle ne prononce que ces mots :

« Les justes qui sont sur la terre m'empêchent de parler. »

Satan, vaincu par cet oracle, s'envole plein de honte et de douleur, sans perdre toutefois l'espérance et sans abandonner ses projets. Ce qu'il n'a pu faire lui-même, il le fera par les passions des hommes. L'aruspice confie la réponse à un cavalier numide, plus léger que les vents : Dioclétien la reçoit ; le conseil s'assemble.

« Ces prétendus justes, s'écrie Hiéroclès, ce sont les chrétiens. L'oracle les désigne, par dérision, sous le nom qu'ils se donnent eux-mêmes. Auguste, ce sont donc les chrétiens qui font taire la voix du ciel! Tant ces monstres sont en horreur aux dieux et aux hommes! »

Dioclétien, secrètement troublé par l'antique serpent, est frappé de l'explication d'Hiéroclès. Il ne voit plus ce que l'oracle a de favorable aux fidèles. La superstition étouffe la sagesse : il craint de favoriser des hommes dévoués aux Furies. Cependant il hésite encore. Alors un bruit se répand dans le conseil que les chrétiens ont mis le feu au palais. Galérius, par l'avis d'Hiéroclès, avait préparé cet incendie, afin de triompher des incertitudes de l'empereur. Aussitôt César affectant un air consterné :

« Il est bien temps de délibérer quand des scélérats vont vous faire périr au milieu des flammes! »

A ces mots, tout le conseil, ou séduit ou trompé, demande la mort des impies ; et l'empereur, effrayé lui-même, ordonne de publier l'édit de persécution.

LIVRE DIX-HUITIÈME

SOMMAIRE.

Joie de l'enfer. Galérius, conseillé par Hiéroclès, force Dioclétien à abdiquer. Préparation des chrétiens au martyre. Constantin, aidé par Eudore, s'échappe de Rome et fuit vers Constance. Eudore est jeté dans les cachots. Hiéroclès premier ministre de Galérius. Persécution générale. Le démon de la tyrannie porte à Jérusalem la nouvelle de la persécution. Le centurion envoyé par Hiéroclès met le feu aux lieux saints. Dorothée sauve Cymodocée. Rencontre de Jérôme dans la grotte de Bethléem.

Depuis le jour où Satan vit la première femme porter à sa bouche le fruit de mort, il n'avait pas ressenti une telle joie. « Enfer, s'écriait-il, « ouvrez vos abîmes pour recevoir les âmes que le Christ vous avait « arrachées ! Le Christ est vaincu, son empire est détruit, l'homme « m'appartient sans retour. »

Ainsi parlait le prince des ténèbres : sa voix pénètre dans le gouffre des douleurs. Les réprouvés crurent entendre de nouveau la sentence fatale, et poussèrent des cris affreux au milieu des flammes. Tout ce qui restait de démons au fond de la nuit éternelle accourut sur la terre. L'air fut obscurci de cet essaim d'esprits immondes. Le chérubin qui dirige le cours du soleil recula d'horreur, et couvrit son front d'un nuage sanglant ; des voix lamentables sortirent du sein des forêts ; sur les autels des faux dieux, les idoles laissèrent échapper un effroyable sourire ; les méchants de toutes les parties du globe sentirent au même moment un nouvel attrait vers le mal, et enfantèrent des projets de révolutions.

Hiéroclès surtout est emporté par une ardeur irrésistible ; il veut mettre la dernière main à son ouvrage. Tandis que Dioclétien règne encore, l'apostat ne peut jouir d'une autorité absolue. Le sophiste saisit donc le moment favorable ; et s'adressant à Galérius, dont il connaît les passions :

« Prince, voulez-vous régner, vous n'avez pas un instant à perdre. Auguste vient de se priver de l'appui des chrétiens. En exterminant ces factieux, vous serez à couvert de la haine qu'entraîne quelquefois une mesure sévère, puisque l'édit est donné sous le nom de l'empereur. Dioclétien est effrayé de la résolution qu'il a prise : profitez de ce moment de crainte ; représentez au vieillard qu'il est temps pour lui de goûter le repos, et de laisser à un héros plus jeune le soin d'exécuter des ordres d'où dépend le salut de l'empire. Vous nommerez des Césars de votre choix ; vous ferez régner la sagesse : le présent vous devra son bonheur, et les siècles futurs retentiront de vos vertus. »

Galérius approuva le zèle d'Hiéroclès ; il appela le lâche conseiller son digne ami, son fidèle ministre. Tous les favoris de César applaudirent, même Publius, qui, rival de la faveur de l'apostat, ne cherchait que le moyen de le perdre ; mais, en habile courtisan, il se garda bien de s'opposer à un crime qui flattait l'ambition de Galérius. Préfet de Rome, il se chargea de gagner les prétoriens et les légions campées au Champ de Mars.

Galérius se rend au palais des Thermes. Dioclétien était enfermé seul dans le lieu le plus reculé de sa vaste demeure. A l'instant où l'empereur avait prononcé l'arrêt des chrétiens, Dieu avait prononcé l'arrêt de l'empereur : le règne avait fini avec la justice. Rongé de remords et d'inquiétudes, Auguste se sentait abandonné du ciel, et des pensées amères occupaient son âme : tout à coup on annonce Galérius. Dioclétien le salue du nom de César.

« Toujours César ! s'écrie le prince avec violence. Ne serai-je jamais que César ? »

En même temps il ferme les portes, et s'adressant à l'empereur :

« Auguste, on vient d'afficher votre édit dans Rome, et les chrétiens ont eu l'insolence de le déchirer. Je prévois que cette race impie causera bien des maux à votre vieillesse ; souffrez que je punisse vos ennemis, et déchargez-vous sur moi du fardeau de l'empire : votre âge, vos longs travaux, votre santé chancelante, tout vous fait une loi de chercher le repos. »

Dioclétien, sans paraître surpris, répliqua :

« C'est vous qui plongez ma vieillesse dans ces malheurs ; sans vous j'aurais laissé après moi l'empire tranquille. Irai-je, après vingt années de gloire, languir dans l'obscurité ? »

— « Eh bien ! dit Galérius en fureur, si vous ne voulez pas renoncer à l'empire, c'est à moi de me consulter. Depuis quinze ans je combats les Barbares sur des frontières sauvages, tandis que les autres Césars règnent en paix sur des provinces fertiles : je suis las du dernier rang. »

— « Songez-vous, répondit le vieillard, que vous êtes dans mon palais ? Gardien de troupeaux ! tout faible que je suis, je puis encore vous faire rentrer dans votre néant ; mais j'ai trop d'expérience pour être étonné de l'ingratitude, et je suis trop las de gouverner les hommes pour vous disputer ce triste honneur. Infortuné Galérius, savez-vous ce que vous demandez? Depuis vingt ans que je tiens les rênes de l'empire, un sommeil paisible n'a point encore fermé mes yeux; je n'ai vu autour de moi que bassesses, intrigues, mensonges, trahisons; je n'emporterai du trône que le vide des grandeurs, et un profond mépris pour la race humaine. »

— « Je saurai bien, dit Galérius, me mettre à couvert de l'intrigue, de la bassesse, du mensonge et de la trahison : je rétablirai les Frumentaires, que vous avez si imprudemment supprimés ; je donnerai des fêtes à la foule; et, maître du monde, je laisserai, par des choses éclatantes, une longue opinion de ma grandeur. »

— « Ainsi, repartit Dioclétien avec mépris, vous ferez bien rire le peuple romain. »

— « Eh bien! dit le farouche César, si le peuple romain ne veut pas rire, je le ferai pleurer ! Il faudra ou servir ma gloire, ou mourir. J'inspirerai la terreur pour me sauver du mépris. »

— « Le moyen n'est pas aussi sûr que vous le pensez, répliqua Dioclétien. Si l'humanité ne vous arrête pas, que votre propre sûreté vous touche : un règne violent ne saurait être long. Je ne prétends pas que vous soyez exposé à une chute soudaine; mais il y a dans les principes des choses un certain degré de mal que la nature ne peut passer. On voit bientôt, quelle qu'en soit la cause, disparaître les éléments de ce mal. De tous les mauvais princes, Tibère seul a paru longtemps au timon de l'État; mais Tibère ne fut violent que dans les dernières années de sa vie. »

— « Tous ces discours sont inutiles, s'écria Galérius fatigué : je ne demande pas des leçons, mais l'empire. Vous dites que le pouvoir souverain n'a plus d'attraits à vos yeux, laissez-le donc passer aux mains de votre gendre. »

— « Ce titre, repartit Dioclétien, ne peut vous servir auprès de moi. Avez-vous fait le bonheur de ma fille? Infidèle à son amour, persécuteur de la religion qu'elle aime, vous n'attendez peut-être que ma retraite pour exiler Valérie sur quelque rivage désert. Et voilà comme vous m'avez payé de mes bienfaits ! Mais je serai vengé : je vous laisse ce pouvoir que vous voulez m'arracher au bord de ma tombe. Je ne cède point à vos menaces, mais j'obéis à une voix du ciel, qui me dit que le temps des grandeurs est passé. Je vous le donne ce lambeau de pourpre qui n'est plus pour moi qu'un linceul funèbre : avec lui je vous fais le présent de tous les soucis du trône. Gouvernez un monde qui se dissout, où mille principes de mort germent de tous les côtés; guérissez des mœurs corrompues; accordez des religions qui se combattent; faites disparaître un esprit de sophisme qui ronge jusqu'aux entrailles de la société; repoussez dans leurs forêts des Barbares qui tôt ou tard dévoreront l'empire romain. Je pars : je vous verrai, de mon jardin de Salone, devenir l'exécration de l'univers. Vous-même, fils ingrat, vous ne mourrez point sans être la victime de l'ingratitude de vos fils. Régnez donc; hâtez la fin de cet État dont j'ai retardé la chute de quelques instants. Vous êtes de la race de ces princes qui paraissent sur la terre à l'époque des grandes révolutions, lorsque les familles et les royaumes se perdent par la volonté des dieux. »

Ainsi le sort de l'empire se décidait dans le palais de Dioclétien : les chrétiens délibéraient entre eux sur les tribulations de l'Église. Eudore était l'âme de tous leurs conseils. L'édit, publié au son des trompettes, ordonnait de brûler les livres saints et d'abattre les églises ; il déclarait les chrétiens infâmes ; il les privait des droits de citoyen ; il défendait aux magistrats de recevoir leurs plaintes pour cause de mauvais traitements, de vol, de rapt et d'adultère ; il autorisait toute sorte de personnes à les dénoncer, soumettait aux tortures, et condamnait à la mort quiconque refusait de sacrifier aux dieux.

Cet édit sanguinaire, dicté par Hiéroclès, laissait un libre cours aux crimes du disciple des sages, et menaçait les fidèles d'une entière destruction. Chacun, selon son caractère, se préparait à fuir ou à combattre.

Ceux qui craignaient de succomber dans les tourments s'exilaient chez les Barbares; plusieurs se retiraient dans les bois et les lieux déserts; on voyait les fidèles s'embrasser dans les rues, et se dire un tendre adieu en se félicitant de souffrir pour Jésus-Christ. De vénérables confesseurs, échappés aux persécutions précédentes, se mêlaient à la foule pour encourager la faiblesse ou modérer l'ardeur du zèle. Les femmes, les enfants et les jeunes hommes entouraient les vieillards qui rappelaient les exemples donnés par les plus fameux martyrs : Laurent de l'Église romaine, exposé sur des charbons ardents; Vincent de Saragosse, s'entretenant dans la prison avec les anges; Eulalie de Mérida, Pélagie d'Antioche, dont la mère et les sœurs se noyèrent en se tenant embrassées ; Félicité et Perpétue, combattant dans l'amphithéâtre de Carthage; Théodore et les sept vierges d'Ancyre; les deux jeunes époux ensevelis dans des tombes différentes, et qui se trouvèrent réunis dans le même cercueil. Ainsi parlaient les vieillards; et les évêques cachaient les livres saints, et les prêtres renfermaient le viatique dans des boîtes à double fond : on rouvrait les catacombes les plus solitaires et les plus ignorées, afin de remplacer les églises dont on allait être privé; on nommait les diacres qui devaient se déguiser pour porter des secours aux martyrs au fond des mines, dans les prisons et sur le chevalet; on apprêtait le lin et le baume comme à la veille d'un grand combat; on payait ses dettes; on se réconciliait avec ses ennemis. Toutes ces choses se faisaient sans bruit, sans ostentation, sans tumulte; l'Église se préparait à souffrir avec simplicité : comme la fille de Jephté, elle ne demandait à son père qu'un moment pour pleurer son sacrifice sur la montagne.

Les soldats chrétiens répandus dans les légions viennent avertir Eudore qu'un nouveau complot est près d'éclater, que l'on fait au nom de Galérius des largesses à l'armée, que les troupes doivent s'assembler le lendemain au Champ de Mars, et que l'on parle de l'abdication de l'empereur.

Le fils de Lasthénès se fait mieux instruire : ensuite il vole à Tibur, demeure accoutumée de Constantin. Ce prince habitait, loin des piéges de la cour, une petite retraite au-dessus de la cascade de l'Anio, tout auprès des temples de Vesta et de la Sibylle. Les maisons d'Horace et de Properce se montraient abandonnées sur les bords du fleuve, parmi des bois d'oliviers devenus sauvages. Le riant Tibur, qui tant de fois inspira la muse latine, n'offrait plus que des monuments de plaisirs détruits et des tombeaux de tous les siècles. En vain l'on cherchait sur les coteaux de Lucrétile le souvenir du poëte voluptueux qui renfermait dans un espace étroit ses longues espérances, et consacrait du vin et des fleurs au génie qui nous rappelle la brièveté de nos jours.

Tout à coup, au milieu de la nuit, on annonce à Constantin l'arrivée d'Eudore; le prince se lève, prend son ami par la main et le conduit sur une terrasse qui, circulant au pied du temple de Vesta, dominait la chute de l'Anio. Le ciel était couvert de nuages, l'obscurité profonde; le vent gémissait dans les colonnes du temple, une voix triste s'élevait dans l'air; on croyait entendre par intervalle le mugissement de l'antre de la sibylle, ou ces paroles funèbres que les chrétiens psalmodient pour les morts.

« Fils de César, dit Eudore, non-seulement on va massacrer les chrétiens, mais Dioclétien remet le sceptre à Galérius. C'est demain, au Champ de Mars, en présence des légions, que se passera cette grande scène. Vous ne serez point appelé au partage de la puissance; vos crimes sont votre gloire, celle de votre père, et votre penchant pour une religion divine. Daïa, ce pâtre, fils de la sœur de Galérius, et Sévère le soldat, tels sont les Césars que l'on réserve au peuple romain. Dioclétien désirait vous nommer, mais vous avez été rejeté avec menace. Prince, cher espoir de l'Église et du monde, il faut céder à l'orage. Galérius vous craint et il en veut à vos jours. Demain, aussitôt que votre sort sera connu, vous fuirez vers votre père, tout sera préparé pour votre départ.

Vous aurez soin, à chaque mansion, de faire mutiler les chevaux derrière vous, afin qu'on ne puisse vous poursuivre. Vous attendrez auprès de Constance le moment de sauver les chrétiens et l'empire ; et, quand il en sera temps, ces Gaulois qui ont déjà vu de près le Capitole, vous en ouvriront le chemin. »

Constantin reste un moment en silence : mille pensées violentes s'élèvent dans son cœur. Indigné des outrages qu'on lui prépare, animé de l'espoir de venger le sang des justes, peut-être touché de l'éclat d'un trône, qui tente toujours les grandes âmes, il ne se peut résoudre à la fuite ; son respect, sa reconnaissance pour Dioclétien, arrêtaient seuls son ardeur ; la nouvelle de l'abdication de ce prince a brisé tous les liens qui retenaient le fils de Constance : il veut aller soulever les légions au Champ de Mars ; il ne respire que la vengeance et les combats : tel, dans les déserts de l'Arabie, on voit un coursier attaché au milieu d'un sable brûlant ; pour trouver un peu d'ombre contre les ardeurs du soleil, il baisse et cache sa tête entre ses jambes rapides ; ses crins descendent épars ; il laisse tomber de son œil sauvage un regard oblique sur son maître : mais ses pieds sont-ils dégagés des entraves, il frémit, il dévore la terre ; la trompette sonne, il dit : « Allons ! »

Eudore calme les transports guerriers de Constantin.

« Les légions sont vendues, lui dit-il, tous vos pas sont surveillés, et vous tenteriez une entreprise qui précipiterait l'empire dans des maux incalculables. Fils de Constance, vous régnerez un jour sur le monde, et les hommes vous devront leur bonheur. Mais Dieu retient encore entre ses mains votre couronne, et il veut éprouver son Église. »

— « Eh bien ! dit le jeune prince avec une touchante vivacité, vous m'accompagnerez dans les Gaules, et nous marcherons ensemble à Rome, à la tête de ces soldats tant de fois témoins de votre valeur. »

— « Prince, répond Eudore d'une voix émue, nos obligations ne sont pas les mêmes : vous vous devez à la terre pour le ciel ; je me dois au ciel pour la terre. Votre devoir est de partir, le mien de rester. La jalousie que j'ai inspirée à Hiéroclès a sans doute précipité le sort des chrétiens : ma fortune, mes conseils, ma vie, leur appartiennent ; je ne puis quitter un champ de bataille où j'ai appelé l'ennemi ; mon épouse et son père réclament aussi ma présence en Orient. Enfin, s'il faut des exemples de fermeté à mes frères, Dieu m'accordera peut-être les vertus qui me manquent. »

Dans ce moment, une flamme surnaturelle vient éclairer au bord de l'Anio les tombes de Symphorose et de ses sept enfants martyrs.

« Voyez, s'écrie Eudore en montrant à Constantin le monument sacré, voyez quelle force Dieu peut inspirer, quand il lui plaît, à des femmes et à des enfants! Combien ces cendres me paraissent plus illustres que la dépouille des Romains fameux qui reposent ici! Prince, ne me ravissez point la gloire d'une semblable destinée; permettez-moi seulement de vous jurer par le tombeau de ces saints une fidélité qui n'aura de terme que mes jours. »

A ces mots, le fils de Lasthénès voulut s'incliner avec respect sur la main qui devait porter le sceptre du monde; mais Constantin se jette au cou d'Eudore, et presse longtemps dans ses bras un ami si noble et si magnanime.

Le prince demande son char : il y monte avec Eudore; ils roulent, à travers les ombres, le long des portiques déserts du temple d'Hercule. L'Anio retentissait dans les débris du palais de Mécènes. Le descendant de Philopœmen et l'héritier de César réfléchissaient en silence sur le destin des hommes et des empires. Là s'étendait cette forêt d'Albunée où les rois du Latium consultaient des dieux champêtres; là vivaient les peuples agrestes du mont Sorate et des vallons d'Utique; là fut le berceau de ces Sabines qui, courant échevelées entre les armées de Tatius et de Romulus, disaient aux uns : « Vous êtes nos fils et nos époux; » et aux autres : « Vous êtes nos frères et nos pères. » Le chantre de Lalagée et le ministre d'Auguste les remplacèrent sur ces bords que devait venir fouler à son tour la reine descendue du trône de Palmyre. Le char passe rapidement la villa de Brutus, les jardins d'Adrien, et s'arrête à la tombe de la famille Plotia. Eudore se sépara de Constantin au pied de cette tour funèbre, et rentra dans Rome par un sentier désert, afin de préparer la fuite du prince. Constantin, dévorant mal ses soucis, et cachant à peine sa colère, prit le chemin du palais des Thermes.

L'attaque de Galérius avait été si brusque, et la résolution de Dioclétien si prompte, que le fils de Constance, occupé tout entier du sort des chrétiens, s'était laissé surprendre par son ennemi. Il savait bien que depuis longtemps César cherchait à forcer Auguste à quitter l'empire; mais, ou trompé ou trahi, il avait cru cette catastrophe encore assez éloignée. Il voulut pénétrer chez Dioclétien; déjà tout était changé avec la fortune. Un officier de Galérius refusa l'entrée du palais au jeune prince, en lui disant d'une voix menaçante :

« L'empereur vous ordonne de vous rendre au camp des légions. »

A l'extrémité du Champ de Mars, au pied du tombeau d'Octave, s'élevait un tribunal de gazon surmonté d'une colonne qui portait une statue de Jupiter. C'était à ce tribunal que Dioclétien devait paraître au lever de l'aurore, pour abdiquer la pourpre au milieu des soldats sous les armes. Depuis le jour où Sylla se dépouilla de la dictature, jamais plus grand spectacle n'avait frappé les regards des Romains. La curiosité, la crainte, l'espoir, avaient conduit au Champ de Mars une foule immense. Toutes les passions, émues à l'approche du règne nouveau, attendaient l'issue de cette scène extraordinaire. Quels seront les Augustes? Quels seront les Césars? Les courtisans dressaient au hasard des autels aux dieux inconnus; ils auraient craint de blesser, même en pensée, le pouvoir qui n'existait pas encore. Ils adoraient le néant d'où la servitude allait sortir; ils s'épuisaient à deviner quelle serait la passion du prince à venir, afin de se pourvoir promptement de la bassesse qui serait le plus en faveur sous ce règne. Tandis que les méchants pensaient à montrer leurs vices, les bons songeaient à cacher leurs vertus. Le peuple seul, avec une indifférence stupide, venait voir des soldats étrangers lui nommer des maîtres, aux mêmes lieux où ce peuple libre donnait jadis son suffrage pour l'élection de ses magistrats.

Dioclétien parut bientôt au tribunal. Les légions firent silence, et l'empereur prenant la parole :

« Soldats, mon âge m'oblige de remettre le pouvoir souverain à Galérius, et de créer de nouveaux Césars. »

A ces mots tous les yeux se tournent vers Constantin, qui venait d'arriver. Mais tout à coup Dioclétien proclame Césars Daïa et Sévère. On demeure interdit; on se demande quel est ce Daïa, et si Constantin a changé de nom. Alors Galérius, repoussant de la main le fils de Constance, saisit Daïa par le bras, et le présente aux légions. L'empereur se dépouille de son manteau de pourpre, et le jette sur les épaules du jeune pâtre. Il donne en même temps à Galérius son poignard, symbole de la puissance absolue sur la vie des citoyens.

Dioclétien, redevenu Dioclès, descend de son tribunal, monte sur son char, traverse Rome sans proférer un mot, sans regarder son palais, sans tourner la tête, et, prenant le chemin de Salone sa patrie, il laisse l'univers entre l'admiration du règne qui finit et la terreur du règne qui commence.

Tandis que les soldats saluaient le nouvel Auguste et le nouveau César, Eudore se glisse dans la foule, et parvient jusqu'à Constantin. Ce prince flottait encore indécis entre l'étonnement, l'indignation et la douleur.

« Fils de Constance, lui dit Eudore à voix basse, que faites-vous? Vous connaissez votre sort; le tribun des prétoriens a déjà l'ordre de vous arrêter : suivez-moi, ou vous êtes perdu. »

Il entraîne l'héritier de l'empire; ils arrivent hors des portes de Rome, en un lieu désert, où Constantin bâtit depuis la basilique de Sainte-Croix.

Là, quelques serviteurs attendaient le prince fugitif ; il veut encore, en fondant en larmes, engager Eudore à se sauver avec lui ; mais le martyr en espérance demeure inflexible, et supplie le fils d'Hélène de s'éloigner. Déjà l'on entendait le bruit des soldats qui cherchaient Constantin. Eudore adresse cette prière à l'Éternel :

« Grand Dieu, si tu réserves ce prince pour régner sur ton peuple, « force ce nouveau David à se cacher devant Saül, et daigne lui mon- « trer le chemin du désert de Zéila ! »

Aussitôt le tonnerre gronde sous un ciel serein, la foudre frappe les remparts de Rome, un ange trace une voie lumineuse dans l'occident.

Constantin obéit aux ordres du ciel : il embrasse son ami, et s'élance sur son coursier. Il fuit ; Eudore lui crie :

« Souvenez-vous de moi quand je ne serai plus ! Prince, servez de protecteur et de père à Cymodocée ! »

Vœux inutiles ! Constantin disparaît. Eudore, abandonné, sans protecteur, reste seul chargé de la colère de l'empereur, de la haine d'un rival devenu premier ministre, de la destinée des fidèles, et, pour ainsi dire, de tout le poids de la persécution. Dès le soir même, dénoncé comme chrétien par un esclave d'Hiéroclès, il est plongé dans les cachots.

Satan, Astarté, l'esprit de la fausse sagesse, poussent tous trois un cri de triomphe dans les airs, et livrent le monde au démon de l'homicide.

Lorsque cet ange furieux, quittant le séjour des douleurs, contriste la terre par sa présence, il fait sa résidence ordinaire non loin de Carthage, dans les ruines d'un temple où l'on brûlait jadis en son honneur des victimes humaines. Des hydres aux regards funestes, des dragons semblables à celui que combattit l'armée entière de Caton, des monstres inconnus tels que l'Afrique en engendre chaque année, les fléaux de l'Égypte, les vents empoisonnés, les maladies, les guerres civiles, les lois injustes qui dépeuplent la terre, la tyrannie qui la ravage, rampent aux pieds du démon de l'homicide. Il se réveille au cri de Satan ; il s'envole du milieu des débris, en laissant après lui un long tourbillon de poussière ; il franchit la mer, il arrive en Italie. Enveloppé dans un nuage ardent, il s'arrête au-dessus de Rome. D'une main il élève une torche, et de l'autre un glaive : tel autrefois il donna le signal du carnage, lorsque le premier Hérode fit massacrer les enfants d'Israël.

Ah ! si la Muse sainte soutenait mon génie, si elle m'accordait un moment le chant du cygne ou la langue dorée du poëte, qu'il me serait aisé de redire dans un touchant langage les malheurs de la persécution ! Je me souviendrais de ma patrie : en peignant les maux des Romains, je peindrais les maux des Français. Salut, épouse de Jésus-Christ, Église affligée, mais triomphante ! Et nous aussi, nous vous avons vue sur l'échafaud et dans les catacombes. Mais c'est en vain qu'on vous tourmente, les portes de l'enfer ne prévaudront point contre vous ; dans vos plus grandes douleurs, vous apercevez toujours sur la montagne les pieds de celui qui vient vous annoncer la paix ; vous n'avez pas besoin de la lumière du soleil, parce que c'est la lumière de Dieu qui vous éclaire : c'est pourquoi vous brillez dans les cachots. La beauté du Basan et du Carmel s'efface, les fleurs du Liban se flétrissent ; vous seule restez toujours belle !

La persécution s'étend dans un moment des bords du Tibre aux extrémités de l'empire. De toutes parts on entend les églises s'écrouler sous les mains des soldats ; les magistrats, dispersés dans les temples et dans les tribunaux forcent la multitude à sacrifier ; quiconque refuse d'adorer les dieux est jugé et livré aux bourreaux ; les prisons regorgent de victimes ; les chemins sont couverts de troupeaux d'hommes mutilés, qu'on envoie mourir au fond des mines ou dans les travaux publics. Les fouets, les chevalets, les ongles de fer, la croix, les bêtes féroces, déchirent les tendres enfants avec leurs mères ; ici l'on suspend par le pied des femmes nues à des poteaux, et on les laisse expirer dans ce supplice honteux et cruel ; là on attache les membres du martyr à deux arbres rapprochés de force : les arbres, en se redressant, emportent les lambeaux de la victime. Chaque province a son supplice particulier ; le feu lent en Mésopotamie, la roue dans le Pont, la hache en Arabie, le plomb fondu en Cappadoce. Souvent, au milieu des tourments, on apaise la soif du confesseur, et on lui jette de l'eau au visage, dans la crainte que l'ardeur de la fièvre ne hâte sa mort. Quelquefois, fatigué de brûler séparément les fidèles, on les précipite en foule dans le bûcher ; leurs os sont réduits en poudre, et jetés au vent avec leurs cendres.

Galérius trouvait ses délices dans ces tourments ; il fait venir à grands frais des ours d'une taille prodigieuse, et aussi féroces que lui. Ces bêtes ont chacune un nom terrible. Pendant ses repas, le successeur du sage Dioclétien leur fait jeter des hommes à dévorer. Le gouvernement de ce monstre avare et débauché, en répandant le trouble dans les provinces, augmente encore l'activité de la persécution. Les villes sont soumises à des juges militaires, sans connaissances et sans lettres, qui ne savent que donner la mort. Des commissaires font les recherches les plus rigoureuses sur les biens et les propriétés des sujets ; on mesure les terres ; on compte les vignes et les arbres, on tient registre des troupeaux. Tous les citoyens de l'empire sont obligés de s'inscrire dans le livre du cens, devenu un livre de proscription. De crainte qu'on ne dérobe quelque partie de sa fortune à l'avidité de l'empereur, on force, par la violence des supplices, les enfants à déposer contre leurs pères, les esclaves contre leurs maîtres, les femmes contre leurs maris. Souvent les bourreaux contraignent des malheureux à s'accuser eux-mêmes et à s'attribuer des richesses qu'ils n'ont pas. Ni la caducité, ni la maladie, ne sont une excuse pour se dispenser de se rendre aux ordres de l'exacteur ; on fait comparaître la douleur même et l'infirmité ; afin d'envelopper tout le monde dans des lois tyranniques, on ajoute des années à l'enfance, on en retranche à la vieillesse : la mort d'un homme n'ôte rien au trésor de Galérius, et l'empereur partage la proie avec le tombeau : cet homme, rayé du nombre des humains, n'est point effacé du rôle du cens, et il continue de payer pour avoir eu le malheur de vivre. Les pauvres, de qui l'on ne pouvait rien exiger, semblaient seuls à l'abri des violences par leur propre misère ; mais ils ne sont point à l'abri de la pitié dérisoire du tyran : Galérius les fait entasser dans des barques, et jeter ensuite au fond de la mer, afin de les guérir de leurs maux.

Il ne manquait aux chrétiens qu'un genre d'outrages, et Hiéroclès ne voulut pas le leur épargner. Au milieu des prêtres égorgés sur le corps de Jésus-Christ percé de coups, le disciple des sages publia généreusement deux livres de blasphèmes contre le Dieu qu'il avait lui-même adoré, et qui fut le Dieu de sa mère : tant l'orgueil de l'impie est à la fois lâche et féroce ! Infatigable dans sa haine et dans son amour, l'apostat attendait avec impatience le moment où la fille d'Homère viendrait orner son triomphe. Il suspendait exprès le supplice de son rival, afin que l'espoir de sauver la vie de ce rival aimé fût une tentation pour la vierge de Messénie.

« J'emploierai, disait-il en lui-même avec un mélange de honte, de désespoir et de joie, j'emploierai ce dernier moyen de vaincre la résistance d'une insolente beauté ; je la verrai tomber dans mes bras pour racheter les jours d'Eudore ; comblant ensuite ma double vengeance, je lui montrerai mon rival entre les mains des bourreaux, et ce chrétien apprendra en mourant que son épouse est déshonorée. »

Enivré de son pouvoir, Hiéroclès ne peut gouverner ses passions. Cet impie qui reniait l'Éternel, par une contradiction déplorable, croyait au génie du mal et à tous les secrets de la magie.

Il y avait à Rome un Hébreu, déserteur de la foi de ses pères : il vivait parmi les sépulcres, et la voix du peuple l'accusait d'entretenir un commerce secret avec l'enfer. Cet homme faisait sa demeure accoutumée dans les souterrains du palais en ruine de Néron. Hiéroclès charge un de ses confidents d'aller trouver au milieu de la nuit l'infâme Israélite. L'esclave, instruit de ce qu'il doit demander, part, et à travers des décombres descend au fond du souterrain. Il aperçoit un vieillard couvert de lambeaux, réchauffant ses mains à un feu d'ossements humains.

« Vieillard, dit l'esclave tremblant d'épouvante, peux-tu transporter dans un moment de Jérusalem à Rome une chrétienne échappée au pouvoir d'Hiéroclès? Reçois cet or, et parle sans crainte. »

L'éclat de l'or et le nom de Jérusalem arrachent un sourire affreux à l'Israélite.

« Mon fils, dit-il, je connais ton maître : il n'y a rien que je ne tente pour le satisfaire ; je vais interroger l'abîme. »

Il dit, et creuse la terre ; il découvre l'urne sanglante qui renfermait les restes de Néron ; des plaintes s'échappaient de cette urne. Le magicien répand sur un autel de fer les cendres du premier persécuteur des chrétiens. Trois fois il se tourne vers l'orient, trois fois il frappe dans ses mains, trois fois il ouvre la Bible profanée ; il prononce des mots mystérieux, et du sein des ombres il évoque le démon des tyrans. Dieu permet à l'enfer de répondre ; le feu qui brûlait la dépouille des morts s'éteint ; la terre tremble ; la frayeur pénètre jusqu'aux os de l'esclave ; le poil de sa chair se hérisse ; un esprit se présente devant lui ; il voit quelqu'un dont il ne connaît pas le visage ; il entend une voix faible comme un petit souffle.

« Pourquoi, dit l'Hébreu, as-tu tardé si longtemps à venir? Dis-moi, peux-tu transporter de Jérusalem à Rome une chrétienne échappée à son maître? »

— « Je ne le puis, répondit l'esprit de ténèbres : Marie défend cette
« chrétienne contre ma puissance ; mais, si tu le veux, je porterai
« dans un instant en Syrie l'édit de la persécution et les ordres d'Hié-
« roclès. »

L'esclave accepte la proposition de l'enfer, et se hâte d'aller rendre compte de son message à l'impatient Hiéroclès. Transformé en messager rapide, l'esprit de ténèbres descend à Jérusalem chez le centurion qui devait réclamer Cymodocée. Il le presse, au nom du ministre de Galérius, de remplir promptement sa mission, et il remet l'édit fatal au gouverneur de la cité de David : aussitôt les portes des saints lieux sont fermées, et les soldats dispersent les fidèles. En vain l'épouse de Constance veut protéger les chrétiens ; Constantin fugitif, Galérius triomphant, changent en un moment la fortune d'Hélène : pour les souverains, la prospérité est mère de l'obéissance ; le malheur des rois délie les sujets du serment de fidélité.

C'était l'heure où le sommeil fermait les yeux des mortels ; l'oiseau reposait dans son nid, et le troupeau dans la vallée ; les travaux étaient suspendus ; à peine la mère de famille tournait encore ses fuseaux près des feux assoupis de son humble foyer : Cymodocée, après avoir longtemps prié pour son époux et pour son père, s'était endormie. Démodocus lui apparaît au milieu d'un songe. Sa barbe était négligée ; de larges pleurs tombaient de ses yeux ; il agitait lentement son sceptre augural, et de profonds soupirs s'échappaient de sa poitrine. Cymodocée croyait lui adresser ces paroles :

« O mon père, comment as-tu si longtemps abandonné ta fille ! Où est Eudore ? Vient-il réclamer la foi jurée ? Pourquoi ces pleurs qui baignent ton visage ? Ne veux-tu pas presser ta Cymodocée sur ton cœur ? »

Le fantôme :

« Fuis, ma fille, fuis ! Les flammes t'environnent ; Hiéroclès te poursuit. Les dieux que tu as abandonnés te livrent à sa puissance. Ton nouveau Dieu triomphera ; mais que de larmes il fera verser à ton père ! »

Le spectre s'évanouit, et emporte le flambeau que Cymodocée reçut à l'autel le jour de son union avec Eudore : Cymodocée se réveille. La lueur d'un incendie rougissait les murs de son appartement et les voiles de son lit. Elle se lève ; elle aperçoit l'église du Saint-Sépulcre embrasée. Les flammes, parmi des tourbillons de fumée, montaient jusqu'au ciel, et réfléchissaient une lumière sanglante sur les ruines de Jérusalem et les montagnes de la Judée.

Depuis que la nouvelle de la persécution s'était répandue en Syrie, Cymodocée n'avait plus quitté la princesse Hélène ; renfermée dans un oratoire, avec les autres femmes chrétiennes, elle soupirait les malheurs de la nouvelle Sion. Le ministre d'Hiéroclès, désespérant de rencontrer la jeune catéchumène, et n'osant, par un reste de respect, violer l'asile de l'épouse d'un César, avait mis le feu au Saint-Sépulcre. Le palais d'Hélène touchait à l'édifice sacré ; le centurion espérait forcer ainsi Cymodocée à sortir de son inviolable asile, et il l'attendait avec des soldats pour la saisir au milieu du tumulte.

Dorothée avait démêlé ces complots ; il s'ouvre un passage à travers les murs croulants et les poutres embrasées qui tombent de toutes parts, il pénètre dans le palais d'Hélène. Déjà les galeries étaient désertes, seulement quelques femmes éperdues étaient rassemblées dans une cour intérieure, autour d'un autel des rois de Juda. Il rencontre

Cymodocée, qui cherchait vainement sa nourrice : elle ne devait plus la revoir. Euryméduse, votre sort est resté inconnu !

« Fuyons, dit Dorothée à la fille de Démodocus, Hélène même ne vous pourrait sauver ; vos ennemis vous arracheraient de ses bras ; je connais une porte secrète, et un souterrain qui nous conduira hors des murs de Jérusalem : la Providence fera le reste. »

A l'extrémité du palais, du côté de la montagne de Sion, s'ouvrait une porte cachée qui conduisait au Calvaire : c'était par là qu'Hélène se dérobait aux hommages des peuples lorsqu'elle allait prier au pied de la croix. Dorothée, suivi de Cymodocée, entr'ouvre doucement cette porte ; il avance la tête et n'aperçoit rien au dehors. Il prend la main de Cymodocée : ils sortent du palais ; tantôt ils se glissent lentement au travers des ruines ; tantôt ils précipitent leurs pas dans des lieux moins embarrassés ; quelquefois ils entendent marcher sur leurs traces, et ils se cachent parmi des débris ; quelquefois ils sont arrêtés par l'éclat des armes d'un soldat qui rôde au milieu des ténèbres. Le bruit de l'incendie et les clameurs confuses de la foule s'élèvent au loin derrière eux ; ils franchissent la vallée déserte qui sépare la colline du Calvaire de la montagne de Sion.

Dans les flancs de cette montagne s'ouvrait une route inconnue : l'entrée en était fermée par des buissons d'aloès et des racines d'oliviers sauvages ; Dorothée écarte ces obstacles, et pénètre dans le souterrain : il frappe les veines d'un caillou, allume une branche de cyprès, et, à la clarté de cette torche, il s'enfonce sous des voûtes ténébreuses avec Cymodocée. David avait jadis pleuré son péché dans ces lieux : de toutes parts on voyait sur les murs des vers écrits de la main du monarque pénitent, lorsqu'il versa ses larmes immortelles. Sa tombe occupait le milieu du souterrain, et portait encore gravées sur sa base une houlette, une harpe et une couronne. La terreur du présent, les souvenirs du passé, cette montagne dont le sommet vit le sacrifice d'Abraham, et dont les flancs gardent le cercueil du roi-prophète, tout agitait le cœur des deux chrétiens ; ils sortent bientôt de ces détours, et se trouvent au milieu des montagnes, dans le chemin de Bethléem ; ils traversent les champs silencieux de Rama, où Rachel ne voulut point être consolée, et viennent se reposer au berceau du Messie.

Bethléem était entièrement désert : les chrétiens avaient été dispersés. Cymodocée et son guide entrent dans la Crèche : ils admirent cette grotte où le Roi des cieux voulut naître, où les anges, les bergers et les mages le vinrent adorer, où toute la terre doit un jour apporter ses hommages. Des offrandes, laissées dans ce lieu par les pasteurs de la Judée, nourrirent abondamment les deux infortunés. Cymodocée versait des larmes de tendresse. Les miracles du berceau de Jésus parlaient à son cœur.

« C'est donc là, disait-elle, que l'Enfant divin a souri à sa divine Mère ! O Marie, protégez Cymodocée ! Comme vous, elle est fugitive à Bethléem ! »

La fille de Démodocus remerciait ensuite le généreux Dorothée, qui s'exposait pour elle à tant de fatigues et de périls.

« Je suis un vieux chrétien, répondit l'homme éprouvé : les tribulations font ma joie. »

Dorothée se prosternait devant la Crèche.

« Père des miséricordes, disait-il, prenez pitié de nous, et souvenez-vous que votre Fils offrit en ces lieux ses premiers pleurs pour le salut des hommes ! »

Le soleil approche de la fin de son cours. Dorothée sort avec la fille de Démodocus, dans l'espoir de rencontrer quelque berger ; il aperçoit un homme qui descendait de la montagne d'Engaddi : une ceinture de joncs était nouée autour de ses reins ; sa barbe et ses cheveux croissaient en désordre ; ses épaules étaient chargées d'une corbeille pleine de sable qu'il portait péniblement à l'entrée d'une grotte. Aussitôt qu'il découvre les voyageurs, il jette son fardeau, et fixant sur eux des regards indignés :

« Délices de Rome, s'écrie-t-il, venez-vous me troubler jusque dans le désert ! Évanouissez-vous ! Armé de la pénitence, je découvre vos piéges, et je me ris de vos efforts. »

Il dit, et, comme l'aigle marin qui plonge au fond des eaux, il s'élance dans la grotte. Dorothée reconnaît un chrétien ; il s'avance, et parle à travers l'ouverture du rocher :

« Nous sommes des chrétiens fugitifs : daignez nous donner l'hospitalité. »

— « Non, non, s'écrie le solitaire, cette femme est trop belle pour être une simple fille des hommes ! »

— « Cette femme, reprit Dorothée, est une catéchumène qui fait l'apprentissage des pleurs que Jésus-Christ demande à ses servantes. Elle est Grecque, elle se nomme Cymodocée ; elle est fiancée à Eudore, défenseur des chrétiens, dont le nom sera peut-être parvenu jusqu'à vous ; je suis Dorothée, premier officier de Dioclétien. »

Le solitaire s'élance hors de la grotte comme un athlète qui, le front ceint d'une couronne d'olivier, paraît tout à coup aux jeux d'Olympie.

« Entrez dans ma grotte, s'écrie-t-il, épouse de mon ami ! »

Le solitaire se nomme. Cymodocée reconnaît cet ami d'Eudore qui s'entretenait avec lui au tombeau de Scipion. Dorothée, qui avait connu

Jérôme à la cour, contemple avec étonnement cet anachorète, exténué de veilles et d'austérités, jadis brillant disciple d'Épicure. Il le suit au fond de son antre : on n'y voyait que la Bible, une tête de mort, et quelques feuilles éparses de la tradition des livres saints. Bientôt tout est éclairci entre les deux chrétiens et la jeune pèlerine. Mille souvenirs les attendrissent, mille histoires touchantes font couler leurs pleurs : ainsi des ruisseaux, descendus de diverses montagnes, mêlent leurs eaux dans une même vallée.

« Mes erreurs, dit Jérôme, ont amené ma pénitence, et désormais je ne sortirai plus de Bethléem. Le berceau du Sauveur sera ma tombe. »

L'anachorète demande ensuite à Dorothée ce qu'il veut faire.

« J'irai, répond Dorothée, chercher quelques amis à Joppé... »

— « Quoi! dit Jérôme en l'interrompant, vous êtes malheureux, et vous comptez sur des amis ! Un Moabite descend de ses rochers pour aller à Jéricho. C'était au printemps ; l'air était frais et serein. Le Moabite n'était point altéré : il trouve des torrents pleins d'eau à chaque pas. Il revient chez lui dans la saison des orages, sous les feux dévorants de l'été : la soif consume le Moabite ; il cherche quelques gouttes de cette eau qu'il avait vue dans les montagnes : tous les torrents sont desséchés ! »

Jérôme demeure quelque temps en silence, ensuite il s'écrie :

« O grande destinée ! Eudore, tu es donc le défenseur des chrétiens ? O mon ami ! que pourrais-je faire pour toi ! »

Tout à coup le solitaire se lève, frappé d'une lumière surnaturelle :

« Qu'est-ce que ces craintes ? s'écrie-t-il. Femme, tu aimes, et tu fuis ! Ton époux peut-être dans ce moment confesse la foi, et tu n'es pas là pour lui disputer la gloire du bûcher ! Crois-tu que, quand il sera monté au rang des martyrs, il te veuille recevoir sans couronne ? Roi, il ne pourra prendre qu'une reine à ses côtés ! Fais ton devoir, marche à Rome, va réclamer ton époux, va cueillir la palme qui doit orner ta pompe nuptiale... Mais, que dis-je ! tu n'es pas encore au nombre des brebis choisies. »

Le solitaire s'interrompt de nouveau ; il hésite, et bientôt il s'écrie :

« Tu seras chrétienne ; ma main versera sur ton front l'eau salutaire. Le Jourdain est près d'ici ; viens recevoir dans ses eaux la force qui te manque : tes jours sont exposés, il te faut mettre à l'abri de la mort. Oui, tu es assez instruite. La persécution est la doctrine : quiconque pleure pour Jésus-Christ n'a plus rien à savoir. »

Ainsi parle Jérôme avec l'autorité d'un docteur et d'un prêtre. La douce et timide Cymodocée répond :

« Seigneur, qu'il soit fait selon votre parole. Donnez-moi le baptême :

je ne serai point une reine auprès de mon époux, je ne serai que sa servante. Si je regrette quelque chose dans la vie, ce sera de ne plus aller sur le mont Ithome voir les troupeaux avec mon père ; de ne pouvoir nourrir l'auteur de mes jours dans sa vieillesse, comme il me nourrit dans mon enfance. »

Cymodocée rougit, et pleura en parlant de la sorte. On reconnaissait dans son langage les accents confus de son ancienne religion et de sa religion nouvelle : ainsi, dans le calme d'une nuit pure, deux harpes, suspendues aux souffles d'Éole, mêlent leurs plaintes fugitives ; ainsi frémissent ensemble deux lyres, dont l'une laisse échapper les tons graves du mode dorien, et l'autre les accords voluptueux de la molle Ionie ; ainsi, dans les savanes de la Floride, deux cigognes argentées, agitant de concert leurs ailes sonores, font entendre un doux bruit au haut du ciel ; assis au bord de la forêt, l'Indien prête l'oreille aux sons répandus dans les airs, et croit reconnaître dans cette harmonie la voix des âmes de ses pères.

LIVRE DIX-NEUVIÈME

SOMMAIRE.

Retour de Démodocus au temple d'Homère. Sa douleur. Il apprend la nouvelle de la persécution. Il part pour Rome, où il croit qu'Hiéroclès a fait conduire Cymodocée. Cymodocée est baptisée dans le Jourdain par Jérôme. Elle arrive à Ptolémaïs et s'embarque pour la Grèce. Une tempête suscitée par les ordres de Dieu fait aborder Cymodocée en Italie.

Qui pourra jamais dire l'amertume des chagrins paternels !

Après la séparation fatale, les esclaves avaient reconduit Démodocus à la citadelle d'Athènes. Il passa la nuit sous un portique du temple de Minerve, afin de découvrir aux premiers rayons du jour la galère de Cymodocée. Lorsque l'étoile du matin parut sur le mont Hymette, les larmes du vieillard coulèrent avec une nouvelle abondance.

« O ma fille ! s'écria-t-il, quand reviendras-tu de l'Orient, ainsi que cet astre, pour réjouir ton père !

L'aurore éclaira bientôt les flots solitaires où l'on cherchait en vain quelque voile ; mais on apercevait encore sur les vagues aplanies la trace blanchissante des vaisseaux que l'on ne voyait plus. Déjà le soleil sortant de l'onde dorait et brunissait à la fois la face de la mer. Des nues sereines étaient arrêtées çà et là dans l'azur du ciel de l'Attique ; quelques-unes, teintes de rose, flottaient autour de l'astre du jour, comme l'écharpe des Heures. Ce spectacle ne fit qu'irriter la douleur du prêtre d'Homère. Il pousse des sanglots : depuis que sa fille était au monde, c'est la première fois qu'il voit loin d'elle se lever le soleil. Démodocus refuse tous les soins de son hôte, qui, témoin d'un pareille douleur, s'applaudissait d'avoir vécu jusqu'alors sans enfants et sans épouse : ainsi le berger, au fond d'une vallée, écoute en frémissant le bruit du canon lointain ; il plaint les victimes tombées sur le champ de bataille, et bénit ses rochers et sa cabane.

Dès le jour suivant, Démodocus voulut quitter Athènes et retourner en Messénie. Sa douleur ne lui permit pas de suivre longtemps les chemins qu'il avait parcourus avec Cymodocée. A Corinthe, il prit la route d'Olympie ; mais il ne put supporter la joie et l'éclat des fêtes qu'on célébrait alors au bord de l'Alphée. Lorsque, après avoir franchi les montagnes de l'Élide, il aperçut les sommets de l'Ithome, il tomba sans mouvement entre les bras de ses esclaves. Bientôt on le rappelle à la vie : bientôt, pâle et tremblant, il arrive au temple d'Homère. Déjà le seuil des portes était jonché de feuilles flétries ; l'herbe croissait dans tous les sentiers : tant les pas de l'homme s'effacent promptement sur la terre ! Démodocus entre au sanctuaire de son aïeul ; la lampe était éteinte. On voyait sur l'autel les cendres du dernier sacrifice que le père de Cymodocée avait offert aux dieux pour sa fille. Démodocus se prosterne devant l'image du poëte.

« O toi, dit-il, qui es maintenant toute ma famille, chantre des douleurs de Priam, pleure aujourd'hui les maux du dernier rejeton de ta race. »

En ce moment une des cordes de la lyre de Cymodocée se rompit, et rendit un son qui fit tressaillir le vieillard. Il relève la tête ; il aperçoit la lyre suspendue à l'autel.

« C'en est fait, s'écrie-t-il, ma fille va mourir ! les Parques m'annoncent son destin en brisant la corde de sa lyre. »

A ce cri, les esclaves accourent au temple, et entraînent malgré lui Démodocus.

Chaque jour augmentait ses ennuis ; mille souvenirs déchiraient son cœur. C'était ici qu'il instruisait sa fille dans l'art des chants ; c'était là qu'il se promenait avec elle. Rien n'est cruel comme la vue des lieux que nous avons habités au temps du bonheur, lorsque nous avons perdu ce qui faisait le charme de notre vie. Les citoyens de Messène furent touchés des chagrins de Démodocus. Ils lui permirent d'interrompre des fonctions sacrées qu'il n'exerçait qu'au milieu des larmes. Ses jours dépérissaient ; il marchait à grands pas vers le tombeau ; les lettres de sa fille, égarées dans l'Orient, ne parvenaient point jusqu'à lui. La famille de Lasthénès ne pouvait donner ses soins au vieillard : elle était persécutée, et la mère d'Eudore venait de mourir. Que de victimes le prêtre d'Homère immole à des dieux sourds à sa voix ! Que d'hécatombes promises, si Neptune ramène Cymodocée aux rives du Pamysus ! Le jour s'éteint, le jour renaît, et retrouve Démodocus la main dans le sang, interrogeant les entrailles des taureaux et des génisses. Il s'adresse à tous les temples ; il va consulter des aruspices jusqu'au sommet du Ténare. Tantôt il revêt une robe de deuil, et frappe aux portes d'airain du sanctuaire des Furies ; il présente aux fatales sœurs des dons expiatoires, comme si ses malheurs étaient des crimes ! Tantôt il se couronne de fleurs, il affecte un air riant avec des yeux baignés de larmes, afin de se rendre propice quelque divinité ennemie des pleurs. S'il est des rites depuis longtemps abandonnés, des cérémonies pratiquées aux siècles d'Inachus et de Nestor, Démodocus les renouvelle ; il feuillette les livres sibyllins ; il ne prononce que des mots réputés heureux ; il s'abstient de certaines nourritures ; il évite la rencontre de certains objets ; il est attentif aux vents, aux oiseaux, aux nuages ; il n'est point assez d'oracles pour son amour paternel ! Ah ! déplorable vieillard ! écoute les sons de cette trompette qui retentit au sommet de l'Ithome : ils t'apprendront la destinée de ta fille.

Le commandant de Messène parcourait les campagnes avec une suite nombreuse, proclamant Galérius empereur, et publiant l'édit de persécution. Démodocus ne sait s'il a bien entendu ; il court à Messène : tout lui confirme son malheur. Un vaisseau, venu d'Orient au port de Coronée, raconte en même temps que la fille d'Homère, enlevée de Jérusalem, a été conduite à Hiéroclès. Que fera Démodocus ? L'excès de l'adversité lui donne des forces : il se décide à voler à Rome, à se jeter aux pieds de Galérius, à réclamer Cymodocée. Avant de quitter le temple du demi-dieu, il consacre au pied de la statue d'Homère une petite galère d'ivoire, et un vase à recueillir des larmes : offrande et symbole de son inquiétude et de sa douleur ! Ensuite il vend ses pénates, la pourpre de son lit, le voile nuptial d'Épicharis, destiné à Cymodocée ; il emporte avec lui sa fortune entière pour racheter l'enfant de son amour. Soins inutiles ! Le ciel ne voulait point céder sa conquête, et tous les trésors de la terre n'auraient pu payer la couronne de la nouvelle chrétienne.

Cymodocée n'appartenait plus au monde. En recevant les eaux du baptême, elle allait prendre son rang parmi les esprits célestes. Déjà elle avait quitté la grotte de Bethléem avec Dorothée. Elle marchait, au lever du jour, par des lieux âpres et stériles. Jérôme, vêtu comme saint Jean dans le désert, montrait le chemin à la catéchumène. Bientôt ils arrivent au dernier rang des montagnes de Judée, qui bordent les eaux de la mer Morte et la vallée du Jourdain.

Deux hautes chaînes de montagnes, s'étendant du nord au midi, sans détours, sans sinuosités, s'offrent aux yeux des trois voyageurs. Du côté de la Judée, ces montagnes sont des monceaux de craie et de sable qui imitent la forme de faisceaux d'armes, de drapeaux ployés, ou de tentes d'un camp assis au bord d'une plaine. Du côté de l'Arabie, ce sont de noirs rochers perpendiculaires, qui versent à la mer Morte des torrents de soufre et de bitume. Le plus petit oiseau du ciel n'y trouverait pas un brin d'herbe pour se nourrir ; tout y annonce la patrie d'un peuple réprouvé ; tout semble y respirer l'horreur de l'inceste d'où sortirent Ammon et Moab.

La vallée comprise entre ces deux chaînes de montagnes présente un sol semblable au fond d'une mer depuis longtemps retirée : des plages de sel, une vase desséchée, des sables mouvants et comme sillonnés par les flots. Çà et là des arbustes chétifs croissent péniblement sur cette terre privée de vie : leurs feuilles sont couvertes du sel qui les a nourries, et leur écorce a le goût et l'odeur de la fumée ; au lieu de villages, on aperçoit les ruines de quelques tours. Au milieu de la vallée passe un fleuve décoloré : il se traîne à regret vers le lac empesté qui l'engloutit. On ne distingue point son cours au milieu de l'arène, mais il est bordé de saules et de roseaux où se cache l'Arabe qui attend la dépouille du voyageur et du pèlerin.

« Vous voyez, dit Jérôme à ses deux hôtes étonnés, des lieux fameux par les bénédictions et les malédictions du ciel : ce fleuve est le Jourdain ; ce lac est la mer Morte ; elle vous paraît brillante, mais les villes coupables qu'elle cache dans son sein ont empoisonné ses flots. Ses abîmes sont solitaires et sans aucun être vivant ; jamais vaisseau n'a pressé ses ondes ; ses grèves sont sans oiseaux, sans arbres, sans verdure ; son eau, d'une amertume affreuse, est si pesante que les vents les plus impétueux peuvent à peine la soulever. Ici le ciel est embrasé des feux qui consumèrent Gomorrhe. Cymodocée, ce ne sont pas là les rives du Pamysus, et les vallons du Taygète. Vous êtes sur le chemin d'Hébron, dans les lieux où retentit la voix de Josué lorsqu'il arrêta le soleil. Vous foulez une terre encore fumante de la colère de Jéhovah, et que consolèrent ensuite les paroles miséricordieuses de Jésus-Christ.

Jeune catéchumène, c'est par cette solitude sacrée que vous allez chercher celui que vous aimez ; les souvenirs de ce désert grand et triste se mêleront à votre amour pour le fortifier et le rendre plus grave : l'aspect de ces bords désolés est également propre à nourrir ou à éteindre les passions. Fille innocente, les vôtres sont légitimes, et vous n'êtes point obligée, comme Jérôme, de les étouffer sous des fardeaux de sable brûlant ! »

En parlant ainsi, ils descendaient dans la vallée du Jourdain. Cymodocée, tourmentée d'une soif dévorante, cueille sur un arbrisseau un fruit semblable à un citron doré ; mais, lorsqu'elle le porte à sa bouche, elle le trouve rempli d'une cendre amère et calcinée.

« C'est l'image des plaisirs du monde, » s'écrie le solitaire.

Et il continue son chemin en secouant la poussière de ses pieds.

Cependant les pèlerins s'avançaient vers un bois de tamarins et d'arbres de baume, qui croissaient au milieu d'une arène blanche et fine ; tout à coup Jérôme s'arrête et montre à Dorothée, presque sous ses pas, quelque chose en mouvement dans l'immobilité du désert : c'était un fleuve jaune, profondément encaissé, qui roulait avec lenteur une onde épaissie. L'anachorète salue le Jourdain, et s'écrie :

« Ne perdons pas un moment, fille trop heureuse ! Venez puiser la vie à l'endroit même où les Israélites passèrent le fleuve en sortant du désert, et où Jésus-Christ voulut recevoir le baptême de la main du précurseur. Ce fut de la cime de ce mont Abarim que Moïse découvrit pour vous la terre promise ; ce fut au sommet de cette montagne opposée que Jésus-Christ pria pour vous pendant quarante jours. A la vue des murs en ruine de Jéricho, faisons tomber la barrière de ténèbres qui environne votre âme, afin que le Dieu vivant y puisse pénétrer. »

Aussitôt Jérôme descend dans le fleuve, Cymodocée y descend après lui. Dorothée, unique témoin de cette scène, se mit à genoux sur la rive. Il sert de père spirituel à Cymodocée, et lui confirme le nom d'Esther. Les flots se divisent autour de la chaste catéchumène, comme ils se partagèrent au même lieu autour de l'arche sainte. Les plis de sa robe virginale, entraînés par le courant, s'enflent au loin derrière elle ; elle incline sa tête devant Jérôme, et, d'une voix qui charme les roseaux du Jourdain, elle renonce à Satan, à ses pompes et à ses œuvres. L'anachorète, puisant l'eau régénératrice avec une coquille du fleuve, la verse, au nom du Père, du Fils et du Saint-Esprit, sur le front de la fille d'Homère. Ses cheveux dénoués tombent des deux côtés de sa tête sous le poids de l'onde rapide qui suit et déroule leurs anneaux : ainsi la douce pluie du printemps humecte des jasmins fleuris, et glisse le long de leurs tiges parfumées. Oh ! qu'il était attendrissant ce baptême furtif dans les eaux du Jourdain! Combien elle était touchante cette vierge qui, cachée au fond d'un désert, dérobait, pour ainsi dire, le ciel! Seule, la souveraine beauté parut plus belle en ce lieu, lorsque, les nuées s'entr'ouvrant, l'Esprit de Dieu descendit sur Jésus-Christ, en forme de colombe, et que l'on entendit une voix qui disait :

« Celui-ci est mon fils bien-aimé. »

Cymodocée sort des ondes pleine de foi et de courage contre les maux de la vie : la nouvelle chrétienne, portant Jésus-Christ dans son cœur, ressemblait à une femme qui, devenue mère, trouve tout à coup pour son fils des forces qu'elle n'avait pas pour elle-même.

En ce moment, une troupe d'Arabes se montra non loin du fleuve. Jérôme, d'abord effrayé, reconnut bientôt une tribu chrétienne, dont il avait été l'apôtre. Cette petite Église, où Dieu était adoré sous une tente, comme aux jours de Jacob, n'avait point échappé à la persécution. Les soldats romains lui avaient enlevé ses cavales et ses troupeaux : les chameaux seuls lui étaient restés. Le chef les avait appelés de loin, en s'enfuyant dans la montagne, et ils s'étaient empressés de le suivre : ces fidèles serviteurs avaient porté à leurs maîtres le tribut d'un lait abondant, comme s'ils avaient deviné que ces maîtres n'avaient plus d'autre nourriture.

Jérôme vit dans cette rencontre la main de la Providence.

« Ces Arabes, dit-il à Dorothée, vous conduiront chez nos frères de Ptolémaïs, où vous trouverez facilement un vaisseau pour l'Italie. »

— « Gazelle au doux regard et aux pieds légers, vierge plus agréable qu'une source limpide, dit le chef des Arabes à Cymodocée, ne crains rien : je te conduirai partout où tu le désireras, si Jérôme, notre père, l'ordonne. »

Le jour étant trop avancé pour se mettre en marche, on s'arrête au bord du fleuve; on égorge un agneau qu'on fait rôtir tout entier; on le sert sur un plateau de bois d'aloès; chacun déchire une partie de la victime; on boit un peu de ce lait que le chameau puise dans un sable aride, et qui conserve le goût de la datte savoureuse. La nuit vient. On s'assied autour d'un bûcher. Attachés à des piquets, les chameaux forment un second cercle en dehors des descendants d'Ismaël. Le père de la tribu raconte les maux que l'on faisait souffrir aux chrétiens. A la lueur du feu, on voyait ses gestes expressifs, sa barbe noire, ses dents blanches, les diverses formes qu'il donnait à son vêtement dans l'action de son récit. Ses compagnons l'écoutaient avec une attention profonde : tous penchés en avant, le visage sur la flamme, tantôt ils poussaient un cri d'admiration, tantôt ils répétaient avec emphase les paroles de leur chef; quelques têtes de chameaux s'avançaient au-dessus de la troupe, et se dessinaient dans l'ombre. Cymodocée contemplait en silence cette scène de pasteurs de l'Orient ; elle admirait cette religion qui civilisait des hordes sauvages, et les portait à secourir la faiblesse et l'innocence, tandis que les faux dieux ramenaient les Romains à la barbarie, et étouffaient dans leur cœur la justice et la pitié.

Au premier rayon de l'aurore, toute la troupe rassemblée offrit au bord du Jourdain ses prières à l'Éternel. Le dos d'un chameau, paré d'un tapis, fut l'autel où l'on plaça les signes sacrés de cette Église errante. Jérôme remit à Dorothée des lettres pour les principaux fidèles de Ptolémaïs. Il exhorta Cymodocée à la patience et au courage, en se félicitant d'envoyer une épouse chrétienne à son ami.

« Allez, lui dit-il, fille de Jacob, autrefois fille d'Homère ! reine de l'Orient, vous sortez du désert brillante de clarté. Bravez les persécutions des hommes. La nouvelle Jérusalem ne pleure point assise sous le palmier comme la Judée captive de Titus ; mais, victorieuse et triomphante, elle cueille sur ce même palmier l'immortel symbole de sa gloire ! »

En achevant ces mots, Jérôme prend congé de ses hôtes, et retourne à la grotte de Bethléem.

La tribu arabe conduit les deux fugitifs, par des montagnes inaccessibles, jusqu'aux portes de Ptolémaïs. La souveraine des anges, qui ne cessait de veiller sur Cymodocée, l'avait soutenue miraculeusement au milieu de ses fatigues. Afin de la dérober aux yeux des païens, elle l'enveloppa d'un nuage, ainsi que Dorothée. Tous deux entrèrent dans Ptolémaïs sous ce voile. L'église, qui n'était point encore abattue, leur annonce la demeure du pasteur. En ces jours de tribulations, des chrétiens persécutés étaient des frères que l'on recevait avec respect et tendresse ; on les cachait au péril de sa vie, et les secours de la charité la plus vive leur étaient prodigués. On annonce au pasteur que deux étrangers se présentaient à sa porte ; il s'empresse de descendre. Dorothée, sans prononcer une parole, se fait reconnaître au signe du salut.

« Des martyrs ! s'écrie aussitôt le pasteur. Des martyrs ! Béni soit le jour qui vous amène à ma demeure ! Anges du Seigneur, entrez chez Gédéon : ici vous trouverez la moisson dérobée aux Moabites. »

Dorothée remet au pasteur les lettres de Jérôme, et raconte en même temps les malheurs de Cymodocée.

« Quoi ! s'écria le prêtre, c'est là l'épouse de notre défenseur ! c'est là cette vierge dont l'histoire retentit dans toute la Syrie ! Je suis Pamphile de Césarée, et j'ai connu jadis Eudore en Égypte. Fille de Jérusalem, que votre gloire est grande ! Hélas ! votre illustre protectrice, Hélène la sainte, ne peut plus rien pour vous : elle est elle-même arrêtée. Les ministres d'Hiéroclès vous cherchent de tous côtés; il faut quitter promptement cette ville ; mais il est encore des ressources : où voulez-vous porter vos pas? »

Dorothée, dont la foi n'a pas la même ardeur que celle de Jérôme, et qui ne pénètre pas comme lui les desseins du ciel ; Dorothée, qui mêle encore à sa religion des tendresses humaines, ne croit pas que Cymodocée puisse se rendre auprès de son époux.

« C'est vous livrer à Hiéroclès, dit-il, sans espoir de sauver ni même de voir Eudore, s'il est tombé entre les mains de nos ennemis. Souffrez que je vous accompagne chez votre père. Votre présence lui rendra la vie. Nous vous cacherons dans quelque grotte inconnue, et j'irai chercher à Rome le fils de Lasthénès. »

— « Je suis jeune, répondit Cymodocée, et sans expérience ; conduis-moi, ô le plus doux des hommes : ta fille chrétienne doit obéir à tes conseils. »

Il ne se trouva dans le port de Ptolémaïs qu'un seul vaisseau faisant voile pour Thessalonique : la nouvelle chrétienne et son généreux conducteur furent obligés d'en profiter. Ils se cachèrent sous des noms inconnus, et quittèrent ce port que saint Louis, sauvé des mains des infidèles, devait, tant de siècles après, illustrer de ses vertus. Hélas! Cymodocée allait chercher son père aux bords du Pamysus, et le vieillard lui-même la demandait inutilement aux flots du Tibre! Étranger dans Rome, sans protecteur, sans appui, il avait compté sur Eudore ; et le confesseur, séparé des hommes, ne pouvait plus l'entendre ni le secourir.

Au pied du mont Aventin, sous les murs du Capitole, s'élevait une antique prison d'État, dont l'origine remontait au siècle de Romulus. Les complices de Catilina avaient entendu du fond de ce cachot la voix de Cicéron qui les accusait dans le temple de la Concorde. La captivité de saint Pierre et de saint Paul purifia dans la suite cet asile des criminels. C'est là qu'Eudore attendait chaque jour l'ordre qui devait le livrer aux juges. C'est là qu'il avait reçu la nouvelle de la mort de sa mère, comme le commencement de son sacrifice. Il avait souvent adressé à la fille d'Homère des lettres pleines de religion et de tendresse : les unes avaient été arrêtées par les persécuteurs, les autres s'étaient perdues sur les flots ; mais dans la prison même il goûtait quelques-unes de ces consolations et de ces joies douloureuses qui ne sont connues que des chrétiens. Chaque jour lui amenait des compagnons d'infortune et de gloire.

Lorsqu'un opulent laboureur recueille ses moissons nouvelles, il entasse dans une grange spacieuse, et les grains qui seront foulés par le pied des mules, et ceux qui rendront leurs trésors sous les coups du fléau, et ceux qu'un cylindre pesant détachera de la paille légère ; le village retentit des cris du maître et des serviteurs, de la voix des femmes qui préparent le festin, des clameurs des enfants qui se jouent autour des gerbes, du mugissement des bœufs qui traînent ou qui vont chercher les épis jaunissants : ainsi Galérius rassemble de toutes les parties du monde, dans les prisons de Saint-Pierre, les chrétiens les plus illustres : froment des élus, récolte divine qui doit enrichir le bon Pasteur ! Eudore voit arriver tour à tour des amis qu'il avait jadis rencontrés au fond des Gaules, en Égypte, en Grèce, en Italie : il embrasse Victor, Sébastien, Rogatien, Gervais, Protais, Lactance, Arnobe, l'ermite du Vésuve, et le descendant de Persée, qui se préparait à mourir pour le trône de Jésus-Christ plus royalement que son aïeul pour la couronne d'Alexandre. L'évêque de Lacédémonne, Cyrille, vint aussi augmenter les joies du cachot. A chaque reconnaissance c'étaient des transports, des cantiques à la divine Providence, des baisers de paix. Ces confesseurs avaient transformé la prison en une église où l'on entendait nuit et jour les louanges du Seigneur. Les chrétiens qui n'étaient point encore enfermés enviaient le sort de ces victimes. Les soldats qui gardaient les martyrs étaient souvent convertis par leurs discours ; et les geôliers, remettant les clés en d'autres mains, se rangeaient au nombre des prisonniers. Un ordre parfait était établi parmi ces compagnons de souffrances. On eût cru voir une famille tranquille et bien réglée, au lieu d'une foule d'hommes qui marchaient à la mort. De pieuses fraudes servaient à procurer aux confesseurs tous les soulagements de l'humanité et de la religion. Dix persécutions avaient rendu l'Église habile. Des prêtres, des diacres, déguisés en soldats, en marchands, en esclaves ; des femmes, des enfants même, par d'ingénieuses et saintes impostures, pénétraient dans les prisons, au fond des mines, et jusqu'au pied des bûchers. Du fond d'une retraite ignorée, le pontife de Rome dirigeait au dehors les mouvements du zèle. Une fidélité inviolable, celle de la religion et du malheur, était le lien de tous les frères. Non-seulement l'Église secourait ses enfants, elle veillait encore sur les infortunés d'une religion ennemie ; elle les recueillait dans son sein : la charité lui faisait oublier ses propres douleurs, pour ne s'occuper que des besoins du misérable.

Les fidèles, rassemblés dans les prisons, étaient témoins des aventures les plus merveilleuses. Combien Eudore fut surpris un jour de reconnaître, déguisée sous l'habit d'une servante du cachot, la belle et brillante Aglaé ?

« Eudore, lui dit-elle, Sébastien a été percé de flèches à l'entrée des catacombes; Pacôme s'est retiré dans les déserts de la Thébaïde; Boniface a tenu parole : il m'a envoyé ses reliques sous le nom d'un martyr; Boniface a confessé Jésus-Christ ! Priez le ciel d'accorder le même honneur à une malheureuse pécheresse ! »

Une autre fois on entendit un grand tumulte, et Genès, cet acteur fameux, fut introduit dans la prison.

« Ne me craignez plus, s'écria-t-il en entrant, je suis votre frère ! Tout à l'heure encore je blasphémais vos saints mystères, j'amusais la foule autour de moi ; dans mes jeux criminels, j'ai demandé le martyre et le baptême. Aussitôt que l'eau m'a touché, j'ai vu une main qui venait du ciel, et des anges lumineux au-dessus de ma tête; ils ont effacé mes péchés dans un livre. Tout à coup changé, j'ai crié sérieusement : « Je suis chrétien ! » On riait, on refusait de me croire. J'ai raconté ce que j'avais vu. On m'a battu de verges, et je suis venu mourir avec vous. »

En achevant ces mots, Genès embrasse Eudore. Le fils de Lasthénès, au milieu des confesseurs, attirait tous les regards. L'ermite du Vésuve lui rappelait leur rencontre au tombeau de Scipion, et les espérances qu'il avait dès lors conçues sur sa vertu. Les confesseurs des Gaules lui disaient :

« Vous souvenez-vous que nous avons souhaité de nous trouver réunis à Rome, comme nous le sommes maintenant? Vous étiez encore bien loin de la gloire qui vous couronne aujourd'hui. »

Tandis que les prisonniers s'entretenaient de la sorte, ils virent entrer, sous la casaque d'un soldat vétéran, un homme chargé d'années; ils ne l'avaient point encore remarqué parmi les chrétiens qui servaient les cachots ; il apportait aux martyrs le saint viatique que Marcellin envoyait à l'évêque de Lacédémone. La sombre lumière de la prison ne permettait pas de découvrir les traits du vieillard ; il demande Eudore ; on le lui montre en prières ; il s'approche de lui, le prend dans ses bras affaiblis, et le presse sur son cœur en versant des larmes. Enfin il s'écrie avec des sanglots d'attendrissement :

« Je suis Zacharie ! »

— « Zacharie ! répète Eudore saisi de joie et de trouble, Zacharie ! Vous mon père ! vous Zacharie ! »

Et il tombe aux genoux du vieillard.

« Ah ! mon fils ! dit l'apôtre des Francs, relevez-vous ! C'est à moi à me prosterner. Que suis-je auprès de vous, qu'un vieillard inutile et ignoré? »

On s'assemble autour des deux amis ; on veut savoir leur histoire ; Eudore la raconte : des larmes coulent de tous les yeux. Le fils de

LES SŒURS GRISES
(Génie)

Lasthénès demande à Zacharie quel conseil de la Providence l'a ramené des bords de l'Elbe aux rivages du Tibre.

« Mon fils, répond le descendant de Cassius, les Francs ont été vaincus par Constance. Pharamond m'avait donné à une petite tribu qui, totalement subjuguée, fut transportée auprès de la colonie d'Agrippine. La persécution est survenue : comme elle ne règne point encore dans les Gaules, où César protége les chrétiens, les évêques de Lutèce et de Lugduuum ont choisi un certain nombre de prêtres pour servir les confesseurs dans les autres parties de l'empire. J'ai cru devoir me présenter de préférence à des jeunes gens, dont l'âge, plus que le mien, est digne de la vie. On a bien voulu accepter ma prière, et j'ai été envoyé à Rome. »

Zacharie apprit ensuite à Eudore l'heureuse arrivée de Constantin auprès de son père, la maladie de Constance, et la disposition des soldats, qui réservaient la pourpre à son fils. Cette nouvelle ranima le courage des chrétiens, et les soutint dans ces moments d'épreuves. Eudore n'avait jamais été sans espérance, quoique les chrétiens eussent perdu leurs puissantes protectrices : Prisca avait accompagné son époux à Salone, et Valérie avait été exilée en Asie par Galérius. Du fond même des prisons, Eudore suivait un plan pour le salut de l'Église et du monde ; il voulait engager Dioclétien à reprendre l'empire, et il lui avait envoyé un messager au nom des fidèles.

L'Église entière s'appuyait sur le courage, la prévoyance et les conseils d'Eudore ; et Cymodocée réclamait en vain la protection de son époux. Elle voguait vers les rivages de la Macédoine. Des hommes affreux l'environnaient. Des soldats et des matelots, plongés du matin au soir dans la débauche et dans l'ivresse, insultaient à chaque instant l'innocence. Ils s'aperçurent bientôt que Dorothée et la fille de Démodocus étaient chrétiens. Il y a dans la croix une vertu qui se trahit aux regards du vice. Cette découverte augmenta l'insolence de ces barbares. Tantôt ils promettaient au couple infortuné de le livrer aux bourreaux en arrivant au rivage ; tantôt ils le menaçaient de le jeter dans la mer pour apaiser le courroux de Neptune : ils faisaient retentir aux oreilles de Cymodocée des chants abominables ; et sa beauté enflammant leur brutal désir, il était à craindre qu'ils n'en vinssent aux derniers outrages.

Dorothée défendait l'innocence avec la prudence d'un père et le courage d'un héros. Mais que pouvait un seul homme contre une troupe de tigres furieux ?

Le Fils de l'Éternel, accompagné des chœurs célestes, revenait dans ce moment des bornes les plus reculées de la création. Il était sorti des demeures incorruptibles pour rendre la vie et la jeunesse à des mondes vieillis. De globe en globe, de soleil en soleil, ses pas majestueux avaient parcouru toutes ces sphères qu'habitent des intelligences divines, et peut-être des hommes inconnus aux hommes. Rentré dans le sanctuaire impénétrable, il s'assied à la droite de Dieu ; ses regards pacifiques tombent bientôt sur la terre. De tous les ouvrages du Tout-Puissant, il n'en est point à ses yeux de plus agréable que l'homme. Le Sauveur aperçoit le vaisseau de Cymodocée ; il voit les périls de cette victime innocente qui doit attirer sur les gentils la bénédiction du Dieu d'Israël. Si le ciel a permis que cette nouvelle chrétienne fût éprouvée, c'est pour lui donner la force de surmonter les dernières afflictions qui la couvriront d'une gloire immortelle. Mais l'épreuve est assez longue. Cymodocée n'ira point s'égarer loin du théâtre de sa victoire. Le jour de son triomphe est venu, et les décrets éternels appellent au lieu du combat la vierge prédestinée.

Par un signe au milieu de la nue, Emmanuel fait connaître à l'ange des mers la volonté du Très-Haut. Aussitôt le vent, qui jusqu'alors avait été favorable au vaisseau de Cymodocée, expire : un calme profond règne dans les airs ; à peine des brises incertaines se lèvent tour à tour de divers côtés, rident la surface unie des flots, et viennent agiter les voiles sans avoir la force de les soulever. Le soleil pâlit au milieu de son cours, et l'azur du ciel, traversé de bandes verdâtres, semble se décomposer dans une lumière louche et troublée. Des sillons plombés s'étendent sans fin dans une mer pesante et morte ; le pilote, levant les mains, s'écrie :

« O Neptune ! que nous présagez-vous ? Si mon art n'est pas trompeur, jamais plus horrible tempête n'aura bouleversé les flots. »

A l'instant il ordonne d'abattre les voiles, et chacun se prépare au danger.

Les nuages s'amoncellent entre le midi et l'orient ; leurs bataillons funèbres paraissent à l'horizon comme une noire armée, ou comme de lointains écueils. Le soleil descendant derrière ces nuages, les perce d'un rayon livide, et découvre dans ces vapeurs entassées des profondeurs menaçantes. La nuit vient : d'épaisses ténèbres enveloppent le vaisseau ; le matelot ne peut distinguer le matelot tremblant auprès de lui.

Tout à coup un mouvement parti des régions de l'aurore annonce que Dieu vient d'ouvrir le trésor des orages. La barrière qui retenait le tourbillon est brisée, et les quatre vents du ciel paraissent devant le dominateur des mers. Le vaisseau fuit et présente sa poupe bruyante au souffle impétueux de l'orient ; toute la nuit il sillonne les vagues étincelantes. Le jour renaît et ne verse de clarté que pour laisser voir la tempête : les flots se déroulaient avec uniformité. Sans les mâts et le corps de la galère, que le vent rencontrait dans sa course, on n'aurait entendu aucun bruit sur les eaux. Rien n'était plus menaçant que ce silence dans le tumulte, cet ordre dans le désordre. Comment se sauver d'une tempête qui semble avoir un but et des fureurs préméditées ?

Neuf jours entiers le navire est emporté vers l'occident avec une force irrésistible. La dixième nuit achevait son tour lorsqu'on entrevit, à la lueur des éclairs, des côtes sombres qui semblaient d'une hauteur démesurée. Le naufrage parut inévitable. Le patron du vaisseau place chaque marin à son poste, et ordonne aux passagers de se retirer au fond de la galère ; ils obéissent, et ils entendent la fatale planche se refermer sur eux.

C'est dans ces moments que l'on apprend bien à connaître les hommes. Un esclave chantait d'une voix forte ; une femme pleurait en allaitant l'enfant qui bientôt n'aurait plus besoin du sein maternel ; un disciple de Zénon se lamentait sur la perte de la vie. Pour Cymodocée, elle pleurait son père et son époux, et priait avec Dorothée celui qui sait nous retrouver jusque dans les flancs des monstres de l'abîme.

Une violente secousse entr'ouvre la galère, un torrent d'eau se précipite dans la retraite des passagers ; ils roulent pêle-mêle. Un cri étouffé sort de ce chaos.

Une vague avait enfoncé la poupe du navire : la fille d'Homère et Dorothée sont jetés au pied des degrés qui conduisaient sur le pont. Ils y montent à demi suffoqués. Quel spectacle ! Le vaisseau s'était échoué sur un banc de sable ; à deux traits d'arc de la proue, un rocher lisse et vert s'élevait à pic au-dessus des flots. Quelques matelots, emportés par la lame, nageaient dispersés sur le gouffre immense ; les autres se tenaient accrochés aux cordages et aux ancres. Le pilote, une hache à la main, frappait le mât du vaisseau ; et le gouvernail, abandonné, allait tournant et battant sur lui-même avec un bruit rauque.

Restait une faible espérance : le flot, en s'engouffrant dans le détroit, pouvait soulever la galère et la jeter de l'autre côté du banc de sable. Mais qui oserait tenir le gouvernail dans un tel moment ? Un faux mouvement du pilote pouvait donner la mort à deux cents personnes. Les mariniers, domptés par la crainte, n'insultaient plus les deux chrétiens ; ils reconnaissaient au contraire la puissance de leur Dieu, et les suppliaient d'en obtenir leur délivrance. Cymodocée, oubliant leurs outrages et ses périls, se jette à genoux, et fait un vœu à la mère du Sauveur. Dorothée saisit le timon abandonné ; les yeux tournés vers la poupe, la bouche entr'ouverte, il attend de la lame qui va rouler sur le vaisseau où la vie ou la mort. La lame se lève, elle approche, elle se brise : on entend le gouvernail tourner avec effort sur ses gonds rouillés ; l'écueil voisin semble changer de place, et l'on sent, avec une joie mêlée d'un doute affreux, le vaisseau soulevé et emporté rapidement. Un moment du plus terrible silence règne parmi les matelots. Tout à coup une voix demande la sonde : la sonde se précipite ; on était dans une eau profonde ! Un cri de joie s'élève jusqu'au ciel.

Étoile des mers, patronne des navigateurs, le salut de ces infortunés fut un miracle de votre bonté divine ! On ne vit point un dieu imaginaire lever la tête au-dessus des vagues et leur commander le silence ; mais une lumière surnaturelle entr'ouvrit les nuées : au milieu d'une gloire, on aperçut une femme céleste portant un enfant dans ses bras, et calmant les flots par un sourire. Les mariniers se jettent aux genoux de Cymodocée, et confessent Jésus-Christ : première récompense que l'Éternel accorde aux vertus d'une vierge persécutée !

Le vaisseau s'approche doucement de la rive, où s'élevait une chapelle chrétienne abandonnée. On précipite au fond de la mer des sacs remplis de pierres attachées à un câble de Tyr, et l'ancre sacrée, dernière ressource dans les naufrages. Parvenu à fixer la galère, on se hâte de l'abandonner. Comme une reine environnée d'une troupe de captifs qu'elle vient de délivrer de l'esclavage, Cymodocée descend à terre, portée sur les épaules des matelots. A l'instant même elle accomplit son vœu. Elle marche à la chapelle en ruine. Les matelots la suivent deux à deux, demi-nus et couverts de l'écume des flots. Soit hasard, soit dessein du ciel, il restait dans cet asile désert une image de Marie à moitié brisée. L'épouse d'Eudore y suspendit son voile tout trempé des eaux de la mer. Cymodocée prenait possession d'une terre réservée à sa gloire : elle entrait triomphante en Italie.

LIVRE VINGTIÈME

SOMMAIRE.

Cymodocée, arrêtée par les satellites d'Hiéroclès, est conduite à Rome. Émeute populaire. Cymodocée, délivrée des mains d'Hiéroclès, est renfermée dans les prisons comme chrétienne. Disgrâce d'Hiéroclès. Il reçoit l'ordre de partir pour Alexandrie. Lettre d'Eudore à Cymodocée.

L'aurore avait rappelé les mortels aux fatigues et aux douleurs ; ils reprenaient de toutes parts leurs travaux pénibles : le laboureur suivait la charrue en arrosant de ses sueurs le sillon que le bœuf avait tracé ; la forge retentissait des coups du marteau qui tombait en cadence sur le fer étincelant ; une rumeur confuse s'élevait des cités. Le ciel était serein et l'orient radieux. On n'envoya point au-devant de Cymodocée une galère ornée de bandelettes ; un char attelé de quatre chevaux blancs ne l'attendait point sur la rive. Les honneurs que lui préparait l'Italie étaient de ceux qu'elle décernait aux chrétiens : la persécution et la mort.

Les décrets du ciel avaient conduit la fille d'Homère non loin de Tarente, sous un promontoire avancé qui dérobait aux yeux des naufragés la patrie d'Architas. Le pilote monta sur de hauts rochers, et jetant ses regards autour de lui, il s'écria tout à coup :

« L'Italie ! l'Italie ! »

A ce nom, Cymodocée sentit ses genoux se dérober sous elle ; son sein se souleva comme la vague enflée par le vent. Dorothée fut obligé de la soutenir dans ses bras, tant elle éprouva de joie à fouler la même terre que son époux. Puisque Dieu la séparait de son père, qu'elle croyait encore en Messénie, du moins elle pouvait voler à Rome.

« Je suis chrétienne à présent, disait-elle : Eudore ne peut plus m'empêcher de partager ses douleurs. »

Comme Cymodocée prononçait ces mots, on vit un vaisseau tourner le promontoire voisin. Il était tiré par une barque chargée de soldats. Bientôt les matelots cessent de ramer. Les soldats coupent la corde qui servait à traîner le vaisseau ; le vaisseau s'arrête, s'enfonce peu à peu, et disparaît sous les flots.

C'était une de ces galères remplies de pauvres et de malheureux que Galérius faisait noyer sur des côtes solitaires. Quelques-unes des victimes, dégagées de leur prison par les vagues, nagent vers la barque des soldats ; ceux-ci les repoussent avec leurs piques ; et, joignant la raillerie à l'atrocité, ils les envoient souper chez Neptune. A ce spectacle, les matelots de la galère de Cymodocée s'enfuirent épouvantés le long des sirtes ; mais Dorothée et sa compagne ne peuvent vaincre dans leur cœur la charité, signe ineffaçable du chrétien. Ils appellent les infortunés qui luttent encore contre le trépas ; ils leur tendent les mains ; ils parviennent à les sauver. Aussitôt les ministres de Galérius abordent au rivage ; ils entourent Dorothée et la fille de Démodocus.

« Qui êtes-vous, dit le centurion d'une voix menaçante, vous qui ne craignez point d'arracher à la mort les ennemis de l'empereur ? »

— « Je suis Dorothée, répondit le chrétien, dont l'indignation trahit la prudence ; je remplis les devoirs imposés à l'homme. Ah ! il faut que Tarente ait conservé ses dieux irrités, pour avoir ainsi perdu tout sentiment de pitié et de justice ! »

Au nom de Dorothée, connu dans tout l'empire, le centurion n'ose porter la main sur un homme d'un rang aussi élevé ; mais il demande quelle est cette femme, dont la pitié imprudente s'est rendue coupable en violant les édits.

« Elle est sans doute chrétienne ! s'écrie-t-il, frappé de son humanité et de sa modestie. Où allez-vous ? d'où venez-vous ? comment êtes-vous ici ? Savez-vous qu'on ne peut entrer en Italie sans un ordre particulier d'Hiéroclès ? »

Dorothée raconte son naufrage, et cherche à cacher le nom de sa compagne. Le centurion se transporte à la galère échouée.

Lorsque, menacée par les matelots, Cymodocée s'était vue au moment de perdre la vie, elle avait écrit à son père et à son époux deux lettres d'adieux, remplies de douleur et de passion. Ces lettres, restées à bord, apprirent son nom aux soldats, et une croix trouvée sur son lit décela sa religion : ainsi Philomèle se trahit par des chants d'amour qui la découvrent à l'oiseleur ; ainsi l'on reconnaît les épouses des rois à leur sceptre.

Le centurion dit à Dorothée :

« Je suis obligé de vous retenir sous ma garde avec cette Messénienne. Les ordres contre les chrétiens sont exécutés dans toute leur rigueur ; et si je vous laissais libre, je courrais risque de la vie. Je vais faire partir un messager, et le ministre de l'empereur disposera de votre sort. »

Hiéroclès exerçait alors sur le monde romain un pouvoir absolu, mais il était plongé dans de vives inquiétudes. Publius, préfet de Rome, commençait à l'emporter sur lui dans la faveur de Galérius. Le rival d'Hiéroclès le traversait dans tous ses projets. Las d'attendre le retour de Cymodocée, le persécuteur voulait-il livrer Eudore aux tourments, Publius trouvait quelque moyen de retarder le sacrifice. Hiéroclès, fidèle à ses premiers desseins, reculait-il le jugement du fils de Lasthénès, Publius disait à l'empereur :

« Pourquoi le ministre de votre Éternité n'abandonne-t-il pas au glaive le dangereux chef des rebelles ? »

Le silence de l'Orient sur la fille d'Homère alarmait aussi le coupable amour du persécuteur. Dans son impatience, il avait placé des sentinelles à tous les ports de l'Italie et de la Sicile. De nombreux courriers lui apportaient nuit et jour des nouvelles du rivage. Ce fut au milieu de ces perplexités qu'il reçut le messager de Tarente. Au nom de Cymodocée, il pousse un cri de joie, et se précipite de son lit : tel le chantre d'Ilion peint le monarque du Tartare s'élançant de son trône. Les lèvres tremblantes, les yeux égarés d'amour et de joie :

« Qu'on amène en ma présence, s'écrie-t-il, mon esclave messénienne ! Mon bonheur me la renvoie. »

En même temps il ordonne de rendre la liberté à l'officier du palais de Dioclétien.

Dorothée avait à Rome de nombreux partisans et de zélés protecteurs, même parmi les païens. Cet homme juste ne s'était jamais servi de sa fortune et de son pouvoir que pour prévenir les violences et protéger l'innocent. Il recueillait en ce moment le fruit de ses vertus, et l'opinion publique lui servait de défense contre un ministre pervers. La rencontre de ce chrétien puissant et de Cymodocée parut à Hiéroclès un effet du hasard ; il ne voulut point s'attirer de nouveaux ennemis, lorsqu'il avait déjà Publius à combattre. L'apostat sentait intérieurement que les haines publiques s'amoncelaient sur sa tête : c'est ainsi que, dans la crainte de soulever le peuple en faveur d'un vieux prêtre des dieux, il avait laissé Démodocus errer obscurément au milieu de Rome. Dieu commençait à aveugler le méchant. Au lieu de marcher droit à son but, il s'embarrassait dans des prévoyances humaines ; et, à force de politique, de finesse et de calcul, il venait tomber dans les piéges qu'il prétendait éviter. Hiéroclès, aux yeux de la foule, paraissait encore tout-puissant ; mais un œil exercé voyait en lui des signes de dépérissement et de décadence : tel s'élève un chêne dont la tête touche au ciel, dont les racines descendent aux enfers ; il semble braver les hivers, les vents et la foudre ; le voyageur, assis à ses pieds, admire ses inébranlables rameaux qui ont vu passer les générations des mortels ; mais le pâtre, qui contemple le roi des forêts du haut de la colline, le voit élever au-dessus de son feuillage verdoyant une couronne desséchée.

Sur une colline qui dominait l'amphithéâtre de Vespasien, Titus avait bâti un palais des débris de la Maison dorée de Néron. Là se trouvaient réunis tous les chefs-d'œuvre de la Grèce. De vastes péristyles, des salles incrustées de marbre d'Orient, et pavées de mosaïques précieuses, étalaient aux regards les miracles de la sculpture antique : le *Mercure* de Zénodore, enlevé à la cité d'Arverne dans les Gaules, frappait par ses dimensions colossales, qui n'ôtaient rien à sa légèreté; la *Joueuse de flûte* de Lysippe semblait chanceler en riant sous le pouvoir de Bacchus; la *Vénus* de bronze de Praxitèle disputait le prix de la beauté à la Vénus de marbre de cet artiste divin ; sa *Matrone en larmes*, et sa *Phryné* dans la joie, montraient la flexibilité de son art : la passion du sculpteur se décelait dans les traits de la courtisane, qui semblait promettre au génie la récompense de l'amour. Tout auprès de *Phryné*, on admirait la *Lionne sans langue*, symbole ingénieux de cette autre courtisane qui mourut dans les tourments plutôt que de trahir Harmodius et Aristogiton. La statue du *Désir*, qui le faisait naître, celle de *Mars en repos* et de *Vesta assise*, immortalisaient dans ces lieux le talent de Scopas. Galérius, à tous ces monuments sans prix, avait ajouté le Taureau d'airain que Périllus inventa pour Phalaris.

Le nouvel empereur habitait ce beau palais. Hiéroclès, son digne ministre, occupait un des portiques de la demeure du maître du monde. Les appartements du philosophe stoïque surpassaient en magnificence ceux mêmes de Galérius. Sur les murs polis avec art étaient représentés des paysages charmants, de vastes forêts, de fraîches cascades. Les tableaux des plus grands maîtres ornaient des bains enchantés et des cabinets voluptueux : ici paraissait la *Junon Lacinienne* : pour servir de modèle à ce chef-d'œuvre, les Agrigentins avaient jadis offert leurs filles nues aux regards de Zeuxis; là, c'était la *Vénus* d'Apelles sortant de l'onde, digne de régner sur les dieux ou d'être aimée d'Alexandre. On voyait mourir d'amour le *Satyre* de Protogène : l'habitant des bois expirait sur la mousse à l'entrée d'une grotte tapissée de lierre; sa main laissait échapper sa flûte, son thyrse était brisé, sa tasse renversée ; et tel était l'artifice du peintre, qu'il avait su réunir ce que Vénus a de plus matériel dans la brute et de plus céleste dans l'homme. Malheur à celui qui fit sortir les beaux-arts des temples de la divinité, pour en décorer la demeure des mortels ! Alors les œuvres sublimes du silence, de la méditation et du génie devinrent les causes, les éléments, les témoins des plus grands crimes ou des passions les plus honteuses.

Hiéroclès attendait la fille de Démodocus dans la plus belle salle de son palais. A l'une des extrémités de cette salle respirait l'*Apollon* vainqueur du serpent ennemi de Latone ; à l'extrémité opposée s'élevait le groupe de *Laocoon et ses fils*, comme si le sage, au milieu de ses voluptés, n'avait pu se passer de l'image de l'humanité souffrante! La pourpre, l'or, le cristal, étincelaient de toutes parts. On entendait sans cesse le doux bruit des eaux et d'une musique lointaine. Les fleurs les plus rares de l'Asie embaumaient l'air, et des parfums exquis brûlaient dans des vases d'albâtre.

Les satellites d'Hiéroclès lui amènent enfin la proie qu'il poursuit depuis si longtemps. Par des détours obscurs et des portes secrètes que l'on referme soigneusement sur ses pas, Cymodocée est conduite aux pieds du persécuteur. Les esclaves se retirent, et la fille de Démodocus reste seule avec un monstre qui ne craint ni les hommes ni les dieux.

Elle cachait sa douleur sous les replis d'un voile. On n'entendait que le bruit de ses pleurs, comme on est frappé dans les bois du murmure d'une source qu'on ne voit point encore. Son sein, agité par la crainte, soulevait sa robe blanche. Elle remplissait la salle d'une espèce de lumière, pareille à cette clarté qui émane du corps des anges et des esprits bienheureux.

Hiéroclès demeure un moment interdit devant l'autorité de l'innocence, de la faiblesse et du malheur. Ses avides regards se repaissent de tant de charmes. Il contemple avec une ardeur effrayante celle qu'il n'a jamais vue si près de lui, celle dont il n'a jamais touché ni la main ni le voile, celle dont il n'a jamais entendu la voix que dans les chœurs des vierges, et qui pourtant a disposé des jours, des nuits, des pensées, des songes, des crimes de l'apostat. Bientôt la passion de cet homme dévoué à l'enfer surmonte le premier moment d'hésitation et de trouble. Il affecte d'abord une modération que l'amour, la jalousie, la vengeance, l'orgueil, ne pouvaient permettre à son cœur. Il adresse ces mots à Cymodocée :

« Cymodocée, pourquoi cette frayeur et ces larmes? Tu sais que je t'aime. Soumis à tes moindres volontés, tu me verras t'obéir comme ton esclave, si tu consens à m'écouter. »

L'insolent favori de la fortune soulève le voile de Cymodocée. Il reste ébloui des grâces qu'il découvre. La vierge rougit, et cachant dans son sein son visage baigné de larmes :

« Je ne veux rien de toi, dit-elle. Je ne te demande rien que de me rendre à mon père. Les bois du Pamysus sont plus agréables à mon cœur que tous tes palais. »

— « Hé bien! répondit Hiéroclès, je te rendrai à ton père; je comblerai ce vieillard de gloire et de richesses ; mais songe qu'une résistance inutile pourrait perdre à jamais l'auteur de tes jours. »

— « Me rendras-tu aussi à mon époux ? » s'écria Cymodocée en joignant ses mains suppliantes.

A ce nom Hiéroclès pâlit, et contenant à peine sa rage :

« Quoi ! dit-il, à ce perfide qui s'est emparé de ton cœur par des philtres et des enchantements ! Écoute : il va perdre la vie dans les tourments. Juge de mon amour pour toi : j'arracherai à la mort ce rival odieux. »

Cymodocée, trompée et poussant un cri de joie, tombe aux pieds d'Hiéroclès ; elle embrasse ses genoux.

« Illustre seigneur, dit-elle, vous êtes placé à la tête des sages. Démodocus mon père m'a souvent raconté que la philosophie élève les mortels au-dessus de ce que j'appelais les dieux. Protégez donc, ô maître des hommes, protégez l'innocence, et réunissez deux époux injustement persécutés. »

— « Nymphe divine, s'écria Hiéroclès transporté d'amour, relève-toi ! Ne vois-tu pas que tes charmes détruisent l'effet de tes prières ? Et qui pourrait te céder à un rival ? La sagesse, enfant trop aimable, consiste à suivre les penchants de son cœur. N'en crois pas une religion farouche qui veut commander à tes sens. Les préceptes de pureté, de modestie, d'innocence, sont sans doute utiles à la foule ; mais le sage jouit en secret des biens de la nature. Les dieux n'existent point, ou ne se mêlent point des choses d'ici-bas. Viens donc, ô vierge ingénue, viens : abandonnons-nous sans remords aux délices de l'amour et aux faveurs de la fortune. »

A ces mots, Hiéroclès jette ses bras autour de Cymodocée, comme un serpent s'enlace autour d'un jeune palmier ou d'un autel consacré à la pudeur. La fille de Démodocus se dégage avec indignation des embrassements du monstre.

« Quoi ! dit-elle, c'est là le langage de la sagesse ! Ennemi du ciel, tu oses parler de vertu ! Ne m'as-tu pas promis de sauver Eudore ? »

— « Tu m'as mal compris, s'écrie Hiéroclès le cœur palpitant de jalousie et de colère. Tu me parles trop de cet homme plus horrible à mes yeux que cet enfer dont me menacent tes chrétiens. L'amour que tu lui portes est l'arrêt de sa mort. Pour la dernière fois, sache à quel prix je laisserai vivre Eudore : il meurt si tu n'es à moi. »

La réprobation parut tout entière sur le visage d'Hiéroclès. Un sourire contracte ses lèvres, et des gouttes de sang tombent de ses yeux. La chrétienne, qui jusqu'alors avait été frappée de terreur, se sentit soudain relevée par le coup qui devait l'abattre. Il n'est d'affreux que le commencement du malheur ; au comble de l'adversité, on trouve, en s'éloignant de la terre, des régions tranquilles et sereines : ainsi, lorsqu'on remonte les rives d'un torrent furieux, on est épouvanté, au fond de la vallée, du fracas de ses ondes ; mais à mesure que l'on s'élève sur la montagne, les eaux diminuent, le bruit s'affaiblit, et la course du voyageur va se terminer aux régions du silence dans le voisinage du ciel.

Cymodocée jette un regard de mépris sur Hiéroclès :

« Je te comprends, dit-elle, et je vois à présent pourquoi mon époux n'a point encore reçu sa couronne ; mais sache que je n'achèterai point par le déshonneur la vie du guerrier que j'aime plus que la lumière des cieux. Il n'est point de supplice qu'Eudore ne préfère à celui de me voir à toi ; tout faible qu'il est, mon époux se rit de ta puissance : tu ne peux que lui donner la palme, et j'espère la partager avec lui. »

— « Non, dit Hiéroclès furieux, je n'aurai point perdu le fruit de tant de souffrances, d'humiliations et de complots : j'obtiendrai par la force ce que tu me refuses, et tu verras périr le traître que tu ne veux pas sauver. »

Il dit, et poursuit Cymodocée, qui fuit dans la vaste salle. Elle se précipite aux pieds du *Laocoon* ; elle menace le persécuteur de se briser la tête contre le marbre ; elle embrasse la statue, et semble un troisième enfant expirant de douleur aux pieds d'un père infortuné.

« Mon père, s'écrie-t-elle, mon père, ne viendras-tu pas me secourir ! Vierge sainte, ayez pitié de moi ! »

A peine a-t-elle prononcé cette prière, le palais retentit des clameurs de mille voix tumultueuses. On frappe à coups redoublés aux portes d'airain.

Hiéroclès, étonné, suspend sa poursuite. Dieu, par un effroi soudain, fixe les pas, et glace le cœur du pervers.

« C'est la Vierge sainte, s'écrie Cymodocée ; elle vient ! Méchant, tu vas être puni ! »

Le bruit augmente. Hiéroclès ouvre la porte d'une galerie qui dominait les cours du palais ; il aperçoit une foule immense : au milieu est un vieillard qui tient un rameau de suppliant, et porte la robe et les bandelettes d'un prêtre des dieux. On entend de toutes parts ces cris :

« Qu'on lui rende sa fille ! Qu'on livre le traître au suppliant du peuple romain ! »

Ces mots parviennent à Cymodocée : elle s'élance aussitôt dans la galerie ; elle reconnaît son père... Démodocus à Rome !... Du haut du palais, Cymodocée avance la tête, ouvre les bras et se penche vers Démodocus. Un cri s'élève :

« La voilà ! C'est une prêtresse des Muses ! c'est la fille de ce vieux prêtre des dieux. »

Démodocus reconnaît sa fille ; il la nomme par son nom ; il verse des torrents de larmes, il déchire ses vêtements, il tend au peuple des mains suppliantes. Hiéroclès appelle ses esclaves ; il veut enlever Cymodocée ; mais la foule :

« Il y va de ta vie, Hiéroclès ; nous te déchirerons de notre propre main si tu fais la moindre violence à cette vierge des Muses. »

Des soldats mêlés parmi le peuple tirent leurs épées et menacent le persécuteur. Cymodocée s'attache aux colonnes de la galerie ; la Reine des anges l'y retient par des nœuds invisibles : rien ne peut l'en arracher.

Dans ce moment, Galérius, effrayé du tumulte qu'il entendait dans son palais, paraît sur un balcon opposé, entouré de sa cour et de ses gardes. Le peuple s'écrie :

« César, justice, justice ! »

L'empereur, par un signe de la main, commande le silence ; et le peuple romain, avec ce bon sens qui le caractérise, se tait et écoute.

Le préfet de Rome, qui favorisait secrètement cette scène afin de perdre Hiéroclès, était auprès de Galérius ; il interroge le peuple :

« Que voulez-vous de la justice d'Auguste ? »

— « Vieillard, réponds ! » s'écria la foule.

Démodocus prend la parole :

« Fils de Jupiter et d'Hercule, divin empereur, aie pitié d'un père qui réclame sa fille ; Hiéroclès l'a renfermée dans ton palais : tu la vois échevelée à ce portique auprès de son ravisseur ; il veut faire violence à une prêtresse des Muses ; je suis moi-même un prêtre des dieux : protége l'innocence, la vieillesse et les autels. »

Hiéroclès répond du haut du portique :

« Divin Auguste, et vous, peuple romain, on vous trompe : cette Grecque est une esclave chrétienne, qu'injustement on me veut ravir. »

Démodocus :

« Elle n'est pas chrétienne ; ma fille n'est pas esclave. Je suis citoyen romain. Peuple, n'écoutez pas notre ennemi. »

— « Ta fille est-elle chrétienne ? » s'écrie le peuple d'une commune voix.

« Non, repartit Démodocus, elle est prêtresse des Muses : il est vrai que, pour épouser un chrétien, elle voulait... »

— « Est-elle chrétienne ? interrompit le peuple. Qu'elle parle elle-même. »

Alors Cymodocée, levant les yeux au ciel, répond :

« Je suis chrétienne. »

— « Non, tu ne l'es pas! s'écrie Démodocus avec des sanglots. Aurais-tu la barbarie de vouloir être à jamais séparée de ton père? Auguste, peuple romain, ma fille n'a pas été marquée du sceau de la religion nouvelle. »

Dans ce moment, la fille d'Homère découvre Dorothée au milieu de la foule.

« Mon père, dit la vierge en larmes, je vois auprès de vous Dorothée; c'est lui, sans doute, qui vous a conduit ici pour me sauver : il sait que je suis chrétienne; que j'ai été marquée du sceau de ma religion; il a été témoin de mon bonheur. Je ne puis nier ma foi : je veux être l'épouse d'Eudore. »

Le peuple s'adressant à Dorothée :

« Est-elle chrétienne ? »

Dorothée baissa la tête et ne répondit point.

« Vous le voyez, s'écrie Hiéroclès, elle est chrétienne. Je réclame mon esclave. »

Le peuple interdit demeure suspendu entre sa fureur contre les chrétiens, sa haine pour Hiéroclès, et sa pitié pour Cymodocée ; puis satisfaisant à la fois sa justice et ses passions :

« Cymodocée est chrétienne, dit-il : qu'on la livre au préfet de Rome, et qu'elle subisse le sort des chrétiens; mais qu'on l'arrache à Hiéroclès, dont elle ne peut être l'esclave : Démodocus est citoyen romain. »

Auguste confirme cette espèce de sentence par un signe de tête, et Publius se hâte de l'exécuter.

Retiré dans son palais, Galérius est agité par des mouvements de honte et de colère : il ne peut pardonner à Hiéroclès d'être la cause d'un rassemblement séditieux qui avait osé violer l'asile même du prince.

Le préfet de Rome revient trouver Galérius.

« Auguste, lui dit-il, la sédition est apaisée : cette chrétienne de Messénie est jetée dans les prisons. Prince, je ne saurais vous le cacher, votre ministre a compromis le salut de l'empire. Il prétend être l'ennemi des chrétiens; toutefois il épargne depuis longtemps la vie du plus dangereux des rebelles. Cymodocée était destinée pour épouse à Eudore : il est bien malheureux que votre premier ministre ait de ridicules démêlés de jalousie avec le chef de vos ennemis. »

Publius s'aperçoit de l'effet de ce discours; il se hâte d'ajouter :

« Mais, prince, ce ne sont pas là les seuls torts d'Hiéroclès : si on voulait l'en croire, ce serait lui qui vous aurait fait nommer Auguste; ce Grec, qui doit tout à vos bontés, vous aurait revêtu de la pourpre.... »

Publius s'interrompit à ces mots, comme s'il eût renfermé dans son cœur des choses encore plus injurieuses à la majesté du prince. Galérius rougit, et l'habile courtisan vit qu'il avait touché la plaie secrète.

Publius n'avait point ignoré l'arrivée de Dorothée à Rome, son entrevue avec Démodocus, et les démarches de celui-ci pour conduire la foule au palais ; il eût été facile à Publius de prévenir le mouvement populaire ; mais il se garda bien de faire manquer un projet qui pouvait renverser Hiéroclès ; il favorisa même par des agents secrets les desseins de Démodocus : maître de tous les ressorts qui faisaient jouer cette grande machine, ses discours insidieux achevèrent d'alarmer l'esprit de Galérius.

« Qu'on me délivre de ce chrétien et de ses complices, dit l'empereur. Je vois avec regret qu'Hiéroclès ne peut plus rester auprès de moi ; mais, en récompense de ses services passés, je le nomme gouverneur de l'Égypte. »

Alors Publius, au comble de la joie :

« Que votre majesté divine se repose sur moi de tous ces soins. Eudore mérite mille fois la mort ; mais, comme ses trahisons ne sont pas assez prouvées, il suffira de le faire juger comme chrétien. Quant à Cymodocée, elle sera condamnée à son tour avec la foule des impies. Hiéroclès va recevoir les ordres de votre Éternité. »

Ainsi parle Publius, et sur-le-champ il fait connaître à Hiéroclès sa destinée.

Le ministre pervers relit plusieurs fois la lettre impériale qui l'éloigne de la cour. Ses joues pâles, ses yeux égarés, sa bouche entr'ouverte, exprimaient les douleurs du courtisan criminel qui voit s'évanouir dans un instant les songes de sa vie.

« Dieu des chrétiens, s'écrie-t-il, est-ce toi qui me poursuis ? Pour obtenir Cymodocée, j'ai laissé vivre Eudore, et Cymodocée m'échappe, et mon rival mourra d'une autre main que de la mienne ! J'ai méprisé dans Rome un obscur vieillard, j'ai cru devoir laisser la liberté à un chrétien puissant, et Démodocus et Dorothée m'ont perdu ! O aveugle prévoyance humaine ! O vaine et fastueuse sagesse, qui n'as pu me conserver ma puissance, et qui ne peux me consoler ! »

Tels étaient les aveux que la douleur arrachait à Hiéroclès. Des larmes indignes mouillaient ses paupières. Il déplorait son sort avec la faiblesse d'une femme de peu de sens et d'un moindre cœur ; il eût pourtant voulu sauver Cymodocée, mais le lâche ne se sentait pas assez de courage pour exposer sa vie.

Tandis qu'il hésite entre mille projets, qu'il ne peut ni se résoudre à braver l'orage, ni consentir à s'éloigner, Dorothée avait instruit Eudore de l'arrivée de Cymodocée et des événements du palais. Les confesseurs, assemblés autour du fils de Lasthénès, le félicitaient d'avoir choisi une épouse si courageuse et si fidèle. La joie d'Eudore était grande, quoique troublée par les nouveaux périls qu'allait courir la jeune chrétienne.

« Elle a donc confessé Jésus-Christ la première ! s'écriait-il dans un saint transport. Cet honneur était réservé à son innocence ! »

Ensuite il pleurait d'attendrissement en songeant que sa bien-aimée avait reçu le baptême dans les eaux du Jourdain par la main de Jérôme.

« Elle est chrétienne ! répétait-il à tout moment. Elle a confessé Jésus-Christ devant le peuple romain ; je puis donc mourir en paix : elle viendra me retrouver ! »

Un rayon d'espérance commençait à luire dans les cachots. La disgrâce d'Hiéroclès pouvait amener un changement dans l'empire. Constantin menaçait Galérius du fond de l'Occident ; le messager qu'Eudore avait envoyé à Dioclétien pouvait rapporter d'heureuses nouvelles. Lorsqu'un vaisseau pendant une nuit affreuse a fait naufrage, les matelots boivent l'onde amère et luttent à peine contre les flots ; si une aurore trompeuse perce un moment les ténèbres et découvre à ces infortunés une terre prochaine, ils nagent avec effort vers la rive ; mais bientôt l'aurore s'éteint, la tempête recommence, et les nautoniers s'enfoncent dans l'abîme : telle fut la courte espérance, tel fut le sort des chrétiens.

Les martyrs chantaient encore au Très-Haut un cantique de louanges, lorsqu'ils virent entrer Zacharie. Déjà l'apôtre des Francs connaissait le destin de son ami :

« Chantez, dit-il, mes frères, chantez ! Vous avez un juste sujet de joie ! Demain un grand saint augmentera peut-être le nombre de vos intercesseurs auprès de Dieu ! »

Tous les confesseurs se turent. Le silence règne un moment dans la prison. Chacun cherche à deviner quelle est l'heureuse victime, chacun désire que le sort soit tombé sur lui, chacun repasse dans son esprit les titres qu'il peut avoir à cet honneur. Eudore avait à l'instant compris Zacharie ; mais il rejetait les espérances du martyre comme une pensée superbe et une tentation de l'enfer. Il craignait de pécher par orgueil en se désignant lui-même ; il se jugeait indigne de mourir de préférence à ces vieux confesseurs qui, depuis si longtemps, combattaient pour Jésus-Christ. Zacharie fit bientôt cesser cette sublime incertitude et cette émulation divine ; il s'approche d'Eudore :

« Mon fils, dit-il, je vous ai sauvé la vie ; vous me devez votre gloire : ne m'oubliez pas quand vous serez dans le ciel. »

A l'instant, tous les évêques, tous les prêtres, tous les prisonniers tombent aux genoux du martyr, baisent le bas de ses vêtements, et se recommandent à ses prières. Eudore, resté debout au milieu de ces vieillards prosternés, ressemblait à un jeune cèdre du Liban, seul rejeton d'une forêt antique abattue à ses pieds.

Un licteur, précédé de deux esclaves portant des torches de cyprès, pénètre dans le cachot. Surpris de l'adoration des prisonniers, qui demeurèrent dans la même attitude, il en croyait à peine ses regards :

« Roi des chrétiens, dit-il à l'époux de Cymodocée, quel est parmi ton peuple le tribun que l'on nomme Eudore? »

— « C'est moi, » répondit le fils de Lasthénès.

— « Eh bien ! dit le licteur encore plus étonné, c'est donc toi qui dois mourir ! »

— « Vous le voyez à mes honneurs, » repartit Eudore.

Un esclave déroule l'écrit fatal, et lit à haute voix l'ordonnance de Publius :

« Eudore, fils de Lasthénès, natif de Mégalopolis en Arcadie, jadis
« tribun de la légion britannique, maître de la cavalerie, préfet des
« Gaules, paraîtra demain au tribunal de Festus, juge des chrétiens,
« pour sacrifier aux dieux ou mourir. »

Eudore s'inclina, et le licteur sortit.

Comme dans les fêtes de la ville de Thésée on voit une jeune Canéphore se dérober aux yeux de la foule qui vante sa pudeur et ses grâces, ainsi Eudore, qui porte déjà les palmes du sacrifice, se retire au fond de la prison, pour éviter les louanges de ses compagnons de gloire. Il demande la liqueur mystérieuse dont les chrétiens se servaient entre eux au temps des persécutions, et il trace ses adieux à Cymodocée.

Ange des saintes amours, vous qui gardez fidèlement l'histoire des passions vertueuses, daignez me confier la page du livre de mémoire où vous gravâtes les tendres et pieux sentiments du martyr !

« Eudore, serviteur de Dieu, enchaîné pour l'amour de Jésus-
« Christ, à notre sœur Cymodocée désignée pour notre épouse et la
« compagne de nos combats, paix, grâce et amour.

« Ma colombe, ma bien-aimée, nous avons appris avec une joie
« digne de l'amour qui est pour vous dans notre cœur, que vous aviez
« été baptisée dans les eaux du Jourdain par notre ami le solitaire Jé-
« rôme. Vous venez de confesser Jésus-Christ devant les juges et les
« princes de la terre. O servante du Dieu véritable, quel éclat doit avoir
« maintenant votre beauté ! Pourrions-nous nous plaindre, nous trop
« justement puni, tandis que vous, Ève encore non tombée, vous souf-
« frez les persécutions des hommes ! Ce nous est une tentation dan-
« gereuse de penser que ces bras si faibles et si délicats sont abattus

« sous le poids des chaînes ; que cette tête, ornée de toutes les grâces
« des vierges, et qui mériterait d'être soutenue par la main des anges,
« repose sur une pierre dans les ténèbres d'une prison. Ah ! s'il nous
« eût été donné d'être heureux avec vous !... Mais loin de nous cette
« pensée ! Fille d'Homère, Eudore va vous devancer au séjour des
« concerts ineffables : il faut qu'il coupe le fil de ses jours, comme un
« tisserand coupe le fil de sa toile à moitié tissue. Nous vous écrivons
« de la prison de Saint-Pierre, la première année de la persécution.
« Demain nous comparaîtrons devant les juges, à l'heure où Jésus-
« Christ mourut sur la croix. Ma bien-aimée, notre amour pour vous
« serait-il plus fort, si nous vous écrivions de la maison des rois, et
« durant l'année du bonheur ?

« Il faut vous quitter, ô vous qui êtes née la plus belle entre les filles
« des hommes ! Nous demandons au ciel avec larmes qu'il nous per-
« mette de vous revoir ici-bas, ne fût-ce que pour un moment. Cette
« grâce nous sera-t-elle accordée ? Attendons avec résignation les
« décrets de la Providence ! Ah ! du moins, si nos amours ont été courts,
« ils ont été purs ! Ainsi que la Reine des anges, vous gardez le doux
« nom d'épouse, sans avoir perdu le beau nom de vierge. Cette pensée,
« qui ferait le désespoir d'une tendresse humaine, fait la consolation
« d'une tendresse divine. Quel bonheur est le nôtre ! O Cymodocée,
« nous étions destiné à vous appeler ou la mère de nos enfants, ou la
« chaste compagne de notre félicité éternelle !

« Adieu donc, ô ma sœur ! Adieu, ma colombe, ma bien-aimée !
« priez votre père de nous pardonner ses larmes. Hélas ! il vous perdra
« peut-être, et il n'est pas chrétien : il doit être bien malheureux !

« Voici la salutation que moi Eudore j'ajoute à la fin de cette lettre :
« Souvenez-vous de mes liens, ô Cymodocée !
« Que la douceur de Jésus-Christ soit avec vous ! »

LIVRE VINGT ET UNIÈME

SOMMAIRE.

Eudore est relevé de sa pénitence. Plaintes de Démodocus. Prison de Cymodocée. Cymodocée reçoit la lettre d'Eudore. Actes du martyre d'Eudore. Le Purgatoire.

C'était l'heure où les courtisans de Galérius, couchés sur des lits de pourpre autour d'une table pompeusement servie, prolongeaient les délices du festin dans les ombres de la nuit. Les mains chargées de branches d'anet, le front ceint d'une couronne de roses et de violettes, chaque convive faisait éclater ses transports. Des joueuses de flûte, habiles dans l'art de Terpsichore, irritaient les désirs par des danses efféminées et des chansons voluptueuses. Une coupe d'une rare beauté, et aussi profonde que celle de Nestor, animait la joyeuse assemblée. Le dieu qui porte l'arc et le bandeau, et qui se rit des maux qu'il a faits, était, comme au banquet d'Alcibiade, l'objet des discours de ces hommes heureux. Le marbre, le cristal, l'argent, l'or, les pierres précieuses, renvoyaient et multipliaient l'éclat des flambeaux ; et l'odeur des parfums de l'Arabie se mêlait à celle des vins de la Grèce.

A cette heure, les confesseurs chrétiens, abandonnés du monde et condamnés à mourir, préparaient aussi une fête et un banquet dans les cachots de Saint-Pierre. Eudore devait comparaître le lendemain au tribunal du juge ; il pouvait expirer au milieu des tourments : il était donc temps de le relever de sa pénitence.

On allume une lampe dans la prison. Cyrille, à qui l'évêque de Rome a remis ses pouvoirs, doit célébrer la messe de réconciliation. Gervais et Protais sont choisis pour servir le sacrifice : ils se revêtent d'une tunique blanche apportée par les frères ; leurs cheveux blonds tombent en boucles sur leur cou découvert ; une pudeur virginale respire dans tous leurs traits. On eût dit qu'ils marchaient au martyre, tant il y avait de joie et de modestie peintes sur le front de ces jeunes hommes !

Les prisonniers se mettent à genoux autour de Cyrille, qui commence à voix basse une messe sans calice et sans autel. Les confesseurs alarmés ne savent où il va consacrer la victime sans tache. O sublime invention de la charité ! ô touchante cérémonie ! le vieil évêque dépose l'hostie sur son cœur, qui devient ainsi l'autel du sacrifice. Jésus-Christ martyr est offert en holocauste sur le cœur d'un martyr ! Un Dieu s'élève de ce cœur, un Dieu descend dans ce cœur.

Cependant Eudore, dépouillé de l'habit de sa pénitence, reçoit en échange une robe éclatante de blancheur. Perséus et Zacharie se lèvent pour remplir les fonctions de diacre et d'archidiacre : ils adressent au nom des chrétiens ces paroles à Cyrille :

« Très-cher à Dieu, c'est ici le moment de la miséricorde ; ce pénitent veut être réconcilié, et l'Église vous le demande : il a été postulant, auditeur, prosterné ; faites-le remonter au rang des élus. »

Cyrille dit alors :

« Pénitent, promettez-vous de changer de vie ? Levez les mains au ciel en signe de cette promesse. »

Eudore leva vers le ciel ses bras chargés de chaînes : il parut orné de ses liens comme une jeune épouse de ses bracelets et des franges d'or qui bordent sa robe. Cyrille prononça sur lui ces paroles :

« Fidèle, je t'absous par la miséricorde de Jésus-Christ, qui délie dans le ciel tout ce que ses apôtres délient sur la terre. »

A ces mots, Eudore tombe aux pieds de l'évêque : il reçoit des mains du diacre le saint Viatique, ce pain du voyageur chrétien préparé pour le pèlerinage de l'éternité. Les confesseurs admirent au milieu d'eux le martyr désigné, qui, semblable à un consul romain choisi par le peuple, va bientôt déployer les marques de sa puissance. Le monde n'aurait aperçu dans cette assemblée de proscrits que des hommes obscurs destinés à périr du dernier supplice ; et pourtant là se voyaient les chefs d'une race nombreuse qui devait couvrir la terre ; là se trouvaient des victimes dont le sang allait éteindre le feu de la persécution, et faire régner la croix sur l'univers. Mais combien de larmes couleront encore avant que cette persécution ait amené le jour du triomphe !

Démodocus n'était arrivé à Rome que pour avoir le cœur déchiré. Averti du premier malheur qui menaçait la prêtresse des Muses, il était parvenu à rassembler le peuple et à le conduire au palais de Galérius ; mais à peine a-t-il arraché Cymodocée des mains d'Hiéroclès, qu'elle lui est enlevée comme chrétienne. On interdit au vieillard la vue de sa fille : toute pitié a disparu depuis que la jeune Messénienne s'est déclarée de la secte proscrite. Le gardien de la prison de Saint-Pierre était humain, pitoyable, accessible à l'or : on pénétrait aisément jusqu'aux martyrs ; mais Sævus, gardien du cachot de Cymodocée, était ennemi furieux des chrétiens, parce que Blanche, sa femme, qui était chrétienne, avait en horreur ses débauches. Il n'avait jamais voulu consentir que l'on parlât, même devant lui, à la fille d'Homère, et il repoussait Démodocus par des outrages et des menaces.

Non loin de l'asile de douleur où gémissait l'épouse d'Eudore, s'élevait un temple consacré par les Romains à la Miséricorde : la frise en était ornée de bas-reliefs de marbre de Carrare, représentant des sujets consacrés par l'histoire ou chantés par la muse : on reconnaissait cette pieuse fille qui nourrit son père dans la prison, et devint la mère de celui dont elle avait reçu la vie; plus loin Manlius, après avoir immolé son fils, revenait victorieux au Capitole; les vieillards s'avançaient au-devant de lui, mais les jeunes Romains évitaient la rencontre du triomphateur. Ici, une brillante vestale, faisant remonter sur le Tibre le vaisseau qui portait l'image de Cybèle, entraînait avec sa ceinture les destins de Rome et de Carthage; là, Virgile, encore pasteur, était obligé d'abandonner les champs paternels; là, dans la nuit fatale de son exil, Ovide recevait les adieux de son épouse.

Les astres finissaient et recommençaient leur cours, et retrouvaient Démodocus assis dans la poussière sous le portique de ce temple. Un manteau sale et déchiré, une barbe négligée, des cheveux en désordre et souillés de cendre, annonçaient le chagrin du vénérable suppliant. Tantôt il embrassait les pieds de la statue de la Miséricorde, en les arrosant de ses pleurs; tantôt il implorait la pitié du peuple : quelquefois il chantait sur la lyre pour tendre un piège aux passants, pour attirer par les accents du plaisir l'attention que les hommes craignent de donner aux larmes.

« O siècle d'airain! s'écriait-il, hommes haïs de Jupiter pour votre dureté! quoi! vous restez insensibles à la douleur d'un père! Romains, vos ancêtres ont élevé des temples à la Piété filiale, et mes cheveux blancs ne peuvent vous toucher! Suis-je donc un parricide en horreur aux peuples et aux cités? Ai-je mérité d'être dévoué aux Euménides? Hélas! je suis un prêtre des dieux; j'ai été nourri sur les genoux d'Homère, au milieu du chœur sacré des Muses! J'ai passé ma vie à implorer le ciel pour les hommes, et ils se montrent inexorables à mes prières! Que demandé-je pourtant? Qu'on me permette de voir ma fille, de partager ses fers, de mourir dans ses bras avant qu'elle me soit ravie. Romains, songez à l'âge si tendre de ma Cymodocée! Ah! j'étais le plus heureux des mortels que le soleil éclaire dans sa course! Aujourd'hui quel esclave voudrait changer son sort contre le mien! Jupiter m'avait donné un cœur hospitalier : de tous les hôtes que j'ai reçus à mes foyers, et qui ont bu avec moi la coupe de la joie, en est-il un seul qui vienne partager ma douleur! Insensé est le mortel qui croit sa prospérité constante! La Fortune ne se repose nulle part. »

A ces mots, Démodocus, frappant ses mains avec désespoir, se roule sur la terre. Ses cris ne percent point les murs du cachot de sa fille. Les fidèles qui avaient précédé la nouvelle chrétienne dans ce lieu sanglant avaient tous donné leur vie pour Jésus-Christ. Cymodocée habitait seule la prison. Fatigué des soins qu'il était obligé de rendre à l'orpheline, Sævus insultait souvent à son malheur : ainsi, lorsque de grossiers villageois ont enlevé un aiglon sur la montagne, ils enferment dans une indigne cage l'héritier de l'empire des airs; ils insultent par d'ignobles jeux et des traitements inhumains à la majesté tombée : ils frappent cette tête couronnée; ils éteignent ces yeux qui auraient contemplé le soleil; ils tourmentent en mille façons ce jeune roi qui n'a point d'ailes pour fuir, ou de serres pour repousser les outrages.

Nourrie dans les riantes idées de la mythologie, environnée jusqu'alors des images les plus douces et les plus gracieuses, Cymodocée avait à peine connu le nom de la tristesse et de l'adversité. Elle n'avait point été formée à cette école chrétienne où, dès le berceau, l'homme apprend qu'il est né pour souffrir. Depuis quelque temps, soumise aux épreuves de la Providence, la fille d'Homère avait changé de religion en changeant de fortune, et le christianisme était venu lui donner contre les afflictions de la vie des secours que ne lui offrait point le culte des faux dieux. Elle étudiait avec ardeur les livres saints qu'elle avait trouvés dans sa prison, et qui avaient appartenu à quelque martyr; mais, sans cesse obsédée par les souvenirs de son enfance et de sa jeunesse, elle ne pouvait goûter encore parfaitement ces hautes consolations de la religion qui nous élèvent au-dessus des regrets et des misères humaines. Souvent, au milieu de sa lecture, sa tête tombait sur la page sacrée, et la nouvelle chrétienne, saisie de douleur, redevenait un moment la prêtresse des Muses. Elle se représentait cette brillante lumière de la Messénie; elle croyait errer dans les bois d'Amphise; elle revoyait ces belles fêtes de la Grèce, ces chars roulant sous les ombrages de Némée, ces religieuses Théories parcourant au son des flûtes les sommets de l'Ira ou la plaine de Sténiclare. Elle songeait au bonheur dont elle jouissait autrefois avec son père, et au chagrin qui accablait maintenant ce vieillard. « Où est-il? que fait-il? qui prend soin de son âge et de ses larmes? Oh! que les peines de Cymodocée sont légères auprès de celles qui doivent accabler son père et son époux! »

Tandis que la fille de Démodocus se livre à ces pensers amers, elle entend tout à coup retentir des pas au fond de sa prison. Blanche, la femme du gardien, s'avance et remet à Cymodocée la lettre d'Eudore, avec le secret nécessaire pour lire ces tristes adieux. Cette chrétienne timide, qui n'ose braver ouvertement son époux et les supplices, se hâte de sortir, et referme les portes du cachot.

Cymodocée, restée seule, prépare aussitôt la liqueur qui, versée sur la page blanche, doit faire paraître les traits mystérieux que l'amour et la religion y avaient tracés. Au premier essai, elle reconnaît l'écriture d'Eudore; bientôt elle parvient à lire les premiers témoignages de l'amour de son époux; les expressions du martyr deviennent plus tendres; on entrevoit quelque annonce funeste; Cymodocée n'ose plus déchiffrer l'écrit fatal. Elle s'arrête; elle recommence, s'arrête de nouveau, recommence encore; enfin, elle arrive à ces mots :

« Fille d'Homère, Eudore va peut-être vous devancer au séjour des
« concerts ineffables. Il faut qu'il coupe le fil de ses jours, comme un
« tisserand coupe le fil de sa toile à moitié tissue. »

Soudain les yeux de la jeune chrétienne s'obscurcissent, et elle tombe évanouie sur la pierre de la prison.

Mais, ô Muse céleste, d'où viennent ces transports de joie qui éclatent dans les parvis éternels? Pourquoi les harpes d'or font-elles entendre ces sons mélodieux? Pourquoi le roi-prophète soupire-t-il ses plus beaux cantiques? Quelle allégresse parmi les anges! Le premier des martyrs, le glorieux Étienne, a pris dans le saint des saints une palme éclatante; il la porte vers la terre avec un front incliné et respectueux. Cieux, racontez le triomphe du juste! Le moment si court des afflictions de la vie va produire un bonheur qui ne finira plus. Eudore a paru devant le juge!

Il a dit adieu à ses amis; il a recommandé à leur charité son épouse et Démodocus. Les soldats ont conduit le martyr au temple de la Justice, bâti par Auguste, près du théâtre de Marcellus. Au fond d'une salle immense et découverte s'élève une chaire d'ivoire, surmontée de la statue de Thémis, mère de l'Équité, de la Loi et de la Paix. Le juge est placé sur cette chaire: à sa gauche sont des sacrificateurs, un autel, une victime; à sa droite, des centurions et des soldats; devant lui, des entraves, un chevalet, un bûcher, une chaise de fer, mille instruments de supplice, et de nombreux bourreaux : dans la salle est la foule du peuple. Eudore enchaîné se tient debout au pied du tribunal. Les hérauts, ministres de Jupiter et des hommes, commandent le silence. Le juge interroge, et l'écrivain grave sur des tablettes les Actes du martyr.

Festus, suivant les formes usitées, dit :

« Quel est ton nom? »

Eudore répond :

« Je m'appelle Eudore, fils de Lasthénès. »

Le juge dit :

« N'as-tu pas connaissance des édits qui ont été publiés contre les chrétiens ? »

Eudore répond :

« Je les connais. »

Le juge dit :

« Sacrifie donc aux dieux. »

Eudore répond :

« Je ne sacrifie qu'à un seul Dieu, créateur du ciel et de la terre. »

Festus ordonne de dépouiller Eudore, de l'étendre sur le chevalet, et de lui attacher des poids aux pieds.

Le juge dit :

« Eudore, je te vois pâlir, tu souffres. Aie pitié de toi-même : souviens-toi de ta gloire et des honneurs dont tu as été comblé ! Jette les yeux sur ta maison près de tomber par ta chute : vois les larmes de ton père, écoute les plaintes de tes aïeux. Ne crains-tu point de combler d'un ennui éternel la déplorable vieillesse de ceux qui t'ont donné la vie ? »

Eudore répond :

« Ma gloire, mes honneurs et mes parents sont dans le ciel. »

Le juge dit :

« Seras-tu donc insensible aux douceurs et aux promesses d'un chaste hyménée ? »

Eudore ne répond point.

Le juge dit :

« Tu t'attendris, achève ; laisse-toi toucher : sacrifie, ou tremble des maux qui t'attendent. »

Eudore répond :

« Que me servirait d'avoir tremblé devant un juge qui doit mourir comme moi ? »

Festus fait déchirer Eudore avec des ongles de fer. Le sang couvre le corps du confesseur, comme la pourpre de Tyr teint l'ivoire de l'Inde, ou la laine la plus blanche de Milet.

Alors le juge :

« Es-tu vaincu ? Vas-tu sacrifier aux dieux ? Songe, si tu t'obstines, que tu entraîneras dans ta perte ton père, tes sœurs, et celle qui était destinée à ton lit. »

Eudore s'écrie :

« D'où me vient ce bonheur d'être sacrifié trois fois pour mon Dieu ? »

On écarte les pieds du confesseur dans les entraves ; on fait rougir la chaise de fer ; on prépare la poix bouillante et les tenailles. Eudore ne paraît pas souffrir. On voyait sur son visage briller l'allégresse jointe à une douce gravité, et la majesté au milieu des grâces. La chaise de fer est préparée. Le docteur des chrétiens, assis dans le fauteuil embrasé, prêche plus éloquemment l'Évangile. Des séraphins répandent sur Eudore une rosée céleste, et son ange gardien lui fait une ombre de ses ailes. Il paraissait dans la flamme comme un pain délicieux préparé pour les tables éternelles. Les païens les plus intrépides détournaient la tête : ils ne pouvaient soutenir l'éclat du martyr. Les bourreaux fatigués se relayaient les uns les autres ; le juge regardait le chrétien avec un secret effroi : il croyait voir un dieu sur cette chaise ardente. Le confesseur lui crie :

« Remarquez bien mon visage, afin de le reconnaître à ce jour terrible où tous les hommes seront jugés ! »

A ces mots, Festus troublé fait suspendre le supplice. Il se précipite de son tribunal, passe derrière le rideau, et laisse l'écrivain lire en tremblant cette sentence :

« La clémence de l'invincible Auguste ordonne que celui qui, refu-
« sant d'obéir aux sacrés édits, n'a pas voulu sacrifier, soit exposé aux
« bêtes, dans l'amphithéâtre, le jour de la divine naissance de notre
« empereur éternel. »

Aussitôt Eudore est reporté par les soldats à la prison. Déjà les confesseurs étaient instruits de son triomphe. Au moment où la porte du cachot s'entr'ouvre, et laisse voir aux évêques le martyr pâle et mutilé, ils s'avancent au-devant de lui, Cyrille à leur tête, et entonnent tous à la fois ce cantique :

« Il a vaincu l'enfer, il a cueilli la palme ! Entrez dans le tabernacle
« du Seigneur, ô prêtre illustre de Jésus-Christ !

« Quel éclat sort de ses plaies ! il a été éprouvé par le feu, comme
« l'argent raffiné jusqu'à sept fois. »

« Il a vaincu l'enfer, il a cueilli la palme ! Entrez dans le tabernacle
« du Seigneur, ô prêtre illustre de Jésus-Christ ! »

Les anges répétaient dans le ciel ce cantique, et un nouveau sujet d'allégresse charmait les esprits bienheureux.

Eudore, dans le cours de ses actes glorieux, avait offert secrètement son sacrifice pour le salut de sa mère. Depuis longtemps averti en songe de la destinée de Séphora, il priait le Très-Haut d'accorder à cette vertueuse femme un rang parmi les élus. Elle était tombée, au sortir du monde, dans le lieu où les âmes achèvent d'expier leurs erreurs, parce qu'elle avait aimé ses enfants avec trop de faiblesse, et qu'elle était ainsi devenue la première cause des égarements de son fils. Eudore, par l'hommage volontaire de son sang, avait obtenu la fin des épreuves de Séphora. Les trois prophètes qui lisent devant l'Éternel le livre de vie, Isaïe, Élie et Moïse, proclament le nom de l'âme délivrée. Marie se lève de son trône : les anges qui lui présentaient les vœux des mères, les pleurs des enfants, les douleurs des pauvres et des infortunés, suspendent un moment leurs offrandes. Elle monte vers son Fils ; elle entre dans la région où l'agneau règne au milieu des vingt-quatre vieillards ; elle s'avance jusqu'aux pieds d'Emmanuel, et s'inclinant devant la seconde Essence incréée :

« O mon Fils ! si, n'étant encore qu'une faible mortelle, j'ai porté dans
« mon sein le poids de votre éternité ; si vous daignâtes confier à mon
« amour le soin de votre humanité souffrante, daignez écouter ma
« prière ! Vos prophètes ont annoncé la délivrance de la mère du nou-
« veau martyr. Les fidèles vont-ils enfin jouir de la paix du Seigneur ?
« Fille des hommes, vous m'avez permis de vous présenter leurs larmes.
« Je vois un confesseur qu'un tigre va déchirer ; le sang qu'il a déjà ré-
« pandu ne suffit-il pas pour racheter ce chrétien, et le faire entrer
« dans votre gloire ? Faut-il qu'il achève son sacrifice, et la voix de
« Marie ne peut-elle rien changer à la rigueur de vos conseils ? »

Ainsi parle la Mère des sept douleurs. Alors le Messie, d'un ton miséricordieux :

« O ma mère ! vous le savez, je compatis aux larmes des hommes ;
« je me suis chargé pour eux du fardeau de toutes les misères du monde.
« Mais il faut que les décrets de mon Père s'accomplissent. Si mes con-
« fesseurs sont persécutés un moment sur la terre, ils jouiront dans le
« ciel d'une gloire sans fin. Cependant, ô Marie ! le moment de leur
« triomphe approche : la grâce même a commencé. Descendez vers les
« lieux où les fautes sont effacées par la pénitence ; ramenez au ciel
« avec vous la femme dont les prophètes ont déclaré la béatitude, et
« que la félicité du martyr pour lequel vous m'implorez commence par
« le bonheur de sa mère. »

Un sourire accompagne les paroles pacifiques du Sauveur du monde. Les vingt-quatre vieillards s'inclinent sur leurs trônes, les chérubins se voilent de leurs ailes ; les sphères célestes s'arrêtent pour écouter le Verbe éternel ; et les profondeurs du chaos tressaillent et sont éclairées, comme si quelque création nouvelle allait sortir du néant.

Aussitôt Marie descend vers le lieu de la purification des âmes. Elle s'avance par un chemin semé de soleils, au milieu des parfums incorruptibles et des fleurs célestes que les anges répandent sous ses pas. Le chœur des vierges la précède, en chantant des hymnes. Auprès d'elle paraissaient les femmes les plus illustres : Élisabeth, dont l'enfant tressaillit à l'approche de Marie ; Madeleine, qui répandit un nard précieux sur les pieds de son maître, et les essuya de ses cheveux; Salomé, qui suivit Jésus au Calvaire; la mère des Machabées, celle des sept enfants martyrs; Lia et Rachel; Esther, reine encore; Débora, de qui la tombe vit croître le chêne des pleurs; et l'épouse d'Élimélech, que les anges ont appelée Belle, et les hommes Noémi.

Entre le ciel et l'enfer s'étend une vaste demeure consacrée aux expiations des morts. Sa base touche aux régions des douleurs infinies, et son sommet à l'empire des joies intarissables. Marie porte d'abord la consolation aux lieux les plus éloignés du séjour des béatitudes. Là, des malheureux, haletants et couverts de sueur, s'agitent au milieu d'une nuit obscure. Leurs noires paupières ne sont éclairées que par les flammes voisines de l'enfer. Les âmes éprouvées dans cette enceinte ne partagent point les supplices éternels, mais elles en ont la terreur. Elles entendent le bruit des tourments, le retentissement des fouets, le fracas des chaînes. Un fleuve brûlant, formé des pleurs des réprouvés, les sépare seul de l'abîme où elles craindraient d'être ensevelies, si elles n'étaient rassurées par un espoir sans cesse éteint et toujours renaissant.

L'apparition de la Reine des anges au milieu de ces infortunés suspendit un moment l'horreur de leurs craintes. Une lumière divine éclaira les prisons expiatoires, pénétra jusque dans l'enfer, et l'enfer étonné crut voir entrer l'Espérance. Saisie d'une pitié céleste, Marie passe avec sa pompe angélique à des régions moins obscures et moins malheureuses. A mesure qu'on s'élève dans ces lieux d'épreuves, ces lieux s'embellissent, et les peines deviennent plus douces et moins durables. Des anges compatissants, bien que sévères, veillent aux pénitences des âmes éprouvées. Au lieu d'insulter à leurs peines, comme les esprits pervers aux pleurs des damnés, ils les consolent, et les invitent au repentir : ils leur peignent la beauté de Dieu, et le bonheur d'une éternité passée dans la contemplation de l'Être suprême.

Un spectacle extraordinaire frappe surtout les regards des saintes femmes descendues des cieux avec la Reine des vierges : des âmes deviennent peu à peu rayonnantes et lumineuses, au milieu des autres âmes qui les entourent ; une auréole glorieuse se forme autour de leur front; transfigurées par degré, elles s'envolent à des régions plus élevées, d'où elles entendent les divins concerts. C'étaient des morts dont les peines étaient abrégées par les prières des parents et des amis qu'ils avaient encore sur la terre. Céleste prérogative de l'amitié, de la religion et du malheur ! Plus celui qui prie ici-bas est infortuné, pauvre, infirme, méprisé, plus ses vœux ont de puissance pour donner un bonheur éternel à quelque âme délivrée !

L'heureuse Séphora brillait d'un éclat extraordinaire au milieu de ces morts rachetés. La mère des Machabées prend aussitôt par la main la mère d'Eudore, et la présente à Marie. Le cortége remonte lentement vers les sacrés tabernacles. Les mondes divers, ceux qui frappent nos regards pendant la nuit, ceux qui échappent à notre vue dans la profondeur des espaces, les soleils, la création entière, les chœurs des puissances qui président à cette création, chantent l'hymne à la mère du Sauveur :

« Ouvrez-vous, portes éternelles : laissez passer la Souveraine des « cieux !

« Je vous salue, Marie, pleine de grâce, modèle des vierges et des « épouses ! Chérubins ardents, portez sur vos ailes la fille des hommes « et la mère de Dieu. Quelle tranquillité dans ses regards baissés ! Que « son sourire est calme et pudique ! Ses traits conservent encore la « beauté de la douleur qu'elle éprouva sur la terre, comme pour tem-« pérer les joies éternelles ! Les mondes frémissent d'amour à son pas-« sage ; elle efface l'éclat de la lumière incréée dans laquelle elle marche « et respire. Salut, vous qui êtes bénie entre toutes les femmes ! Re-« fuge des pécheurs, consolatrice des affligés !

« Ouvrez-vous, portes éternelles : laissez passer la Souveraine des « cieux ! »

LIVRE VINGT-DEUXIÈME

SOMMAIRE.

L'ange exterminateur frappe Galérius et Hiéroclès. Hiéroclès va trouver le juge des chrétiens. Retour du messager envoyé à Dioclétien. Tristesse d'Eudore, de Démodocus et de Cymodocée. Le repas libre. Tentation.

Que sont les peines du corps auprès des tourments de l'âme ! Quel feu peut être comparé au feu des remords ! Le juste est tourmenté dans son corps ; mais son âme, comme une forteresse inexpugnable, reste paisible quand tout est ravagé au dehors : le méchant, au contraire, repose parmi des fleurs ou sur un lit de pourpre ; il semble jouir de la paix, mais l'ennemi s'est glissé au dedans ; des signes funestes trahissent le secret de cet homme qui semble heureux : ainsi au milieu d'une campagne florissante on découvre le drapeau funèbre qui flotte sur les tours d'une cité dont la peste et la mort se disputent les débris.

Hiéroclès a renié le ciel : le ciel l'a abandonné à l'enfer. Publius, qui veut achever de perdre un rival, a découvert les infidélités du ministre de l'empereur : le sophiste avait fait entrer dans ses trésors une partie des trésors du prince. Chacun cherche à Hiéroclès un crime nouveau : car on devient aussi lâche à accuser le méchant abattu qu'on était lâche à l'excuser triomphant. Que fera l'ennemi de Dieu ? Partira-t-il pour Alexandrie, sans essayer de sauver celle qu'il a perdue ? Restera-t-il à Rome pour assister aux funérailles sanglantes de Cymodocée ? La haine publique le poursuit ; un prince terrible le menace ; un effroyable amour brûle dans son cœur. Dans cette perplexité, les yeux du pervers se tachent de sang, son regard devient fixe, ses lèvres s'entr'ouvrent, et ses joues livides tremblent avec tout son corps : ainsi lorsqu'un serpent s'est empoisonné lui-même avec les sucs mortels dont il compose son venin, le reptile, couché dans la voie publique, s'agite à peine sur la poussière, ses paupières sont à demi fermées, sa gueule noircie laisse échapper une écume impure, sa peau détendue et jaunie ne s'arrondit plus sur ses anneaux : il inspire encore l'effroi ; mais cet effroi n'est plus ennobli par l'idée de sa puissance.

Oh ! combien différent est le chrétien de qui les veines épuisées de sang en ont toutefois assez retenu pour animer un grand cœur ! Mais c'était peu que les douleurs et les remords avant-coureurs des châtiments réservés au persécuteur des fidèles : Dieu fait un signe à l'ange exterminateur, et du doigt lui marque deux victimes. Le ministre des vengeances attache aussitôt à ses épaules des ailes de feu dont le frémissement imite le bruit lointain du tonnerre. D'une main il prend une des sept coupes d'or pleines de la colère de Dieu ; de l'autre il saisit le glaive qui frappa les nouveau-nés de l'Égypte et fit reculer le soleil à l'aspect du camp de Sennachérib. Les nations entières, condamnées pour leurs crimes, s'évanouissent devant cet esprit inexorable, et l'on cherche en vain leurs tombeaux. Ce fut lui qui traça sur la muraille, pendant le festin de Balthazar, les mots inconnus ; ce fut lui qui jeta sur la terre la faux qui vendange, et la faux qui moissonne, lorsque Jean entrevit dans l'île de Patmos les formidables figures de l'avenir.

L'ange exterminateur descend dans un éclair, comme ces étoiles qui se détachent du ciel et portent l'épouvante au cœur du matelot. Il entre enveloppé d'un nuage dans le palais des Césars au moment même où Galérius, assis à la table du festin, célébrait ses prospérités. Aussitôt les lampes du banquet pâlissent ; on entend au dehors comme le roulement d'une multitude de chariots de guerre ; les cheveux des convives se hérissent sur leur front ; des larmes involontaires coulent de leurs yeux ; les ombres des vieux Romains se levèrent dans les salles, et Galérius eut un pressentiment confus de la destruction de l'empire. L'ange s'approche invisible de ce maître du monde, et verse dans sa coupe quelques gouttes du vin de la colère céleste. Poussé par son mauvais destin, l'empereur porte à ses lèvres la liqueur dévorante ; mais à peine a-t-il bu à la fortune des Césars, qu'il se sent soudain enivré ; un mal aussi prompt qu'inattendu le renverse aux pieds de ses esclaves : Dieu dans un moment a couché ce géant sur la terre.

Une poutre coupée sur le sommet du Gargare a vieilli dans un palais, séjour d'une race antique ; tout à coup le feu rayonnant au foyer du roi monte jusqu'au chêne desséché, la poutre s'embrase, et tombe avec fracas dans les salles qui mugissent : ainsi tombe Galérius. L'ange l'abandonne à ce premier effet du poison éternel, et vole à la demeure où gémissait Hiéroclès. D'un coup du glaive du Seigneur, il flétrit les flancs du ministre impie. A l'instant une hideuse maladie, dont Hiéroclès avait puisé les germes dans l'Orient, se déclare. L'infortuné voit une lèpre épaisse couvrir tout son corps ; ses vêtements s'attachent à sa chair, comme la robe de Déjanire ou la tunique de Médée. Sa tête s'égare ; il blasphème contre le ciel et les hommes, et tout à coup il implore les chrétiens pour le délivrer des esprits de ténèbres dont il se sent obsédé. La nuit était au milieu de son cours. Hiéroclès appelle ses esclaves ; il leur ordonne de préparer une litière ; il sort de son lit, s'enveloppe dans un manteau, et se fait porter, à moitié en délire, chez le juge des chrétiens.

« Festus, lui dit-il, tu tiens en ta puissance une chrétienne qui fait le tourment de ma vie : sauve-la de la mort, et donne cette esclave à mon amour ; ne la condamne point aux bêtes ; l'édit te permet de la livrer aux lieux infâmes... tu m'entends ? »

A ces mots, le pervers jette une bourse d'or aux pieds du juge : il s'éloigne ensuite en poussant un sourd mugissement, comme un taureau malade qui se traîne parmi des roseaux, au fond d'un marais.

Dans ce moment même, le dernier espoir des chrétiens venait de s'évanouir : le messager qu'Eudore avait envoyé à Dioclétien pour l'engager à reprendre l'empire était revenu de Salone : Zacharie l'introduisit dans les cachots. Les confesseurs avaient tous reçu leur sentence : ils étaient condamnés à mourir dans l'amphithéâtre avec Eudore. Entouré des évêques qui pansaient ses plaies, le fils de Lasthénès était étendu à terre sur les robes des martyrs : tel un guerrier blessé est couché sur les drapeaux qu'il a conquis, au milieu de ses compagnons d'armes. Le messager, saisi de douleur, restait muet et interdit, les yeux attachés sur l'époux de Cymodocée.

« Parlez, mon frère, lui dit Eudore, la chair est un peu abattue, mais l'esprit conserve encore sa vigueur. Félicitez-moi d'être soulagé par des mains qui ont tant de fois touché le corps de Jésus-Christ. »

Le messager, essuyant ses pleurs, rendit compte en ces mots de son entrevue avec Dioclétien :

« Eudore, je m'embarquai d'après vos ordres sur la mer Adriatique, et j'abordai bientôt au rivage de Salone. Je demandai Dioclès, autrefois Dioclétien, empereur. On me dit qu'il habitait ses jardins à quatre milles de la ville. Je m'y rendis à pied. J'arrivai à la demeure de Dioclès ; je traversai des cours où je ne rencontrai ni gardes ni surveillants. Des esclaves étaient occupés çà et là à des travaux champêtres. Je ne savais à qui m'adresser. J'aperçus un homme avancé en âge qui travaillait dans le jardin ; je m'approchai de lui pour lui demander où l'on trouvait le prince que je cherchais.

« Je suis Dioclès, répondit le vieillard en continuant son travail. « Vous pouvez vous expliquer si vous avez quelque chose à me dire. »

« Je demeurai muet d'étonnement.

« Hé bien ! me dit Dioclétien, quelle affaire vous amène ici ? Avez-
« vous des graines rares à me donner, et voulez-vous que nous fas-
« sions des échanges ? »

« Je remis votre lettre au vieil empereur ; je lui peignis les malheurs des Romains, et le désir que les chrétiens avaient de le revoir à la tête de l'État. A ces mots, Dioclétien, suspendant son travail, s'écria :

« Plût aux dieux que ceux qui vous envoient vissent, comme vous,
« les légumes que je cultive de mes propres mains à Salone : ils ne
« m'inviteraient pas à reprendre l'empire ! »

« Je lui fis observer qu'un autre jardinier avait bien consenti à porter la couronne.

« Le jardinier Sidonien, répliqua-t-il, n'était pas, comme moi, des-
« cendu du trône, et il fut tenté d'y monter : Alexandre n'aurait pas
« réussi auprès de moi. »

« Je ne pus en obtenir d'autre réponse. En vain je voulais insister.

« Rendez-moi un service, me dit-il brusquement ; voilà un puits ;
« je suis vieux, vous êtes jeune, tirez-moi de l'eau, mes légumes en
« manquent. »

« A ces mots, Dioclétien me tourna le dos, et Dioclès reprit son arrosoir. »

Le messager se tut. Cyrille lui adressa la parole :

« Mon frère, vous ne sauriez nous apporter une meilleure nouvelle.

Eudore, après votre départ, nous avait instruits de l'objet de votre voyage : les évêques craignaient que vous n'eussiez réussi. Le martyre a éclairé le fils de Lasthénès ; il connaît maintenant ses devoirs : Galérius est notre souverain légitime. »

— « Oui, dit Eudore repentant et humilié, je me reconnais justement puni pour un dessein criminel. »

Ainsi parlaient ces martyrs brisés par les fers et les chevalets de Galérius : tel l'animal courageux qui lance les ours et les sangliers dans les brunes forêts de l'Achéloüs, tombe, sans l'avoir mérité, dans la disgrâce du chasseur ; percé de l'épieu destiné aux bêtes farouches, le limier tourne sous le coup fatal, se débat sur la mousse ensanglantée ; mais, en expirant, il jette un regard soumis vers son maître, et semble lui reprocher de s'être privé d'un serviteur fidèle.

Cependant, au moment de quitter la terre, Eudore était tourmenté d'une tendre inquiétude. Malgré la ferveur de sa foi et l'exaltation de son âme, le martyr ne pouvait songer sans frémir au destin de la fille d'Homère. Que deviendra cette victime ? Retombera-t-elle entre les mains d'Hiéroclès ? Sera-t-elle interrogée par le juge ? Pourra-t-elle soutenir d'aussi terribles épreuves ? A-t-elle été condamnée à la mort sur son premier aveu, avec les confesseurs de la prison de Saint-Pierre ? Eudore se représentait Cymodocée déchirée par des lions, et implorant en vain le secours de l'époux pour qui elle donnait sa vie. A ce tableau, il opposait celui du bonheur qu'il aurait pu goûter avec une femme si belle et si pure. Mais une voix s'élevait tout à coup dans sa conscience, et lui criait :

« Martyr ! sont-ce là les pensées qui doivent occuper ton âme ? L'é-
« ternité ! l'éternité ! »

Les évêques, habiles dans la connaissance du cœur, s'apercevaient des combats intérieurs de l'athlète. Ils devinaient ses pensées et cherchaient à relever son courage :

« Compagnon, lui disait Cyrille, soyons pleins de joie : bientôt nous irons à la gloire. Voyez dans cette prison, comme dans une riante campagne, ce champ d'épis mûrs qui seront tous moissonnés et rempliront les granges du bon pasteur ! Cymodocée sera peut-être avec nous : c'est une fleur qui s'est trouvée au milieu du froment, et qui parfumera les corbeilles ! Si Dieu l'ordonne ainsi, que sa volonté soit faite ! Mais demandons plutôt au ciel qu'il laisse votre épouse ici-bas, afin qu'elle offre pour nous à l'Éternel le sacrifice agréable de ses innocentes prières. »

Lorsque après une nuit brûlante d'été un vent frais s'élève de l'orient avec le jour, le nautonier dont le vaisseau languissait sur une mer immobile salue le Zéphyr, enfant de l'Aurore, qui lui ramène la fraîcheur et lui abrége le chemin : ainsi les paroles de Cyrille, comme un souffle bienfaisant, raniment le martyr et le poussent dans la voie du ciel. Toutefois il ne peut se dépouiller entièrement de l'homme : depuis longtemps il a chargé des chrétiens intrépides de sauver Cymodocée, et de n'épargner ni soins, ni peines, ni trésors : il se confie surtout au courage de Dorothée, qui déjà deux fois a vainement essayé pendant la nuit d'escalader la prison de la fille d'Homère.

Plus heureux à l'égard de Démodocus, Dorothée était parvenu à l'arracher des portes du cachot, et à le conduire dans une retraite assurée.

« Infortuné vieillard, lui disait-il, pourquoi précipiter ainsi la fin de vos jours ? Craignez-vous qu'ils ne s'enfuient pas assez vite ? Réservez vos cheveux blancs pour votre fille. Si Dieu la veut rendre à vos embrassements, elle aura plus besoin de vos consolations que vous n'aurez besoin des siennes : elle aura perdu son époux ! »

— « Eh ! comment, répondait le vieillard, veux-tu que je cesse de redemander ma fille ? C'était sur elle que je tournais mes regards des bords du tombeau. Dernière héritière de la lyre d'Homère, les Muses l'avaient comblée de dons précieux. Elle gouvernait ma maison ; personne, en sa présence, n'eût osé insulter à ma vieillesse. J'aurais vu croître sur mes genoux des fils semblables à leur mère ! Cymodocée, dont les paroles avaient tant de charmes, que sont devenues tes promesses ? Tu me disais : « Quelle sera ma douleur, ô mon père, si les « Parques inflexibles te ravissent jamais à mon amour ! Je couperai mes « cheveux sur ton bûcher, et je passerai mes jours à te pleurer avec « mes compagnes. » Hélas ! ô ma fille, c'est moi qui reste à te pleurer ! C'est moi qui, dans une terre étrangère, sans enfants, sans patrie, courbé sous le faix des ans, c'est moi qui t'appellerai trois fois autour de ton lit funèbre ! »

Comme un taureau qu'on arrache aux honneurs du pâturage pour le séparer de la génisse que l'on va sacrifier aux dieux, ainsi Dorothée avait entraîné Démodocus loin de la prison de Cymodocée.

La nouvelle chrétienne avait rouvert les yeux à la lumière, ou plutôt aux ténèbres des cachots. Elle lit et relit vingt fois la lettre d'Eudore, et vingt fois elle l'arrose de ses pleurs.

« Époux chéri, dit-elle dans le langage confus de ses deux religions, seigneur, mon maître, héros semblable à une divinité, vous allez donc paraître devant les juges ?... Un fer cruel !... Et je ne suis pas là pour panser tes plaies !... O mon père, pourquoi m'avez-vous abandonnée ? Accourez ; conduisez mes pas vers le plus beau des mortels ! Tombez, murs impitoyables, je veux porter ma vie au souverain maître de mon cœur. »

Ainsi se plaignait Cymodocée dans le silence de son cachot, tandis que le bruit et le tumulte environnaient la prison des martyrs. Ils entendaient au dehors une rumeur confuse, semblable au bouillonnement des grandes eaux, au fracas des vents sur de hautes montagnes, au mugissement d'un incendie allumé dans une forêt de pins, par l'imprudence d'un berger : c'était le peuple.

Il y avait à Rome un antique usage : la veille de l'exécution des criminels condamnés aux bêtes, on leur donnait à la porte de la prison un repas public, appelé le repas libre. Dans ce repas on leur prodiguait toutes les délicatesses d'un somptueux festin : raffinement barbare de la loi, ou brutale clémence de la religion : l'une, qui voulait faire regretter la vie à ceux qui l'allaient perdre ; l'autre, qui, ne considérant l'homme que dans les plaisirs, voulait du moins en combler l'homme expirant.

Ce dernier repas était servi sur une table immense, dans le vestibule de la prison. Le peuple, curieux et cruel, était répandu à l'entour, et des soldats maintenaient l'ordre. Bientôt les martyrs sortent de leurs cachots, et viennent prendre leurs places autour du banquet funèbre : ils étaient tous enchaînés, mais de manière à pouvoir se servir de leurs mains. Ceux qui ne pouvaient marcher à cause de leurs blessures étaient portés par leurs frères. Eudore se traînait appuyé sur les épaules de deux évêques, et les autres confesseurs, par pitié et par respect, étendaient leurs manteaux sous ses pas. Quand il parut hors de la porte, la foule ne put s'empêcher de pousser un cri d'attendrissement, et les soldats donnèrent à leur ancien capitaine le salut des armes. Les prisonniers se rangèrent sur les lits en face de la foule : Eudore et Cyrille occupaient le centre de la table ; les deux chefs des martyrs unissaient sur leurs fronts ce que la jeunesse et la vieillesse ont de plus beau : on eût cru voir Joseph et Jacob assis au banquet de Pharaon. Cyrille invita ses frères à distribuer au peuple ce repas fastueux, afin de le remplacer par une simple agape, composée d'un peu de pain et de vin pur : la multitude étonnée faisait silence ; elle écoutait avidement les paroles des confesseurs.

« Ce repas, disait Cyrille, est justement appelé le repas libre, puisqu'il nous délivre des chaînes du monde et des maux de l'humanité. Dieu n'a pas fait la mort, c'est l'homme qui l'a faite. L'homme nous donnera demain son ouvrage, et Dieu, qui est auteur de la vie, nous donnera la vie. Prions, mes frères, pour ce peuple : il semble aujourd'hui touché de notre destinée ; demain il battra des mains à notre mort ; il est bien à plaindre ! Prions pour lui et pour Galérius notre empereur. »

Et les martyrs priaient pour le peuple et pour Galérius leur empereur.

Les païens, accoutumés à voir les criminels se réjouir follement dans l'orgie funèbre, ou se lamenter sur la perte de la vie, ne revenaient pas de leur étonnement. Les plus instruits disaient :

« Quelle est donc cette assemblée de Catons qui s'entretiennent paisiblement de la mort la veille de leur sacrifice? Ne sont-ce point des philosophes, ces hommes qu'on nous représente comme les ennemis des dieux? Quelle majesté sur leur front! quelle simplicité dans leurs actions et dans leur langage! »

La foule disait :

« Quel est ce vieillard qui parle avec tant d'autorité, et qui enseigne des choses si innocentes et si douces? Les chrétiens prient pour nous et pour l'empereur : ils nous plaignent; ils nous donnent leur repas; ils sont couverts de plaies, et ils ne disent rien contre nous ni contre les juges. Leur Dieu serait-il le véritable Dieu? »

Tels étaient les discours de la multitude. Parmi tant de malheureux idolâtres, quelques-uns se retirèrent saisis de frayeur, quelques autres se mirent à pleurer, et criaient :

« Il est grand le Dieu des chrétiens! Il est grand le Dieu des martyrs! »

Ils restèrent pour se faire instruire, et ils crurent en Jésus-Christ.

Quel spectacle pour Rome païenne! Quelle leçon ne lui donnait point cette communion des martyrs! Ces hommes qui devaient bientôt abandonner la vie continuaient à tenir entre eux des discours pleins d'onction et de charité : lorsque de légères hirondelles se préparent à quitter nos climats, on les voit se réunir au bord d'un étang solitaire, ou sur la tour d'une église champêtre : tout retentit des doux chants du départ; aussitôt que l'aquilon se lève, elles prennent leur vol vers le ciel, et vont chercher un autre printemps et une terre plus heureuse.

Au milieu de cette scène touchante, on voit accourir un esclave : il perce la foule; il demande Eudore; il lui remet une lettre de la part du juge. Eudore déroule la lettre : elle était conçue en ces mots :

« Festus juge, à Eudore chrétien, salut :

« Cymodocée est condamnée aux lieux infâmes. Hiéroclès l'y attend.

« Je t'en supplie par l'estime que tu m'as inspirée, sacrifie aux dieux;

« viens redemander ton épouse : je jure de te la faire rendre pure et

« digne de toi. »

Eudore s'évanouit; on s'empresse autour de lui : les soldats qui l'environnent se saisissent de la lettre; le peuple la réclame; un tribun en fait lecture à haute voix; les évêques restent muets et consternés; l'assemblée s'agite en tumulte. Eudore revient à la lumière, les soldats étaient à ses genoux, et lui disaient :

« Compagnon, sacrifiez! Voilà nos aigles au défaut d'autels. »

Et ils lui présentaient une coupe pleine de vin pour la libation. Une tentation horrible s'empare du cœur d'Eudore. Cymodocée aux lieux infâmes! Cymodocée dans les bras d'Hiéroclès! La poitrine du martyr se soulève : l'appareil de ses plaies se brise, et son sang coule en abondance. Le peuple, saisi de pitié, tombe lui-même à genoux, et répète avec les soldats :

« Sacrifiez! sacrifiez! »

Alors Eudore, d'une voix sourde :

« Où sont les aigles? »

Les soldats frappent leurs boucliers en signe de triomphe, et se hâtent d'apporter les enseignes. Eudore se lève; les centurions le soutiennent; il s'avance au pied des aigles; le silence règne parmi la foule. Eudore prend la coupe; les évêques se voilent la tête de leurs robes, et les confesseurs poussent un cri : à ce cri, la coupe tombe des mains d'Eudore, il renverse les aigles, et se tournant vers les martyrs, il dit :

« Je suis chrétien! »

LIVRE VINGT-TROISIÈME

SOMMAIRE.

Satan ranime le fanatisme du peuple. Fête de Bacchus. Explication de la lettre de Festus. Mort d'Hiéroclès. L'ange de l'espérance descend vers Cymodocée. Cymodocée reçoit la robe des martyrs. Dorothée enlève Cymodocée de la prison. Joie d'Eudore et des confesseurs. Cymodocée retrouve son père. L'ange du sommeil.

Le prince des ténèbres regardait en frémissant de rage la pitié du peuple et la victoire des confesseurs.

« Quoi! s'écria-t-il, j'aurai fait trembler sur son trône celui que des
« anges esclaves ont nommé le Tout-Puissant; quelques instants m'au-
« ront suffi pour flétrir l'ouvrage de six jours; l'homme sera devenu
« ma facile proie; et près de triompher du Christ, mon dernier ennemi,
« un martyr insulterait à ma puissance! Ah! ranimons contre les chré-
« tiens la fureur d'un peuple insensé, et que Rome s'enivre aujourd'hui
« de l'encens des idoles et du sang des martyrs! »

Il dit, et prend aussitôt la figure, la démarche et la voix de Tagès, chef des aruspices. Il dépouille sa tête immortelle des restes de sa brillante chevelure, outragée par les feux de l'abîme; les cicatrices que le désespoir et la foudre ont tracées sur son front se changent en rides vénérables; il cache ses ailes repliées dans les amples contours d'une robe de lin, et, courbant son corps sur un bâton augural, il s'avance au-devant de la foule qui revenait du banquet des martyrs.

« Peuple romain, s'écrie-t-il, d'où naît aujourd'hui cet attendrisse-
« ment sacrilége? Quoi! votre empereur vous prépare des spectacles,
« et vous pleurez sur des scélérats, vil rebut des nations! Soldats, on
« renverse vos aigles, et vous vous laissez toucher! Que diraient les
« Scipion et les Camille s'ils revoyaient la lumière? Bannissez une com-
« passion criminelle, et, au lieu de plaindre ici les ennemis du ciel et
« des hommes, allez prier dans vos temples pour le salut du prince, et
« célébrer la fête des dieux. »

En prononçant ces paroles, l'ange rebelle souffle sur la foule inconstante un esprit de vertige et de fureur. La soif du sang et des plaisirs s'allume dans les âmes où la pitié s'éteint tout à coup. Un victimaire s'écrie :

« O ciel! quel prodige frappe mes regards! J'ai laissé Tagès au Capitole, et je le retrouve ici. Romains, n'en doutez pas, c'est quelque divinité cachée sous la figure du chef des aruspices, qui vient vous reprocher votre pitié coupable, et vous annoncer les volontés de Jupiter. »

A ces mots, le prince des ténèbres disparaît du milieu de la foule; et le peuple, saisi de terreur, court aux autels des idoles expier un moment d'humanité.

Galérius célébrait à la fois le jour de sa naissance et son triomphe sur les Perses. Ce jour tombait aux fêtes de Flore. Afin de se rendre le peuple et les soldats plus favorables, l'empereur rétablit les fêtes de Bacchus, depuis longtemps supprimées par le sénat. Tant d'horreurs devaient être couronnées par les jeux de l'amphithéâtre, où les prisonniers chrétiens étaient condamnés à mourir.

D'imprudentes largesses, dont la source était dans la ruine des citoyens, et surtout dans la dépouille des fidèles, avaient renversé l'esprit de la foule. Toute licence était permise et même commandée. A la lueur des flambeaux, dans la voie Patricienne, une partie du peuple assistait à des prostitutions publiques : des courtisanes nues, rassemblées au son de la trompette, célébraient par des chants obscènes cette Flore qui laissa sa fortune impudique à un peuple alors rempli de pudeur. Galérius montait au Capitole sur un char tiré par des éléphants; devant lui marchait la famille captive de Narsès, roi des Perses. Les danses et les hurlements des Bacchantes variaient et multipliaient le désordre. Des outres et des amphores sans nombre étaient ouvertes près des fontaines, et aux carrefours de la ville. On se barbouillait le visage de lie, on pétrissait la boue avec le vin. Bacchus paraissait élevé sur un tréteau. Ses prêtresses agitaient autour de lui des torches enflammées, des thyrses entourés de pampres de vigne, et bondissaient au son des cymbales, des tambours et des clairons; leurs cheveux flottaient au hasard : elles étaient vêtues de la peau d'un cerf, rattachée sur leurs épaules par des couleuvres qui se jouaient autour de leurs cous. Les unes portaient dans leurs bras des chevreaux naissants; les autres présentaient la mamelle à des louveteaux; toutes étaient couronnées de branches de chêne et de sapin; des hommes déguisés en satyres les accompagnaient, traînant un bouc orné de guirlandes. Pan se montrait avec sa flûte; plus loin s'avançait Silène; sa tête, appesantie par le vin, roulait de l'une à l'autre épaule; il était monté sur un âne et soutenu par des Faunes et des Sylvains. Une Ménade portait sa couronne de lierre, un Égypan sa tasse demi-pleine, le bruyant cortége trébuchait en marchant, et buvait à Bacchus, à Vénus et à l'Injure. Trois chœurs chantaient alternativement :

« Chantons Évohé, redisons sans cesse : Évohé, Évohé!

« Fils de Sémélé, honneur de Thèbes au bouclier d'or, viens danser
« avec Flore, épouse de Zéphire et reine des fleurs! Descends parmi
« nous, ô consolateur d'Ariadne, toi qui parcours les sommets de l'Is-
« mare, du Rhodope et du Cythéron! Dieu de la joie, enfant de la
« fille de Cadmus, les nymphes de Nyssa t'élevèrent, par le secours
« des Muses, dans une caverne embaumée. A peine sorti de la cuisse
« de Jupiter, tu domptas les humains rebelles à ton culte. Tu te mo-
« quas des pirates de Tyrsène, qui t'enlevaient comme l'enfant d'un
« mortel. Tu fis couler un vin délicieux dans le noir vaisseau, et tom-
« ber du haut des voiles les branches d'une vigne féconde; un lierre
« chargé de ses fruits entoura le mât verdoyant; des couronnes cou-
« vrirent les bancs des rameurs; un lion parut à la poupe; les mate-
« lots, changés en dauphins, s'élancèrent dans les vagues profondes.
« Tu riais, ô roi Évohé!

« Chantons Évohé, redisons sans cesse : Évohé, Évohé!

« Nourrisson des Hyades et des Heures, élève des Muses et de
« Silène, toi qui as les yeux noirs des Grâces, les cheveux dorés d'A-
« pollon, et sa jeunesse immortelle, ô Bacchus! quitte les bords de
« l'Inde soumise, et viens régner sur l'Italie. On y recueille les vins de
« Falerne et de Cécube : deux fois l'année le fruit mûri pend à l'arbre,
« et l'agneau à la mamelle de sa mère. On voit voler dans nos campa-
« gnes des chevaux ardents pour la course, et paître le long du

« Clitumne les taureaux sans taches qui marchent au Capitole, devant
« le triomphateur romain. Deux mers apportent à nos rivages les tré-
« sors du monde. L'airain, l'argent et l'or coulent en ruisseaux dans
« les entrailles de cette terre sacrée. Elle a donné naissance à des
« peuples fameux, à des héros plus fameux encore. Salut, terre fé-
« conde, terre de Saturne, mère des grands hommes! Puisses-tu
« porter longtemps les trésors de Cérès, et tressaillir au cri d'Évohé!

« Chantons Évohé, redisons sans cesse : Évohé, Évohé! »

Hélas! les hommes habitent la même terre; mais combien ils diffèrent entre eux! Pourrait-on prendre pour des frères et des citoyens d'une même cité ces habitants, dont les uns passent les jours dans la joie et les autres dans les pleurs; les heureux qui chantent un hymen, et les infortunés qui célèbrent des funérailles? Qu'il était touchant, dans le délire de Rome païenne, de voir les chrétiens offrir humblement à Dieu leurs prières, déplorer des excès criminels, et donner tous les exemples de la modestie et de la raison au milieu de la débauche et de l'ivresse! Quelques autels secrets dans les cachots, au fond des catacombes, sur les tombeaux des martyrs, rassemblaient les fidèles persécutés. Ils jeûnaient, ils veillaient, victimes volontaires, pour expier les crimes du monde; et, tandis que les noms de Flore et de Bacchus retentissaient dans des hymnes abominables, au milieu du sang et du vin, les noms de Jésus-Christ et de Marie se répétaient en secret dans de chastes cantiques au milieu des larmes.

Tous les chrétiens se tenaient renfermés dans leurs maisons, évitant à la fois la fureur du peuple et le spectacle de l'idolâtrie. On ne voyait errer au dehors que quelques prêtres attachés au service des hospices et des prisons, des diacres chargés de sauver les pauvres voués à la mort par Galérius, des femmes qui recueillaient les esclaves abandonnés par leurs maîtres et les enfants exposés par leurs mères. O charité des premiers fidèles! Leur trépas était le principal ornement des fêtes païennes; et ils s'occupaient du sort des idolâtres, comme si les idolâtres eussent été pour eux des frères pleins de compassion et de tendresse!

Cependant, après avoir repoussé les assauts du prince des ténèbres, les martyrs victorieux étaient rentrés dans leurs cachots; ainsi jadis, sous les murs d'Ilion, une troupe de héros s'élançait sur l'ennemi qui tenait la ville assiégée : les travaux sont détruits, les fossés comblés, les palissades arrachées, et les fils de Laomédon rentrent triomphants dans leurs sacrés remparts. Mais Eudore, fatigué du dernier combat, ne peut soulever sa tête abattue : en vain les évêques lui parlent, le consolent, élèvent aux cieux son courage, il reste muet et insensible à leurs discours. L'image des nouveaux périls de Cymodocée ne peut sortir de sa mémoire. Quels doivent être les tourments de ce martyr ! Déjà, presque assis sur les nuées, il a pu balancer, et peut-être balance encore entre la honte de l'apostasie, l'éternité des douleurs de l'enfer, et les maux qu'il endure en ce moment !

Le fils de Lasthénès ignorait qu'il avait été trompé à dessein par le juge. Festus était l'ami du préfet de Rome, et cette raison seule l'eût empêché de livrer Cymodocée à Hiéroclès. Mais Festus avait d'ailleurs été frappé des réponses et de la magnanimité d'Eudore. En descendant du tribunal, il s'était rendu au palais de Galérius, et avait supplié l'empereur de nommer un autre juge aux chrétiens.

« Il n'est plus besoin de juges, s'écria le tyran irrité. Ces scélérats se font une gloire de leurs supplices, et l'entêtement qu'ils y mettent corrompt le peuple et les soldats. Avec quelle insolence a osé souffrir le chef de ces impies ! Je ne veux plus qu'on perde le temps à les tourmenter. Je condamne aux bêtes tous les chrétiens des prisons, sans distinction d'âge ni de sexe, pour le jour de ma naissance. Allez, et publiez cet arrêt. »

Festus connaissait la violence de Galérius : il ne répliqua point. Il sortit, et fit déclarer les ordres du prince, mais en se disant comme Pilate :

« Je suis innocent de la mort de ces justes. »

Lorsque Hiéroclès vint le trouver au milieu de la nuit, il se sentit saisi d'une nouvelle pitié pour Eudore. Un homme naturellement cruel, comme l'était le juge des chrétiens, peut toutefois être ennemi de la bassesse ; il fut indigné des lâches desseins du ministre tombé ; il lui vint en pensée de profiter de la proposition de ce méchant, pour sauver le fils de Lasthénès en l'engageant à sacrifier aux dieux. Il écrivit alors la lettre qu'Eudore reçut au repas funèbre.

Dieu, qui voulait le triomphe de son Église, faisait tourner à la gloire des martyrs tout ce qui aurait pu leur ravir la couronne. Ainsi la fermeté d'Eudore dans les supplices ne fit que hâter la mort de ses compagnons ; et la lettre de Festus aggrava des maux qu'elle était destinée à prévenir. Galérius, instruit de la scène du banquet, cassa les centurions qui avaient montré quelque respect pour leur ancien général ; on éloigna de Rome, sous différents prétextes, les légions étrangères ; et les prétoriens, gorgés de vin et d'or, eurent seuls la garde de la ville. Le nom de Cymodocée, d'Eudore et d'Hiéroclès, frappant de nouveau les oreilles de l'empereur, le plongea dans une violente colère : Galérius désigna particulièrement l'épouse d'Eudore pour le massacre du lendemain ; il ordonna que le fils de Lasthénès parût seul, et le premier, dans l'amphithéâtre, le privant ainsi du bonheur de mourir avec ses frères; enfin, il commanda de jeter Hiéroclès au fond d'un vaisseau, et de le conduire au lieu de son exil.

Cette sentence, subitement portée à Hiéroclès, lui donna le coup de la mort. La patience et la miséricorde de Dieu touchaient à leur terme, et la justice allait commencer. A peine Hiéroclès était sorti de la maison du juge, qu'il se sentit de nouveau frappé par le glaive de l'ange exterminateur. Dans un instant la maladie dont il est dévoré ne laisse plus aux médecins aucune espérance. Les païens, qui regardent la lèpre comme une malédiction du ciel, s'éloignent de l'apostat; ses esclaves même l'abandonnent. Délaissé du monde entier, il ne trouve de secours que dans les hommes qu'il a si cruellement poursuivis. Les chrétiens, dont la charité ose seule braver toutes les misères humaines, ouvrent leurs hospices à leur persécuteur. Là, couché près d'un confesseur mutilé, Hiéroclès voit ses douleurs soulagées par la même main qui vient de panser les plaies d'un martyr. Mais tant de vertus ne font qu'irriter cet homme repoussé de Dieu; tantôt il appelle à grands cris Cymodocée; tantôt il croit apercevoir Eudore, une épée flamboyante à la main, et le menaçant du haut du ciel. Ce fut au milieu d'un de ces transports qu'on vint lui annoncer le dernier ordre de Galérius. Alors, se soulevant comme un spectre sur son lit pestiféré, le faux sage murmure ces mots d'une voix effrayée et incertaine :

« Je vais me reposer pour jamais. »

Il expire. Effroyable et trompeuse espérance ! Cette âme, qui croyait mourir avec le corps, au lieu d'une nuit profonde et tranquille, aperçoit tout à coup au fond du tombeau une lumière prodigieuse. Une voix qui sort du milieu de cette lumière prononce distinctement ces paroles :

« Je suis Celui qui suis. »

A l'instant l'éternité vivante est révélée à l'âme de l'athée. Trois vérités frappent à la fois cette âme confondue : sa propre existence, celle de Dieu, et la certitude des récompenses sans terme et des châtiments sans fin. Oh! que n'est-elle ensevelie sous les débris de l'univers, pour se cacher à la face du souverain Juge! Une force invincible la porte, dans un clin d'œil, nue et tremblante, au pied du tribunal de Dieu. Elle voit, pour un seul moment, celui qu'elle a renié dans le temps, et qu'elle ne verra plus dans l'éternité. Le Tout-Puissant paraît sur les nuées, son Fils est assis à sa droite, l'armée des saints l'environne; l'enfer accourt pour réclamer sa proie. L'ange protecteur d'Hiéroclès, confus et touché jusqu'aux larmes, se tient encore auprès de l'infortuné.

« Ange, dit le souverain Arbitre, pourquoi n'as-tu pas défendu
« cette âme?

— « Seigneur, répond l'ange se voilant de ses ailes, vous êtes le
« Dieu des miséricordes ! »

— « Créature, dit la même voix, l'ange ne t'aurait-il pas donné des
« avertissements salutaires ? »

L'âme, dans une terreur profonde, s'était jugée elle-même, et elle ne
répondit point.

« Elle est à nous, s'écrièrent les anges rebelles : cette âme a trompé
« le monde par une fausse sagesse ; elle a persécuté l'innocence, outragé
« la pudeur, versé le sang innocent ; elle ne s'est point repentie. »

— « Ouvrez le livre de vie, » dit l'Ancien des jours.

Un prophète ouvrit le livre de vie : le nom d'Hiéroclès était effacé.

« Va, maudit, aux feux éternels, » dit le Juge incorruptible.

A l'instant l'âme de l'athée commence à haïr Dieu de la haine des
réprouvés, et tombe en des profondeurs brûlantes. L'enfer s'ouvre
pour la recevoir, et se referme sur elle en prononçant :

« L'éternité ! »

L'écho de l'abîme répète :

« L'éternité ! »

Le Père des humains, qui vient de punir le crime, songe à couronner
l'innocence.

Il est dans le ciel une puissance divine, compagne assidue de la religion et de la vertu ; elle nous aide à supporter la vie, s'embarque avec
nous pour nous montrer le port dans les tempêtes, également douce et
secourable aux voyageurs célèbres, aux passagers inconnus. Quoique
ses yeux soient couverts d'un bandeau, ses regards pénètrent l'avenir ;
quelquefois elle tient des fleurs naissantes dans sa main, quelquefois
une coupe pleine d'une liqueur enchanteresse ; rien n'approche du
charme de sa voix, de la grâce de son sourire ; plus on avance vers le
tombeau, plus elle se montre pure et brillante aux mortels consolés :
la Foi et la Charité lui disent : « Ma sœur ! » et elle se nomme l'Espérance.

L'Éternel ordonne à ce beau séraphin de descendre vers Cydomocée,
et de lui montrer de loin les joies célestes, afin de la soutenir au milieu
des tribulations de la terre. Un faux rapport avait interrompu pour
quelques instants les chagrins de la jeune chrétienne. Le bruit s'était
répandu dans Rome qu'Eudore venait de recevoir sa grâce : la lettre de
Festus, et la scène du repas libre mal expliquée, avaient donné naissance à cette rumeur populaire. Blanche s'était empressée de communiquer ce faux rapport comme une nouvelle certaine à la fille de
Démodocus ; mais combien Blanche se repentit de son indiscrète bonté
lorsqu'elle connut le véritable destin d'Eudore, et l'arrêt qui condam-

naît à mort tous les chrétiens des prisons! Sævus, plein d'une brutale joie, lui commande de porter à Cymodocée le vêtement des femmes martyres. C'était une tunique bleue, une ceinture noire, des brodequins noirs, un manteau noir et un voile blanc. La faible et désolée gardienne accomplit en pleurant son message de douleur. Elle n'eut pas la force de détromper l'orpheline et de lui apprendre son sort.

« Voilà, lui dit-elle, ma sœur, un vêtement nouveau. Que la paix du Seigneur soit avec vous! »

— « Qu'est-ce que ce vêtement? dit Cymodocée. Est-ce ma robe nuptiale? Est-ce mon époux qui me l'envoie? »

— « C'est pour lui qu'il faut la prendre, » répliqua la femme du gardien.

« Oh! dit Cymodocée, pleine de joie, mon époux a reçu sa grâce, nous achèverons notre hymen! »

Blanche avait le cœur brisé; elle se contenta de dire :

« Priez, ma sœur, pour vous et pour moi! »

Elle sortit.

Demeurée seule avec le vêtement de gloire, Cymodocée le considère, et le prend dans ses mains charmantes.

« On m'ordonne, dit-elle, de me parer pour mon époux, il faut obéir. »

Aussitôt elle revêt la tunique, qu'elle rattache avec la ceinture, les brodequins couvrent ses pieds plus blancs que le marbre de Paros; elle jette le voile sur sa tête, et suspend à son épaule le manteau : telle la Muse des mensonges nous peint la Nuit, mère de l'Amour, enveloppée de ses voiles d'azur et de ses crêpes funèbres; telle Marcie (moins jeune, moins belle, moins vertueuse) se montra aux yeux du dernier Caton, quand elle le réclama pour époux au milieu des malheurs de Rome, et qu'elle parut à l'autel de l'Hymen avec l'habit d'une veuve éplorée. Cymodocée ne sait pas qu'elle porte la robe de la mort! Elle se regarde dans ce triste appareil, qui la rend cent fois plus touchante; elle se rappelle le jour où elle se couvrit des ornements des Muses pour aller avec son père remercier la famille de Lasthénès.

« Ma robe nuptiale, disait-elle, n'est pas aussi éclatante; mais elle plaira peut-être davantage à mon époux, parce que c'est une robe chrétienne. »

Le souvenir de son premier bonheur et du doux pays de la Grèce inspira la fille d'Homère. Elle s'assit devant la fenêtre de la prison, et reposant sur sa main sa tête embellie du voile des martyrs, elle soupira ces paroles harmonieuses :

« Légers vaisseaux de l'Ausonie, fendez la mer calme et brillante!

« Esclaves de Neptune, abandonnez la voile au souffle amoureux des
« vents! Courbez-vous sur la rame agile. Reportez-moi, sous la garde
« de mon époux et de mon père, aux rives fortunées du Pamysus.

« Volez, oiseaux de Libye, dont le cou flexible se courbe avec grâce,
« volez au sommet de l'Ithome, et dites que la fille d'Homère va revoir
« les lauriers de la Messénie!

« Quand retrouverai-je mon lit d'ivoire, la lumière du jour si chère
« aux mortels, les prairies émaillées de fleurs qu'une eau pure arrose,
« que la pudeur embellit de son souffle!

« J'étais semblable à la tendre génisse sortie du fond d'une grotte,
« errante sur les montagnes, et nourrie au son des instruments cham-
« pêtres. Aujourd'hui, dans une prison solitaire, sur la couche indigente
« de Cérès!...

« Mais d'où vient qu'en voulant chanter comme la fauvette, je soupire
« comme la flûte consacrée aux morts? Je suis pourtant revêtue de la
« robe nuptiale; mon cœur sentira les joies et les inquiétudes mater-
« nelles; je verrai mon fils s'attacher à ma robe, comme l'oiseau timide
« qui se réfugie sous l'aile de sa mère. Eh! ne suis-je pas moi-même un
« oiseau ravi au sein paternel!

« Que mon père et mon époux tardent à paraître! Ah! s'il m'était
« permis d'implorer encore les Grâces et les Muses! Si je pouvais inter-
« roger le ciel dans les entrailles de la victime! Mais j'offense un Dieu
« que je connais à peine : reposons-nous sur la croix. »

Déjà la nuit enveloppait Rome enivrée. Tout à coup les portes de la prison s'ouvrent, et le centurion chargé de lire aux chrétiens la sentence de l'empereur paraît devant Cymodocée. Il était accompagné de plusieurs soldats : quelques-autres, arrêtés dans les cours extérieures, retenaient le gardien, et lui prodiguaient le vin des idoles.

Comme une colombe que le chasseur a surprise dans le creux d'un rocher reste immobile de frayeur et n'ose s'envoler dans les plaines du ciel, ainsi la fille de Démodocus demeure frappée d'étonnement et de crainte, sur le siége à demi brisé où elle était assise. Les soldats allument un flambeau. O prodige! l'épouse d'Eudore reconnaît Dorothée sous l'habit du centurion! Dorothée contemple à son tour, sans pouvoir parler, cette femme dans l'appareil du martyre! Jamais il ne l'avait vue si belle : la tunique bleue, le manteau noir, faisaient éclater la blancheur de son teint; et ses yeux, fatigués par les pleurs, avaient une douceur angélique : elle ressemblait à un tendre narcisse qui penche sa tête languissante au bord d'une eau solitaire. Dorothée et les autres chrétiens déguisés en soldats lèvent les bras au ciel, et fondent en larmes.

« C'est toi, compagnon de mes courses loin de ma patrie! s'écria la jeune Messénienne en se mettant à genoux et tendant les mains à Dorothée. Tu visites enfin ton Esther! Mortel généreux, viens-tu guider mes pas vers mon père et vers mon époux? Que la nuit eût été longue sans toi! ».

Dorothée, la voix entrecoupée par les pleurs, répondit :

« Cymodocée, vous connaissez donc votre sort? Cette robe... »

— « C'est ma robe nuptiale, dit la vierge ingénue. Mais si tout est fini, si mon époux est sauvé, si je suis libre, pourquoi ces pleurs et ce mystère? »

— « Fuyons, repartit Dorothée; enveloppez-vous dans cette toge, nous n'avons pas un moment à perdre. Accompagné de ces braves amis, je me suis glissé dans votre prison à la faveur de ce déguisement; j'ai montré la sentence de l'empereur : Sævus m'a pris pour le centurion qui vient vous annoncer l'arrêt fatal. »

— « Quel arrêt? » dit la fille d'Homère.

— « Vous ne savez donc pas, repartit Dorothée, que les chrétiens des prisons sont condamnés à mourir demain dans l'amphithéâtre? »

— « Mon époux est-il compris dans cet arrêt? dit la nouvelle chrétienne en se levant avec une gravité qu'elle n'avait pas encore montrée; parlez, ne me trompez pas. Je ne connais point le serment inviolable des chrétiens; autrefois j'aurais juré par l'Érèbe et par le génie de mon père. Voilà votre livre sacré; il est écrit dans ce livre : « Vous ne mentirez pas; » jurez donc sur l'Évangile qu'Eudore est sauvé. »

Dorothée pâlit; les yeux noyés de larmes, il s'écria :

« Femme, voulez-vous donc que je vous parle de la gloire dont votre époux s'est couvert, et de celle qui l'attend encore? »

Cymodocée trembla comme le palmier frappé de la foudre.

« Vos paroles, dit-elle, ont descendu dans mon cœur comme un glaive. Je vous entends! Et vous voulez que je fuie! Je ne reconnais pas là les maximes d'un chrétien! Eudore est couvert de plaies pour son Dieu; il combattra demain les bêtes féroces, et l'on me conseille de me soustraire à mon sort, de l'abandonner au sien! Je sens à mes côtés je ne sais quelle espérance qui me fait entrevoir un bonheur et des beautés divines. Si quelquefois, faible et découragée, j'ai jeté un regard complaisant sur la vie, toutes ces craintes sont dissipées. Non, l'eau du Jourdain n'aura pas coulé en vain sur ma tête! Je vous salue, robe sacrée, dont je ne connaissais pas le prix! Je le vois, vous êtes la robe du martyre! La pourpre qui vous teindra demain sera immortelle, et me rendra plus digne de paraître devant mon époux! »

En prononçant ces mots, Cymodocée, saisie d'un enthousiasme divin, portait sa robe à ses lèvres et la baisait avec respect.

« Eh bien ! s'écria Dorothée, si vous ne voulez pas nous suivre, nous périrons tous avec vous; nous demeurerons ici, nous nous déclarerons chrétiens, et demain vous nous conduirez à l'amphithéâtre. Mais quoi! la religion vous commande-t-elle cette barbarie? Vous voulez mourir sans recevoir la bénédiction de votre père, sans embrasser ce vieillard qui vous attend, et que votre résolution va conduire au tombeau ! Ah ! si vous l'aviez vu souiller ses cheveux avec des cendres brûlantes, déchirer ses habits, se rouler au pied des murs de votre prison, Cymodocée, vous vous laisseriez attendrir. »

Comme la glace qu'une seule nuit a formée dans les premiers jours du printemps se fond aux rayons du soleil; comme la fleur près d'éclore brise la légère enveloppe du bouton qui la retient, ainsi la résolution de Cymodocée s'évanouit à ces paroles; ainsi la piété filiale éclate et refleurit au fond de son cœur. Elle ne peut se résoudre à compromettre les hommes généreux qui s'exposent pour la sauver; elle ne peut mourir sans chercher à consoler Démodocus : elle garde un moment le silence; elle écoute les conseils de l'ange des espérances célestes, qui parle à son âme; puis soudain, renfermant en elle-même un projet sublime :

« Allons revoir mon père ! »

Les chrétiens, au comble de la joie, couvrent d'un casque les cheveux de la jeune fille; ils enveloppent Cymodocée dans une de ces toges blanches bordées de pourpre que les adolescents prenaient à Rome, au sortir de l'enfance : on eût cru voir la légère Camille, le bel Ascagne, ou l'infortuné Marcellus. Les chrétiens placent la fille d'Homère au milieu d'eux; ils éteignent les flambeaux, sortent tous ensemble, et laissent le gardien, plongé dans l'ivresse, fermer soigneusement des cachots vides.

La troupe sainte se disperse dans la nuit, et Zacharie va porter à Eudore la nouvelle de la délivrance de Cymodocée.

Déjà l'on connaissait dans la prison de Saint-Pierre le mensonge généreux du billet de Festus, et le fils de Lasthénès était soulagé d'une douleur insupportable. Mais lorsque Zacharie vint lui dire que la brebis était sortie de la caverne des lions, il poussa un cri de joie qui fut répété par tous les martyrs. Les confesseurs, en admirant les fidèles qui combattaient pour la foi, ne désiraient point voir couler le sang de leurs frères. Les victimes, attristées par le deuil du fils de Lasthénès, reprirent leur sérénité : il ne s'agissait plus que de mourir ! On commença par remercier le Dieu qui sauva Joas des mains d'Athalie. Ensuite revinrent les discours graves, les exhortations pieuses : Cyrille parlait avec majesté, Victor avec force, Genès avec gaieté, Gervais et Protais avec une onction fraternelle; Perséus, le descendant d'Alexandre, offrait des leçons tirées de l'histoire; Thraséas, l'ermite du Vésuve, enveloppait ses maximes dans des images riantes.

« Puisque toute la vie, disait-il à Perséus, se réduit à quelques jours, que vous serait-il revenu des grandeurs de votre naissance? Que vous importe aujourd'hui d'avoir accompli le voyage dans un esquif ou sur une trirème? L'esquif même est préférable, car il vogue sur le fleuve auprès de la terre, qui lui présente mille abris; le vaisseau navigue sur une mer orageuse où les ports sont rares, les écueils fréquents, et où souvent on ne peut jeter l'ancre, à cause de la profondeur de l'abîme. »

Tels étaient la liberté d'esprit, l'enjouement, les grâces de ces hommes, qui passaient leur dernière nuit sur la terre. Les jeunes et les vieux martyrs, animés du souffle de l'Esprit-Saint, répandaient tous les trésors des vertus, et présentaient réunis et confondus les fruits les plus aimables de la sagesse : tels sont les champs fertiles de la Campanie; le jeune froment est semé à l'ombre du vieux peuplier qui porte la vigne; bientôt le chaume jaunissant monte pour chercher la grappe rougie qui descend à son tour vers les épis dorés; un vent du ciel se glisse parmi les berceaux, agite les peupliers, les épis, les guirlandes de la vigne, et mêle les douces odeurs des moissons, des jardins et des bois.

Mais Dorothée, comme un courageux pasteur, s'est ouvert un chemin à travers la foule idolâtre. Sur le flanc du mont Esquilin s'élevait une retraite qu'avait habitée Virgile; un laurier planté à la porte s'offrait à la vénération du peuple. Dorothée, aux jours de sa puissance, avait acheté cette demeure pour l'embellir. C'est là qu'il vient cacher la fille d'Homère. Démodocus remplissait déjà cet asile écarté du bruit de ses pleurs. Le vieillard était assis dans la poussière, sous un portique : il croit voir deux guerriers s'avancer à travers les ombres :

« Qui êtes-vous? s'écrie-t-il d'une voix éclatante. Fantômes envoyés par les sanglantes Euménides, venez-vous m'entraîner dans la nuit du Tartare? Êtes-vous des génies chrétiens qui m'annoncez la mort de ma fille? Tombe le Christ et ses temples, tombe le Dieu qui attache à la croix ses adorateurs! »

— « Ce sont eux cependant qui te ramènent ta fille ! » dit Cymodocée en se jetant au cou de son père.

Le casque de la jeune martyre roule à terre, ses cheveux descendent sur ses épaules : le guerrier devient une vierge charmante. Démodocus perd l'usage de ses sens; on s'empresse de le faire revenir à la vie; on lui explique des mystères que dans sa joie il peut à peine comprendre. Cymodocée le soulage par des paroles et par des caresses :

« O mon père ! je te retrouve enfin après une séparation cruelle ! Me voilà donc encore à tes pieds ! C'est moi, c'est ta Cymodocée, pour qui ta bouche apprit à prononcer le tendre nom de fille. Tu me reçus dans tes bras à ma naissance. Tu me comblas de tes caresses et de tes bénédictions. Que de fois suspendue à tes bras, que de fois j'ai promis de te rendre le plus heureux des mortels ! Et j'ai pu faire couler des larmes de tes yeux ! O mon père ! est-ce toi que je presse sur mon sein ? Ah ! jouissons bien de ces moments d'un bonheur inespéré ! Tu le sais : le ciel est prompt à reprendre les dons qu'il nous fait. »

Alors Démodocus :

« Gloire de mes ancêtres, fille plus précieuse à mon cœur que la lumière qui éclaire les ombres heureuses dans l'Élysée, pourrais-je te raconter mes douleurs ! Comme je te cherchais aux lieux où je t'avais vue et autour de ces prisons qui te dérobaient à mon amour ! Ah ! me disais-je, je ne préparerai point sa couche nuptiale ; je n'allumerai point la torche de son hyménée ; je resterai seul sur la terre, où les dieux m'auront enlevé ma couronne et ma joie ! Lorsque je serrais ma fille dans mes bras aux rivages de l'Attique, je l'embrassais donc pour la dernière fois ? Quel doux regard elle attachait sur moi ! Comme elle me souriait avec tendresse ! Était-ce là son dernier sourire ? O traits chéris que j'ai retrouvés ! ô front où se peignent la candeur et l'innocence, vous semblez faits pour le bonheur ! Quel plaisir de sentir palpiter ce cœur jeune et plein de vie sur ce cœur vieilli et épuisé par la douleur ! »

Tels sont les gémissements de Démodocus et de Cymodocée : Alcyon, qui bâtit son nid sur les vagues, fait entendre avec ses petits de douces plaintes dans le berceau flottant que la vaste mer doit bientôt engloutir. Dorothée fait apporter des flambeaux, et conduit le père et la fille dans une salle où l'on avait préparé deux lits ; il se retire et les laisse à leur tendresse. La nuit entière se fût écoulée dans des récits mutuels et de touchantes caresses, si le prêtre des dieux, se jetant tout à coup aux pieds de Cymodocée, ne se fût écrié :

« O ma fille, mets un terme à mes craintes et à mes malheurs ! Abjure des autels qui t'exposent sans cesse à de nouvelles persécutions ; reviens au culte de ton père. Hiéroclès n'est plus à craindre. Celui qui devait être ton époux... »

Cymodocée se précipite à son tour aux genoux du vieillard :

« Mon père à mes pieds ! s'écrie-t-elle en relevant Démodocus. Ah ! je n'ai pas la force de supporter cette épreuve. O mon père, épargnez une fille pleine de faiblesse, ne la séduisez pas ; laissez-lui le Dieu de son époux. Si vous saviez combien ce Dieu a augmenté pour vous mon respect et mon amour ! »

— « Ce Dieu, dit Démodocus, a voulu me ravir ma fille ; il t'enlève ton époux ! »

— « Non, dit Cymodocée, je ne perdrai point Eudore : il vivra toujours, sa gloire rejaillira sur moi. »

— « Quoi ! reprit le prêtre d'Homère, tu ne perdras point Eudore descendu au tombeau ? »

— « Il n'est point de tombeau pour lui, dit la vierge inspirée : on ne pleure point les chrétiens morts pour leur Dieu, comme on pleure les autres hommes. »

Cependant Cymodocée, qui cache un profond dessein dans son cœur, invite son père à se reposer. Elle le contraint par ses prières à se jeter sur un lit. Le vieillard ne pouvait se résoudre à perdre un moment des yeux sa fille retrouvée ; il croyait toujours qu'elle allait lui échapper : ainsi, lorsqu'un homme a été longtemps poursuivi par un songe funeste, au moment de son réveil il voit encore l'image effrayante, et la naissante aurore ne rassure point ses esprits. Cymodocée se plaint de la fatigue qu'elle éprouve ; elle s'incline sur le second lit à l'autre extrémité de la salle, et adresse tout bas cette prière à l'Éternel :

« Dieu inconnu, qui pénètres le fond de mon cœur ; Dieu qui as vu
« mourir ton Fils unique, si mes desseins te sont agréables, fais des-
« cendre vers mon père un de ces esprits qu'on appelle tes anges :
« ferme ses yeux appesantis par les larmes, et souviens-toi de lui
« quand je l'aurai quitté pour toi. »

Elle dit, et sa prière, sur des ailes de flamme, s'envole au sein de l'Éternel. L'Éternel la reçoit dans sa miséricorde, et l'ange du sommeil abandonne aussitôt les voûtes éthérées. Il tient à la main son sceptre d'or qui lui sert à calmer les peines des justes. Il franchit d'abord la région des soleils et s'abaisse vers la terre, où le conduit un long cri de douleur. Descendu sur ce globe, il s'arrête un moment au plus haut sommet des montagnes de l'Arménie ; il cherche des yeux les déserts où furent les campagnes d'Éden ; il se souvient du premier sommeil de l'homme, alors que Dieu tira du côté d'Adam la belle compagne qui devait perdre et sauver la race humaine. Bientôt il prend son vol vers le mont Liban ; il voit au-dessous de lui les vallées profondes, les torrents blanchis, les cèdres sublimes ; il touche aux plaines innocentes où les patriarches goûtaient ses dons sous un palmier. Il plane ensuite sur les mers de Sidon et de Tyr, et, laissant au loin l'exil de Teucer, la tombe d'Aristomène, la Crète chérie des rois, la Sicile aimée des pasteurs, il découvre les bords de l'Italie. Il fend les airs sans bruit et sans agiter ses ailes ; il répand sur son passage la fraîcheur et la rosée ; il paraît : les flots s'assoupissent, les fleurs s'inclinent sur leurs tiges, la colombe cache sa tête sous son aile, et le lion s'endort dans son antre. Les sept collines de la ville éternelle s'offrent enfin aux regards de l'ange consolateur. Il voit avec horreur un million d'idolâtres troubler le calme de la nuit : il les abandonne à leur coupable veille ; il est sourd à la voix de Galérius ; mais il ferme, en passant, les yeux des martyrs ; il vole à la retraite solitaire de Démodocus. Ce père infortuné s'agitait, brûlant, sur sa couche ; le messager divin étend son sceptre pacifique, et touche les paupières du vieillard : Démodocus tombe à l'instant dans un repos profond et délicieux. Il n'avait connu jusqu'alors que ce sommeil frère de la mort, habitant des enfers, enfant de ces démons appelés dieux parmi les hommes ; il ignorait ce sommeil de vie qui vient du ciel ; charme puissant composé de paix et d'innocence, qui n'amène point de songes, qui n'appesantit point l'âme, et qui semble être une douce vapeur de la vertu. L'ange du repos n'ose approcher de Cymodocée : il s'incline avec respect devant cette vierge qui prie, et, la laissant sur la terre, il va l'attendre dans le ciel.

TABLE DES MATIÈRES

	Pages.
Préfaces	1
Livre premier	9
— deuxième	22
— troisième	39
— quatrième	45
— cinquième	62
— sixième	78
— septième	80
— huitième	107
— neuvième	118
— dixième	129
— onzième	141
— douzième	156
— treizième	166
— quatorzième	176
— quinzième	189
— seizième	202
— dix-septième	216
— dix-huitième	227
— dix-neuvième	243
— vingtième	257
— vingt et unième	270
— vingt-deuxième	279
— vingt-troisième	287

FIN DE LA TABLE.

LAGNY. — Typographie de VIALAT.

EN VENTE CHEZ LES MÊMES ÉDITEURS

Œuvres de M. de Chateaubriand, ancienne édition, 16 vol. grand in-8°, illustrés de 64 gravures sur acier.

Œuvres littéraires de M. A. de Lamartine, 5 vol. grand in-8°. 30 gravures.

Œuvres de Buffon, 10 demi-vol. in-8°, 100 gravures sur acier coloriées à la main, et le portrait de l'auteur.

Histoire de France, 6 beaux vol., 34 gravures.

Histoire de Paris depuis les premiers temps historiques, par J.-A. Dulaure, continuée jusqu'à nos jours par C. Leynadier, 8 vol., 150 gravures dont 50 coloriées à la main.

Histoire maritime de France, par M. Léon Guérin, historien titulaire de la marine, 7 vol. grand in-8°, 50 gravures sur acier ou plans.
    Les trois derniers volumes, qui comprennent les événements maritimes depuis 1789 jusqu'en 1857, se vendent à part.

Histoire de Napoléon III et de la Dynastie napoléonienne, par Paul Lacroix (Bibliophile Jacob), 4 vol. illustrés de 40 gravures inédites sur acier.

La Collection de l'Écho des Feuilletons, 17 vol., 180 gravures sur acier, et 540 gravures sur bois.

Louis XIV et son siècle, par A. Dumas, 60 gravures, 240 vignettes, 2 vol. grand in-8°.

Histoire de Louis XVI et de Marie-Antoinette, par A. Dumas, 3 vol., 40 gravures.

Monte-Cristo, par A. Dumas, 2 vol. grand in-8°, 30 gravures sur acier.

Les Mousquetaires, par A. Dumas, 1 vol. grand in-8°, 33 gravures.

Vingt ans après, par le même, 1 vol., 37 gravures.

Le Vicomte de Bragelonne, par A. Dumas, 2 très-beaux vol. grand in-8°, 60 gravures.

Mémoires d'un Médecin, par A. Dumas, comprenant : *Joseph Balsamo, le Collier de la Reine, Ange Pitou et la Comtesse de Charny*, 6 volumes divisés en 12 tomes ornés de 200 gravures inédites sur papier teinté chine.

EN COURS DE PUBLICATION

Œuvres de Chateaubriand, nouvelle et riche édition, 20 vol. grand in-8° jésus, ornés de 100 gravures inédites sur acier.

Géographie universelle de Malte-Brun, revue, rectifiée et complétement mise au niveau de l'état actuel des connaissances géographiques, par M. CORTAMBERT, membre et ancien secrétaire général de la Société de Géographie, 8 forts tomes divisés en 16 vol., illustrés de 80 gravures et types coloriés; plus, de 8 cartes inédites.

Les Héros du Christianisme à travers les Âges, magnifique ouvrage illustré de 48 splendides gravures sur acier. 4 parties de 2 vol. chaque.

Histoire de France, nouvelle et riche édition, comprenant la guerre d'Orient, illustrée de 60 gravures sur acier, 4 cartes et plans, 12 vol. grand in-8° ou 6 forts tomes.

Nouvelles Œuvres illustrées de A. Dumas, comprenant : *El Salteador, Maître Adam le Calabrais, Aventures de John Davys, un Page du duc de Savoie, les Mohicans de Paris, Journal de madame Giovanni*, etc., etc., etc.

LAGNY. — Imprimerie de VIALAT.

www.ingramcontent.com/pod-product-compliance
Lightning Source LLC
Chambersburg PA
CBHW060513170426
43199CB00011B/1431